TINTA
DA
CHINA
ı brasil ı

SALAZAR E O PODER

FERNANDO ROSAS

SALAZAR E O PODER

A ARTE DE SABER DURAR

SÃO PAULO
TINTA-DA-CHINA BRASIL
MMXXV

Dedico este livro

À Raquel, porque sem ela o não teria feito.
À Leonor, minha filha mais nova que cresceu muito depois disto.
À Inês, a neta que nasceu enquanto eu o escrevia.

SUMÁRIO

INTRODUÇÃO 13

CAPÍTULO I
SALAZAR E A POLÍTICA 19
A "política da desordem" 20
A "política nacional" 26
"O maior problema político da nossa era" 32

CAPÍTULO II
TOMAR O PODER 41
Três mitos sobre o 28 de Maio 45
   O mito da intervenção salvífica do Exército
   (ou das Forças Armadas) como corpo ou instituição
   animada por uma inteligência estratégica enquanto tal 48
   O mito de que a República liberal caiu
   facilmente e sem luta nem apoio social ou político 55
   O mito do passeio triunfal do 28 de Maio
   ao advento do Estado Novo 60
Passo a passo 64
   Primeiro passo: derrotar o reviralhismo
   e o movimento operário 67
   Segundo passo: transmutar-se de "mago das finanças"
   em chefe político da contrarrevolução 77
   Terceiro passo: afastar os militares republicanos
   da chefia do Governo e da Ditadura 84
     — O papel fulcral do general Carmona 86
     — Andamento inicial: atacar e derrotar os militares republicanos
        A "clarificação política" (1928-30) 89

— Contra-andamento: negociar com os militares republicanos
Salazar na Presidência do Ministério (1930-32) — 97
*Quarto passo: o acordo final com os militares republicanos
e a institucionalização do regime (1932-34)* — 111
Quinto passo: disciplinar e integrar o nacional-sindicalismo — 123
Sexto passo: unir, numa força só, as várias direitas da direita — 131
Um chefe, um regime, um povo — 145
A obra e o seu contexto: "Que o ditador fale ao povo" — 148
Pôr fim às "dúvidas acerca do homem": um chefe — 154
*Pôr fim às dúvidas acerca da viabilidade
do Estado Novo: um regime* — 159
Regenerar a alma da nação contra ela própria: um povo — 164

CAPÍTULO III
SABER DURAR — 171

A violência — 175
A violência preventiva — 181
A violência punitiva — 187
O controlo político das Forças Armadas — 195
Finalmente, mão forte sobre o Exército (1936-37) — 196
A crise do fim da guerra (1945-47) — 205
O "terramoto delgadista" e a queda de Santos Costa (1958) — 220
O último susto: o 'putsch' falhado de Botelho Moniz (abril de 1961) — 230
A cumplicidade da Igreja católica:
um neorregalismo funcional — 240
*A "união moral" da Igreja católica
com o Estado Novo (1926-58)* — 244
A rotura na "frente nacional" (1958-68) — 254
O corporativismo enquanto regime — 263
O corporativismo enquanto doutrina e as suas ambiguidades — 265
A reação corporativa e o seu contexto histórico — 269
*O corporativismo como instrumento
de controlo e "disciplina" social* — 275

A organização corporativa e a regulação económica:
  a política no comando — 281
Fascismo e corporativismo, durabilidade — 291
O projeto totalitário: o salazarismo e o "homem novo" — 299
  Os mitos ideológicos fundadores do Estado Novo.
  As "verdades indiscutíveis" do Ano x — 302
  "Resgatar as almas". Os aparelhos de propaganda
  e inculcação ideológica do regime — 309
  Da enunciação à modelação: o "espírito" como "matéria-prima" — 315
  A Segunda Guerra Mundial e o pós-guerra:
  a adaptação do projeto totalizante — 322
  Estado totalizante e Igreja católica — 329

ALGUMAS CONCLUSÕES — 335
BIBLIOGRAFIA — 339
ÍNDICE REMISSIVO — 347
AGRADECIMENTOS — 361
SOBRE O AUTOR — 363

INTRODUÇÃO

A razão pela qual resolvi escrever este livro é basicamente a mesma que há trinta anos me levou ao estudo da história contemporânea em geral e da história do Estado Novo em particular (a qual, diga-se de passagem, nessa época praticamente não existia): tentar perceber as razões da durabilidade do regime salazarista, a mais longa ditadura da Europa do século xx. Precisando: 48 anos de ponta a ponta (1926-1974), metendo nesse transcurso a Ditadura Militar (1926-1933), o Estado Novo salazarista que dela saiu (1933-1968) e a ponta final do marcelismo, que não é objeto deste livro (1968-1974). Se quisermos considerar só o período de Oliveira Salazar como chefe do Governo, teremos 36 anos ininterruptos de ditadura do presidente do Conselho, entre julho de 1932 (Salazar já levaria então quatro anos de ministro das finanças)[1] e setembro de 1968. Nesse ano, na sequência da célebre "queda da cadeira", Américo Tomás, então presidente da República, declara a "incapacidade física permanente" de Salazar, demitindo-o e substituindo-o por Marcelo Caetano.

Para entender este fenómeno de durabilidade, foi-se tornando para mim evidente que as explicações simplistas, mais ou menos decorrentes do senso comum, eram simultaneamente as mais ideológicas e as menos esclarecedoras.

Por exemplo, defender que o regime durou porque teve o apoio continuado da maioria da população, além de não ser verdade, é ficar pela pura aparência das coisas. Tudo é bem mais complicado. É certo que o salazarismo contou sempre com o indefetível

---

[1] E também, interinamente, das colónias entre abril e julho de 1930.

apoio das classes dominantes. Os lavradores abastados do norte e centro do país, os latifundiários dos campos do sul, a banca, os grandes comerciantes coloniais ou de *import-export*, os fulgurantes "capitães da indústria" e os grupos económicos a que a fusão de uns e outros foi dando lugar, sabiam bem o que deviam ao Estado Novo. Tinham prosperado e crescido à sombra das pautas umbrosas, da cartelização corporativa, do condicionamento industrial, das concessões oligopolistas ou de monopólio, da proibição das greves e dos sindicatos livres, da proteção das polícias e das guardas. Nunca lhes faltaram, até ao ocaso do ditador, com o seu apoio. Estou em crer que é um exercício voltado ao fracasso quase certo procurar encontrar alguém do núcleo duro da oligarquia envolvido em conspirações, oposições ou sequer manobras políticas que desafiassem a segurança do regime ou a sua chefia durante o consulado salazarista.

Mas é igualmente certo que o mesmo já se não passou com o vasto campo social das classes intermédias. Nos seus sectores superiores (a pequena e média indústria e comércio, os quadros do funcionalismo público e corporativo ou das empresas, as profissões liberais, os intelectuais, os estudantes), sobretudo na restrita mas influente pequena burguesia urbana, os comportamentos políticos maioritários são bem mais oscilantes: de aceitação do regime (o apoio ativo é quase sempre mais restrito e pouco espontâneo) nos períodos de grandes medos (o medo das "bombas" e da "desordem", nos alvores dos anos 1930; o medo da "Espanha vermelha" durante a Guerra Civil de Espanha; o medo do "comunismo russo" na fase mais dura da Guerra Fria, na transição dos anos 1940 para o início dos anos 1950); até à crítica ao regime e à viragem para as oposições antissalazaristas nas épocas de graves carências associadas às grandes mudanças internacionais (é, tipicamente, o caso do fim da Segunda Guerra Mundial) ou de grandes expectativas de melhoria de vida tidas como alcançáveis (como a campanha de Humberto Delgado em 1958 e as suas ondas de choque até 1961-2). Neste seu balançar se definem, aliás, as grandes crises políticas do regime salazarista: a crise do fim da guerra e o sucesso do Movimento Unidade Democrática (MUD) em 1945-6 são incompreensíveis sem essa significativa "transferência" de apoios das classes médias urbanas do regime para as oposições, quando a erosão do seu estatuto social sob os efeitos da economia de guerra se alia à convicção de que nada iria ficar como estava com a vitória dos Aliados sobre o nazifascismo.

E a grande crise aberta pelo delgadismo, em período de arranque da industrialização e do crescimento económico, exprime a revolta destes e de outros sectores injustiçados pela desigualdade da distribuição em época de prosperidade e a convicção da real possibilidade da sua correção, mais ou menos pacífica, pelo desassombro de um jovem general oriundo das fileiras do regime, mas "americanizado" pela sua passagem pelos Estados Unidos e pela Nato.

"Segurar" esta oscilação dos sectores superiores das classes intermédias era decisivo para a estabilidade do regime. Porque as suas camadas mais pobres (o campesinato semiproletário, os proletários semicamponeses, e os artesãos protoindustriais, a legião de minúsculos lojistas e vendedores ambulantes, os pequenos funcionários, empregados, caixeiros, marçanos, etc.), essa multidão empobrecida de proletarizações adiadas estava quase sempre colada ao polo oposto da oligarquia — o proletariado industrial moderno (os operários industriais que viviam só do seu trabalho, os assalariados agrícolas e outros trabalhadores assalariados) —, numa hostilidade e resistência permanentes ao regime, surdas, na melhor das hipóteses, particularmente ativas e decisivas, nas épocas de crise. Quando o regime não conseguia "agarrar" as classes médias, e elas se juntavam às classes populares intermédias e ao mundo operário contra a Ditadura (como nas grandes crises do fim da guerra e do delgadismo e as suas sequelas), este tremia nos seus fundamentos.

Quanto a este problema da durabilidade do Estado Novo, o que precisamente interessa entender é como o salazarismo alcançou esses longos períodos de estabilidade, em que lograva neutralizar, ou até convencer, sectores maioritários das classes médias e conter, ou "disciplinar", os meios populares e o mundo operário urbano. E, sobretudo, compreender porque é que, mesmo quando não conseguia, nas fases de crise, obter esse controlo e os embates políticos e sociais se radicalizavam, apesar de tudo, ele tremia, mas durava.

Se se quiser enunciar a questão de outra forma, pretende-se saber porque é que as oposições ao salazarismo, mesmo quando nos episódios de crise o isolaram e ameaçaram, nunca conseguiram derrubá-lo. E quando falo de oposições refiro-me tanto às que se reclamavam do antifascismo e estavam empurradas para a clandestinidade ou para uma semilegalidade, avaramente consentida no pós-guerra, nos períodos ditos eleitorais para a Assembleia Nacional, como às dissidências internas do regime, os seus tímidos sectores reformistas eventualmente empenhados num processo endógeno e pacífico de transição.

Da mesma forma me parece insatisfatório o argumento de sinal contrário quanto ao "saber durar" do salazarismo: só pôde aguentar-se durante mais de trinta anos devido à omnipresença constante da repressão política e policial. É certo que esse elemento é essencial: sem quase meio século de censura aos *media* e aos espetáculos, sem a supressão rigorosa das liberdades fundamentais, sem o sistema de polícias, tribunais especiais e prisões cujo vértice principal eram a polícia política e a sistemática violação dos direitos dos cidadãos, seguramente o Estado Novo não chegaria tão longe como chegou. Mas o certo é que nenhum regime se aguenta quarenta anos só à custa da repressão. Complementar e previamente a ela, "economizando-a" e ao terror, há os sistemas de organização do "consenso", de inculcação da aceitação, atuando nesse terreno viscoso entre a vontade e o medo, entre a livre escolha e a intimidação, o solo, afinal, onde todos os regimes de apetência totalitária lançaram as suas mais sólidas e duradouras raízes.

A repressão é a resposta para a minoria que não respeita os sinais, as regras explícitas ou implícitas, as rotinas do enquadramento, da submissão, da conformação à ordem estabelecida. Para a maioria que é levada a obedecer, basta que se saiba que a repressão existe e que atua sobre os infratores. No salazarismo, no franquismo estabilizado, no fascismo italiano, ou no nacional-socialismo alemão antes da guerra, o controlo totalizante da sociedade, a ação dos aparelhos de inculcação e de enquadramento ideológico, se se quiser, a prevenção, foram mais decisivos do que a repressão propriamente dita na estabilização desses regimes.

Assim sendo, abordaremos neste livro quatro tópicos principais, todos eles relacionados com a problemática do poder político no salazarismo. No primeiro capítulo trataremos da relação cultural ou ideológica de Oliveira Salazar com a política (ou com as diversas formas de entender "a política") e com o poder. Assuntos sobre os quais manterá opiniões com nuances, mas essencialmente inalteráveis ao longo da sua carreira como governante e como chefe político. No segundo capítulo, abordar-se-á o processo da tomada do poder por parte da corrente salazarista dentro da Ditadura Militar e da afirmação de Salazar como chefe indiscutível do regime.

O terceiro capítulo visa, precisamente, focar o "durar no poder", os seus meios e os seus contextos históricos na longa época salazarista do Estado Novo. Não tanto para tratar da questão descritiva e cronologicamente (o que está repetidamente feito), mas para se discutir o que suponho serem os principais fatores do "saber durar": o papel da violência preventiva e repressiva, as Forças Armadas, a Igreja católica, o corporativismo, a composição dos interesses dominantes, a apetência totalitária e o "homem novo salazarista". Finalmente, dedicar-se-á o último capítulo a procurar sistematizar algumas conclusões.

Resta referir o que este livro não pretende ser. Não é, nem quis ser, uma biografia de Oliveira Salazar, nem sequer uma tentativa de biografia parcial. As poucas obras biográficas, académicas ou não, sobre o longevo ditador redundaram, quase sempre, ou na apologia laudatória, ao jeito de história oficiosa do anterior regime; ou no predomínio unilateral dos grandes lances externos, em prejuízo da densidade e complexidade do contexto interno e da sua época, fugindo, assim, dos principais problemas que se colocam à interpretação histórica do período; ou no anedotário dos tiques ou da suposta vida privada do velho senhor, fabricando, para as hagiográficas de sinal contrário, uma espécie de deus *ex machina* pairando sobre as suas circunstâncias de espaço e tempo; ou somam-lhe frequentemente a irrelevância do seu conteúdo, fruto de um discurso "neutro" e sem riscos nem rasgos de interpretação. Nalguns casos, como se os autores tivessem sido surpreendidos pelas armadilhas inerentes ao próprio género biográfico, sem delas lograrem libertar-se. Na realidade, o lugar-comum, o descritivismo inócuo, a pessoalização descontextualizada e anódina, a hagiografia implícita ou explícita, são riscos reais do género que, no caso deste personagem, de uma forma geral, não se tem querido ou sabido evitar.

Por isso, mas admito que, sobretudo, por demérito próprio, não sou um cultor da biografia, sendo certo que magníficas biografias históricas saíram da pena de historiadores como Ian Kershaw, Paul Preston, Pierre Milza, para referir alguns dos que escreveram sobre ditadores da época dos fascismos. Este livro não é, portanto, sobre o percurso individual de Salazar. É, simplesmente, um ensaio sobre o processo de tomada do poder pela frente política e ideológica liderada por ele, e sobre os fatores históricos que explicam que o tenha sabido e podido conservar como chefe do regime e do Governo durante 36 anos consecutivos.

Se com isso puder contribuir para outras leituras da história do Estado Novo, quase sempre a meio caminho, no geral dos grandes media, entre o não ser e a mistificação, tanto melhor. Seja como for, a batalha pela Memória, essa, continua.

CAPÍTULO I
SALAZAR E A POLÍTICA

> *Nenhum problema dos que formam a trama da vida nacional pode esperar solução conveniente sem que a tenha o problema político.*
> A. de Oliveira Salazar[1]

Não sendo este ensaio um estudo crítico sobre a natureza do poder político salazarista, convém que se entenda, todavia, como Oliveira Salazar, na sua marcha para o poder — um desiderato quase nunca nestes termos por ele publicamente assumido —, olhava a "política" e concebia o poder político que haveria de regenerar e integrar a Nação. Essa "Nação" que a direita organicista cria de sempre, que preexistiria ao Estado e seria afinal a sua "alma".[2]

Como todos os doutrinadores, publicistas ou políticos oriundos do caldo de cultura nacionalista/decadentista, tradicionalista, contrarrevolucionário, organicista, corporativo, nascido da crise dos sistemas liberais que começara a medrar nos finais do século XIX — um campo, em Portugal, onde se cruzavam, apesar das suas diferenças, o legitimismo (retomado e remoçado pelo Integralismo Lusitano) e a direita católica atualizada pelo *Munos de Leão XIII* —, como os homens desse campo e desse tempo, Oliveira Salazar tinha da "política" um duplo entendimento.

---

1   Discurso inaugural da I Conferência da União Nacional, 9 de novembro de 1946.
2   Cf. Fernando Catroga, "Transição e ditadura em Portugal nos primórdios do século XX". In: MARTINS, Rui Cunha (coord.). *Portugal 1974: Transição política em perspectiva histórica*. Coimbra: Imprensa da Universidade, 2011. pp. 83-4.

O mais imediato e vulgar, sobretudo nos anos do duro combate político e ideológico contra a Primeira República, era o do ataque e demonização da "política" e dos "políticos", entendidos como expressão emblemática dos males do "demoliberalismo".

Mas a verdade é que a alternativa nacional-corporativa à "política da desordem" se fazia em nome não da ausência de política — circunstância várias vezes verberada por Salazar ao longo da sua carreira como chefe do regime —, mas da urgência de fundar ou manter uma verdadeira "política nacional", a única que haveria de ter lugar no Estado Novo.

A "POLÍTICA DA DESORDEM"

Convirá talvez esclarecer que este repúdio radical da democracia, do pluripartidarismo, do parlamentarismo e, claro está, do sindicalismo, do socialismo e do comunismo por parte das direitas antiliberais, e até de alguma direita liberal, não se pode entender no quadro de um puro debate doutrinário entre diferentes opções para o futuro do país.

Ela tinha como pano de fundo, em Portugal e no Ocidente em geral, os perigosos efeitos da crise do sistema liberal oligárquico para as classes dominantes. Cruzavam-se a ameaça democratizante da massificação da política (industrialização, proletarização, organização política e sindical do proletariado industrial moderno; greves e lutas sindicais; intervenção das novas classes assalariadas emergentes na política) com a sucessão de crises cada vez mais vastas e prolongadas do sistema capitalista internacional (as crises de 1890-1, de 1921, sobretudo a Grande Depressão de 1929), a que se vieram somar em cadeia a catástrofe da Grande Guerra, a revolução bolchevista na Rússia e a onda de revoluções operárias e greves gerais que se prolongaram de 1917 até ao início dos anos 1920, da finlândia a Portugal, passando pela Hungria, pela Alemanha, a Áustria, a Itália ou a Catalunha.

Perante tão profunda subversão do mundo burguês, o velho Estado liberal e os seus parlamentos, os seus governos, os seus partidos tradicionais, pareciam colapsar na impotência. Sobretudo nos países da Europa periférica, mais atrasados, mais dependentes e vulneráveis, onde as classes dominantes não tinham capacidade de resistir senão pela adoção de medidas drásticas suscetíveis de simultaneamente "disciplinar" duradouramente o operariado e operar uma regulação autoritária e *super partes* na vida económica e financeira. O que exigia um novo tipo de Estado, capaz de responder à crise global dessa forma radical, a única que parecia suscetível, às oligarquias periféricas, de repor expeditamente taxas de lucro e acumulação. As oligarquias dos países da periferia europeia, confrontadas com o horizonte carregado do pós-guerra, rompiam com o que consideravam ser a ineficácia e a incapacidade dos sistemas de governação liberal para responder à dupla ameaça da revolução social e da crise económica.

Procurava-se, por aproximações sucessivas de sucessivos golpes militares ou dramáticas mudanças políticas, a ditadura de novo tipo. Em 1922 e nos anos posteriores, o fascismo italiano tornara-se o paradigma pioneiro da época dos fascismos e o padrão das soluções a encontrar pelas direitas políticas e dos interesses através da superação autoritária dos sistemas liberais. Atraídas pela "eficácia" do regime mussoliniano, as direitas "fascistizam-se", unem-se em torno de plataformas políticas e ideológicas que esbatem ou arbitram as suas diferenças históricas ou os seus distintos interesses sectoriais de classe sob a hegemonia do "modelo" fascista, naturalmente adaptado ao caldo da cultura económico-social e mental de cada país. Desse processo também nascerá, como melhor se verá mais adiante, o Estado Novo.

A alternativa "estado-novista" é, pois, construída — e Salazar fará disso o seu ponto de partida em quase todos os discursos do período da Ditadura Militar e dos anos iniciais do novo regime — sobre a crítica demolidora da "política" e dos "políticos" da Primeira República (e, em muito menor grau, do constitucionalismo monárquico): "Uma palavra só — desordem — definia em todos os domínios a situação portuguesa". A "desordem política, financeira, económica e social".[3] Esse era o fruto inevitável da "absoluta esterilidade da política considerada como fim em si mesma", do "erro do excesso de política"[4] que decorria da "política dos partidos", das lutas partidárias e de fações, das revoluções, das intrigas, da corrupção, da balbúrdia parlamentarista e da demagogia do "povo soberano".

Mas a "batalha da ordem" que se lhe contrapunha não se limitava a responsabilizar politicamente, declarativamente, as ideias, os "políticos" e os partidos do "demoliberalismo", do socialismo ou do anarcossindicalismo (e depois do comunismo) pela "decadência" e o "caos". A direita nacional corporativa, que o salazarismo reunia como corrente na ditadura, iria decisivamente mais longe. A verdadeira "Nação", a nação orgânica, fruto espontâneo e natural do ser social, era a verdadeira essência do Estado que, simultaneamente, a recebia e a construía pela sua ação tutelar de supremo representante do "interesse nacional".[5] Se essa nação, naturalmente harmónica na sua bem ordenada e hierarquizada plurifuncionalidade social, era a expressão da "ordem natural das coisas", isso só podia implicar a condenação de comportamentos social e politicamente subversivos e desviantes de tudo o que a punha em causa. Isto é, o individualismo liberal que desenraizava os homens das suas comunidades de pertença naturais, o socialismo que os lançava uns contra os outros rompendo a harmonia natural dos corpos sociais através da luta de classes, o partidarismo e o parlamentarismo que

3   António de Oliveira Salazar, *Discursos (1928 a 1934)*. 3. ed. Coimbra: Coimbra Editora, 1939, v. 1, pp. 46-7. (Citado, daqui em diante, como *Discursos, v. 1*.)
4   Id., *Discursos: Notas políticas (1935-1937)*. Coimbra: Coimbra Editora, 1945, v. 2, p. 72. (Citado, daqui em diante, como *Discursos, v. 2*.)
5   Cf. As certeiras conclusões de Fernando Catroga sobre a "função pastoral e disciplinadora" do Estado na consolidação e estruturação da organicidade da nação. Fernando Catroga, op. cit., p. 86 ss.

rompiam o equilíbrio das formas tradicionais de representação orgânica e corporativa. Essas eram as ideologias e as políticas que atentavam contra a própria essência orgânica da nação.

A democracia e o socialismo, perversões políticas e ideológicas inopinadamente derramadas, quando fruto de uma época de trevas e caos, sobre o natural e normal devir da nação e do Estado, ofendiam o direito natural e o interesse nacional, eram heresias delituosas e antinacionais e, como tal, deviam ser criminalizadas e proibidas pelo novo poder político emergente. E iriam sê-lo.

É conveniente entender que este propósito proibicionista e repressivo que decorria do organicismo totalitário das direitas antiliberais, existindo como força crescente dentro da Ditadura Militar e alimentando-se de cada novo insucesso do reviralhismo republicano, não se conseguirá impor até à tomada do poder pela corrente salazarista, quando a chefia do Governo lhe é entregue, a 5 de julho de 1932. Até à entrada em vigor da Constituição de 1933, apesar da sua discreta atividade pública, vários dos principais partidos da Primeira República continuavam a existir e a emitir comunicados (Partido Nacionalista, União Liberal Republicana — o Partido Republicano Português (PRP) é encerrado em 1930). Alvo de dissolução formal e encerramento das suas sedes, só tinham sido a Confederação Geral do Trabalho (CGT) e o Partido Comunista Português (PCP), pelo seu apoio e participação no movimento revolucionário de 3 e 7 de fevereiro de 1927. Inclusivamente, como veremos, até depois de 1930, o sector militar republicano conservador da Ditadura alimenta persistentemente contactos e conciliábulos com os sectores não reviralhistas da direita republicana ligada aos velhos partidos, para se operar uma rearrumação partidária no quadro de um liberalismo ordeiro e de uma República regenerada. É o triunfo do salazarismo que põe termo, de forma drástica e radical, a essas tergiversações tardoliberais, estabelecendo definitivamente o carácter antipartidário da Ditadura Nacional e do Estado Novo que dela ia sair.

Quatro meses após os militares o deixarem finalmente aceder à chefia do Ministério, Salazar ia acabar com as hesitações e dúvidas anteriores e selar formalmente o destino dos "antigos partidos" no novo regime. Num dos seus discursos "fundadores" mais conhecidos, a 23 de novembro de 1932, ao empossar os corpos diretivos da União Nacional, anunciou peremptoriamente que "a Ditadura Nacional [...] declarou dissolvidos os partidos políticos" (o que até aí nem sequer era verdade). Eles teriam caído, "acrescentando às culpas que lhes cabiam na derrocada da nação, as responsabilidades dos prejuízos e das desgraças provenientes dos movimentos revolucionários".[6] E contrapunha: "[N]ós temos uma doutrina e somos uma força. Como força compete-nos governar [...]; como adeptos duma doutrina importa-nos ser intransigentes na defesa e na realização dos princípios que a constituem. Nestas circunstâncias não há acordos, nem transições, nem transigências possíveis". Os inimigos de ontem que aceitarem a nova ordem "fazem um ato patriótico declarando a sua concordância e trabalhando abertamente ao nosso lado". Os que discordarem podem até ter possibilidade de o proclamar, "mas, no que respeita a uma atuação política efetiva, levá-los-emos pelo melhor modo possível a que não nos incomodem demasiadamente".[7]

No Prefácio à primeira edição das suas entrevistas a António Ferro, em 1933, o já presidente do Conselho era ainda mais peremptório: "A bem do interesse nacional, se têm de reconhecer os agrupamentos naturais ou sociais dos homens [...] mas não forçosamente os agrupamentos da natureza e fins políticos, organizados para a conquista do poder e consequente açambarcamento do Estado". Assim sendo, aos homens do Governo competiria realizar a

---

6   António de Oliveira Salazar, *Discursos,* v. 1, pp. 173-4.
7   Ibid., pp. 175-6.

"ideia mater de antipartidarismo e de política nacional, afastando, sendo preciso, a atividade de alguns para no fim servir a todos".[8]

Afinal, a Ditadura fizera-se "contra os partidos e contra o espírito partidário". Às forças políticas das oposições ao regime e aos seus quadros, à "política" e aos "políticos" da "antinação", era oferecida uma opção de banda bem estreita: ou a colaboração com o regime, ou a capitulação. A ameaça não poderia ser mais clara: era o fim de uma era política.

Quanto aos apoiantes da situação, o pluralismo também não existiria. Mas a política e o partido único, sim. Salazar apela aos monárquicos e aos católicos para que desistam das suas pretensões políticas particulares e das suas organizações políticas próprias, quando existissem, e se juntem na plataforma de todas as direitas apoiantes do regime que se pretendia que fosse a União Nacional. Quando António Ferro, na primeira entrevista que lhe faz, ainda sob o impacto desse discurso de novembro, pergunta pelo destino dos "agrupamentos [que] se formarem dentro da situação", o novo chefe do Governo responde sibilinamente, seguramente tendo presente o recém-constituído Movimento Nacional-Sindicalista e o turbilhão de conflitos que se multiplicavam entre a sua tropa de choque e as respeitáveis elites conservadoras locais da União Nacional: "Não os deixaremos formar. Seria a negação de nós próprios. Foi para aglutinar todas as atividades políticas que se manifestaram dentro da situação que se formou a União Nacional".[9]

Salazar recorrerá sempre ao artifício de recusar a designação de "partido" ao novo partido único do regime, na realidade uma frente política das direitas políticas antiliberais e das direitas dos interesses reunidas no apoio ao Estado Novo e ao seu chefe.

---

8 António Ferro, *Entrevistas de António Ferro a Salazar*. Lisboa: Parceria A.M. Pereira, 2003, p. 244. (Citado, daqui em diante, como *Entrevistas*.)
9 Ibid., p. 25.

Vemos assim que, apesar do repúdio e da proibição liminares da "política da desordem" e dos partidos da "antinação", "regime sem partidos" não equivalia a "governo sem política". O Estado Novo e o Governo, como várias vezes insistirá o seu chefe, não eram um barco à deriva, um cego praticismo administrativo. Guiavam-se por uma política alternativa — "a política nacional" — e apoiavam-se num partido único (nunca assumido enquanto tal) congregador da sua base política e social de apoio: a União Nacional.

A "POLÍTICA NACIONAL"

Poderá afirmar-se sem exagero do argumento que, para o elitismo conservador e contrarrevolucionário que era o caldo da cultura das direitas autoritárias e corporativas que o salazarismo reunia, a verdadeira essência da "política nacional" era a despolitização e a desmobilização política.

Para o salazarismo, o imperdoável desvio da "política da desordem" ou, se se quiser, o cerne da "demagogia" democratizante, fora a massificação da política, a "adulação das massas", a "fraude da urna". Em suma, como diria Salazar, "o erro do excesso de política".[10] Precisamente, afirma-o no célebre discurso proclamatório dos "princípios fundamentais da revolução política", em julho de 1930: a "criação do 'povo soberano' não deu ao povo [...] nem influência na marcha dos negócios públicos, nem aquilo que o povo mais precisa — soberano ou não — que é ser bem governado".[11] Ou seja, o povo não podia (não estava nem preparado nem destinado a) ser o sujeito, mas sim o objeto da política que o "escol" definia. A essência da "política nacional", ou uma das suas vertentes principais, era precisamente a ciência ou a arte

---

10 António de Oliveira Salazar, *Discursos*, v. 2, p. 72.
11 Ibid., p. 91.

de enquadrar, conduzir, conformar as massas com o "destino nacional" que lhe era fixado pelas elites selecionadas e preparadas para tal. Significando isto que, na sua elaboração e execução, a "política nacional" era explicitamente assumida como um privilégio político e de classe reservado às elites do regime. "Manda quem pode, obedece quem deve."

A cultura, que a este respeito o Estado Novo, subliminarmente, sempre inculcará entre a população, é de que ela, para sua própria segurança, se devia afastar da "política" — "a minha política é o trabalho" — e deixar as decisões sobre a governação do país a quem estava, pela ordem natural das coisas, hierarquicamente destinado a esses altos desígnios.

O Estado Novo (um pouco ao contrário dos regimes fascistas nascidos de fortes movimentações da massa, como em Itália ou na Alemanha) olharia sempre com a maior desconfiança as tentativas de mobilização política das massas, mesmo para o apoiarem ou combaterem os seus inimigos, como acontecerá na conjuntura da Guerra Civil de Espanha. Salazar, nas entrevistas com Ferro, como veremos adiante, não deixará, aliás, de expressar as suas reservas à permeabilidade de Mussolini face às pressões da rua. O fascismo português, com outra história e outra lógica, gerado no terreno social e político de uma oligarquia criada pelo Estado e solidamente entrincheirada nos seus privilégios sob a proteção das Forças Armadas e da Igreja católica, nunca deixaria de ser ciosamente elitista: "Um lugar para cada um, cada um no seu lugar". Salazar ostentará sempre uma postura paternalista, e algo infantilizadora, relativamente à "inconstância" e à "volatilidade" das massas, que a Providência lhe dera como missão pastorear rumo à salvação e redenção coletivas: "[...] essa boa gente que me aclama hoje, levada por paixões momentâneas, não poderá ser aquela que tente revoltar-se amanhã, levada por outras paixões?".[12]

---

12 Ibid., p. 190.

Por isso mesmo, o povo não seria senão episodicamente chamado a grandes mobilizações ratificadoras das decisões do "chefe" em momentos críticos da história do regime — para "agradecer a Salazar" no aperto do pós-Segunda Guerra Mundial ou para apoiar a opção da guerra colonial sem fim e sem saída no comício plebiscitário de agosto de 1963. Mas, na realidade, a vontade maioritária da população nunca seria considerada como fonte legitimadora do poder e, muito menos, como sujeito produtor de decisão política. Em setembro de 1935, numa das longas Notas Oficiosas que nessa época costumava emitir, escrevendo-as na primeira pessoa do singular, o presidente do Conselho não se coíbe de dizer: "Também me não interessa que todos me deem razão, basta que o país saiba as minhas razões".[13]

E, no entanto, como vimos, para o chefe do regime era indiscutível "a relevância do fator político no meio português". Em várias conjunturas decisivas para a afirmação ou a defesa do regime, ele lembrará que, não obstante a despolitização geral e pretendida, a política, a tal "política nacional" e não a outra, a "agitação da vida pública", era fundamental para impor ou fazer durar o Estado Novo e, assim, salvar o país.

Logo em 28 de maio de 1930, no mais aceso da luta intestina pela hegemonia no seio da Ditadura Militar, o jovem e já muito influente ministro das finanças, no seu conhecido discurso da Sala do Risco, levantará a voz para operar no situacionismo ditatorial a primeira grande divisão de águas: entre os que, precisamente, entendiam que "a Ditadura nada tem que ver com a política", que era um mero parêntesis administrativo concluído, no qual se restabeleceria a ordem constitucional interrompida pelo 28 de Maio (parte da direita republicana e os militares liberais conservadores) e os defensores de que "a Ditadura deve resolver o problema político" à luz de "uma doutrina económico-política, se quereis mesmo, uma filosofia".

---

13 Ibid., p. 104.

Ou seja, a Ditadura deveria conduzir ao advento de um novo regime político e social, no essencial, contrário à "demagogia e Ditadura mais ou menos parlamentar" herdada do passado.[14] A Ditadura deveria guiar-se pela "política boa" e rejeitar o regressismo.

Também na primeira crise séria que abalará o regime, no rescaldo da Segunda Guerra Mundial, quando "a bandeira da vitória foi desfraldada e ficou drapejando ao vento da democracia",[15] por mais de uma vez Salazar se dirigirá aos quadros da União Nacional para lhes explicar que, face à vaga de críticas da Oposição Democrática, só se podia assentar a defesa do regime na política, isto é, na superioridade da política do regime para resolver os problemas da Nação: "Nenhum problema dos que formam a trama da vida nacional pode esperar solução conveniente sem que a tenha o problema político".[16] E, quatro meses depois, em março de 1947, ao dar posse à nova comissão executiva do partido único, insistirá na "relevância do fator político" na ação governativa e na organização do poder, lamentando a subalternização a que a "política" tinha sido votada pelo regime, absorvido por outras preocupações.

É ainda em nome da "política nacional", da "fidelidade a meia dúzia de princípios incontroversos", que no rescaldo do terramoto delgadista, a 1º de agosto e, depois, a 6 de dezembro de 1958, Salazar verberará os que se jactam de ter rompido a "frente nacional" que o Estado Novo reunia — "uns tantos, poucos, monárquicos" e "alguns católicos" — e apelava a "aguentar" e "prosseguir". Sempre em nome da política.

O que era, então, no seu conteúdo e alcance, essa política nacional de essência contraditória: feita por poucos para ser cumprida por todos, em si mesma alimentando-se da despolitização e da desmobilização das massas, mas, naturalmente, essencial para

---

14 Ibid., pp. 61-3.
15 Ibid., p. 175.
16 Ibid., p. 245.

a existência e durabilidade do poder salazarista e dos interesses que ele congregava?

Curiosamente, no discurso salazarista, mesmo a política que interessava tinha diversas valorações e aceções numa escala de acesso crescentemente seletiva até se alcançar o restrito Olimpo dos "altos domínios da governação".

Desde logo, havia que distinguir: "é necessário a política no governo das nações, mas fazer política não é governar". Na realidade, escrevia o chefe do Governo, "durante muitos anos a política matou neste país a administração".[17] "Governar", sendo uma atividade que a política haveria de secundar, não se confundia com ela. Consistia na superior "definição dos objetivos a alcançar" e na "diária resolução dos problemas"; era um labor técnico, científico e administrativo. Por isso, defendia que as assembleias legislativas, de natureza política, deveriam abandonar as suas funções legislativas a favor dos governos e dos seus departamentos de execução, pois, sendo essa atividade legiferante crescentemente técnica e especializada, era nos executivos fortes que se reuniam as competências para tal efeito. O "governo", o quotidiano da administração "técnica", só careceria da política "para obter a obediência voluntária dos homens, a adesão do seu espírito, a força do seu apoio, o contributo dos seus sacrifícios". Respondendo a António Ferro na primeira das suas entrevistas já citada, publicada em dezembro de 1932, cinco meses após a indigitação para presidente do Ministério, Salazar deixava clara essa distinção: "A orientação, a responsabilidade política do governo diz respeito a duas pessoas do gabinete — ao chefe do Governo e ao ministro do Interior. Os restantes ministros têm preocupações técnicas demasiado importantes para serem obrigados a pensar ainda no problema político".[18]

---

17 Ibid., p. 72.
18 António Ferro, *Entrevistas*, p. 27.

Havia, portanto, mesmo à sombra da "boa política", esta distinção entre técnica governativa e administrativa e "política" propriamente dita, que Salazar definia como o conjunto de meios "pelos quais a consciência pública é levada a um estado de adesão ou simples conformidade" com os objetivos da governação. Ou seja, política no sentido da doutrinação, da propaganda, da obtenção do tal "estado de adesão ou simples conformidade", ação que, lamenta, "foi em geral subalternizadora entre nós a outras preocupações", deixando a obra governativa do regime "bastante desacompanhada de ação política correspondente à sua importância e dificuldade".[19] Não obstante, o chefe do Governo tinha em relação a esta "política" — propaganda, como adiante voltaremos a ver — sentimentos contraditórios. Admitia a sua necessidade imprescindível atendendo à crise moral das sociedades, à rotura dos automatismos de obediência hierárquica dos países "bem organizados", por virtude da massificação das políticas e dos ventos pretéritos da "desordem", mas "lamentava sinceramente" que assim fosse, que o "fator político" se tivesse tornado tão relevante para o "destino da nação portuguesa". Para Salazar, a paz tranquila e ordenada da despolitização era a meta do bom governo. Recorrer à "política" era, portanto, uma triste necessidade dos tempos conturbados em que o Estado Novo se implantava.

Mas acima desta política/doutrinação/propaganda — que incumbiria sobretudo aos organismos da União Nacional e do Secretariado da Propaganda Nacional —, como que num terceiro escalão de importância crescente, situavam-se os altos desígnios do "problema político". Ou seja, aqueles que respeitavam ao essencial: à natureza e à organização do poder político. E, quanto a isto, pelo menos desde 1930, quando ainda não presidia ao Governo, Salazar e os seus apoiantes não escondem aquilo em que

---

[19] António de Oliveira Salazar, *Discursos: Notas políticas (1943-1950)*. Coimbra: Coimbra Editora, 1951, v. 4, pp. 274-5. (Citado, daqui em diante, como *Discursos, v. 4.*)

pretendem transformar a "Ditadura Nacional". A 30 de julho desse ano, sobrepondo-se à leitura do manifesto da União Nacional pelo então presidente do Ministério, general Domingos de Oliveira, Salazar apresenta *urbi et orbi*, já o referimos, os "princípios fundamentais da revolução política", ou seja, como também na altura lhes chamou, "os princípios fundamentais da nova ordem das coisas". Voltará a eles, glosando-os e precisando-os em vários discursos, notas oficiosas e escritos nos anos 1930, retomando-os na crise do fim da Segunda Guerra Mundial e sempre que a agitação interna os punha em causa. Mas a proclamação de julho de 1930 — a arrancada do salazarismo para a tomada do poder dois anos depois — e o discurso do "Ano x", o dos "valores de Braga", os "princípios indiscutíveis" do regime apresentados a 28 de maio de 1936 num comício em Braga (a "cidade santa da Revolução Nacional"), ficarão como uma espécie de repositório doutrinário fundamental do Estado Novo a que Salazar se manteria intransigente e rigidamente ligado para o resto da sua vida política.

"O MAIOR PROBLEMA POLÍTICO DA NOSSA ERA"

Face às ameaças da "tempestade revolucionária que agita o mundo e ameaça os fundamentos da ordem social", qual era, então, para a corrente salazarista, "o maior problema político da nossa era"? A "questão política" que estava no cerne do sistema do governo a instalar pela "Revolução Nacional"?

Seria a integração da Nação autêntica, "os agrupamentos espontâneos dos homens à volta dos seus interesses ou atividades", no Estado.[20] Esse era o grande desígnio, o Estado social e corporativo, organizador e representante da nação orgânica, sua fonte de legitimação autêntica e raiz da "ordem" e da estabilidade a reencontrar.

---

20 António de Oliveira Salazar, *Discursos*, v. 4, p. 381.

"O primeiro dever dos governantes é o reconhecimento, é o sentimento profundo da realidade objetiva da nação portuguesa."[21]

Mas o novo Estado que recebia, organizava corporativamente e tutelava sob o império do interesse geral a nação de sempre havia de recuperar a força e o prestígio perdidos para cumprir a sua missão: "Deve o Estado ser tão forte que não precise de ser violento". E não há Estado forte "onde o poder Executivo o não é".[22] Salazar dedicará largo espaço público, a partir do citado discurso de 1930, a defender o drástico reforço, a independência, a estabilidade e o prestígio do Poder Executivo, ou mais precisamente, do Governo, designadamente em relação às assembleias legislativas e de natureza parlamentar. Dirá mesmo, levado pelos ardores vitoriosos da época dos fascismos e pelo ambiente ideológico de "fim da História" que, de algum modo, se anunciava, que "as Ditaduras não me parecem ser hoje parêntesis dum regime, mas elas próprias um regime", profetizando, após a morte que declarava já consumada da "economia liberal", que "a democracia parlamentar não tardaria a ter a mesma sorte". O mesmo aconteceria às assembleias legislativas na Europa.[23]

É certo que a Assembleia Nacional saída do "compromisso constitucional" de 1933, eleita por sufrágio direto e com competência legislativa, "se ressente até certo ponto de uma espécie de transigência com ideias correntes, ainda ao tempo com certo prestígio nascido mais de hábitos mentais que do seu valor próprio". Mas o seu lugar no sistema constitucional estado-novista é, desde o início, de clara subalternidade face ao Executivo: carece de real legitimidade representativa, pois é fruto de atos eleitorais forjados, e não livres; funciona apenas três meses por ano (e, mesmo

---

21 Ibid., p. 344.
22 António de Oliveira Salazar, *Discursos*, v. 1, p. 81. Mais tarde, discursando na abertura da campanha eleitoral da União Nacional para a escolha de deputados à Assembleia Nacional, em 9 de dezembro de 1934, Salazar alterará substancialmente a expressão para chegar aonde queria: "não há Estado forte onde o Governo o não é". Ibid., p. 380.
23 Ibid., pp. 345-6, 381.

quando funciona, o Governo pode legislar); só aprova as "bases gerais dos regimes jurídicos" (a atividade legislativa e regulamentar normal caberá sempre ao Executivo); não pode derrubar o Governo (que é da exclusiva confiança do presidente da República e não responde perante a câmara); e o chefe de Estado tem o poder discricionário de dissolver a Assembleia. Como garantia Salazar, "mesmo com a câmara eletiva não haverá já para nós parlamentarismo, isto é, discussões estéreis, grupos, partidos, lutas pela posse do poder na Assembleia Nacional".[24]

É certo ser ela o órgão constitucional que, por virtude da sua génese compromissória, parece ao chefe do Governo, em dezembro de 1934, estar "ainda sujeita a mais profundas modificações",[25] que nunca se darão na história do regime. Nem Salazar as pretendia tão decisivas como outros sectores, que desejavam passar para a Câmara Corporativa as funções legislativas da Assembleia Nacional. O ambiente democratizante do pós-Segunda Guerra Mundial travou esses intentos das correntes ultramontanas do regime.[26] Mas a ideia, a que o presidente do Conselho várias vezes aludirá, é a progressiva transformação da Assembleia Nacional numa assembleia puramente política da representação e de fiscalização, perdendo a favor do Governo as suas competências legislativas. Na realidade, perdia mais que isso: de acordo com o que Salazar ambicionava, a Assembleia Nacional tornar-se-ia, de órgão de soberania, numa espécie de Grande Conselho coadjuvante do regime, passando "a legítima representação nacional [a estar] destinada aos Governos, assistidos pelos seus funcionários" e com a elaboração da Câmara Corporativa na feitura das leis.[27] É certo que a Assembleia

24 Ibid., p. 344.
25 Ibid.
26 Cf. Rita Carvalho, *Assembleia Nacional no Pós-Guerra (1945-1949)*. Lisboa: Editora Assembleia da República/Afrontamento, 2002, p. 17.
27 "Lição de Salazar para Reunião dos Governadores Civis. Sala de Conselho de Estado — no Palácio de S. Bento — às dezessete horas do dia 8-x-1942. Segundo os apontamentos do Governador Civil de Vila Real". In: Ibid., p. 287.

Nacional nunca chegará a perder o seu estatuto de órgão de soberania com poderes de legislar, mas, na prática, ela assumirá sobretudo essa função de grande assembleia do regime, onde se faziam representar e se articulavam as suas várias sensibilidades políticas e de interesses, e onde reclamavam do Governo as suas pretensões, sempre respeitando rigorosamente o que era indiscutível: as grandes linhas da governação, os fundamentos políticos e ideológicos do Estado Novo e a fidelidade ao seu chefe.

Aliás, o que o chefe do regime pensava sobre o alcance desses poderes de representar e fiscalizar da Assembleia Nacional — segundo ele, as suas verdadeiras funções — di-lo-á, melhor do que em qualquer outra ocasião, num texto, talvez por isso mesmo nunca tornado público durante a vigência do Estado Novo, fixado a partir de uma sua alocução aos governadores civis, a 8 de outubro de 1942, nas vésperas das eleições desse ano para a Assembleia Nacional.[28]

Depois de explicar que em cada regime político os Estados têm o seu "polarizador" (as Cortes nas monarquias constitucionais, o chefe de Estado nas repúblicas presidencialistas, o Parlamento nas repúblicas parlamentares), precisava: "Nós temos o Governo. Do passado político, entre nós, faz-se a transferência do *polarizador parlamento* para o *polarizador governo*".

Postas assim as coisas, estando o Governo no centro do sistema dos poderes, e remetida desejavelmente a Assembleia Nacional, como vimos, para a sua função de "assembleia política", Salazar avisa, sem rodeios, os governadores civis do que se pretende das eleições a vir: se se considera que a Assembleia Nacional a eleger representa a opinião pública, "o Parlamento, então, será a *voz da Nação*, que não pode nem deve ser diferente da *voz do Governo* nos pequenos e grandes problemas do país". Assim sendo, "precisará de ser uno em tudo o que diga respeito à doutrina política da Nação, e solidário com o Governo naquilo que exija disciplina

---

28 Ibid.

e obediência aos princípios informadores que servem e defendem o interesse nacional". E para que não restassem dúvidas rematava: "Em suma, o parlamento que vamos eleger terá que ser um auxiliar do Governo na preparação de uma força nacional, de um ambiente propício, isto é, de uma opinião pública".[29]

Determinada a natureza do poder político e o sistema de governo em harmonia com tais "critérios de política superior", percebe-se um regime que, desde o seu início, está essencialmente dependente do apoio das Forças Armadas para "manter a ordem" — e durar. E que funciona assente numa administração altamente concentrada e hierarquizada, onde tudo o que é importante se decide no topo de acordo com o "princípio ditatorial" de que "muitos preparem, um só resolva e faça executar com meios bastantes".[30] Uma típica "ditadura de chefe de governo", como lhe chamarão os atuais constitucionalistas ou cientistas políticos.

Não nos esqueçamos que Salazar, em tempo de menos peso da máquina burocrática, no vigor da idade e talvez pouco confiante nas capacidades dos seus homens de maior confiança, entre 1936 e 1940 (Guerra Civil de Espanha e início da Segunda Guerra Mundial), além da Presidência do Conselho, acumulará as pastas ministeriais da Guerra, dos Negócios Estrangeiros e das finanças. Além disso, despachava regular e pessoalmente com o diretor da Polícia Política. Nada, fosse grande ou mais pequeno, lhe escapava da vida do regime, da administração e do país.

Em seu redor, neste Olimpo da "alta política", circulava a nata, a elite do regime, um grupo restrito e de difícil acesso girando promiscuamente entre os altos cargos políticos e as administrações das empresas. Ao contrário do que faz constar uma difundida lenda

---

29 "Lição de Salazar para Reunião dos Governadores Civis. Sala de Conselho de Estado — no Palácio de S. Bento — às dezessete horas do dia 8-x-1942. Segundo os apontamentos do Governador Civil de Vila Real". In: Rita Carvalho, *Assembleia Nacional no Pós-Guerra (1945--1949)*. Lisboa: Editora Assembleia da República/Afrontamento, 2002, pp. 284-6.

30 António de Oliveira Salazar, *Discursos*, v. 1, p. 371.

urbana recente, Salazar inaugurará o hábito, quase uma praxe, de compensar os seus servidores mais chegados com substanciosos lugares no mundo dos negócios ou nas boas sinecuras do Estado. Era o tal "escol da verdadeira cultura de boa formação" a quem cabia a "direcção superior do Estado e da vida nacional", sem a qual não "se poderia pretender avançar nem sequer manter as conquistas realizadas". As "camadas seletas" que se afirmavam nos "altos domínios da governação e do espírito, da técnica ou do trabalho",[31] formadas nas universidades, caminho por excelência da sua reprodução e porta de acesso ao apertado funil da seleção social e política que conduzia ao topo. Quase todos seriam sucessiva ou alternadamente membros do Governo, deputados, diplomatas (de carreira ou não), dirigentes corporativos ou da União Nacional, chefes das milícias do regime, membros de conselhos fiscais ou de administração, ou administradores por parte do Estado, da banca ou de grandes empresas do comércio e indústria em Portugal e nas colónias, catedráticos, chefes militares, procuradores à Câmara Corporativa, etc. Constituíam o núcleo duro e essencialmente estável do alto pessoal político do regime que só a erosão do tempo e correlativas renovações, ou algumas pontuais caídas em desgraça, foram atualizando.

Sobre essa corte informal reinava solitariamente Salazar enquanto chefe do Governo, mais precisamente enquanto árbitro supremo e supremo decisor do regime, isto é, naquilo que ele interpretava como sendo o "interesse nacional".

Solitariamente não quer dizer atrabiliariamente. Pelo contrário, a decisão final, que era sua, balanceava-se frequentemente num intrincado e moroso processo de consultas, equilíbrios e prudências, sempre determinados pelos critérios prioritários da segurança e da durabilidade do regime. Talvez o mais inabalável dogma ideológico da vida política do chefe do Estado Novo tenha

---

31 Id., "Duas palavras de prefácio". In: *Discursos*, v. 2, p. 22.

sido precisamente esse: o de que o "interesse nacional" e a durabilidade do regime eram uma e a mesma coisa, e de que tudo a ela se devia submeter enquanto lógica estruturante de todas as lógicas políticas, económicas ou sociais de governação. Saber durar seria, sem dúvida, a arte suprema do ditador.

Essa tessitura da decisão política não a fará Salazar em nenhum órgão de Governo ou de partido em especial, muito menos por votação no seu seio. Com os anos, o Conselho de Ministros vai reunindo cada vez mais espaçadamente.[32] O presidente do Conselho despacha diretamente com os seus ministros (quando acha oportuno recebê-los...) e só convoca o Conselho para o ouvir a título consultivo acerca de momentos ou de decisões cruciais na vida do país e do regime (por exemplo: a cedência das bases dos Açores à Grã-Bretanha em 1943; o balanço da situação pós-eleitoral no fim da Guerra, em 1945 e 1946; a adesão à Nato em 1949; a situação criada pela crise estudantil, em abril de 1962). Ainda menos consulta a Comissão Executiva da União Nacional, senão apenas para a escolha dos candidatos da União Nacional à Presidência da República ou para finalizar e corrigir o delicado cozinhado das listas do partido único para deputados.[33] Mais frequentemente a convoca para que ouça, em sessão solene, os seus discursos sobre o momento político. Em ambos os casos, o chefe do Governo escuta, raramente se pronuncia, raramente se estabelece confronto de posições e, no fim, fora das reuniões formais, toma a decisão que, mesmo por vezes, não sendo exatamente a sua, entende ser mais conveniente para os equilíbrios e interesses do regime e, portanto, do país.

No entanto, o processo de consulta transcende as decisões desses órgãos do Governo e do partido. Dentro, e normalmente fora,

---

32 Cf. Acerca do estilo de governação de Salazar, o excelente retrato de autoria de Adriano Moreira, *A espuma do tempo: Memórias do tempo de vésperas*. Coimbra: Almedina, 2008, p. 163 ss.
33 Cf. José Reis Santos, *Salazar e as eleições: Um estudo sobre as eleições gerais de 1942*. Lisboa: Editora Assembleia da República, 2011, p. 83 ss.

do Conselho de Ministros ou da Comissão Executiva da União Nacional, o chefe do regime ouve regularmente uma espécie de conselho consultivo informal (alguns chamam-lhe o "politburo") formado por homens da sua confiança política pessoal, mesmo tendo, com alguns deles, divergências mais ou menos conjunturais.

São velhos e fiéis companheiros do Centro Católico e/ou ex-colegas e alunos da Universidade de Coimbra (Quirino de Jesus, Mário de Figueiredo, José Nosolini, Costa Leite Lumbrales), intelectuais de sangue na guelra oriundos do Integralismo Lusitano (Pedro Teotónio Pereira, Marcelo Caetano, João Ameal), homens da direita republicana que o seguirão lealmente o resto da vida (Bissaya Barreto, Albino dos Reis, Duarte Pacheco, Mário Pais de Sousa), chefes militares que garantirão o controlo político do Estado Novo sobre a tropa (Santos Costa, Câmara Pina, Gomes de Araújo, Mário Silva), homens de negócios bem-sucedidos que fazem a ponte com a "direita dos interesses" (Ricardo Espírito Santo, Caeiro da Mata, Queiroz Pereira, Sebastião Ramires), ou diplomatas com quem articula em diferentes momentos a política externa do regime e não só (Teixeira de Sampaio, Marcelo Matias, e Franco Nogueira, confidente na fase final da sua vida política, essencialmente concentrada nos aspectos políticos, militares e diplomáticos da guerra colonial). Neste período crescem de importância junto de si homens mais jovens, como Correia d'Oliveira, a quem delega, como ministro de Estado, a direção dos assuntos económicos e financeiros, ou Supico Pinto, colaborador mais antigo, que o ajuda a remodelar os governos quando o velho ditador, crescentemente isolado, deixa de ter capacidade e paciência para procurar e recrutar os novos valores do regime.

Mas para chegar a tão largo, tão longo e tão concentrado mando num homem que durou quase meio século à cabeça do poder, foi preciso começar por tomá-lo. E compreender como o tomou é a primeira condição para perceber como o conservou.

CAPÍTULO II
TOMAR O PODER

> *A tempestade revolucionária, que agita o mundo e ameaça os fundamentos da ordem social, impõe, como primeira de todas as necessidades, a de lançar mão do poder público, a conquista do Estado e a defesa intransigente das posições de ordem. Para quem tem amor à Pátria e aos princípios fundamentais da nossa civilização, isto está hoje no começo de tudo.*
>
> A. de Oliveira Salazar[1]

Na Introdução à primeira edição nacional do livro com as cinco primeiras entrevistas de António Ferro a Salazar (*Salazar, o homem e a sua obra*, 1933), dizia o futuro chefe da propaganda do regime que, em junho de 1926, quando os comandantes militares do 28 de Maio acordam no Governo de Mendes Cabeçadas, para o qual viera, de Coimbra, Oliveira Salazar, ninguém sabia quem era o jovem lente no quartel insurrecto da Amadora. "Ninguém, afinal, o conhecia, a não ser os seus discípulos e os seus colegas, a não ser as ruas íntimas e discretas de Coimbra, corredores da universidade onde os passos se perdem."[2]

Poesia à parte, a afirmação é manifestamente exagerada, e até, talvez, propositadamente exagerada, por parte de quem desejava fazer da obra que se dava à estampa o primeiro trampolim para a

---
1 Prefácio de 16 de janeiro de 1933 à primeira edição das entrevistas com António Ferro. Cf. António Ferro, *Entrevistas*, p. 244.
2 Ibid., p. 3.

apresentação do novo chefe do Governo ao grande público. Mas há, naturalmente, mais do que isso. Como veremos, apresentar Salazar como homem só, acima da intriga e das combinações políticas, sem aliados nem alianças, que só aceita, contrariamente, sair do seu esplêndido isolamento para salvar a pátria — essa imagem neossebastianista do "redentor", tão cara a Ferro e à direita radical portuguesa — é um dos principais eixos em que assentará a encenação da figura do "chefe" criada a partir das entrevistas.

Na realidade, o que bem se poderá dizer é que a agudização da crise da Primeira República, sobretudo após 1921, desperta definitivamente a intuição e a ambição do professor de Economia e finanças quanto ao papel que possa vir a ter na "regeneração nacional". Se quisermos, faz desabrochar plenamente o doutrinador e o político nacionalista, católico, corporativista e antiliberal que se sente, desde cedo, depositário de uma missão salvífica para o país. E que está determinado a cumpri-la, por ambição e por dever, mesmo que, até chegar ao Governo em 1928, essa vontade avassaladora se cubra de reserva e contenção no seu modo distante e fradesco de estar e falar. Não é, em nenhum momento, uma arrancada solitária, ao contrário do que, mais tarde, gostará de referir e a propaganda glosará. Desde o início, tem dois trunfos decisivos que explora a fundo: o primeiro é o apoio político do Centro Católico (CC) e, em particular, do seu círculo dentro e fora do CC de Coimbra (o futuro cardeal Cerejeira, Mário de Figueiredo, Bissaya Barreto, Albino dos Reis, Mário Pais de Sousa, entre outros), de onde tudo arrancará. O segundo é a auréola de "mago das finanças" cuidadosamente cultivada, portador que se apresentava de uma solução certeira e salvífica para a crise das contas do país (e para algo mais que, até à sua entrada firme no Governo, é mantido discretamente na sombra).

O certo é que Salazar, pelo menos desde o II Congresso do Centro Católico (reunido em abril de 1922), se afirma como a indiscutível figura intelectual de referência da direita católica ao destacar-se como defensor da nova política do *ralliement*, a política de primazia da defesa dos direitos da Igreja, aceitando as instituições da República e atuando dentro delas. A apologia de uma espécie de transpolítica acima dos partidos que unificasse as direitas conservadoras em redor das reivindicações do catolicismo e da Igreja, da sua moral e das suas prioridades. Posição que o conduzirá, na altura, a polémicas públicas nos jornais com figuras destacadas do ultramontanismo monárquico restauracionista, como Fernando de Sousa (diretor do diário *A Voz*), Paiva Couceiro (chefe das incursões monárquicas de 1911 e 1912), o truculento legitimista Alfredo Pimenta ou até Ayres d'Ornellas, lugar-tenente do rei exilado. Na realidade, sob a condução da fação salazarista, o Congresso de 1922 separava a política do Centro, definitivamente, da política monárquica restauracionista, o que viria a ter enormes repercussões futuras, como princípio e como tática, na construção da plataforma política viabilizadora do Estado Novo e traduzida no seu partido único.

Salazar entra, então, na política parlamentar pelo Centro Católico: é eleito deputado por Guimarães em abril de 1921 (o golpe de outubro desse ano interrompe a legislatura). Mas não é só nos círculos políticos de direita que começa a afirmar-se. Em novembro de 1923, ombreando com Armindo Monteiro, é convidado a orar no Congresso das Associações Comerciais e Industriais — importante fórum nacional das "forças vivas" —, onde fala sobre "redução das despesas públicas", aí expondo, com largo acolhimento, as suas ideias sobre o imperativo do equilíbrio orçamental. Ideias que desenvolve, em janeiro de 1925, em artigos no *Novidades*, órgão do Patriarcado, onde então inicia a sua colaboração — instrumento que se revelaria decisivo na sua marcha para o poder.

E como que a esclarecer que a política orçamental não se limitava a ser uma mera técnica financeira, mas o instrumento de um projeto de Estado mais vasto, a 4 de julho, ressurgindo publicamente como dirigente católico no Congresso Eucarístico Nacional de Braga, fala sobre "A paz de Cristo na classe operária pela Santíssima Eucaristia". É uma apologia do corporativismo, do Estado portador de uma doutrina e animado de uma força para a executar, sob a autoridade de uma hierarquia e de um "escol".

O ano de 1925 encontra Salazar politicamente ativo como chefe e doutrinador do Centro Católico: corresponde-se intensamente com os seus amigos de Coimbra, apela à participação eleitoral nas colunas do *Correio de Coimbra* e a 30 de janeiro, com Mário de Figueiredo, vai ao Funchal, onde, a 4 e 6 de fevereiro, estabelece vários contactos e profere duas conferências marcadamente doutrinárias: "Laicismo e liberdade" e o "O bolchevismo e a Congregação". De 14 a 19, participa no x Congresso da Associação Luso-Espanhola para o Progresso das Ciências, onde disserta sobre "o confessionalismo do Estado", em favor de um Estado forte e esclarecido por um querer doutrinário.

É agora, publicamente, o ideólogo e chefe de fila do catolicismo conservador, com estreitos contactos com a hierarquia da Igreja, mas sempre numa postura que se pretendia suprapartidária, moral, ponto de encontro de algo mais do que uma simples fração partidária. A 8 de novembro de 1925, volta a candidatar-se às eleições legislativas pelo Centro Católico ao círculo de Arganil, não sendo eleito. Mas não desiste. Há algo no ar. Assume até a vice-presidência da Comissão Diocesana de Coimbra do Centro. E permanece, nesse fim de 1925, mais tempo na cidade do que de costume. Adivinha-se o golpe militar de 1926.

Não surpreende, neste termos, que Gomes da Costa e Mendes Cabeçadas, entre os três lentes de Coimbra convidados para o novo Governo saído do pronunciamento militar, incluam Oliveira Salazar. Ele é já, nessa altura, um prestigioso professor de finanças públicas que parece ter uma solução para equilibrar as contas e o orçamento, e um dirigente católico reconhecido. Era um homem com um espaço político próprio, o da direita católica, que, pela porta do "milagre financeiro", entrava no campo político de apoio à Ditadura Militar. Foi uma entrada difícil.

Salazar está hesitante, sente que ainda não estão reunidas as condições de avançar, que a Ditadura ainda é um desnorte, sem destino certo, mas, pressionado por Cerejeira e pelos círculos católicos, talvez pela pressa da ambição, acaba por aceitar. A 4 de junho vai à Amadora, entrevistar-se com Cabeçadas e Gomes da Costa, que recebe o "trio de Coimbra" entre pesadas graças casernáticas. É um choque, desiste e regressa a Coimbra. Novas pressões de amigos do Centro Católico e da Universidade (os outros dois lentes tinham aceitado) levam-no, finalmente, a tomar posse como ministro das finanças, a 12 de junho.

Salazar tinha razão: o Ministério de Cabeçadas será derrubado por um golpe de Gomes Costa cinco dias depois. Os homens de Coimbra demitem-se do Governo (Manuel Rodrigues acabará por ficar) e Salazar não acede às insistências de Gomes da Costa para que permaneça: era necessário, antes, saber-se qual o sentido político da "Revolução Nacional". Seja como for, está definitivamente lançado na corrida para o poder.

A verdade, todavia, é que só se pode entender a lógica desse percurso e a complexidade da luta interna pela hegemonia dentro da Ditadura Militar durante os sete longos anos de transição para o Estado Novo começando por desfazer alguns mitos correntes sobre o golpe militar de 28 de maio de 1926.

Comecemos por aí.

TRÊS MITOS SOBRE O 28 DE MAIO

Existe um razoável consenso na historiografia sobre o século XX português acerca do tão largo como equívoco apoio que marcou o processo e os propósitos do movimento militar de 28 de maio de 1926. Já escrevi, noutra ocasião,[3] tratar-se de um pronuncia-

---

3   Fernando Rosas, "O Estado Novo". In: José Mattoso (coord.), *História de Portugal*. Lisboa: Estampa, 1998, v. 7, p. 142. (Citado, daqui em diante, como "O Estado Novo".)

mento com o apoio máximo para um programa mínimo: derrubar o Governo dos "bonzos" de António Maria da Silva, acabar com a execrada "Ditadura" do PRP na governação do Estado. Um monopólio sobre o sistema político que, tal como sucedera com o PRP afonsista na fase anterior à Grande Guerra, se mostrava inexpugnável a qualquer forma de alternância legal, apesar da sua manifesta crise de legitimidade.

O velho Partido Democrático, agora transformado em típico partido situacionista, espelho dos interesses de uma clique que controlava e manipulava a administração e o sistema eleitoral em proveito próprio e de certos sectores da oligarquia, conduziu, tanto do ponto de vista político como económico e financeiro, à crise do sistema liberal e à sua agonia terminal.

À esquerda, era alvo dos ataques crescentemente desesperados (greves, bombismo, golpismo) dos vários sectores do movimento operário (anarcossindicalistas, comunistas, socialistas), fortemente atingidos pela crise social e que a "República dos assassinos" continuava a maltratar com brutalidade inusitada, através das deportações sem julgamento, dos tribunais especiais e de formas de repressão policial que só seriam igualadas e superadas pela Ditadura Militar e pelo Estado Novo. A eles acabara por juntar-se, ainda que numa aliança instável (retomada pelo reviralhismo contra a Ditadura), o heteróclito campo da esquerda republicana (a Esquerda Democrática de José Domingues dos Santos, os alvaristas, os radicais, os seareiros), que não se coibirá, sobretudo após a expulsão dos "canhotos" do PRP, em 1925, de conspirar e de apelar explicitamente à intervenção salvífica do Exército para pôr cobro ao silvismo e regenerar a República.

À direita, compreendendo-se, neste campo, as várias direitas da direita política (o republicanismo de direita, os integralistas, o partido católico, os cruzadistas) e dos interesses (as associações patronais do comércio, indústria, agricultura), sensivelmente desde os abalos da "noite sangrenta" de outubro de 1921, deixara de se confiar nos governos silvistas ou no republicanismo conservador, para restabelecer a almejada "ordem" nas finanças, nas ruas e na administração. A conspiração político-militar, o derrube subversivo do regime era o que estava na ordem do dia, ensaiando-se o golpismo militar em sucessivas conspirações e intentonas entre 1921 e 1926.

A direita portuguesa e a ideologia de um difuso nacionalismo autoritário, que era o cimento mínimo dessa sua frente heteróclita, aprenderam alguma coisa desde o premonitório e falhado ensaio de superação autoritária do liberalismo que fora o sidonismo, em 1918. Aprenderam a não se dividir (e inviabilizar) em torno de questões de forma do regime: adiavam agora, *sine die*, a questão da restauração monárquica, apregoavam a sua fidelidade à República e buscavam unir-se em torno do essencial — o conteúdo da governação, o alcance do que significava a "ordem", a "nova ordem" que se anunciava e que jamais poderia sair de qualquer reciclagem da velha "política". E ainda que essa ideologia nacionalista e mais ou menos antiliberal, fruto de um longo processo de aculturação social,[4] tivesse ganho a hegemonia das elites políticas e culturais nas vésperas do 28 de Maio, e constituísse indiscutivelmente a ideologia dominante das várias conspirações da conspiração (o que se traduziria em fácil e rápida vitória com o expurgo do republicanismo adventício ao golpe nas primeiras semanas que lhe sucederam), o certo é que, no interior dessa hegemonia genericamente vencedora, muita coisa havia para decidir.

Derrotada e afastada, quase sem resistência, a esquerda republicana que se pendurara no golpe, faltava ainda saber quem iria mandar, entre as várias direitas da direita. E esse processo de recomposição, de novas roturas e alianças, duraria, pelo menos, seis anos (de 1926 a 1932), quando Salazar finalmente emerge como

---

4   Luís Trindade, *O estranho caso do nacionalismo português: O salazarismo entre a literatura e a política*. Lisboa: ICS, 2008.

chefe do Governo e líder incontestado da plataforma política e social sobre a qual, a partir de 1933, se vai erguer o Estado Novo.

Dito isto, entrevista a complexidade do arrastado processo de transição da Ditadura Militar para o Estado Novo, talvez se possam entender melhor algumas das principais mitologias ideológicas que se foram tecendo acerca do 28 de Maio e da transição, com ou sem resguardo historiográfico.

O MITO DA INTERVENÇÃO SALVÍFICA DO EXÉRCITO (OU DAS FORÇAS ARMADAS) COMO CORPO OU INSTITUIÇÃO ANIMADA POR UMA INTELIGÊNCIA ESTRATÉGICA ENQUANTO TAL

Esta foi a representação oficial do 28 de Maio adotada pelos vencedores e depois pelo discurso histórico-ideológico do Estado Novo: o Exército enquanto instituição supraclassista e suprapartidária, referência última da legitimidade do Estado, depositário natural e cadinho das virtudes pátrias, bastião incorruptível do vigor derradeiro da nação enferma, respondera ao apelo dos portugueses para que a salvasse. Como escrevia Óscar Carmona, prefaciando um conhecido livro de Leopoldo Nunes sobre o 28 de Maio:[5] "Entre todos os corpos da Nação em ruína é o Exército o único com autoridade moral e força material para consubstanciar em si a unidade de uma pátria que não quer morrer".

Alguma historiografia (José Medeiros Ferreira e António Telo),[6] obviamente partindo de diferentes pressupostos, de alguma forma, iria reeditar tal mitologia através de abordagens de pendor institucionalista, defensoras de uma espécie de inteligência estratégica das Forças Armadas enquanto tal, ao longo da nossa

---

5 Leopoldo Nunes, *A ditadura militar: Dois anos de história política contemporânea*. Lisboa: [s.n.], 1928.
6 José Medeiros Ferreira, *O comportamento político dos militares: Forças armadas e regimes políticos no século XX*. Lisboa: Estampa, 1992; e António Telo, *Portugal e a Nato: O reencontro da tradição atlântica*. Lisboa: Cosmos, 1996. (Citado, daqui em diante, como *Portugal e a Nato*.)

história do século xx. Quando as não encaram, é o ponto de vista sobretudo de A. Telo, como alavanca central do processo histórico de modernização do país.

No caso do 28 de Maio, esta reificação do papel das Forças Armadas como entidade político-estratégica em si, enquanto corpo de ação política coerente, parece-me chocar com dois problemas de difícil resolução: o primeiro é a clara divisão política e ideológica do Exército em várias conspirações e fações que se guerreiam, concorrem e vigiam, como adiante se referirá; o segundo é que, por essa forma, tenderá a não se compreender como a atribuição dessa função redentora e nacional à instituição militar foi, em larga medida, uma construção ideológica destinada a dar operacionalidade político-militar a um campo social e político demasiado dividido e conflituante para conseguir, com êxito, derrubar o silvismo.

Efetivamente, a experiência das tentativas várias, sobretudo desde o início dos anos 1920, de romper com a "Ditadura" quase intangível do "Partido Democrático" no poder deparara sempre com dois tipos de dificuldades. Uma residia na divergência de propósitos e de programas alternativos que animavam, da esquerda republicana à direita integralista, as muito dispersas e distintas oposições ao regime personificado, em 1926, por António Maria da Silva. Outra decorria disto mesmo: sendo certo e amplamente demonstrado que só o recurso à violência revolucionária e anticonstitucional podia impor a alternância no poder, aquele fracionamento político-ideológico implicava o fracionamento da intervenção militar, a divisão político-partidária da força armada — cada fação política tinha a sua espada e a sua tropa de confiança, comprometendo a eficácia operacional da conspiração.

A aproximação político-formal, ou tática, de oposições tão distintas foi-se operando, objetivamente, com o acentuar da deliquescência económica, social e política do poder republicano, com a instalação definitiva da crise de legitimidade da república dos "bonzos" do Partido Republicano Português. E realizou-se, sem grandes compromissos e sempre com muita desconfiança, em torno de um programa mínimo: pôr termo à "corrupção", à "demagogia", à "ditadura" dos "democráticos", substituindo-a por um vago "regime de ordem", de "exceção", que saneasse as finanças, relançasse a economia na metrópole e nas colónias e criasse as condições de uma "nova ordem política" republicana, cujo conteúdo ninguém se apressava a explicitar. É esse tom vago, tão vago que o próprio partido de António Maria da Silva o poderia, e tentaria, subscrever, que o manifesto inicial do 28 de Maio evidencia. Uma espécie de pacto político para derrubar o inimigo imediato e comum a boa parte da esquerda, à direita republicana e ao conjunto das direitas antiliberais. Depois se veria...

O instrumento que desse operacionalidade revolucionária a este consenso procurou-se — e vinha a procurar-se e a construir-se desde o rescaldo da "noite sangrenta" de 19 de outubro de 1921 — na ideia de uma intervenção das Forças Armadas enquanto instituição depositária de uma "missão nacional regeneradora", de carácter suprapartidário, distinta dos manejos das "quadrilhas partidárias", dos "políticos" e até da "política", tudo sinónimos do que se considerava serem os piores vícios do regime simbolizado pela governação silvista. A efabulação ideológica em torno da missão salvífica da instituição militar era, desde o início dos anos 1920, particularmente grata às diversas direitas, seguras da inalterada influência conservadora nos comandos do Exército. A sua ação política é, toda ela, destinada a preparar a opinião pública para a legitimidade e a necessidade patriótica da intervenção militar. Mas o certo é que veremos os meios políticos e intelectuais da esquerda republicana, sobretudo após a queda do Governo "canhoto" de José Domingues dos Santos, em fevereiro de 1925, a aderir ao apelo a esse recurso purificador. A *Seara Nova* teorizará sobre as condições em que seria admissível uma intervenção militar viabilizadora da instalação de um "Governo excecional" e de "competências", a imprensa da Esquerda Democrática, após 1925, reclamá-la-á insistentemente, e os dirigentes do Partido Radical (que já tinham tentado a sua aventura golpista própria em fevereiro de 1926) irão desencantar Gomes da Costa para a "arrancada" de Braga.

Em suma: as Forças Armadas, "reserva moral da Nação", surgiam, aparentemente, como o braço armado, o intérprete militar, de um tão amplo quanto equívoco "consenso nacional" em torno da necessidade de "regenerar a pátria", isto é, através do afastamento dos homens do Partido Republicano Português das cadeiras do poder.

É bem provável que este discurso legitimador do golpe "puramente militar" gozasse de largo apoio na oficialidade das Forças Armadas e na opinião pública. A conspiração era mais ou menos aberta, saudada nos jornais da direita e da esquerda republicana (da *Época*, do integralista Manuel Múrias, à *Choldra*, da Esquerda Democrática), defendida em conferências públicas, e instalara-se a noção difusa da imprescindibilidade e inevitabilidade da intervenção do Exército. A tal ponto que o Governo silvista (cujo ministro da Guerra, José Mascarenhas, chegara a estar nela envolvido), cônscio da sua fraqueza, se desdobra, nas vésperas dos acontecimentos, em contactos com os líderes da fação mais republicana do movimento (Mendes Cabeçadas e Cunha Leal), na busca de um compromisso salvador.

No entanto, parece difícil explicar o 28 de Maio em termos de uma lógica essencial ou predominantemente institucional-militar, mesmo sabendo-se que o geral das unidades, por todo o país, acabará por aderir ao pronunciamento de Braga.

A realidade, como antes se assinalou, é que não há uma conspiração militar una, com um comando e um plano centralizados, com uma chefia clara. A conspiração desdobra-se por distintas fações político-militares, com os seus chefes próprios, ligadas aos apoios político-partidários de que dispõem e às suas respetivas e distintas estratégias, vigiando-se mutuamente e tentando a todo o custo, cada uma delas, ganhar a iniciativa dos acontecimentos.

É certo que após a morte do velho general Alves Roçadas (homem ligado aos ex-unionistas de Brito Camacho) se gera um acordo para colocar, nominalmente, à frente do movimento, o comandante Mendes Cabeçadas, dada a sua respeitabilidade republicana de participante no 5 de Outubro. Mas as ligações deste aos "políticos", designadamente à União Liberal Republicana de Cunha Leal, suscitam as maiores desconfianças na outra grande componente do golpe, a facção militar-conservadora, onde avultam o general Sinel de Cordes e o coronel Raul Esteves.

O grupo Cabeçadas-Cunha Leal exprime, na realidade, a velha aspiração da direita republicana — já presente na génese da "Ditadura" de Pimenta de Castro, em 1915, e na do golpe sidonista de 1918, e, desde então, sempre procurada — de impor uma duradoura "mudança de turno" à quase exclusiva governação dos "democráticos". Não se tratava de subverter o regime liberal republicano, mas de lhe mudar as regras de jogo, designadamente através de reformas constitucionais, de forma a assegurar uma verdadeira alternância e colocar na direção do Estado a direita republicana: mais precisamente, a União Liberal Republicana, criada por Cunha Leal em 1926, para concretizar essa operação e guindar o seu líder, homem inteligente e ambicioso, à chefia do Governo, com o pretendido apoio do Exército e do geral das forças conservadoras.[7]

Nos dias seguintes ao 28 de Maio, à medida que vai crescendo a contestação da direita político-militar à nova chefia do Estado e do Governo confiada, pelo presidente da República demissionário, a Mendes Cabeçadas, este unirá, também, atrás de si, toda a esquerda republicana, onde se pressente já que o derrube do recém-empossado presidente do Ministério arrastará todo o edifício liberal republicano: seareiros, Esquerda Democrática, a

---

7 Cf. Luís Farinha, *Cunha Leal, deputado e ministro da República: Um notável rebelde*. Lisboa: Assembleia da República/Texto Editores, 2009, p. 202 ss. (Citado, daqui em diante, como *Cunha Leal, deputado e ministro da República*.)

"Junta Verde"[8] de Álvaro de Castro, etc. Em suma, pouco antes de vir a ser, por seu turno, derrubado, Cabeçadas congrega o apoio de praticamente todo o campo republicano constitucionalista: apoio que não poderá, ou não quererá, usar. A facção discreta mas eficazmente liderada por Sinel de Cordes, sua real eminência parda (o "chefe do monarquismo militar e plutocrático" e "oculto progenitor do fenómeno ditatorial", como o classificará Cunha Leal,[9] e que tem como ativo "operacional" o seu companheiro de conjura do 18 de Abril, Raul Esteves),[10] é, talvez, o sector mais "puramente militar" da intentona. Apoiado pelo geral das forças conservadoras, dos interesses económicos e da hierarquia militar, que nele tende a reconhecer-se, encara com a maior desconfiança as ligações e as manobras do grupo de Cabeçadas, tidas como uma forma ínvia de regressar ao odiado regime das "quadrilhas partidárias" e dos "políticos". Só um movimento exclusivamente militar poderia cortar cerce com esse passado e iniciar a almejada "regeneração nacional", ainda que neste vasto campo político-militar conservador ninguém se apressasse a definir, com precisão, em que é que isso consistiria, para além de um forte compromisso quanto ao respeito pela forma republicana do Estado. Sinel aprendera a lição do sidonismo: não deixar dividir o campo conservador por causa da chamada "questão do regime". Ele próprio um monárquico confesso, ao apagar-se como chefe público do movimento, é o primeiro a tirar daí as devidas consequências.[11]

Para os sinelianos, a aceitação de Cabeçadas como chefe do movimento fora uma cedência relutantemente consentida para neutralizar a oposição do "espírito republicano", dentro e fora das

---

8 Grupo de oficiais de guarnições de Lisboa ligados a Álvaro de Castro e a outros meios da esquerda republicana.
9 Francisco Cunha Leal, *As minhas memórias*. Lisboa: Editora de Autor, 1968, v. 3, p. 80.
10 O movimento militar de 18 de abril de 1925, liderado por Sinel de Cordes, Raul Esteves e Filomeno da Câmara, considerado como o "ensaio geral" do 28 de Maio.
11 Cf. Aniceto Afonso, *História de uma conspiração*: *Sinel de Cordes e o 28 de Maio*. Lisboa: Editorial Notícias, 2000.

Forças Armadas, a um golpe com uma forte componente "monárquica" ou, mais precisamente, com uma ativa participação do geral das forças antiliberais. Obviamente esperavam que a dinâmica da "revolução" ultrapassasse e marginalizasse os aderentes do campo republicanista, e cedo encontraram no general Gomes da Costa o instrumento ideal desse propósito.

Nos 21 dias que vertiginosamente se sucederão ao arranque do 28 de Maio, em Braga, Gomes da Costa vai ser o principal aríete do grupo militar-conservador sinelista para limpar, da nova cena política revolucionária, Mendes Cabeçadas e, com ele, todo o leque de correntes republicanistas que se lhe tinham colado antes, durante e depois do pronunciamento militar. E 21 dias após se ter convencido de que conquistara efetivamente o poder a Mendes Cabeçadas, o velho general será preso e deportado para os Açores. O grupo de Sinel Cordes era senhor da situação e a Ditadura Militar começava verdadeiramente a 9 de julho de 1926, com Óscar Carmona como chefe do Governo.

Finalmente, o paradoxal grupo de Gomes da Costa, apoiado numa heteróclita aliança de radicais republicanos e integralistas, fora arrancado a um atribulado e endividado quotidiano, de qualquer forma alheio à conspiração, poucos dias antes do "dia D" do movimento que haveria de iniciar. Proposto pelo Partido Radical, a quem o ligam laços políticos e débitos, seria dificilmente convencido a tomar a iniciativa das operações em Braga por um jovem oficial de simpatias radicais da guarnição dessa cidade, o tenente Pereira de Carvalho, ajudado por um seu camarada de armas, esse chegado aos integralistas, o tenente Pinto Correia.

A ideia dos radicais de direita e de esquerda que empurram Gomes da Costa é, claramente, a de retirar a hegemonia dos acontecimentos ao grupo de Mendes Cabeçadas: os dois sectores, bem como os sinelistas, inquietam-se com os seus propósitos de continuidade e as suas ligações aos "políticos". A operação de transporte do general até Braga e o arranque do pronunciamento revestem-se de um segredo e cuidado de defesa conspirativa, adotados não tanto contra o Governo, mas sobretudo face à gente de Cabeçadas, que seria apanhada, efetivamente, de surpresa.

A prisão do comandante Cabeçadas pelo Governo silvista, a 28 de Maio (paralisando por 24 horas fulcrais a sua capacidade de manobra), o prestígio e o *panache* do velho "herói da flandres", o apoio maciço que as forças de Sinel, após uma hesitação, lhe concedem, as tibiezas de Cabeçadas — tudo contribuirá para que este perca a iniciativa e o comando dos acontecimentos logo nas primeiras horas do processo, sem nunca os chegar a recuperar, apesar das tardias ajudas institucionais que lhe prestará Bernardino Machado, o presidente da República cessante. Esse vai ser o papel de Gomes da Costa até ao definitivo afastamento de Cabeçadas. Um batedor da avançada sinelista para o poder, do qual pouco, ou efemeramente, aproveitarão os seus apoiantes, radicais ou integralistas.

Em suma, seria difícil descortinar um programa comum, um pensamento institucional minimamente coerente para as Forças Armadas a partir de 29 de maio. À fação vencedora une-a, sobretudo após a estocada final contra Gomes da Costa a 9 de julho de 1926, o facto de ter conquistado o poder. Une-a também a luta contra o reviralhismo revolucionário que imediatamente se desencadeará, aliás, pela mão dos militares vencidos pelo golpe. Mas quanto ao resto, quanto ao que fazer com o poder conquistado, quanto ao futuro, mesmo no seio do grupo militar vencedor, as dissensões são claras. E essas divisões não são senão o espelho dos grandes campos sociopolíticos que se preparam, dentro e fora do campo da Ditadura Militar, para travar as últimas razões acerca do futuro da República.

O MITO DE QUE A REPÚBLICA LIBERAL CAIU FACILMENTE E SEM LUTA NEM APOIO SOCIAL OU POLÍTICO

É, mais uma vez, um dos recorrentes mitos ideológicos do salazarismo acerca das origens do novo regime, novamente, com eco em muito jornalismo apressado ou até em alguma historiografia que tende a confundir a queda, praticamente sem resistências, do Governo de António Maria da Silva com a da própria República e do liberalismo subsistente.

Na realidade, a 28 de maio de 1926, o que cai sem dor e entre o aplauso quase geral, à esquerda e à direita, é o silvismo, o Ministério dos "bonzos". A República, com o seu liberalismo limitado e oligarquizado, com a sua democracia estreita, bater-se-ia dura e prolongadamente, apesar de tudo, contra o que intuía que a Ditadura Militar trazia no ventre e que, pressentia, haveria de ser bem pior, em termos políticos e sociais, do que até aí se vivera com as experiências liberais anteriores. A essa resistência política e militar contra a Ditadura se chamaria, algo depreciativamente na época, o "reviralho", os que desejariam "revirar", andar para trás. Mas a historiografia dos últimos anos retomou sem esse acinte o termo *reviralhismo* para precisar o fenómeno político e social revolucionário de conspiração e luta armada contra a Ditadura Militar e os primeiros anos do Estado Novo.

De alguma maneira, o reviralhismo foi uma reedição tardia do "bloco social do 5 de Outubro" para salvar, restaurar, talvez melhor, refundar, uma República liberal que agora se pretendia democratizada e regenerada, face às ameaças "autocráticas", "militaristas" e "fascizantes" da Ditadura. Ele agrupava, sobretudo nos grandes centros urbanos, a frente dos que tinham ficado de fora do espaço político polarizado pela Ditadura, após a derrota de Mendes Cabeçadas e a imposição do Governo do general Óscar Carmona, em julho de 1926, afinal, aqueles que, logo nesse verão, começaram a ser demitidos, presos e exilados. Ou seja, era uma fronda que englobava os diversos grupos da esquerda republicana, o que restava do movimento operário organizado (anarcossindicalistas/comunistas e sindicalistas socialistas), as antigas redes conspiratórias herdadas da Carbonária e da "formiga branca", tudo sob a tutela da elite política e militar republicana de esquerda, já exilada ou ainda no interior (seareiros, radicais, alvaristas, gente do grupo da Esquerda Democrática, quadros do PRP avessos ao colaboracionismo com a Ditadura, muitos oficiais afetos a estas correntes e as grandes figuras de referência: Bernardino Machado, Afonso Costa, Jaime Cortesão, António Sérgio e outros).

Vale a pena chamar a atenção para o facto de os discursos programáticos elaborados, geralmente, a partir do exílio, pelas cúpulas políticas inspiradoras do reviralhismo terem frequentemente um tom moderado e até conservador (em 1927, os programas dos revolucionários de fevereiro e da Liga de Paris reivindicam-se da "autenticidade" do 28 de Maio e até de certos aspectos do corporativismo), em óbvio contraste com os propósitos republicanistas radicais que chamavam às barricadas os ativistas e parte da plebe urbana nas grandes cidades e nas zonas operárias e populares. Apesar da progressiva esquerdização desse discurso dirigente a partir da implantação da República em Espanha, em abril de 1931, e, mais tarde, com a Guerra Civil, essa realidade evidenciava a crescente distanciação que os dirigentes do exílio tinham com a conspiração no interior, e até as notórias divergências entre os grupos políticos exilados que nunca deixaram de se manifestar, e de se acentuar, após cada novo insucesso.

O pessoal político da direita republicana (nacionalistas, boa parte do PRP, Cunha Leal e a sua União Liberal Republicana), na sua grande maioria, ou se afasta totalmente da intervenção política, ou colabora com a Ditadura e, mais tarde, se rende ao Estado Novo. Só uma pequena e decidida minoria, após a rotura de Cunha Leal com Salazar, em 1930, e a nova orientação da Ditadura então crismada de Nacional, o acompanhará na passagem à conspiração reviralhista que inicialmente criticavam.

Assim sendo, e afastado Cabeçadas do processo do 28 de Maio, a esquerda republicana e o ativismo operário passam à conspiração revolucionária para derrubar os "ditadores" e restaurar uma

República que se desejava remoçada dos seus erros e degenerescências. Na realidade, eles protagonizarão, especialmente entre fevereiro de 1927 e agosto de 1931, uma verdadeira guerra civil intermitente com levantamentos de tropas e civis armados nas principais cidades, barricadas nas ruas, duelos de artilharia, bombardeamentos de aviação, destruições de casario, centenas de mortos e feridos e milhares de presos e deportados.

Essas revoltas envolveram (aliás, de forma decrescente, a partir das de fevereiro de 1927, no Porto e em Lisboa) numerosas unidades militares, largo número de oficiais (sobretudo intermédios, mas não só), sargentos, soldados e praças do Exército e, principalmente, da Marinha, grupos significativos de forças da GNR e da PSP,[12] muitas centenas de civis oriundos das redes conspiratórias republicanas ou do ativismo sindicalista e comunista. As suas praças-fortes, de onde irradiavam os movimentos insurrecionais para as periferias ou para a província, foram quase sempre Lisboa ou o Porto, com a importante exceção da revolta atlântica a partir da Madeira, em abril de 1931.

Entre o primeiro simulacro de movimento a "sair à rua", com o Regimento de Infantaria de Chaves, logo a 11 de setembro de 1926, e a última revolta a irromper, já um eco isolado no Regimento de Infantaria de Bragança, em setembro de 1933, o reviralhismo desencadeia um total de sete movimentos revolucionários: além dos dois referidos, no Porto e em Lisboa (espalhado por todo o país), em fevereiro de 1927; em Lisboa, na Margem Sul da capital, distrito de Viseu e outros locais, em julho de 1928; na Madeira (estendendo-se aos Açores, Guiné e São Tomé), em abril e maio de 1931; e em Lisboa, de novo, em agosto de 1931. Fora destas, são sucessivamente abortadas pela polícia conspirações em curso (a partir de

---

12   Só nas revoltas de 3 e 7 de fevereiro de 1927, centradas no Porto e em Lisboa, mas com expressão em quase todo o país, terão estado implicados 331 oficiais, 353 sargentos e cerca de 2 mil soldados e praças (do Exército, da Armada, da GNR e da PSP), de acordo com os dados recolhidos por Luís Farinha em *Cunha Leal, deputado e ministro da República*.

1931 com forte apoio logístico na Espanha republicana) em 1930, 1933, 1935, 1938, entre outras.

Só no período mais intenso do reviralhismo, entre 1927 e 1931, quando as revoltas ainda logram desencadear-se, e contando unicamente com os movimentos reviralhistas, delas resultarão, num cálculo que se há-de ter como subestimado, mais de 2 mil presos civis e militares, mais de 1.500 deportados civis e militares, pelo menos duzentos mortos e cerca de mil feridos durante os combates.[13]

Curiosamente, o fenómeno do reviralhismo (o das revoltas que se concretizam entre 1926 e 1931) e do que tenho chamado pós-reviralhismo (a fibrilhação conspiratória que, sem sucesso, se prolonga, pelo menos, até 1938)[14] foi longamente silenciado ou minimizado, mesmo historicamente, pela conjugação de dois fatores.

Por um lado, o óbvio propósito de o Estado Novo transfigurar todo este período crítico da transição da Ditadura Militar para o salazarismo num triunfal e consensual passeio do seu chefe para o poder, relegando a resistência reviralhista a um caricato e despiciendo conjunto de episódios caóticos e incompreensíveis, tal qual fora a República liberal. Uma espécie de argumento justificativo da "ordem nova".

Por outro lado, por paradoxal que possa parecer, a resultado idêntico conduziu uma longa hegemonia cultural e política de uma certa visão do PCP sobre as representações históricas das oposições ao regime. Os anos de resistência armada reviralhista contra a Ditadura e o Estado Novo foram, desde o início dos anos 1930, sempre oficialmente relegados para o purgatório da política sob a designação pejorativa de *putschismo*, isto é, de "golpe palaciano", de "quartelada", em contraste com a emergência da verdadeira e consequente resistência antifascista, afinal protagonizada pela

---

13   Cálculo do autor em Fernando Rosas, "*O Estado Novo*", p. 187 ss.
14   Como trabalho de conjunto sobre o reviralhismo e o pós-reviralhismo, cf. Luís Farinha, *O reviralho: Revoltas republicanas contra a Ditadura e o Estado Novo (1926-1940)*. Lisboa: Estampa, 1998.

Internacional Comunista (IC) e pelo PCP, sobretudo após o VII Congresso da IC em 1935. Isto, apesar de tais movimentos revolucionários terem sempre, e de forma crescente (dado o recuo da capacidade de mobilizar as unidades militares), sido protagonizados pelo ativismo popular e operário dos principais centros urbanos, em conjugação com soldados e praças das Forças Armadas, policiais e paramilitares que, muitas vezes, à míngua de oficiais, acorriam por si próprios às barricadas. Desses, seguramente, muitas dezenas foram militantes comunistas, numa altura em que a base do PCP, tal como o ativismo anarcossindicalista, se mostrava altamente permeável aos apelos reviralhistas para derrubar a Ditadura pelas armas. Isto é, numa altura, que se estende praticamente até à Segunda Guerra Mundial, em que a hegemonia política e ideológica da oposição ao regime estava ainda claramente nas mãos do republicanismo radical.

Resumindo, para derrotar a República liberal foi preciso um longo período de guerra civil intermitente entre 1926 e o início dos anos 1930 que marca uma das épocas política e militarmente mais agitadas da história portuguesa do século XX. O que não se pode perder de vista, como frequentemente acontece em algumas abordagens históricas deste período, é que a Ditadura Militar só pôde transformar-se em Estado Novo sobre o esmagamento desta resistência e à custa do imenso sacrifício que ela representou. Bem se pode concluir que a Primeira República, defendida pelo republicanismo radical e pelo ativismo operário, os seus derradeiros baluartes, terá vendido cara a vida.

O MITO DO PASSEIO TRIUNFAL DO 28 DE MAIO AO ADVENTO DO ESTADO NOVO

Finalmente, a referência a uma das mais insistentes porém mais frágeis efabulações da propaganda salazarista sobre a fundação do Estado Novo: a de que depois do ato redentor de Gomes da Costa, a 28 de maio, o Exército, como tarefa obviamente decorrente da própria natureza das coisas, se encarregara de entronizar Salazar no poder. Um Salazar que, contrariada e renitentemente, acedera ao apelo da Pátria, de que a força armada fora intérprete, para que a salvasse. Afinal o primeiro herói da "geração do resgate", por obra da Providência e desejo do Exército que lhe confiara o mando, ficando como sombra tutelar do Estado Novo.

As Forças Armadas teriam, nessa versão gloriosa, franqueado a entrada e estendido o tapete sobre a estrada real que Salazar percorrera, sem outro esforço ou resistência que não fossem os da sua própria aversão aos fastos do poder, para alcançar a chefia do Governo e fundar a "nova era".

É claro que hoje se sabe bem que não foi assim. A transição da Ditadura Militar para o Estado Novo, para além do combate, chamemos-lhe assim, "externo" dos ditadores contra o reviralhismo, foi um período de dura luta interna pela hegemonia entre as várias direitas da direita que nela se reuniam. Saber que tipo de regime substituiria a República liberal, ou mesmo se ela não acabaria por ser restaurada, era uma questão absolutamente em aberto, pelo menos até janeiro de 1930, quando, com o novo Governo do general Domingos de Oliveira, os pratos da balança começam a tender claramente para o campo salazarista, das soluções de tipo corporativo e antiliberal. Tudo isso faz da transição da Ditadura Militar para o Estado Novo um dos processos, política e militarmente, mais controversos e complexos da nossa história da primeira metade do século xx.

Na realidade, a disputa pelo futuro, ou seja, pelo poder, irá polarizar-se, no que respeita ao interior da Ditadura, entre dois campos principais. Por um lado, a corrente do republicanismo militar conservador, dominante entre os altos comandos do Exército, formados na República, na Grande Guerra, nas campanhas de África ou até na intriga político-militar que antecedera o 28 de Maio. Chefiam e dominam os governos da Ditadura até janeiro de 1930 e, adversários jurados que são do reviralhismo, aspiram, no entanto, a uma República minimamente republicana, ou seja, liberal, ordeira, fundada num bipartidarismo "à inglesa", mas preservadora de um controlado pluralismo partidário e das liberdades fundamentais. Veem, por isso, com crescente desconfiança, a maré alta do nacionalismo autoritário, corporativo e antiparlamentar que o salazarismo anuncia. São naturalmente apoiados pelos restos da direita republicana que ainda mexe (ULR, nacionalistas, sectores colaboracionistas do PRP, entre outros) e buscam hesitantemente, sob o fogo do campo contrário, um entendimento com eles.

Do outro lado, e em minoria nos governos da Ditadura até 1930, o campo onde se afirma a discreta, mas indiscutível, liderança de Salazar: personalidades do Centro Católico; o grosso dos integralistas (sobretudo da sua geração académica dos anos 1920); boa parte do "tenentismo" radical; monárquicos conservadores; figuras gradas das "força vivas", rendidas ao sucesso do equilíbrio orçamental — isto é, uma fronda social e política unida em torno do propósito de recusar qualquer forma de regressismo e de operar uma rotura inequívoca com a República liberal e o "demoliberalismo". A hora, também em Portugal, seria a do Estado forte, do corporativismo e do "reencontro da Nação consigo própria", fechado que fosse esse parêntesis sombrio e a-histórico de um século de liberalismo. Essa, e só essa, podia ser a missão da Ditadura.

À sua direita, sofrem, todavia, a pressão do fascismo radical da Liga 28 de Maio, continuada depois nos "camisas azuis" do Movimento Nacional Sindicalista (MNS, surgido em 1932), de Rolão Preto. Os puristas da "Revolução" sem compromissos e "até ao fim", os críticos do "ditador catedrático" e da deliquescência burguesa dos velhos caciques do recém-criado partido único, a União Nacional (em 1930).

Precisamente, e como a seguir veremos, a arte suprema de Salazar neste contexto vai ser a de, através de um persistente e constante manobrismo conspiratório, conseguir juntar à plataforma política viabilizadora do futuro regime o grosso de cada uma das direitas da direita, ao mesmo tempo que marginalizava e silenciava sucessivamente, com mais ou menos violência, as suas franjas recalcitrantes.

É assim que acabará por absorver no regime a grande maioria dos oficiais conservadores republicanos, empurrando para a reserva ou para a reforma os mais incómodos; o geral dos integralistas e monárquicos, neutralizando os "mestres" do integralismo que persistentemente recusam a "salazarquia" (alguns dos quais passarão por prisões da polícia política); a grande maioria dos nacional-sindicalistas, proibindo o MNS, perseguindo e exilando Rolão Preto e o pequeno número dos que lhe permanecerão fiéis.

É certo que Salazar, para realizar este processo de concentração e articulação política à direita no quadro da plataforma a que a União Nacional passa a dar expressão, vai saber aproveitar com assinalável sentido de oportunidade as condições favoráveis que lhe fornecem cada nova derrota das intentonas reviralhistas e a progressiva desarticulação do campo liberal.

Mesmo assim, esse esforço estaria, provavelmente, destinado ao fracasso, se não fosse o acordo central de todos estes acordos: o pacto informal que Salazar e os salazaristas estabelecem, entre 1932 e 1934, com o Exército, isto é, com os seus comandos liberais conservadores. Esse constituirá, como adiante se analisa, o eixo central desta manobra de recomposição das direitas nas vésperas da institucionalização do Estado Novo.

Concluindo: nesta fase crucial e terminal da crise do liberalismo, neste período de transição entre o golpe militar que derruba o último Governo republicano constitucional e a institucionalização do Estado Novo (1926-33), digladiam-se três polos principais de alternativa. O polo de esquerda, pugnando já, em desesperada contracorrente, pelo regresso a uma República social e politicamente democratizada; o polo da direita liberal-conservadora, a meio caminho entre a vaga fidelidade a uma República "ordeira" e a rendição ao autoritarismo corporativo e antiparlamentar (onde acabará por desembocar); e o polo salazarista, que, com o advento do Estado Novo, sairá vencedor, protagonizando a específica modalidade do fascismo português.

Mas para tentarmos compreender esta prolongada, complexa e dramática disputa com que se encerra o século do liberalismo oligárquico em Portugal e para nela entrevermos o percurso ascensional de Salazar até se apoderar do Governo e do poder político, convém limpar o nevoeiro dos mitos. Se isso se tiver conseguido, é a altura de nos debruçarmos mais detalhadamente sobre os vários passos desse processo.

PASSO A PASSO

Afastadas as interpretações heroico-gloriosas da propaganda — um Exército que, em nome da nação suspensa e reverente, oferece o poder a Salazar que, contrariadamente, aceita o sacrifício para a salvar do atoleiro onde a conduzira um século de "demoliberalismo" —, há-de compreender-se que o Estado Novo é o resultado do duro e prolongado conflito social e político que marca a crise do sistema liberal oligárquico em Portugal. Uma crise que atravessa quase todos os países da periferia europeia e que, em quase todos, terá um desfecho de natureza idêntica, no rescaldo da Grande Guerra, da revolução bolchevique de 7 de novembro de 1917 e, pouco depois, da Grande Depressão de 1929. Era a época dos fascismos, em que o paradigma mussoliniano (e depois hitleriano) influencia, mobiliza, "fascistiza" os processos reacionários e ditatoriais já em curso, através de sucessivos surtos contrarrevolucionários, em toda a periferia europeia, contra os sistemas liberais e os movimentos operários e sindicais.

Em Portugal, praticamente desde os abalos do *Ultimatum* (1890), está aberta a crise do sistema liberal oligárquico, primeiro na sua expressão monárquica, depois no quadro da falhada tentativa de regeneração democratizante que tentará ser a Primeira República. Ao longo dos seus curtos dezesseis anos, as armas da crítica vão dando lugar à crítica das armas, instalando-se uma espécie de guerra civil larvar cujo desfecho, na realidade, serão os duros combates finais do reviralhismo revolucionário contra a Ditadura Militar e o que ela ameaça ser.

O quadro da página seguinte ajuda-nos a compreender o que estava frente a frente nesse confronto decisivo, e a que já antes aludimos. Num polo, sob a hegemonia do republicanismo radical, fora do campo da Ditadura Militar e recorrendo às armas contra ela, os diversos partidos e grupos da esquerda republicana: Esquerda Democrática, "alvaristas", radicais, seareiros, sectores do PRP não colaboracionistas com os ditadores, alguns dos "grandes vultos", como o presidente exilado, Bernardino Machado, a eterna sombra tutelar, Afonso Costa, figuras de intelectuais como Jaime Cortesão, Raul Proença, António Sérgio, etc.; a que se juntava, solidária mas subsidiariamente, do ponto de vista da direção política, o ativismo operário organizado (anarcossindicalistas da CGT, militantes do PCP, socialistas). A operacionalidade militar deste campo era assegurada pelas unidades e oficiais do Exército (como veremos, em grande número ainda em 1927 e até em 1928), apoiados pela Marinha de Guerra, fidelidade antiga ao republicanismo radical, e, por cumplicidades importantes, ao nível da GNR e, em Lisboa, de início, também na PSP e na Guarda fiscal. Toda esta rede de influências, surpreendentemente vasta no início das revoltas reviralhistas, irá minguando dramaticamente após cada derrota e os processos repressivos e de saneamento que se lhe seguiram. De revés em revés, ia crescendo o peso operacional dos "revolucionários civis", das antigas redes da Carbonária e da "formiga branca" ainda ativas e armadas, a que se associavam os voluntários do movimento operário organizado e outros elementos populares.

É contra essa força que se ativará o grosso do Exército fiel à Ditadura, apoiado, neste aspeto sem quaisquer reservas, pelos vários sectores políticos integrantes do seu campo, desde a direita republicana (parte dela, após 1930, adere ao reviralho), civil e militar, a todas as sensibilidades da direita antiliberal e fascizante (ver quadro abaixo). Precisamente, a condição essencial para a Ditadura sobreviver, e se poder transformar no Estado Novo, seria esta: esmagar, sem contemplações, a resistência reviralhista, e a seguir o que restava do movimento operário. Esse seria o primeiro dos seis passos que Salazar teve de dar para chegar ao poder.

FORÇAS POLÍTICAS E MILITARES ENTRE 1926 E 1933

FORÇAS CONTRA A DITADURA MILITAR REVIRALHISMO	FORÇAS APOIANTES DA DITADURA MILITAR			
	Direita republicana	Militares republicanos conservadores	Direitas antiliberais	
Esquerda Democrática				
"Seareiros"				
Partido Radical		Principais comandos militares do Exército	Corrente salazarista	Movimentos fascistas
"Alvaristas"				
Ala não colaboracionista do PRP			Centro Católico	
	Maioria da União Liberal Republicana		Parte dos integralistas	
CGT	Maioria do Partido Nacionalista		Sectores tecnocráticos	Liga 28 de Maio e (após 1932), Movimento Nacional-Sindicalista
PCP		Controlam o grosso das forças militares (Exército, Marinha e GNR após 1927)	Independentes	
Socialistas	Ala Direita do PRP		Direita dos interesses	Parte do "Tenentismo"
Marinha				
GNR			"Tenentismo"	
Sectores do Exército				

PRIMEIRO PASSO: DERROTAR O REVIRALHISMO E O MOVIMENTO OPERÁRIO

Na realidade, como aliás Salazar explicará nos seus discursos de 1930, a luta é entre dois modelos antagónicos de sociedade e de organização do Estado. O polo republicano radical, na busca de uma outra República, regenerada democrática e socialmente. No campo da Ditadura, essa clarificação será mais lenta e complexa.

Mas as derrotas do reviralhismo vão enfraquecendo e dividindo a direita liberal conservadora dos partidos e o seu projeto de república "ordeira" e moderada: parte dela, minoritária, seguirá Cunha Leal na sua tardia adesão ao combate à Ditadura. Outra parte, desiste e sai de cena. A maioria, civis ou militares de alta patente, acabarão por se render, com mais ou menos negociação, às pressões da direita antiliberal que Salazar federa e, de facto, chefia, rumo à instauração de um regime ditatorial de novo tipo, consonante com a época dos fascismos que se instalava na Europa. Vencido o último movimento revolucionário que sai à rua, na capital, a 26 de agosto de 1931, o que vence, na realidade, é já a "revolução nacional": onze meses depois, Salazar será chefe do Governo.

Já antes se referiu a importância quantitativa e qualitativa do insurrecionalismo reviralhista: uma sucessão de revoltas e de duríssimos combates militares, tendo como palcos principais Lisboa, Porto e a ilha da Madeira, que envolveram largos contingentes e grandes deslocações de tropas, bombardeamentos de artilharia de terra e mar sobre cidades, ataques aéreos, barricadas e ásperas lutas de rua, importante participação de grupos civis armados, fuzilamentos sumários, resultando em centenas de mortos e feridos, e vários milhares de presos e deportados. Uma verdadeira guerra civil entre 1927 e 1931. Isto sem prejuízo dos movimentos que não lograram "sair" de uma conspiração permanente, regularmente detetada e desmantelada pela polícia, para logo recobrar fôlego e recomeçar, persistentemente alimentada, de dentro e ou de fora do país, até quase ao fim da Guerra Civil de Espanha, em 1938, quando tudo pareceu perdido. E também ela forneceria, ao longo dos anos 1930, novos contingentes de prisões e deportações. Tenhamos presente que, nas vésperas da amnistia de 1932, só nos Açores e nas colónias africanas (à exceção de Cabo Verde) haveria 729 deportados, 75 por cento dos quais eram militares. Haveria que somar-lhes 334 deportados, nessa altura, em Cabo Verde, no campo de São Nicolau, e, pelo menos, 358 deportados em Timor, na sequência do 26 de Agosto, num total nunca inferior a mais de 1.500 pessoas.

E já sabemos, também, que é sobre essa derrota que emergirá o Estado Novo. Ela deixará, aliás, marcas definitivas e duradouras no oposicionismo: apesar da influência ideológica do republicanismo radical se manter persistentemente na cultura da resistência antifascista, o republicanismo enquanto corrente política organizada perde a hegemonia e a capacidade dirigente no quadro das relações de força do oposicionismo.

Curiosamente, quanto aos combates mais importantes, a derrota do reviralhismo não é obra de Salazar ou da corrente salazarista. Esta é-lhe "oferecida" pelo Exército entre 1926 e 1931, quando ele ainda não está no Governo ou, após abril de 1928, quando é ministro das finanças. Salazar assume a chefia do Ministério em julho de 1932, após a última vitória do Exército situacionista. É certo que, a partir dessa data, o seu Governo continuará a lidar com a conspiração pós-reviralhista, mas esta já está ferida de morte e a polícia logrará desmantelar, no ovo, todas as futuras intentonas.

Mas o ataque decisivo ao movimento operário, ou ao que dele subsistia, esse, sim, será levado a cabo pelo novo regime, isto é, a partir de 1933. Antes disso, e apesar da proibição, a partir das revoltas de fevereiro de 1927, da Confederação Geral do Trabalho (CGT) e do Partido Comunista Português (PCP) — o mesmo sucedendo, na prática, com a União Anarquista Portuguesa —, o facto é que os sindicatos profissionais ou verticais continuam a ter existência legal, mantêm as suas sedes abertas, a sua imprensa continua a sair legalmente e as greves não são proibidas, mesmo quando são reprimidas. Ou seja, o seu aparelho logístico e propagandístico mantém-se com um funcionamento tolerado pela Ditadura, mesmo se as suas estruturas federativas são ilegais e as suas atividades reivindicativas são crescentemente ameaçadas.

Enquanto o reviralhismo esteve operacional e constituiu o perigo e o inimigo principal dos governos da Ditadura, sensivelmente até ao verão de 1931, o ativismo operário dividia-se entre o apoio político e combatente aos sucessivos movimentos revolucionários e à luta sindical. Mas esta, vivendo crescentes dificuldades, foi, nessa fase, uma preocupação relativamente secundária do novo poder, gozando, ao abrigo dessa transitória conjuntura, de alguma margem de manobra legal. É bom de ver, entretanto, que a cisão do movimento operário entre anarcossindicalistas e comunistas se agravara drasticamente em 1930, com a cisão operada pelos sindicalistas do PCP na CGT ao constituírem, com os sindicatos sob sua influência, a Comissão Intersindical (CIS). É no campo sindical, somando essa às graves dificuldades que o movimento já atravessava, que, entre 1930 e 1933, se vai centrar a luta pela hegemonia no operariado organizado entre os anarcossindicalistas da CGT e os comunistas da CIS. Essa preocupação é de tal forma marcante que, num lado e no outro, o sectarismo parece fazer cair os intervenientes numa espécie de rutura alheia à realidade circundante do meio sindical e operário, relativamente ao qual o isolamento dos ativistas organizados é crescente.

A crise, o desemprego, a baixa salarial, o medo, tudo isso imprimira a um movimento sindical já desmobilizado a tendência para reagir em moldes essencialmente defensivos, privilegiando as exposições aos poderes públicos relativamente às greves. Apesar de certo aumento da agitação social entre 1930 e 1932, ou do "aquecimento" mais especificamente político de 1931, o certo é que, como constata Fátima Patriarca, o patronato não cede em matéria de salários e de redução de horários, e os trabalhadores tendem a aceitar qualquer coisa para guardar o emprego. Os sindicatos e as associações de classe de base, eles próprios já muito desfalcados em associados e poder de mobilização, refletiam essa refração defensista, quer nos objetivos, quer nos métodos de luta, acentuando em absoluto todas as medidas suscetíveis de defender o emprego existente.

Nada disso parece ser levado excessivamente em conta pela Confederação Geral do Trabalho ou pela Comissão Intersindical, numa disputa aberta por se ultrapassarem mutuamente em radicalismo verbal, com programas reivindicativos maximalistas, insuscetíveis de mobilizar mesmo os sindicatos, quanto mais a massa operária. Entre fevereiro de 1931 e maio de 1932, o Partido Comunista Português e a Confederação Geral do Trabalho convocam sucessivas "greves gerais" contra o desemprego e o novo desconto para o subsídio de desemprego que redundam em fracasso. É a fuga para a frente.

Neste contexto, foi naturalmente impossível levar por diante a tentativa de criar uma "Frente Única" (Confederação Geral do Trabalho/Comissão Intersindical/Federação Autónoma Operária) contra o desconto salarial para o fundo de desemprego, o famigerado "imposto dos dois por cento". Enfraquecidos e divididos, chegam, pois, os sindicatos e as centrais sindicais clandestinas ao "combate final" de setembro de 1933.

O regime escolhera o momento certo para o assalto decisivo ao reduto do sindicalismo livre. De alguma forma, ele estava no pensamento das "forças vivas" e dos chefes militares e civis da Ditadura desde o próprio 28 de Maio. Todas as ideias e planos de resposta à crise económica, à rotura financeira e à instabilidade política por eles diversamente gizados iam dar aí: à necessidade de assentar a recuperação, de forma essencial, ainda que não exclusiva, na redução da "variável" "custos do trabalho" à sua expressão mais simples. De fazer dela a alavanca primeira da reposição das taxas de lucro, do investimento e, consequentemente, da "paz social" e política. Para isso, era preciso acabar com a "anarquia", a "desordem" e a "subversão" pregadas pelos sindicatos livres e pela sua ideologia "contrária à Nação e aos seus interesses e, consequentemente, aos interesses do próprio operariado". Essa é precisamente a conclusão de Salazar no seu discurso de 23 de novembro de 1932, ao condenar o sindicalismo livre à dissolução. Era preciso, melhor dizendo, acabar com a liberdade sindical, substituindo-a por uma organização sindical e patronal que, sob a égide do Estado Novo, realizasse, a bem ou a mal, o enlace e a harmonia corporativa entre o capital e o trabalho.

Em setembro de 1933, derrotado, no essencial, o reviralhismo, institucionalizado com o plebiscito constitucional o novo regime (ainda que a sua consolidação interna estivesse por completar, como veremos), regulamentados em novos moldes o direito de reunião e a censura prévia à imprensa, reorganizada a polícia política com a criação, em agosto, da Polícia de Vigilância e Defesa do Estado (PVDE), Salazar faz finalmente publicar, no dia 23, o "pacote" da legislação social-corporativa: Estatuto do Trabalho Nacional, criação dos grémios, sindicatos nacionais e casas do povo, criação do Subsecretariado das Corporações e do Instituto Nacional do Trabalho e Previdência (INTP). No tocante ao que agora nos interessa, os Sindicatos Nacionais, as medidas orientam-se nas seguintes direções principais:

— Unicidade sindical corporativa: só são permitidos os sindicatos nacionais, isto é, os resultantes da prévia aprovação dos respetivos estatutos pelo Governo. Todos os organismos sindicais existentes, ou a criar, deveriam, pois, sujeitar, até ao fim desse ano, os seus estatutos à aprovação oficial. Os que não o fizessem, ou aqueles cujos estatutos não obedecessem ao modelo imposto por lei, seriam encerrados e dissolvidos;

— Harmonia do capital e do trabalho, sob o império do "interesse nacional": esse princípio básico corporativo da colaboração de classes, consagrado pelo novo Estatuto do Trabalho Nacional e a explicitar estatutariamente, implicava, entre outras coisas, a proibição da greve (e do *lock-out*) e de todos os contactos e filiações internacionais dos sindicatos;
— Controlo governamental dos sindicatos: aprovação prévia pelo Governo das direções sindicais eleitas; poderes de livre demissão das direções, de nomeação de comissões administrativas para dirigir os sindicatos ou até de dissolução administrativa dos sindicatos ou das suas secções "que se desviassem dos seus fins"; condicionamento à autorização governamental da criação de organismos federativos dos sindicatos nacionais; poderes de ativa fiscalização, intervenção e orientação, através do então criado Instituto Nacional do Trabalho e Previdência, de toda a vida sindical e da contratação coletiva de trabalho.

Está estudado o que se passou a seguir. A tática da "greve geral revolucionária", esta declarada a 18 de janeiro de 1934, formalmente com o apoio da CGT, da CIS e dos socialistas e "independentes", é um fracasso em termos globais, apesar do emblemático episódio do "soviete" da Marinha Grande. Fosse porque a repressão descabeçou previamente a greve de vários dos seus principais dirigentes libertários (entre eles Mário Castelhano); fosse porque as divergências no seio do PCP, entre a política da CIS (José de Sousa) de apoio à "greve geral revolucionária" e a política do secretário-geral (Bento Gonçalves) de votações de repúdio nas assembleias gerais dos sindicatos paralisaram parte do aparelho do PCP; fosse porque a desmobilização existente na massa operária tornasse muito difícil qualquer resposta eficaz — o facto é que nem a greve conseguiu impor-se para além de alguns bastiões tradicionais do operariado (Marinha Grande, Almada, Barreiro, Silves) e de algumas sabotagens pontuais, e nem das poucas assembleias gerais que reuniram e votaram os protestos saiu outra coisa senão a dissolução dos respetivos sindicatos.

Com a "greve geral" de 18 de janeiro derrotada, o Governo intensifica a caça aos libertários, aos comunistas e aos sindicalistas, em geral. A histeria "antivermelha", potenciada pela Guerra Civil de Espanha e pela acentuação da fascização do regime, agravarão esse clima de perseguição: entre 1936 (ano do início do conflito espanhol) e 1939 (quando ele termina), a PVDE prende, por motivos políticos, mais de 8.200 pessoas e registam-se 24 mortos pela tortura ou por maus-tratos infligidos nas cadeias. Só no tristemente célebre campo de concentração do Tarrafal morreram, entre 1936 e 1945, 31 presos políticos (entre eles Bento Gonçalves e Mário Castelhano, líderes históricos do PCP e da CGT) e dez marinheiros foram abatidos na repressão da revolta da Armada, a 8 de setembro de 1936.[15] Os resultados dessa vaga repressiva na segunda metade dos anos 1930 fazem-se sentir duramente na resistência antifascista, depois da neutralização do reviralhismo republicano e do paulatino apagamento dos socialistas (que se refugiam no cooperativismo):[16]

— Os libertários e anarcossindicalistas, reanimados pelo apoio dos seus camaradas espanhóis da FAI e da CNT, após a vitória eleitoral da Frente Popular no país vizinho, em fevereiro de 1936 e durante a guerra civil, vão ser implacavelmente eliminados pela repressão que se segue ao atentado contra Salazar, a 4 de julho de 1937, e às bombas de janeiro desse ano, lançadas contra vários ministérios e outras instalações, ações em que também participam elementos

---

15   Cf. Comissão do Livro Negro Sobre o Regime Fascista (CLNSRF), *Presos políticos no regime fascista*. Lisboa: 1982, v. 2. (Citado, daqui em diante, como *Presos políticos no regime fascista*.); e Irene Flunser Pimentel, *A história da Pide*. Lisboa: Círculo de Leitores, 2007, p. 414 ss. (Citado, daqui em diante, como *A história da Pide*.)
16   Cf. Susana Martins, *Socialistas na oposição ao Estado Novo*. Lisboa: Casa das Letras, 2005, p. 25 ss.

das organizações clandestinas do reviralhismo e do PCP. A tentativa de manter os velhos sindicatos e estruturas federativas na clandestinidade — linha defendida pela Confederação Geral do Trabalho e, até 1935, também pelo Partido Comunista Português — não terá nenhuma expressão política. As greves pontuais, que se registam em 1935 e 1937,[17] serão espontâneas, ou mesmo dirigidas, neste ano, pelos sindicatos nacionais. Todo o processo conflitual de aplicação da nova lei das "oito horas de trabalho e do descanso semanal", ou dos despachos sobre salários mínimos, passará completamente à margem de qualquer intervenção significativa do que restava da Confederação Geral do Trabalho ou do Partido Comunista Português/Comissão Intersindical. O corte com a massa, sindicalizada ou não, torna-se uma realidade.

— O Partido Comunista Português, sobretudo a sua direção, sai menos ferido do rescaldo do 18 de Janeiro. Bento Gonçalves e o partido apressam-se a condenar os acontecimentos como uma "anarqueirada". Mas os comunistas conseguem manter a saída do *Avante!*, têm relações regulares com a III Internacional através de Espanha, formam os seus principais dirigentes em Moscovo e, com o seu trabalho entre os estudantes e os intelectuais, ganham alguma influência nos meios oposicionistas: são praticamente a única força a manter uma vida regular na clandestinidade, pelo menos até 1939. Mas a direção do partido (Bento Gonçalves e o Secretariado) é presa em novembro de 1935, ao regressar da reunião do VII Congresso da Internacional Comunista (IC), em Moscovo, e o PCP nunca se recuperará desse golpe, nem política, nem organizacionalmente. A Frente Popular Portuguesa, que, em 1935, tenta animar a partir das diretivas da IC nunca terá expressão relevante no interior do país, e mesmo a célebre revolta

---

17 Greves dos operários têxteis de Sever do Vouga (março de 1935), dos pescadores de bacalhau do norte, centro e sul (de fevereiro a maio de 1937) e dos salineiros de Alcochete (junho de 1937).

da Organização Revolucionária da Armada (ORA, organização do PCP para a Marinha de Guerra), em setembro de 1936, desencadeada contra instruções da direção do partido, salda-se num combate desigual e num revés duramente sofrido.[18] O cerco policial e repressivo, alimentado pela Guerra Civil de Espanha, não pouparia, aliás, o Partido Comunista Português. De abril de 1936 a fins de 1939, o partido, já quase só reduzido às suas ligações em Lisboa e no Alentejo, conhece seis secretariados diferentes, sucessivamente dizimados, no todo ou em parte, pelas prisões e as denúncias, e vê as suas tipografias clandestinas e "casas de apoio" caírem, umas após as outras.[19]

Esse circunstancialismo, aliado às condições que rodearam a fuga de Pavel, um dos dirigentes vindo de Moscovo para substituir Bento Gonçalves, da cadeia do Aljube[20] em janeiro de 1938, terão levado a Internacional Comunista a considerar a Seção Portuguesa da Internacional Comunista (SPIC) infiltrada por "agentes provocadores" e a dissolvê-la, em 1938. Em abril de 1939, ao terminar a Guerra Civil de Espanha, o Partido Comunista Português quase deixava de existir, privado de uma estrutura de direção estável e organizada, particularmente, sem aparelho clandestino e com a publicação do *Avante!* interrompida.

---

18   Pela madrugada de 8 de setembro, os marinheiros da Organização Revolucionária da Armada, afeta ao Partido Comunista Português, ocupam os vasos de guerra *Dão*, *Bartolomeu Dias* e *Afonso de Albuquerque*, e tentam sair do Tejo com os dois últimos (o outro fora sabotado pela Marinha, tal como as peças de artilharia destes dois). Bombardeados pela artilharia de terra, são obrigados a render-se, com dez mortos. Da vaga de prisões efetuada, sessenta marinheiros são condenados a pesadas penas: irão inaugurar, a 18 de outubro desse ano, juntamente com outros presos trazidos do Forte de Angra do Heroísmo (entre eles Mário Castelhano e Bento Gonçalves), o campo de concentração do Tarrafal, na ilha de Santiago, Cabo Verde.
19   Cf. José Pacheco Pereira, *Álvaro Cunhal: Uma biografia política: "Daniel", o jovem revolucionário*. Lisboa: Temas e Debates, 1999, v. 1, p. 253 ss.
20   Pavel evade-se da cadeia do Aljube com a cumplicidade de um enfermeiro da polícia.

Entretanto, a queda da República espanhola, em abril de 1939, privava todos os sectores da resistência da importantíssima base de apoio multiforme que tinham representado, ao longo de quase oito anos consecutivos, as forças políticas de esquerda no país vizinho.

Era, na realidade, o fim de uma época para o movimento operário português e para uma geração dos seus quadros.

Em primeiro lugar, era o fim de mais de meio século de um sindicalismo que fora condicionado, perseguido, mas, no essencial, livre. Isto é, basicamente dotado de liberdade de associação e de expressão, por ele arduamente conquistada, desde o início dos anos 1870.

Em segundo lugar, marcou o termo definitivo da hegemonia anarcossindicalista no movimento operário e sindical português, afirmada entre 1909 e 1911, nos alvores da Primeira República. À violenta repressão que vai desabar sobre a Confederação Geral do Trabalho e o geral do movimento libertário, soma-se a dificuldade essencial de sobrevivência do movimento acrata na clandestinidade.

Em terceiro lugar, porque, apesar de o Partido Comunista Português demonstrar uma capacidade política e organizacional de sobrevivência na clandestinidade que o geral das outras correntes oposicionistas não tinha, a segunda metade dos anos 1930 é, também, o fim de uma época na história do Partido Comunista Português. Ou, se se quiser ser mais preciso, de um certo tipo de partido ainda "pré-leninista", muito marcado pela herança anarcossindicalista e pela colagem ao reviralhismo, relativamente ao qual, apesar da sua profissão de fé "anti*putschista*", funcionava como uma espécie de ala radical, sempre no atentismo da "revolução" a vir. Quase totalmente destroçado ao terminar a Guerra Civil de Espanha, o Partido Comunista Português, renascido na "reorganização" de 1940-1, mais do que um partido "reorganizado", será um outro partido.

Em quarto lugar, após o 18 de Janeiro, e não obstante a difícil subsistência organizativa do Partido Comunista Português neste período, o comunismo, como ideologia, como perigo potencial, será eleito pelo regime como inimigo principal. Não foi sequer preciso esperar pela Guerra Civil de Espanha para Salazar assim o encarar. Ao dirigir-se aos estudantes da Ação Escolar Vanguarda, num comício no Teatro de São Carlos, a 28 de janeiro de 1934, e aludindo aos acontecimentos de dias antes, o presidente do Conselho definiria lapidarmente o comunismo como "a grande heresia da nossa idade".[21]

Finalmente caberá referir que é à luz desta realidade, da realidade desta derrota histórica, que convém entender a política social do Estado Novo. Quebrar a espinha ao movimento operário sindical e politicamente organizado era um dos objetivos essenciais do projeto corporativo. Era o que permitia reduzir drasticamente os custos da força do trabalho e fazer disso a base da recomposição das taxas de lucros e da acumulação das classes dominantes. Nisso assentava, em certo sentido, a essência da sua política social. Sobre um movimento operário e sindical previamente destroçado e radicalmente privado da sua capacidade de se organizar e reivindicar livre e autonomamente que se revelará, quando se revelava, a proteção paternal do regime ao mundo do trabalho. Uma política social que, durante o salazarismo, nunca se conceberá fora deste paradigma.

SEGUNDO PASSO: TRANSMUTAR-SE DE "MAGO DAS FINANÇAS" EM CHEFE POLÍTICO DA CONTRARREVOLUÇÃO

Mesmo depois do insucesso do ministério de Cabeçadas, em junho de 1927, Salazar, ao contrário do que reza a lenda, não se retira olimpicamente para Coimbra. Mantém-se, como veremos, perto do centro do novo poder ditatorial valendo-se do seu prestígio de "mago das finanças", marcando o terreno e a alternativa. Mas é

---

21 António de Oliveira Salazar, *Discursos*, v. 1, p. 308.

como "técnico", quase como "apolítico" que inicialmente se afirma, que se insinua, que afasta receios, que cria consensos. Quando, finalmente, é chamado ao Governo do coronel Vicente de Freitas, em abril de 1928 — Carmona, eleito presidente da República, em março desse ano, abandona a chefia do Ministério —, tudo muda. O milagreiro das finanças públicas em crise torna-se candidato à chefia do campo social e político da contrarrevolução antiliberal e antissocialista que germinava nas direitas portuguesas desde o início dos anos 1920. O técnico financeiro, que se insinuara quase como independente da política, transmuta-se em candidato à chefia de um campo político dentro da Ditadura: põe condições duríssimas para entrar no Governo (que colocam o poder real de decisão na pasta das finanças, que é a sua), revela um programa a médio prazo para fazer face aos problemas do país, torna claro que a solução do equilíbrio financeiro é só o primeiro passo de uma estratégia de implantação de um novo regime autoritário e corporativo, e não tardará a disputar o poder aos militares republicanos conservadores que chefiavam os governos da Ditadura Militar.

Convém referir que a política financeira ensaiada por Sinel de Cordes, ministro das finanças entre julho de 1926 e abril de 1928, rompendo com a política de equilíbrio financeiro dos últimos governos da Primeira República, criara uma verdadeira situação de descalabro nas contas públicas. O acento tónico é colocado numa política de fomento com base no financiamento público, isto é, num objetivo de rearranque económico inflacionário mediante generoso apoio do Estado às "forças vivas", e sem excessiva intervenção da parte deste, com o propósito de uma "incentivação da vida económica nacional e com a esperança de futuro reembolso dos capitais mutuados e do acréscimo da matéria coletável".[22] Sinel, homem muito ligado aos meios financeiros e industriais, personificação, para Cunha Leal, do "sistema de compadrio entre

---

22   Francisco Cunha Leal, op. cit., p. 118.

plutocratas e militares", vai desbaratar mais de 100 mil contos do erário público em subsídios de critério duvidoso às atividades económicas que o pressionam, comprometendo o Estado no aval a empréstimos a diversas empresas particulares sem garantias sólidas[23] e sem resultados visíveis: a crise económica engole empresas e subsídios.

A esta situação, acresceu o excecional volume dos gastos militares (cerca de 27 por cento do total das despesas nos orçamentos de 1926-7 e 1927-8), resultante da repressão das revoltas reviralhistas e dos aumentos concedidos pelos militares a si próprios. Face ao brutal agravamento do défice orçamental, e como forma de manter a sua política de financiamento público do fomento, em janeiro de 1927, Sinel de Cordes tenta recorrer a um empréstimo de 12 milhões de libras na praça londrina.

A incerteza da situação política e económica em Portugal leva os banqueiros londrinos — pressionados pela ameaça dos exilados da Liga de Paris de não reconhecerem o empréstimo, porque inconstitucional, uma vez regressados ao poder —[24] a "empurrar" Sinel de Cordes no sentido de pedir um aval da Sociedade das Nações para a operação financeira, solicitação que é por ele formalizada em 24 de novembro de 1927. Mas a dureza das condições que a Sociedade das Nações impõe, em março de 1928, para conceder o seu aval, associada à forte campanha na imprensa desenvolvida pelos sectores adversos ao empréstimo — mesmo os que apoiam a situação —, torna a sua aceitação politicamente inviável por parte da Ditadura. A recusa, publicitada em nota oficiosa a 9 de março de 1928, tenta o Governo transformá-la em gesto patriótico

---

23   Salazar, quando sucede a S. Cordes na pasta das finanças, em abril de 1928, manda abrir um inquérito a estas situações, mas os resultados da comissão de inquérito nunca serão divulgados. S. Cordes, em consonância com os pedidos dos respetivos lobbies de interesses, decidirá ainda a liberalização parcial (realmente oligopolística) dos tabacos e o condicionamento das indústrias da moagem, dos resinosos e dos lanifícios.
24   Cf. A.H. de Oliveira Marques, *A Liga de Paris e a Ditadura Militar (1927-1928)*. Lisboa: Europa-América, 1976.

contra as "condições de ignomínia" impostas. Ivens Ferraz, que substituíra interinamente Sinel de Cordes nas finanças durante a fase final das negociações em Genebra, é recebido em triunfo no seu regresso a Lisboa. Mas o revés é evidente e de consequências imprevisíveis: a Ditadura não tem resposta para a crise económica e financeira.

Entretanto, desde novembro de 1926, Salazar destaca-se nas colunas do *Novidades*, o órgão do Patriarcado, como campeão de uma política financeira alternativa ao desnorte esbanjador de Sinel de Cordes. Sobretudo, como opositor à tentativa de realizar um "grande empréstimo" externo sem prévia realização do equilíbrio orçamental — objetivo que Salazar recupera (sem o reconhecer) da política financeira dos últimos governos da Primeira República, e elege como eixo da resposta à crise nacional. Salazar, que, já sabemos, estava longe de ser um desconhecido, quer enquanto político de destaque do Centro Católico, quer como "competência" em matéria de finanças públicas, aceita presidir, a pedido de Sinel de Cordes, a uma comissão encarregada de gizar a reforma tributária, cujas propostas não são atendidas pelo titular da pasta.

De Sinel de Cordes e da sua política financeira se demarcará nesse debate que projeta para o grande público o professor, o técnico de finanças públicas, cuja auréola vai crescendo à medida que as negociações sinelianas se atolam nas hesitações da banca britânica, primeiro, e, depois, nas duras condições impostas em Genebra pela Sociedade das Nações para conceder o aval à operação. Isto enquanto a *débâcle* financeira nacional toma proporções alarmantes.

Nas suas sucessivas intervenções, até abril de 1928, Salazar reforça o perfil técnico, "patriótico" e, por isso, suprapartidário, e quase suprapolítico, do seu programa de equilíbrio financeiro, mantendo numa obscuridade prudente qualquer alusão às condições e implicações políticas que tal estratégia arrastava consigo. Ninguém, dentro e fora da Ditadura, pareceu entender que a escolha entre o empréstimo externo e o equilíbrio orçamental, sendo uma opção decisiva entre dois modelos económicos distintos de resposta à crise económica e financeira, era, por isso e para além disso, uma escolha entre dois caminhos políticos, acerca do tipo de Estado que cada um deles arrastava, como forma de os concretizar e aplicar. A campanha dos exilados de Paris, no seu afã de isolar internacionalmente a Ditadura Militar, desencadearia uma campanha contra o aval da Sociedade das Nações ao empréstimo que, em última análise, contribuirá para o inviabilizar e, dessa forma, para chamar ao poder Salazar e a sua solução "mágica". Só ele, efetivamente, parecia saber o que ela implicava, o que atrás do equilíbrio financeiro, em seu nome e para o cumprir, se preparava em termos políticos e institucionais.

Por isso mesmo, quando a Ditadura, recusadas, em março de 1928, as condições de Genebra, fica sem empréstimo, sem política financeira e com um buraco orçamental sem precedentes, é para a solução salvadora proposta pelo jovem professor de Coimbra que se viram todas as esperanças. Com uma dupla vantagem aparente: o "salvador das finanças" assume uma postura não partidária, mesmo reticente quanto ao poder, sem riscos políticos visíveis, possibilitando, até, um muito conveniente acordo de cooperação entre a Ditadura e a Igreja católica.

Cunha Leal, nas suas *Memórias*,[25] quarenta anos mais tarde, lamenta-se de ter sido ele a sugerir, nos meios políticos e financeiros da Ditadura, o recurso a Salazar para a pasta das finanças. Provavelmente por isso é um homem próximo dele e da União Liberal Republicana — o engenheiro Duarte Pacheco, ministro da Instrução do novo Governo — que irá a Coimbra negociar com Salazar a sua entrada como ministro das finanças para o elenco presidido pelo general Vicente de Freitas.

---

25 Francisco Cunha Leal, op. cit., p. 167 ss.

Salazar mostra-se, desde logo, um negociador duro. E após muitas reticências, impõe condições drásticas: os quatro "princípios rígidos" da ditadura financeira,[26] que colocam a vida económica e financeira do Governo (e, por essa via, em larga medida, a política) nas mãos do novo ministro das finanças. Princípios que faz questão de anunciar no seu discurso de posse, a 27 de abril de 1928, dando público testemunho da "perfeita unanimidade de vistas" do Conselho de Ministros a este respeito. Simultaneamente, é o veículo de um acordo informal entre a Igreja e a Ditadura: o Governo compromete-se a não tomar medidas violadoras dos direitos concedidos aos católicos e à Igreja por leis ou medidas de governos anteriores, respeitando o *statu quo*, enquanto a Igreja aceita não tocar no regime de separação (do Estado e das igrejas), ao mesmo tempo que desativa a convocação de um novo congresso do Centro Católico, então em curso, onde se iriam relançar as suas reivindicações imediatas.[27]

Mas o rápido êxito do equilíbrio orçamental dá a Salazar, além de larga credibilidade, um trunfo adicional e, esse sim, decisivo: o direito de veto sobre os futuros ministérios, que, na prática, como veremos, resulta da sua cumplicidade com Carmona. Efetivamente, o novo ministro das finanças não fazia retórica quando, no seu

---

26 São os seguintes, tais como o próprio os anuncia no seu discurso de tomada de posse, a 27 de abril de 1928 (António de Oliveira Salazar, *Discursos*, v. 1, pp. 4-5):
 a) Cada ministério compromete-se a limitar e organizar os seus serviços dentro da verba global que lhes é concedida pelo Ministério das finanças;
 b) As medidas tomadas pelos vários ministérios, com repercussões diretas nas receitas ou despesas do Estado, serão previamente discutidas e ajustadas com o Ministério das finanças;
 c) O Ministério das finanças pode opor o seu veto a todos os aumentos de despesa corrente ou ordinária e às despesas de fomento para que se não realizem as operações de crédito indispensáveis;
 d) O Ministério das finanças compromete-se a colaborar com os diferentes ministérios nas medidas relativas a reduções de despesas ou arrecadação de receitas, para que se possam organizar, tanto quanto possível, segundo critérios uniformes.
27 Manuel Braga da Cruz, *Monárquicos e republicanos no Estado Novo*. Lisboa: Dom Quixote, 1986, p. 93.

discurso de posse, avisava *urbi et orbi*: "Sei muito bem o que quero e para onde vou". Era uma declaração de guerra. Os republicanos conservadores cedo se aperceberiam disso.

Desde o momento da sua entrada no Governo, Salazar não esconde defender, para além de uma solução financeira, um programa político próprio e mais vasto para a Ditadura, no essencial distinto e divergente do "regressismo", moderadamente advogado pelo republicanismo conservador. Logo a 9 de junho de 1928, pouco mais de um mês após a sua tomada de posse, e a pretexto de agradecer os cumprimentos da oficialidade, convence o governador militar de Lisboa (general Domingos de Oliveira, seu simpatizante) a convocar, para o quartel-general, os oficiais das várias unidades, e aí lhes faz um discurso — no mínimo surpreendente, para um recém-nomeado "perito financeiro" — sobre os "problemas nacionais e a ordem da sua solução": o financeiro, o económico, o social e o político.[28] É a sua estratégia de ação, entendido, aqui, "o político" como a solução constitucional culminante da resolução dos demais problemas. Porque, naturalmente, é a política que irá comandar, a partir daí, toda a manobra tendente a impor a aceitação deste programa.

Ficava claro que a solução salazarista do problema financeiro — a imposição do equilíbrio orçamental — trazia nas entranhas, como pré-condição e como consequência da sua aplicação, toda uma visão da economia, da sociedade e do Estado que significaria uma evidente rotura com a República liberal. E que o propósito de Salazar era o de liderar as forças sociais e políticas nisso interessadas, pondo a Ditadura ao serviço desse propósito, e não de qualquer forma de retorno, mais ou menos depurada, ao liberalismo e à "partidocracia".

Para tal, era necessário dar, praticamente em simultâneo, mais dois passos essenciais: conquistar ao republicanismo militar a

---

28 António de Oliveira Salazar, *Discursos*, v. 1, p. 7 ss.

direção dos governos e do Estado e unir as várias direitas da direita (as direitas políticas e dos interesses) em torno de um programa político alternativo comum que lhes permitisse tomar e conservar o poder. Só isso podia franquear o caminho da contrarrevolução, ou, para usar os termos da época, da "revolução nacional".

TERCEIRO PASSO: AFASTAR OS MILITARES REPUBLICANOS DA CHEFIA DO GOVERNO E DA DITADURA

Será conveniente ter presente que o republicanismo militar conservador constituía o núcleo duro da Ditadura Militar e das Forças Armadas que a sustentavam. Desde 9 de julho de 1926, quando a "balbúrdia belenense" do curto consulado de Gomes da Costa fora interrompida *manu militari*, são os coronéis e generais republicanos que hegemonizam os governos da Ditadura, ainda que neles se façam representar as outras fações da nova situação.

Próximo do sector militar republicano-conservador encontrava-se, desde logo, o novo presidente da República interino e chefe do Governo desde 9 de julho de 1926, o general Carmona, ex-ministro da Guerra de um governo do Partido Nacionalista, mação e homem com simpatias e ligações entre a direita republicana. Até abril de 1928, até à entrada de Salazar para o governo, Carmona coloca o seu peso de chefe do Estado, do Exército e da Ditadura, de supremo e respeitado árbitro das suas fações, sobretudo do lado da linha republicana predominante nos comandos, ainda que sempre com enorme prudência e frequentes recuos face às fortíssimas reações das direitas antiliberais e do "tenentismo".

Secunda-o e pressiona-o, nessa via da "regeneração da República", a maioria da elite militar, que controla efetivamente os governos e as chefias das Forças Armadas entre o verão de 1926 e janeiro de 1930: os generais Vicente de Freitas e Ivens Ferraz (presidentes do Ministério e titulares de outras pastas, de abril de 1927 a janeiro de 1930), Júlio de Morais Sarmento (ministro da Guerra nesse período),

Farinha Beirão (comandante da GNR), Daniel Rodrigues de Sousa (titular da pasta da Guerra em 1932-3), os tenentes-coronéis Abílio Passos e Sousa (vice-presidente do Ministério em 1927 e titular da pasta da Guerra em 1926-7 e de 1934 a 1936) e Luís Alberto de Oliveira (ministro da Guerra em 1933-4), os comandantes Jaime Afreixo, Quintão Meireles e Jaime Monteiro (titulares das pastas da Marinha e dos Negócios Estrangeiros entre 1927 e 1929), o major Costa Ferreira (ministro da Instrução em 1929), o general Ferreira Martins, os tenentes-coronéis Tamagnini Barbosa e Pestana Lopes, etc., só para falar de alguns dos alvos mais frequentes da crítica da direita conservadora e radical.

A facção salazarista tem poucos apoios entre os comandos militares e, mesmo os que tem, são algo inorgânicos e instáveis: o general Domingos de Oliveira, comandante da Religião Militar de Lisboa e chefe do Governo de 1930 a 1932, o já idoso general Sinel de Cordes após sair do Governo, em 1928, o inseguro coronel Raul Esteves. É certo que, até formar Governo, em julho de 1932, também contou com o entusiasmo do "tenentismo" fascizante que agita as casernas de Lisboa e do Porto. Só que o "tenentismo" pressionava os comandos mas não se insurgia contra eles. Não era uma força militar efetiva, apesar de poder ser em certas situações, como veremos, um elemento relevante de agitação política. Essa fraqueza leva os salazaristas a um dilema complicado: é indispensável afrontar politicamente os militares republicanos para os afastar da chefia político-militar da Ditadura e do Estado, mas é igualmente indispensável negociar com eles para poder aceder à presidência do ministério e à condução política do país. A hipótese de um confronto militar, mesmo com o apoio do "tenentismo" e da extrema-direita fascizante, estaria fatalmente votada ao desastre. Para chegar ao poder será preciso negociar com a direita liberal, em geral, e com o republicanismo militar, em particular.

E isso explicará as duas táticas que Salazar parece seguir a partir da sua entrada para o Governo de Vicente de Freitas, em abril de 1928. Entre essa data e o ano de 1930 — o ano da "clarificação política" — o salazarismo, aliado a toda a direita antiliberal, à extrema-direita fascista em gestação e ao "tenentismo", através da sua rede de contactos nos vários sectores políticos e nos quartéis, através mesmo da mobilização de rua, conduzirá uma intriga permanente e uma luta, cada vez menos surda, contra os governos (em que os salazaristas nunca deixam de participar) de liderança militar republicana (ministérios de Vicente de Freitas e Ivens Ferraz), até ao derrube deste último (janeiro de 1930) e ao afastamento definitivo daquele sector militar da chefia dos governos.

Feito isto, havia que encontrar um entendimento político com os sectores republicanos de direita e, em especial, com os militares, que conduzisse à "rendição do liberalismo". Isto é, a aceitação da entrega do poder aos salazaristas e à integração desses sectores no novo regime. Este segundo movimento levou Salazar, sobretudo durante e após a sua investidura como presidente do Ministério, a enfrentar problemas sérios com os sectores da ultradireita, reativos a tais compromissos (em particular, com os recém-constituídos nacional-sindicalistas). Como adiante se verá, também em Portugal, com a cisão-proibição-assimilação do Movimento Nacional Sindicalista (MNS), em 1934, o fascismo enquanto movimento passará por um processo de neutralização e sujeição aos imperativos do fascismo enquanto regime. Mas antes de avançarmos, talvez convenha reter o papel central que, em toda a manobra política salazarista, desempenhará o discreto e inesperado chefe da Ditadura Militar, desde 9 de julho de 1926, o general Óscar Fragoso Carmona.

— O papel fulcral do general Carmona

Quando Salazar integrou o Governo de Vicente de Freitas na pasta das finanças, em abril de 1928, aí se iniciando a sua difícil caminhada para o poder, já o general Óscar Carmona tinha reforçado substancialmente o seu peso político dentro da Ditadura Militar. Com a eleição para presidente da República, em março daquele ano, por sufrágio direto e com o consenso dos partidos da direita republicana, Carmona passa de adventício tardio do 28 de Maio, ou de solução de recurso a Gomes da Costa, em julho de 1926, para chefe respeitado da Ditadura Militar e presidente eleito da República. É a esse título, e a partir dessa posição, que ele desempenhará um papel decisivo na disputa entre os salazaristas e o influente republicanismo militar. E, por essa via, em todo o seu processo de ascensão.

A discreta e prudente habilidade de Carmona cedo lhe confere (sobretudo após o apagamento político de Sinel de Cordes, em 1927-8) o papel de árbitro e mediador aceite pelo geral das fações político-militares que se digladiavam dentro da Ditadura. Dir-se-ia que a carreira militarmente apagada (nunca combatera em África ou na flandres) e o perfil de quase anti-herói que o general, sempre cuidadoso nos seus passos, ostentava,[29] ter-lhe-ão facilitado o assumir-se, refere-o Medeiros Ferreira, como o principal "agente da unidade militar".[30]

A proximidade que mantém com o republicanismo conservador, dominante na alta oficialidade, revelar-se-á, por outro lado, um elemento muito importante na sujeição dessa corrente ao advento salazarista. Isto porque Salazar, desde o momento em que entra para o Governo, em abril de 1928, estabelecera um sólido entendimento político com o presidente, que passará pela recusa de este viabilizar qualquer governo não só sem a presença de Salazar — considerado por Carmona como "insubstituível" —, mas com o qual o ministro das finanças não concordasse. Carmona confere

---

29 Cf. José Ribeiro da Costa, *Óscar Carmona (1869-1951): Elementos para o estudo biográfico do primeiro presidente da República do Estado Novo*. Dissertação (Mestrado) — Faculdade de Ciências Sociais e Humanas, Universidade Nova de Lisboa, 1990.
30 José Medeiros Ferreira, op. cit., p. 165.

a Salazar, na prática, uma espécie de direito de veto sobre os futuros ministérios da Ditadura.

Neste contexto, o presidente dará aos republicanos conservadores a possibilidade de governar até janeiro de 1930, mas desde que com Salazar e a sua política financeira, mais o que dela decorria. Fará questão, depois, de os manter associados ao Governo, e não deixará de ouvir os seus pontos de vista e até de os impor aos novos líderes da Ditadura, mas sempre no quadro da estratégia salazarista, já dominante. Compreende-se que esse comportamento venha a ter um triplo efeito no processo de transição para o Estado Novo.

Em primeiro lugar, inviabilizou o projeto liberal conservador, cuja realização, como Ivens Ferraz, por fim, compreenderá, passava decisivamente pelo afrontamento e afastamento de Salazar e da sua gente. Ocorreu exatamente o contrário: quando o ministro das finanças achou chegado o momento, inviabilizou intransigentemente qualquer governo de hegemonia liberal, logrando correr com os militares republicanos da chefia do ministério e da Ditadura.

Em segundo lugar, por consequência, conduzirá Salazar e os seus apoiantes à liderança do ministério. Primeiro, prudentemente, só *de facto*, moderando os apetites de Salazar, e, finalmente, a partir de julho de 1932, também *de jure*. E nessa altura, como veremos, dando todo o apoio à sua contestada indigitação para presidir ao Governo.

Last, mas realmente *not the least*, a mediação de Carmona será a ponte para o compromisso político e constitucional entre o republicanismo militar conservador e o salazarismo. Se sem esse tipo de compromisso, simultaneamente neutralizador e captador de boa parte dos comandos militares e das fações da direita republicana, é duvidoso que Salazar se conseguisse alcandorar ao poder e nele manter-se, é também certo que tal acordo, possibilitador do advento salazarista, se ficará largamente a dever à constante mediação equilibrante de Carmona até ao inverno de 1934.

Salazar nunca esquecerá o que lhe ficou a dever. Mesmo depois de a prática constitucional e governativa pós-1933-4 ter esvaziado os poderes constitucionais do presidente, reduzindo-o ao estatuto decorativo de um "venerando chefe do Estado", o novo presidente do Conselho continuará a nutrir por Carmona um genuíno e reverencial respeito, o que não voltará a acontecer com nenhum dos dois futuros presidentes da República estado-novista.

— Andamento inicial: atacar e derrotar os militares republicanos. A "clarificação política" (1928-30)

Torna-se, portanto, claro, à medida que o reviralhismo declina, que a disputa central sobre os destinos da Ditadura Militar se vai travar dentro dela própria, entre o campo republicano militar conservador, colocado na condução da nova situação e do seu governo desde 9 de julho de 1926 (quando outra quartelada substituíra Gomes da Costa por Carmona), e o campo informal progressivamente polarizado por Salazar e os seus fiéis onde, para combater os liberais, se reuniram todas as fações da direita antiliberal, ultramontana, católica conservadora e fascizante. Um vasto território nacional-corporativo e autoritário, diverso, mas em consonância substancial com o espírito da "época dos fascismos" e desejando fazer da Ditadura a ponte para um regime de novo tipo.

Os dois campos estavam nitidamente definidos dentro da Ditadura a partir de 1928, quando Salazar entrou para o Ministério de Vicente de Freitas, em 26 de abril. E, entre 1928 e 1930, o ministro das finanças e os seus "amigos políticos" mais próximos vão liderar, como fação minoritária nos governos de Vicente de Freitas e Ivens Ferraz, a fronda das direitas antiliberais contra o republicanismo militar e seus aliados da direita republicana. Toda a vida política destes ministérios, toda a vida interna da Ditadura nestes dois anos, se poderia resumir à guerrilha constante movida pelo "tenentismo" nos quartéis, pela direita católica e integralista, pela direita fascizante, às tímidas tentativas de o republicanismo conservador salvar alguma coisa do moribundo regime liberal. Combate quase sempre surdo, em que Salazar e os salazaristas, fortes do prestígio alcançado pelos sucessos do equilíbrio orçamental e da imprescindibilidade que ele lhes confere junto do presidente da República, assumem uma clara função dirigente.

A entrada de Salazar para o Governo como "ditador das finanças" marca, na realidade, o início do curto, mas decisivo, período do conúbio fascista-salazarista para varrer os republicanos conservadores da liderança do Governo da situação. A direita radical e o "tenentismo" como que se apagam enquanto intervenção autónoma para aceitar a direção de Salazar nesta luta: o chefe da oposição aos governos liberais conservadores está no Governo, comanda as finanças públicas — e, através delas, toda a vida político-administrativa — e tem o apoio do presidente da República e de largos sectores conservadores. Os fascistas percebem que ninguém melhor do que ele pode conduzir com êxito a manobra para derrotar o empecilho republicanista-militar a que a Ditadura cumpra, sem transigências, o seu papel "revolucionário".

Acreditam também que, colocado Salazar no poder, a "revolução nacional" poderia seguir o seu caminho. O ministro das finanças negoceia então com eles, intensa mas prudentemente, sobretudo através do seu braço direito no Ministério, o titular da Justiça, Lopes da Fonseca, que "detinha uma influência mais direta nos elementos irrequietos" e atuava, conta-nos Ivens Ferraz, como "um verdadeiro agitador dentro do Governo".[31] Para o último presidente de Ministério da fação republicana, era claro quem dirigia o assalto dos "adversários da República" e dos "mais encarniçados inimigos do regime": eram os dois ministros, isto é,

---

31 Ivens Ferraz, *A ascensão de Salazar*. Pref. e notas de César Oliveira. Lisboa: Editora O Jornal, 1988, pp. 103-4.

Salazar, através dos seus "delegados nos quartéis da guarnição".[32] As "fações reacionárias", os integralistas, os "tenentes", as "direitas situacionistas" em geral, "fortalecidos pelo apoio daqueles membros do Governo", iriam, na realidade, "pôr cobro à obra de traição do Presidente do Ministério", em janeiro de 1930, e pela mão de Salazar.

O primeiro *round* cumpre-se com a demissão de Vicente de Freitas, a pretexto da revogação pelo Governo da célebre "portaria dos sinos".[33] A demissão de Salazar e do seu velho amigo, correligionário e colega de Governo, Mário de Figueiredo faz cair o Governo, a 5 de julho de 1929. Respondendo, em entrevista a *O Século*, dois dias depois, a declarações de Vicente de Freitas, Salazar explica, sem peias, que as razões da sua demissão estão longe de se resumir ao caso dos sinos, prendendo-se à "necessidade de tomar posições em certas questões de orientação geral do Governo". E deixa ambiguamente cair que o momento "devia ser aproveitado para que o Presidente da República resolvesse, a bem do País, o que melhor entendesse o seu alto critério".

Mas ainda era cedo. "Ouvidos os altos-comandos" e os "antigos Ministros", Carmona chama Ivens Ferraz para formar Governo, homem com alguma popularidade (infundada, como se veria) entre os meios mais conservadores — provavelmente devido ao seu papel na recusa das condições da Sociedade das Nações para o empréstimo, o que lhe valera, na altura, uma entusiástica receção organizada pela Liga 28 de Maio —, onde se espera "uma evolução favorável à direita".[34] É possível que, já então, não fosse essa a opinião de Salazar, que se limitara a dar ao presidente da

32   Ibid., p. 146.
33   Portaria publicada pelo então ministro da Justiça, Mário de Figueiredo, companheiro político de Salazar, liberalizando o horário dos toques dos sinos das igrejas, no que contrariava as disposições da lei da separação do Estado e da Igreja. A portaria foi revogada pelo Conselho de Ministros, dando origem à demissão de Mário de Figueiredo e de Salazar, o que arrastou a queda do Governo de Vicente Freitas.
34   Cf. PRO/FO nº 371/14151, relatório do embaixador britânico de 15 de julho de 1929.

República um reticente *"agrément* condicional" à indigitação do novo chefe do Governo.

Por isso, ferido pela escolha de Carmona, o ministro das finanças recebe "friamente e com acentuada reserva" o convite de Ivens Ferraz para retomar essa pasta — condição de viabilidade do novo elenco, imposta por Carmona. Começa por colocar a exigência do regresso de Figueiredo à pasta da Justiça — o que era, obviamente, inaceitável para a componente maioritariamente republicana do novo Governo — e mantém um "recusa fria" face aos "pedidos, quase súplicas, reiterados em sucessivas visitas", de Ivens Ferraz ao hospital, onde Salazar se encontrava internado a recuperar de uma fratura óssea.[35] Uma missiva de Figueiredo, comunicando a sua recusa em entrar para qualquer Governo, permite a Salazar salvar a face sem abandonar completamente o seu amigo e correligionário, cuja desautorização fora a causa próxima da crise, aceitando continuar na pasta das finanças, após "redobrados esforços" de Ferraz. Leva consigo para o novo Governo, para a Justiça, Lopes da Fonseca, um homem da sua confiança que terá uma mão importante nos acontecimentos que se vão seguir.

É claro que a curta história de menos de seis meses de vida do gabinete Ivens Ferraz se vai resumir, mais uma vez, a uma sucessão de intrigas, pressões e golpes de bastidores por parte dos salazaristas e dos seus aliados, para boicotar o programa de "normalização republicana" e derrubar o Ministério. Salazar, em várias entrevistas privadas com Ferraz (que reverentemente o procura no hospital, no Ministério, em casa), ou nas sessões do Conselho de Ministros, não esconde as profundas divergências com a maioria relativamente ao que deviam ser os fins e a missão política da Ditadura. E os ataques, críticas, e a consequente chantagem de demissão, sucedem-se a pretexto de quase tudo: o regresso da

---

35 Ivens Ferraz, op. cit., pp. 47, 149.

questão da portaria dos sinos;[36] as acutilantes tomadas de posição republicanistas do ministro da Instrução, major Costa Ferreira, que denuncia "a intolerância do frade dominicano";[37] as declarações pró-liberalizantes de Ferraz à imprensa; "os ataques antirreligiosos" da imprensa republicana; a alegada "campanha de difamação contra o Ministro das finanças", levada a cabo pela Polícia de Informações com a "conivência do Gabinete da Presidência do Ministério";[38] as medidas de clemência para com os republicanos exilados e de repressão à direita radical, etc.

Respira-se um ambiente de crise permanente e de paralisia, à espera de saber qual dos lados da corda vai ceder. Finalmente, em outubro de 1929, os salazaristas parecem passar decisivamente à ofensiva. Salazar deixara avançar, habilidosamente, o seu mais próximo concorrente das direitas, o ministro dos Negócios Estrangeiros e integralista Trindade Coelho, com uma caricata tentativa de golpe palaciano, em agosto, de que resultou o seu isolamento e inutilização política, sem que os salazaristas esboçassem o menor gesto de apoio. Agora o terreno estava livre.

A 29 de outubro, aproveitando a ausência de Ivens Ferraz e Carmona, em visita oficial a Espanha, e sem conhecimento do presidente do Ministério, Lopes da Fonseca organiza, em Lisboa, uma manifestação das câmaras municipais de apoio ao ministro das finanças pelo sucesso da sua obra financeira. Dias depois, e seguramente certo do apoio do chefe de Estado, Salazar pede a reunião de um Conselho de Ministros presidido por Carmona

---

36 A propósito da publicação da resolução do Conselho de Ministros ter revogado a "portaria dos sinos". A questão é contornada pelo seu envio para parecer da Procuradoria-Geral da República. Cf. Ibid., p. 57.
37 Designadamente nas comemorações do 5 de Outubro desse ano, Salazar protestará também, secundado por certos meios militares, contra a cedência do São Carlos pelo ministro da Instrução à Liga dos Direitos do Homem para uma homenagem ao republicano histórico e ex-grão mestre da Maçonaria, Magalhães Lima. Tais reações levarão à demissão do major Costa Ferreira.
38 Ivens Ferraz, op. cit., p. 127.

para discutir a orientação política do Governo. A sessão realiza-se a 20 de novembro, em Belém, sendo a política advogada por Ivens Ferraz sujeita a um ataque já frontal pela dupla Lopes da Fonseca/Salazar. É apontada como um "desejo de aproximação aos partidos", como uma preparação para "passar o Poder aos políticos": "a diretriz do Governo inclinava-se para a esquerda, quando devia inclinar-se para a direita, que é a parte sã". Salazar defende uma política de "assimilação dos inimigos" que queiram cooperar com um Governo forte, ao contrário da orientação de compromisso e entendimento com eles que o Governo seguiria.

Tudo o que se passa a seguir fala por si: o ministro das finanças contrapõe à proposta de nota oficiosa continuísta, apresentada por Ivens Ferraz, um texto de evidente rotura, onde se afirma que a Ditadura, "conquanto provisória", deve permanecer "pelo tempo indispensável para realizar a sua finalidade". A saber: completar a reorganização financeira, lançar as bases da "reconstrução económica da metrópole e das colónias" e "efetuar a reconstrução política e social do País, pelo regime municipal e corporativo".[39] O claro apoio do presidente da República às posições e ao texto de Salazar coloca Ferraz numa posição insustentável, obrigando-o a apresentar a demissão. Carmona permite-se mesmo, logo ali, pedir a opinião de Salazar sobre tal situação, e a sua resposta é sibilina: "é assunto a tratar entre ele [Ivens Ferraz] e V. Ex.ª, sobre o qual o Conselho não tem de se pronunciar".[40]

Mas Carmona quer evitar a crise. E, nos dias seguintes, a despeito das reticências de Salazar (consultado, a par e passo, sobre o evoluir dos acontecimentos), aceita a condição de Ferraz para permanecer: dar uma entrevista a *O Século*, como efetivamente acontece, na qual reafirma as suas posições, tentando integrar nelas a orientação da nota oficiosa.

39 Apud ibid., p. 137.
40 Ibid.

Será, obviamente, sol de pouquíssima dura. A 4 de janeiro de 1930, tendo como pano de fundo os efeitos da crise de 1929 nas economias coloniais, Cunha Leal, governador do Banco de Angola, profere uma controversa conferência na Associação Comercial de Lisboa, onde critica duramente a política financeira de Salazar para as colónias, em geral, e para Angola, em particular. O ministro das finanças responde-lhe, em nota oficiosa acusatória, a 7 de janeiro, sem dela dar conhecimento prévio, como estava estabelecido no Governo, ao presidente do Ministério. Acresce que, tanto Ivens Ferraz como o ministro das Colónias na altura, Eduardo Marques, concordam com as posições de Cunha Leal, homem de quem estão próximos politicamente, e discordam do teor da resposta do ministro das finanças e da adoção de qualquer sanção contra o governador do Banco de Angola.

Levada a questão a Conselho de Ministros, por exigência de Salazar, que não aceita a admoestação do chefe do Governo, as posições extremam-se. O ministro das finanças pede novamente um Conselho de Ministros presidido por Carmona para "tratar definitivamente da questão política". E refere-se já a Ivens Ferraz, não como chefe do Governo, mas como "uma pessoa categorizada ali presente". Face à recusa de Ivens Ferraz em ceder nas suas críticas, Salazar e Lopes da Fonseca abandonam a reunião e demitem-se.

O resto é conhecido: Carmona recusará a substituição de Salazar proposta por Ivens Ferraz e obriga-o à demissão. Mas, se há condições para impedir qualquer Governo sem o titular das finanças, ainda não existem para o nomear chefe do Governo. O presidente da República ensaia primeiramente a indigitação do coronel Passos e Sousa — claramente conotado com a linha republicanista —, mas, como este dirá mais tarde, "o Doutor Salazar estendeu, para eu passar, um belo tapete de veludo, por debaixo do qual os meus pés só sentiam espinhos".[41] Efetivamente, ele

---

41 Ibid., p. 22.

inviabilizará o retorno dos republicanos à chefia do Ministério, aceitando, contrafeito, um meio-termo: a designação do general Domingos de Oliveira, governador militar de Lisboa, homem que lhe está politicamente próximo. O seu Ministério fica constituído a 21 de janeiro de 1930.

A partir daqui, Salazar passará a ser a figura preponderante do Governo e da Ditadura — desde então crismada "Ditadura Nacional" —, a quem lograra impor, não obstante as resistências e contravapores dos liberais e da extrema-direita, o essencial do seu programa de transição para um novo regime, o Estado Novo.

Salazar não perde tempo em explorar o sucesso. O ano de 1930 será o de uma dupla clarificação política essencial: sobre o rumo político da Ditadura e sobre as grandes linhas políticas e ideológicas do programa da "revolução nacional" para que ela devia apontar. De tal tarefa doutrinária se encarregará pessoalmente, através daquilo a que tenho chamado os seus "discursos fundadores" de 1930 e de 1932, aos quais, aliás, já nos referimos no Capítulo 1.

Os discursos de 1930 são intervenções de separação de águas, como antes se notou, de clarificação das ambiguidades ainda subsistentes do caldo confuso do 28 de Maio. São a expressão de uma tática ofensiva que tinha como claro propósito afastar a direita republicana civil e militar da hegemonia da Ditadura, e consolidar, bem como aprofundar, o seu novo curso.

Com a alocução da Sala do Risco, a 28 de maio de 1930, como vimos, Salazar clarifica a controvérsia central no seio da Ditadura: de um lado, os que entendiam que ela era um parêntesis regenerador para regressar a uma república liberal ordeira, reconfigurada, e à ordem constitucional rompida pelo 28 de Maio — ou seja, para, mais ou menos explicitamente, voltar a entregar o poder aos "partidos", aos "políticos" e a um parlamentarismo recauchutado; do outro lado, os antirregressistas, os defensores de uma ditadura que não fosse "um simples parêntesis na vida partidária", que instaurasse uma nova ordem política e social, que abrisse a via da "revolução nacional" corporativa sobre a negação do demoliberalismo e da desordem social e política. Esse era o caminho que o "novo estatuto constitucional" deveria consagrar.

Logo a seguir, a 30 de julho, é novamente o ministro das finanças que, após a apresentação pública do programa da União Nacional, discorre, como verdadeiro orador central da cerimónia, sobre os "princípios fundamentais da revolução política", a que antes já aludimos. Era o programa do novo regime: a recusa do demoliberalismo, a constatação da falência universal do parlamentarismo, a apologia do nacionalismo orgânico e corporativo, do "Estado forte", o intervencionismo dirigista na economia, do imperialismo colonial. Um enunciado cuja ortodoxia programática haveria de ser ainda bastante podada pela concreta realização político-constitucional que visava informar.

Na realidade, fixados e anunciados os princípios do que se pretendia que fosse o Estado Novo, havia ainda que fazê-lo. Os salazaristas e os seus aliados tinham tido a capacidade de hegemonizar a definição estratégica dos caminhos da Ditadura. Mas, nesse momento, e naquela conjuntura, não reuniam nem a força política, nem a força militar para o levarem a cabo por si só. Era necessário negociar. Seguramente, a partir da posição hegemónica que tinham conquistado, certamente a partir do seu programa como objetivo geral a atingir, mas para alcançar a direção do Estado e do Governo era preciso obter a "rendição" dos liberais conservadores, sobretudo nas Forças Armadas. Ou seja, aceitar ceder um pouco para manter o rumo essencial.

— *Contra-andamento: negociar com os militares republicanos.*
Salazar na Presidência do Ministério (1930-32)

Talvez seja oportuno começar por precisar a natureza e o alcance desta negociação a que os salazaristas se veem obrigados a recorrer, bem como do "compromisso" que alcançam. De alguma historiografia mais complacente, Salazar emerge das curvas e contracurvas desta luta pelo poder quase como um político do compromisso, um pragmático, uma criatura de diálogo e de consenso. A verdade é que Salazar é um político que recorre ao compromisso, neste e noutros casos, no estrito quadro político e ideológico marcado pela hegemonia das direitas antiliberais e antidemocráticas na Ditadura. O limite do compromisso nunca deixa de ser a indiscutível aceitação do novo curso da "revolução nacional", ainda que, dentro deste quadro, se aceite dar alguma coisa para viabilizar e, a prazo, para reforçar a direção do golpe principal.

O chefe do emergente Estado Novo não negoceia com os militares republicanos ou com os políticos da direita republicana uma solução de compromisso de regime, um ecletismo habilidoso entre o passado liberal e o futuro fascizante. Salazar negoceia a rendição efetiva de uns e de outros ao novo regime, o preço político da sua integração na nova ordem. Provavelmente prevendo — e os factos deram-lhe razão — que o reforço que adviria para o regime dessa integração/anulação da corrente militar e civil do republicanismo conservador permitiria, mais cedo do que tarde, esvaziar de efeito prático, ou mesmo reverter, o essencial do que fora concedido. Efetivamente, a rápida alteração da correlação de forças que o apagamento desse sector originou transformaria esses compromissos político-constitucionais em realidades formais totalmente esvaziadas de efeito prático, mesmo quando subsistiram.

Para lembrar só o essencial, o Ministério da Guerra acabará por cair nas mãos do presidente do Conselho em 1936; o presidente da República, mesmo sendo reeleito, transforma-se, a partir de 1935, numa veneranda decoração do regime. E a Assembleia Nacional, apesar da designação dos deputados por sufrágio eleitoral direto, nunca seria nada que se parecesse com um parlamento.

Salazar, que juntara já católicos conservadores, integralistas, técnicos independentes e outras personalidades da direita à sua plataforma nacional-corporativa, dispõe-se, pela força das circunstâncias, a negociar agora a integração dos militares republicanos (dos civis, muitos já tinham aderido). Seguir-se-á, imediatamente após, o grosso da coluna nacional-sindicalista. Em fins de 1934, tudo estará consumado e o regime poderá iniciar a vigência das novas instituições com a convocação de eleições para a Assembleia Nacional.

É, pois, uma tessitura entre as direitas da direita que apoiam a Ditadura e viabilizarão o Estado Novo. Só que fora disso não há compromisso, nem pragmatismo, nem sombra de equilíbrio, ou seja, não há "política nacional", não há liberdade política, não há política legalmente consentida, como, aliás, o chefe do Governo anuncia claramente no seu outro "discurso fundador", de novembro de 1932. Ou seja, o compromisso em matéria de política interna, para Salazar, haveria de desaguar, sempre, na sujeição e capitulação do adversário. Ou, se ele resistisse, na rotura e na perseguição.

Entretanto, sendo certo que o Governo do general Domingos de Oliveira, a partir de janeiro de 1930, vem desequilibrar a situação claramente a favor da corrente salazarista e do seu peso no ministério e na "Ditadura Nacional", o facto é que as coisas estão longe de estar decididas, desde logo onde era mais urgente que estivessem: nas Forças Armadas. O "ano terrível" de 1931 veio demonstrar, precisamente, a fragilidade das novas hegemonias. Os reviralhistas lançam, nesse ano, a sua última ofensiva revolucionária significativa, com as revoltas na Madeira, Açores e Guiné (de princípios de abril a inícios de maio), as manifestações estudantis e populares contra a Ditadura, em Lisboa e no Porto, na mesma altura, e o movimento insurrecional de 26 de agosto, também na capital.

A extrema-direita, através da Liga 28 de Maio, parece sobrepor-se à União Nacional no terreno, como força de defesa da Ditadura. Os liberais conservadores, por seu turno, marcam pontos na sua política de normalização constitucional por via eleitoral e em diálogo com os antigos partidos, coligados na Ação Republicano-Socialista. E até em Espanha, a queda da Ditadura de Primo de Rivera, em 1930, e a implantação da República, a 14 de abril de 1931, parecem anunciar fim idêntico para a Ditadura Nacional, desde logo pelo que tal mudança significava de apoio logístico e político às atividades reviralhistas. O próprio embaixador britânico, insuspeito apoiante da situação, reconhece que "o Governo só aparentemente está forte e pode cair em qualquer momento".[42]

Entretanto, os militares republicanos conservadores, ainda que remetidos à defensiva, são ainda escutados por Carmona, gozam de prestígio e de posições nos comandos do Exército e continuam politicamente ativos. E mantêm influência nas pastas do Interior e da Guerra. Em julho de 1931, mesmo depois do impacto da revolta da Madeira, vemos o Governo (através de Carmona e do ministro do Interior, capitão Lopes Mateus) novamente envolvido em negociações com os políticos republicanos, com vista à preparação de eleições autárquicas, aparentemente recuperadas como via para a constitucionalização do regime (chega a ser decretada a respetiva legislação eleitoral). Com vista a assegurar a sua participação no ato eleitoral, o Governo vai mesmo ao ponto de permitir a constituição da Aliança Republicana e Socialista, uma frente de partidos republicanos e do Partido Socialista liderada pelo general Norton de Matos, tendo como dirigentes os almirantes Mendes Cabeçadas e Tito de Morais, o embaixador Duarte Leite, os advogados socialistas Ramada Curto e Mário de Castro, o professor Mário de Azevedo Gomes, entre outros.

No Governo, Salazar chefiava a oposição direitista à convocação dessas eleições e, de uma forma geral, à via eleitoral e dialogante com os republicanos: os sectores antiliberais temiam a previsível vitória destes nas grandes cidades e os consequentes efeitos no futuro da Ditadura.[43] Essa desconfiança relativamente à posição das

---

42 PRO/FO nº 371/15.758, relatório do embaixador britânico de 18 de abril de 1931.
43 Ibid., relatórios da embaixada britânica em Lisboa de 14 de julho de 1931.

chefias do Exército, ainda muito permeáveis ao republicanismo liberal, levava o ministro das finanças a uma política de deliberada resistência às pressões militares, no sentido da libertação de verbas para a modernização e reequipamento do Exército. Aos diplomatas britânicos, em meados de 1931,[44] não escapava o reavivar da tensão entre Salazar e os seus apoiantes, por um lado, e entre o chefe do Governo e os oficiais titulares das pastas da Guerra e do Interior, por outro.

A revolta de 26 de agosto de 1931 vem como que "dar razão" aos salazaristas e à direita radical. A oportunidade não é desaproveitada: no calor da violenta resposta político-policial à intentona, não é só a ainda subsistente ideia de uma nova República, vagamente pluralista e liberal, que é afastada, não é só o diálogo com os "políticos" do antigamente como via para a normalização constitucional que é definitivamente abandonado — são, pelo contrário, a posição e o projeto político de Salazar na Ditadura que saem claramente reforçados. A partir dos finais do verão de 1931, começa a falar-se, aberta e insistentemente, na nomeação de Salazar para a presidência do Ministério. Apesar de algumas dificuldades subsistentes, o caminho estava aberto.

Ia ser, todavia, uma ponta final duramente disputada. E é nesse contexto, da corrida para a presidência do Ministério, que se expressa a reviravolta tática dos salazaristas: obter, da tropa republicana conservadora, a entrega do poder não só a um civil, mas ao chefe político de uma fronda de direita assumidamente contrária ao liberalismo remanescente nas fileiras da Ditadura.

De qualquer forma, é bem certo que nos finais de 1931, vencidos os surtos da agitação político-militar revirathista e estudantil e varridas as veleidades de uma normalização por via eleitoral, assente no diálogo com os representantes dos velhos partidos, se

---

44 Relatórios de 12 de julho e 22 de agosto de 1931.

dá um "reforço da posição do *doctor* Salazar", como logo se apercebem os diplomatas ingleses em Lisboa desde setembro desse ano. Prova disso é a capacidade que ele demonstra para desarmadilhar a proposta de criação de um "Conselho Nacional", oriunda da Presidência da República e dos meios militares republicanos, que a têm como referência, nos finais de 1931. Como bem salienta António de Araújo, não era pouca coisa.[45] O Conselho que Carmona propunha seria "uma espécie de órgão de cúpula do sistema político, colocado na órbita do Presidente", que integraria o presidente do Ministério e todos os ministros, mais doze membros nomeados pelo presidente da República, que poderiam ser o presidente e secretário-geral da União Nacional, e os futuros dirigentes sindicais corporativos. Deste modo, "as cúpulas do sistema corporativo, a par do Governo, poderiam ficar sob a égide de Carmona", o único dirigente da Ditadura formalmente legitimado pelo sufrágio direto dos cidadãos nas eleições presidenciais de março de 1928.

A manobra era tanto mais séria quanto o anteprojeto

> atribuía ao Conselho Nacional funções não meramente consultivas, mas também deliberativas, em assuntos de importância tão crucial como os projetos de Constituição, de Código Administrativo e de lei eleitoral, além da organização do regime corporativo, a organização da mocidade, a estrutura da União Nacional, a nomeação dos presidentes e secretários-gerais das organizações de juventude, a confirmação ou rejeição dos conselhos dirigentes eleitos pelas confederações sindicais e o regime da imprensa da União Nacional.[46]

E, conclui o autor citado,

---

45 Cf. António de Araújo, *A lei de Salazar*. Lisboa: Edições Tenacitas, 2007, p. 158 ss.
46 Ibid., p. 160.

um órgão cuja composição era dominada pelo Presidente da República iria decidir sobre aspectos estruturantes do novo regime e, mais do que isso, sobre personalidades que iriam ocupar posições-chave na organização corporativa.[47]

Salazar, seguramente através de uma negociação cujo rasto documental se desconhece, contrapõe à proposta da Presidência da República um outro texto onde altera e reduz drasticamente as competências do Conselho a criar que designa como "Conselho Político Nacional" (CPN). Será essa a proposta que, no essencial, será recebida no decreto que cria o CPN, de 22 de dezembro de 1931.[48] Basicamente, o contraprojeto elimina as funções deliberativas do Conselho e restringe a consulta obrigatória do CPN à Constituição, ao Código Administrativo, à lei eleitoral e à organização do regime corporativo e omite a duração do seu mandato.[49]

Quanto à composição do órgão, Salazar não consegue impor a sua versão minimalista (reduzir os vogais, a nomear pelo presidente, de doze para seis), prevendo o diploma que o chefe de Estado nomeasse onze vogais. A negociação quanto aos nomes é igualmente óbvia. O CPN, além dos membros por inerência, fica com uma "ala militar" de quatro militares republicanos, próximos de Carmona, e uma "ala civil" de seis personalidades da confiança de Salazar, ainda que um deles (Manuel Rodrigues) bastante chegado aos republicanos e outro, nesta conjuntura da constitucionalização do regime, opondo-se a ele pela direita (Mário de Figueiredo). Tendo em conta que o presidente do Ministério (general Domingos de Oliveira) era um militar pró-salazarista e o ministro do Interior (Mário Pais de Sousa), um amigo de Salazar, pró-republicano,

---

47 Ibid.
48 Decreto nº 20.463 de 22/12/1931, In: Ibid., p. 191 ss.
49 Ibid., p. 161.

pode presumir-se que as duas tendências quase se equilibravam, talvez com ligeiro predomínio dos salazaristas.[50]

O CPN, naturalmente encarado com reserva por Salazar, reunirá unicamente quatro vezes e extingue-se uma vez plebiscitada a Constituição. Mas os pareceres que emite nessas quatro sessões serão, todos eles, de significativa importância na ascensão de Salazar ao poder:

— Na sua primeira sessão, a 5 de maio de 1932, o CPN pronuncia-se a favor da constitucionalização do regime, por via de um plebiscito, o que era a posição dos republicanos e dos salazaristas contra as reservas da extrema-direita católica e integralista, que encaravam a constitucionalização, simultaneamente, como um compromisso de índole regressista com os liberais e um processo burocrático e estatizante de corporativizar o regime "de cima para baixo". A constitucionalização do regime, pelo contrário, tinha, para os salazaristas, uma dupla urgência: neutralizar as resistências republicanas com algumas cedências e legitimar formalmente o Estado Novo e o seu Governo pelo voto plebiscitário, retirando esse exclusivo ao presidente Carmona. Apesar do processo de constitucionalização já estar em curso, e de já ter sido aprovado pelo Governo quando o Conselho dá o seu parecer, essa tomada de posição não deixa de ser um significativo reforço político simbólico da posição dos salazaristas.

— Na sua segunda sessão, a 11 de maio 1932, o Conselho discute e aprova na generalidade — como Salazar pretendera — as linhas gerais do projeto de Constituição aprovada pelo Governo, introduzindo-lhe várias alterações de carácter secundário que serão recebidas na versão final do projeto.[51]

---

50 Ofício da Presidência da República para Oliveira Salazar. In: António de Araújo, op. cit., p. 193.
51 Ibid., p. 200 ss.

— Na terceira sessão, a 27 de julho do mesmo ano, o CPN tem talvez a sua sessão politicamente mais relevante. Colocada pelo presidente da República a questão do pedido de demissão do ministério do general Domingos de Oliveira, que fora aceite, o Conselho pronunciou-se pela formação de um novo Governo (e não pela remodelação do cessante) e pela necessidade de o futuro Ministério prosseguir com o projeto constitucional. De seguida, o presidente ouviu individualmente todos os presentes,[52] que se manifestaram maioritariamente pela indigitação de Oliveira Salazar para a presidência do Ministério (ainda que não se conheça o sentido de voto de cada um). A última sessão, a 6 de abril de 1933, já depois do plebiscito constitucional, será um ato protocolar de encerramento dos trabalhos do CPN.[53]

Entretanto, em 1932, nas comemorações do sexto aniversário do 28 de Maio, o ainda ministro das finanças recebe das mãos do presidente da República, por proposta das Forças Armadas, a Grã-Cruz da Torre e Espada, condecoração normalmente reservada aos chefes do Governo. Salazar profere, então, uma importante intervenção, o seu terceiro "discurso fundador", por ordem cronológica, sintomaticamente intitulado "O Exército e a Revolução Nacional".

É um ponto de viragem. Homenageando as Forças Armadas e aceitando a sua suprema tutela sobre os destinos do país e da "Revolução Nacional", Salazar anuncia ser chegado o momento de elas regressarem às suas tradicionais funções de defesa e segurança, para bem do prestígio e dignidade do seu papel. Mas é, igualmente, o momento de viragem tática, do alargamento do consenso ao republicanismo conservador.

---

52 Faltaram Martinho Nobre de Melo, que já partira para o seu posto diplomático no Brasil, e Armindo Monteiro, subsecretário de Estado das Colónias, em visita oficial a Angola. (Cf. António de Araújo, op. cit., p. 209.)
53 Ibid., p. 211.

Para estes, deixa agora claro que a Ditadura não pode ser, em si mesma, a solução do problema político, mas deve ser "essencialmente uma forma transitória", devido aos abusos facilmente decorrentes do seu "poder quase sem fiscalização".[54] E, ainda que compreenda a insatisfação dos que pensavam "que deveria fazer-se mais largo apelo e maior uso da violência", e que reconheça ser "a força [...] absolutamente indispensável na reconstrução de Portugal", modera os ímpetos de extrema-direita fascizante. Um poder que se considera "limitado pela moral e o direito" não pode "fazer o que quer, mas apenas o que deve". E todos compreenderiam "que a nova organização do Estado e a reforma desta sociedade portuguesa não se podem fazer sob rajadas de temporal desencadeados por nossas próprias mãos".[55] Alerta, por isso, contra os "alucinados pela fascinação da novidade", desejosos de construir mundos totalmente novos, nos quais se combinavam "propósitos generosos, cândida inexperiência e sentimentos regressivos de baixa animalidade humana".[56]

Uma vez demarcados os campos — republicanos conservadores e radicais de direita —, Salazar, pragmaticamente, não fecha a porta nem a uns, nem a outros, e coloca-se como agregador: "O problema que nos é posto pelas circunstâncias consiste na determinação do ponto de convergência destas duas correntes",[57] isto é, no saber atrair ao seu seio tudo o que pudesse ser aproveitável e agrupável, em torno da plataforma política viabilizadora do Estado Novo. Nesse sentido, o projeto de Constituição apresentado

> estabelece a nova ordem de coisas, embora com as transigências
> exigidas para a sua adaptação a condicionalismo psicológico e

---

54 António de Oliveira Salazar, *Discursos*, v. 1, p. 95.
55 Ibid., pp. 142, 145.
56 Ibid., p. 163.
57 Ibid.

social diferente do que é previsto na sua pureza doutrinária e na integral execução futura dos seus princípios essenciais.[58]

E a União Nacional — o partido único, criado em 1930 — abriria "terreno de trabalho comum suficientemente amplo para nele caberem todos os portugueses de boa vontade, sem distinção de escola política ou confissão religiosa, contanto que acatassem as instituições vigentes e se dispusessem a defender os grandes princípios de reconstrução nacional".[59] De fora, só haveriam de ficar os irredutíveis dos dois lados, posto que o Governo, "fugindo de extremismos de uma e de outra banda", apelava a todas as forças conservadoras de "são patriotismo", procurando juntá-las "à volta de ideias constitucionais razoáveis e justas".[60]

É já Salazar que, definitivamente, conduz a situação em todos os campos. Menos de um mês depois, a 24 de junho, o general Domingos de Oliveira tira as consequências que se impõem e apresenta a Carmona a demissão do gabinete. Franqueado o caminho, o seu troço final seria o mais complicado. A escassa documentação disponível acerca dos bastidores da formação do primeiro Governo de Salazar — publicamente, quase nada transparece —, especialmente o "diário" desses dias de Leal Marques,[61] deixa adivinhar momentos de grande agitação nas fileiras da Ditadura.

Aparentemente, ao abeirar-se a formação do novo Ministério, constitui-se uma algo heteróclita fronda de resistência que agrupa, simultaneamente, oposições castrenses à perca de posições para os civis (e nisso se juntam oficiais republicanos e outros de direita conservadora, com o "tenentismo" da direita radical); militares

---

58   Ibid., p. 161.
59   Ibid., p. 164.
60   Ibid., p. 94.
61   Fátima Patriarca, "Diário de Leal Marques sobre a formação do primeiro Governo de Salazar: Apresentação". In: *Análise Social*, v. 41, n. 178, pp. 169-222, 2006. (Citado, daqui em diante, como "Diário de Leal Marques sobre a formação do primeiro Governo de Salazar: Apresentação".)

republicanos que não se opõem propriamente à indigitação de Salazar (firmemente apoiada por Carmona), mas que querem garantir a pasta da Guerra e os equilíbrios gerais do Governo a formar, e a forte aposição à constituição do Governo e ao que ele representaria de compromisso com a "velha política", por parte do ultramontanismo católico e integralista e dos "meninos". Essa é a designação com que, no "diário" de Leal Marques, parecem querer nomear-se, quer os jovens oriundos da Junta Escolar do Integralismo, que acabam de desaguar, precisamente, nesta conjuntura, no Movimento Nacional Sindicalista (para cuja chefia convidam o veterano integralista Rolão Preto), quer o "tenentismo" por eles influenciado e que agita algumas casernas de Lisboa, do Porto, de Tomar, para referir apenas as que o "diário" de Leal Marques regista.

Encarregado de formar Governo a 28 de julho de 1932, Salazar e os seus apoiantes mais chegados (Mário Pais de Sousa, ex-ministro do Interior, Leal Marques, seu chefe de gabinete — ambos de inclinações "republicanas moderadas" —, Águedo de Oliveira, José A. Marques, a que se juntarão, já depois de terem aceitado o convite para entrar no novo Governo, Duarte Pacheco e Albino dos Reis, dois homens que vêm da área da União Liberal Republicana de Cunha Leal) sabem que é o momento de fazer compromissos com os adversários da véspera. Salazar confidencia ao seu chefe de gabinete ter consciência de que "o País esperava dele um Ministério Nacional em que tivessem lugar individualidades republicanas".[62]

E assim fará. O compromisso sobre o Governo é o primeiro passo para o compromisso que Salazar fará com a direita republicana, em geral, e com os militares republicanos, em especial. O segundo respeitará à Constituição e à sua entrada em vigor, mas desse trataremos mais adiante.

Obrigado a deixar cair o então ministro do Interior, Mário Pais de Sousa, alvo de forte oposição por parte da direita ultraconservadora

---

62 Ibid., p. 193.

civil e militar, Salazar chama a essa pasta política fulcral (para escândalo e protesto de figuras que lhe são próximas, como Mário de Figueiredo e Quirino de Jesus) o rodado cacique oriundo da União Liberal Republicana, Albino dos Reis, então governador Civil de Coimbra. Da mesma área política, convida Duarte Pacheco para as Obras Públicas. Para a Justiça virá também um republicano controverso para a extrema-direita, Manuel Rodrigues, e Mesquita Guimarães, de posição idêntica, aceita a pasta da Marinha. Depois, chamará dois colaboradores próximos, Armindo Monteiro para as Colónias, e o industrial conserveiro Sebastião Ramires, com simpatias na "chamada gente jovem", para o Comércio e Indústria. Mantém na Instrução, para irritação de Duarte Pacheco, que já fora titular da pasta, um claro simpatizante do fascismo, Gustavo Cordeiro Ramos.

O problema, naturalmente, é a pasta da Guerra, onde resiste e se entrincheira o seu titular, coronel Lopes Mateus. Salazar não desiste de o substituir. Desde o ano anterior tem um contencioso com ele: o diálogo com os republicanos da Aliança Republicana e Socialista, a incapacidade de meter na ordem os jovens integralistas da Liga 28 de Maio (que, depois de Mateus ser colocado na sua presidência, desertaram em massa para o nacional-sindicalismo), questões de verbas para a Guerra. Deixando cair Mário Pais de Sousa (intermediário na disputa, e alvo de uma campanha também fomentada pelo coronel Mateus), entende o presidente indigitado que o ministro da Guerra devia igualmente sair para "desanuviar o ambiente". Só que este recusa e faz do seu gabinete o centro nevrálgico da agitação nos quartéis, recebendo e agitando os "tenentes", conspirando com os comandantes das unidades de Lisboa, do Porto, ou de Tomar (onde também se regista agitação "tenentista" contra o Governo, que pretenderia "entregar o Exército aos partidos").[63]

---

63 Ibid., p. 210.

Salazar não consegue arranjar um ministro para a Guerra. Pede indicações a Carmona, aparentemente sem resultado, e a 4 de julho está criado o impasse. Desloca-se ao Governo Militar de Lisboa e ao Ministério da Guerra para conferenciar com o general Daniel de Sousa, governador militar e oficial republicano, e com o coronel Mateus, sobre a situação da agitação nos quartéis. Recebe também o brigadeiro Lacerda Machado que vem dar conta da inquietação da tropa em Tomar, pois "se pretendia entregar tudo aos partidos". E pergunta-lhe: "Qual a diferença entre um Ministro ver o seu Ministério cair lançado por terra por dois tenentes ou pelo Pintor e o Ai-ó-linda?".[64] Nessa noite, Duarte Pacheco força uma decisão: ou se avança, detendo Salazar interinamente a pasta da Guerra, ou se desiste. Apesar de algumas reservas de Carmona àquela opção, o presidente acaba por apoiá-la. Dirá mesmo ao chefe do Governo indigitado "que se ele, Salazar, declinasse, ele, Presidente, renunciaria".

Divulgada a composição do novo Governo, nessa noite de 4 para 5 de julho, a agitação recrudesce no café Martinho, em Caçadores 5 e outras unidades, no Ministério da Guerra. Um tal capitão Corujeira teria chegado a trazer uma peça de artilharia para fora do quartel. Os comandantes das unidades reúnem às sete horas da manhã do dia 5 no Ministério e designam uma delegação (comandante Raul Esteves, major Alberto de Oliveira, major Franco), que nessa manhã se avista com Salazar para lhe "indicar" (não era uma "imposição") o nome do general Daniel de Sousa, um republicano conservador, para a pasta da Guerra. Que Salazar, naturalmente, aceita. Nesse mesmo dia, entre boatos de "zaragatas" iminentes para o impedir de tomar posse, veiculados por gente de integralismo (que pergunta em que quartel se quer refugiar o chefe do Governo indigitado), Salazar é empossado de

---

64 Ibid., p. 202. "Pintor" e "Ai-ó-linda", nomes atribuídos a dois membros da "Legião Vermelha" nos anos 1920.

forma "serena e confiante". No dia seguinte, apesar das informações sobre manifestações de apoio ao general Daniel de Sousa, e hostis ao novo chefe do Governo, este dá-lhe posse como ministro da Guerra, sem incidentes.[65]

Mas os problemas com os militares republicanos e os nacional-sindicalistas ainda não tinham terminado.

QUARTO PASSO: O ACORDO FINAL COM OS MILITARES REPUBLICANOS E A INSTITUCIONALIZAÇÃO DO REGIME (1932-34)

O acordo sobre a rápida constitucionalização do regime e as cedências, em matéria de elenco governamental, tinham facultado aos salazaristas, finalmente, o acesso à chefia do Ministério (ainda que não a tutela das Forças Armadas, que permanece sob o controlo das chefias republicanas conservadoras). Faltava o segundo compromisso essencial: sobre a futura Constituição e, depois, sobre o momento da sua entrada em vigor. A direita republicana apoiante da Ditadura aceitara a integração na "nova ordem", mas ainda tentava influenciar o futuro e, especialmente, a futura Constituição, cujo projeto fora apresentado pelo Governo, para debate público, a 28 de maio de 1932.

Na realidade, mesmo após a nomeação de Salazar para a chefia do Governo, em julho de 1932, o republicanismo militar conservador mantém-se ativo, apesar de não conseguir agir unificadamente de um ponto de vista organizativo. A sua estratégia concentra-se agora na exploração das contradições entre Carmona e o novo presidente do Ministério, e no apelo crescente ao espírito castrense da instituição militar enquanto tal — para o que se concertam mesmo com oficiais descontentes da direita radical —, visando obstar à institucionalização e à extensão do poder salazarista e "civil": "Vicentistas, Descontentistas

---

65 Ibid., p. 206.

(Nacional-Sindicalismo) e Reviralhistas [...] procuram dar-se as mãos para deitar ainda o seu barro à parede".[66]

Ivens Ferraz reúne apoios em torno da Liga dos Antigos Combatentes,[67] enquanto conspira com os meios do republicanismo moderado, oriundos da União Liberal Republicana ou da direita do Partido Republicano Português, agrupados na recém-surgida Renovação Democrática. Vicente de Freitas tenta mesmo formar com outros oficiais, em dezembro de 1932, uma Liga Republicana[68] que pudesse salvaguardar a possibilidade de intervenção da corrente liberal-republicana no novo ordenamento constitucional em preparação. O partido não parece ter reunido os apoios militares suficientes para vingar, mas o essencial do seu programa vai servir a Vicente de Freitas para, em fevereiro de 1933, apresentar, como veremos, o seu "contraprojeto" de Constituição, fortemente crítico do projeto oficial.

Não sendo este o lugar para uma análise detalhada do "debate constitucional", aliás já objeto de outros trabalhos especializados,[69] convirá lembrar que o projeto do Governo fora objeto de críticas severas ainda que geralmente no campo político situacionista, quer dos meios liberais, quer da direita ultramontana e integralista. Os primeiros, criticando a legitimação corporativa da nova ordem política e do sufrágio, a subalternidade da Assembleia Nacional relativamente ao Executivo (a "ditadura constitucionalizada") e recusando o partido único e a restrição das liberdades. Os segundos, atacando a "inexplicável transigência com os falsos princípios" que o projeto representava, "quando restabelece um regime parlamentar que a breve trecho

---

66 Assis Gonçalves, *Relatórios para Oliveira Salazar: 1931-1939*. Lisboa: Comissão do Livro Negro sobre o Regime Fascista/Presidência do Conselho de Ministros, 1981, p. 43.
67 Ibid., p. 13.
68 Cf. Maria Carrilho, "A projectada Liga Republicana e as últimas tentativas dos liberais contra a instrumentalização do Estado Novo". In: AA.VV., *O Estado Novo: Das origens ao fim da autarcia, 1926-1959*. Lisboa: Fragmentos, 1987, v. 1; e Assis Gonçalves, op. cit., pp. 12-3.
69 Cf. António de Araújo, op. cit.

reconduziria ao predomínio dos partidos".[70] Era, para Pequito Rebelo, um "mostrengo (de essência completamente parlamentarista)", pedindo a Salazar que dele se demarcasse, denunciando quem lho tinha imposto.[71]

Na sua defesa do projeto governamental, os salazaristas assumem claramente a posição de árbitros da disputa, a posição intermédia da força condutora da coligação de interesses viabilizadora do novo regime. Para além das declarações do chefe de Governo a António Ferro, divulgadas nas entrevistas publicadas no *Diário de Notícias* em finais de 1932, vêm à liça alguns dos autores materiais da proposta oficial (Fezas Vital e Quirino de Jesus), quer em artigos naquele periódico, e no oficioso da União Nacional, o *Diário da Manhã*, quer, quanto ao segundo, em opúsculo editado na altura sob o título *Nacionalismo Português*. Também o ex-companheiro de lides políticas de Cunha Leal, o médico Bissaya Barreto, de Coimbra, se destacara, sobretudo para consumo do republicanismo conservador, em defesa da futura Constituição.

Os salazaristas tentam sossegar este sector, salientando o carácter eclético e moderado do projeto. Bissaya Barreto, invocando o seu "republicanismo de sempre", avesso a "extremismos de direita ou de esquerda", garante que, no projeto, "se mantêm inalteráveis os princípios fundamentais da república organicamente democrática e representativa".[72] Na mesma linha, Quirino de Jesus fala de uma "ideologia simultaneamente liberal, nacionalista e humana", como informando este novo "nacionalismo português", suscetível de "poder agremiar, com o mesmo fim patriótico e humano, os entendimentos dispersos que estão em antítese com o falso liberalismo, o socialismo, o comunismo".

---

70 Ibid., p. 66.
71 Ibid., p. 65.
72 Bissaya Barreto em *Diário de Notícias*, de 6 de junho de 1932, apud Maria da Conceição Nunes de Oliveira Ribeiro, *O debate em torno do projecto de constituição do Estado Novo na imprensa de Lisboa e Porto (1932-1933)*. Lisboa: [s.n.], 1990, p. 25. Texto dactilografado.

Ao criticismo de extrema-direita, a garantia prestada poder-se-ia cristalizar na fórmula mais tarde empregue por Salazar: "se a ditadura termina, a revolução continua". Encaradas a natureza e as funções do órgão legislativo como uma cedência necessária, esconjura-se o perigo de retornar ao parlamentarismo partidocrata. Mas o lance mais saliente e significativo do campo liberal-conservador surgiria em janeiro de 1933, quando o debate na imprensa já se encerrara e o Governo programava a redação definitiva do texto a referendar. O general Vicente de Freitas, numa iniciativa que se destinaria, provavelmente, a dar corpo político à tentativa de formalizar a continuidade de uma oposição liberal organizada ao novo regime, dirige a Óscar Carmona um extenso documento, no qual, sem ter esse estatuto, expõe um verdadeiro contraprojeto constitucional. O texto, no essencial, retomava os principais argumentos deste sector de opinião, já nossos conhecidos, acerca do carácter transitório da Ditadura e da natureza do sistema político que ela visava instaurar: uma fórmula de governação "cuja força e estabilidade tornem impossível a desordem", mas que "respeite em absoluto o princípio democrático do Governo da nação pela nação e sem sacrificar quaisquer liberdades individuais ou de pensamento".[73] Nesse sentido, Vicente de Freitas articula a sua contraproposta político-constitucional em dois pontos principais:

— A criação de um "presidencialismo nacionalista democrático", em que "nem o poder legislativo possa absorver o executivo [...] nem o executivo possa, liberto de toda a fiscalização efetiva do legislativo, reduzir este a uma instituição pouco menos do que decorativa, governando de facto em regime autocrático com fachada parlamentar", como acontecia no projeto governamental. Nesse sentido, o presidente da República, eleito por sufrágio

73 Vicente de Freitas, "Exposição ao presidente da República". In: *O Século*, 12 fev. 1933.

direto e reelegível (ao contrário do que propunha o Governo), não só nomearia livremente o Governo, como realmente o dirigiria, uma vez que o presidente do Conselho "não seria mais do que o seu delegado e representante", cabendo ao chefe do Estado presidir ao Conselho de Ministros e intervir nas suas deliberações;
— Um poder legislativo bicameralista: a câmara política, integralmente eleita por sufrágio direto (também ao contrário do projeto governamental que previa a eleição de 45 dos 90 deputados por sufrágio orgânico dos corpos administrativos e dos colégios corporativos coloniais) teria a iniciativa legislativa, podendo votar moções de confiança ao Governo. Se estas fossem também votadas pela segunda câmara (uma câmara de "representações dos interesses sociais"), o presidente da República deveria demitir o Governo. Igualmente era obrigado a promulgar as leis também aprovadas pela segunda câmara, cabendo-lhe a resolução dos conflitos de votação entre as duas assembleias, sob parecer de um Conselho de Estado.

Além de desejar fazer a entrega da sua proposta diretamente a Carmona — exclusivo depositário da legitimidade revolucionária das Forças Armadas na "situação" —, Vicente de Freitas exigia a publicação integral do documento na imprensa. O primeiro intento é gorado: Salazar consegue convencer o presidente a não receber a exposição (estava "doente"...), com tudo o que isso implicaria de reconhecimento da lógica tutelar das Forças Armadas sobre o novo regime, como defendia Freitas. Será o próprio chefe do Governo a recebê-la, a 8 de fevereiro de 1933. Também pretendeu o Governo censurar as partes da exposição referentes à União Nacional, alegando anteriores declarações de Vicente de Freitas apoiando a sua criação. Mas aqui teve de ceder: o texto acabará por ser publicado, na íntegra, a 12 de fevereiro, acompanhado de uma nota oficiosa governamental rebatendo os argumentos do general e explorando a alegada contradição das suas posições quanto à União Nacional. No mesmo dia, Vicente de Freitas era demitido do cargo de presidente da comissão administrativa da Câmara Municipal de Lisboa, que então ocupava. Mas, como veremos, as suas propostas não cairiam totalmente em saco roto, vindo a refletir-se em algumas alterações essenciais na redação final da proposta apresentada oficialmente ao plebiscito constitucional, de março de 1933.

Convém, quanto a este assunto, seguir a cronologia das ocorrências. A 12 de fevereiro de 1933, data da publicação do "contraprojeto" n'*O Século*, Salazar conferencia com Carmona sobre o assunto. A 13, reúne com o ministro do Interior sobre a exoneração de Vicente de Freitas da Câmara Municipal de Lisboa e, à tarde, o Conselho de Ministros debruça-se sobre o projeto final da Constituição. Do comunicado dessa reunião, não só não transparece ainda nenhum recuo face às propostas de Vicente de Freitas, como se insiste sibilinamente no facto de o mandato presidencial terminar em abril de 1935, dado o projeto constitucional não prever a possibilidade da sua reeleição para o mandato imediatamente a seguir.[74]

Mas o facto é que, entre essa data e 17 de fevereiro (aparentemente, quando entra no *Diário do Governo* a versão final), ou 22 de fevereiro (última reunião do Conselho de Ministros para emendar o texto),[75] o Governo altera o projeto final em três pontos politicamente marcantes (entre vários outros, de menor significado):

— Deixa cair a impossibilidade da reeleição do presidente da República para o septénio imediato, "engolindo" literalmente a ameaça velada do seu comunicado de quatro dias antes e aceitando a proposta nesse sentido do "contraprojeto" de Vicente de Freitas, vinda a público a 12 de fevereiro;

---

74 António de Araújo, op. cit., p. 67 ss.
75 Ibid., pp. 67-8.

— Deixa cair a eleição de metade dos deputados por sufrágio orgânico, aceitando a proposta constante do texto de Vicente de Freitas, no sentido da eleição dos noventa deputados da Assembleia Nacional por sufrágio direto dos "cidadãos eleitores";
— Deixa cair o que restava das formas de sufrágio orgânico, ou seja, a referência aos "chefes de família" na eleição presidencial, também aqui substituídos pelos "cidadãos eleitores".

É claro que o Governo não aceitará o essencial da lógica presidencialista, bicameralista perfeita e parlamentarista do "contraprojeto" liberal de Vicente de Freitas. Mas tão claro como isso é que, na ponta final da preparação do projeto constitucional a plebiscitar, é obrigado, provavelmente por pressão ou por negociação com Carmona, a recuar em questões importantes e em que tentara não ceder. O que é difícil é não estabelecer a relação entre as pressões do campo político que o "contraprojeto" representava junto do Presidente e as alterações que o Governo, à última hora, é obrigado a introduzir. E se sucediam a outra, de bastante significado no reforço do estatuto presidencial, já anteriormente ocorrida no "processo interno" de preparação do projeto: a supressão da necessidade de referendo ministerial do ato de demissão do presidente do Conselho.[76]

O projeto constitucional a plebiscitar seria publicado pelo Decreto nº 22.241, de 22 de fevereiro de 1933, tendo o Decreto nº 22.229, de 21 de fevereiro de 1933, marcado o plebiscito para 19 de março desse ano. O voto era obrigatório, considerando-se como voto tácito concordante os abstencionistas que não provassem impedimento legal. A 9 de abril, a assembleia geral de apuramento declarou aprovada a Constituição,[77] e a 11 de abril,

---

76 Ibid., pp. 48-9.
77 Estavam inscritos no recenseamento organizado em Portugal, nas ilhas atlânticas e nas colónias, 1.330.258 eleitores. De acordo com os resultados oficiais, votaram favoravelmente 1.292.864 eleitores, votaram contra 6.190 e abstiveram-se 30.538. Em Portugal continental e nas ilhas, a população maior de vinte anos, em 1930, era cerca de 4 milhões de indivíduos.

data da publicação da respetiva ata, entrou em vigor o texto constitucional de 1933.

Como sabemos, nem tudo fica resolvido com o plebiscito constitucional e com as medidas político-legislativas que imediatamente lhe sucedem e o complementam: a reorganização da censura prévia (a 11 de abril de 1933), a criação da Polícia de Vigilância e Defesa do Estado, a PVDE (a 29 de agosto), a legislação básica da organização corporativa (a 23 de setembro) e a criação do Secretariado de Propaganda Nacional, o SPN (a 25 de setembro).

Se o Governo enfrenta com relativa facilidade a tentativa reviralhista isolada do Regimento de Infantaria de Bragança (a 27 de outubro de 1933) ou os acontecimentos da frustrada "greve geral revolucionária", de 18 de janeiro de 1934, contra a "fascização dos sindicatos", mais delicadas e complexas de resolver se mostraram as sequelas das últimas resistências de republicanos conservadores e nacionais-sindicalistas.

A verdade é que a viragem tática de Salazar, delineada desde fins de 1931, começava a dar os seus frutos. A elite da União Liberal Republicana, do Partido Nacionalista, de muitos "técnicos" e políticos independentes, sem excluir um ou outro dirigente do Partido Republicano Português, tanto a nível nacional, como a nível local, vai ser maioritariamente engolida pela União Nacional e pelas instituições do regime. Longe do poder, o republicanismo militar deixava de ser alternativa para o liberalismo conservador. A adesão dos civis seguir-se-á, mais ou menos contrariadamente, à da maioria dos oficiais republicanos.

O último gesto de resistência por parte destes, enquanto corrente política, terá lugar em 1934, num momento de alguma fricção entre o presidente da República e o chefe do Governo, que Carmona sente estar a marginalizá-lo crescentemente da vida política do Estado Novo, recém-instituído. A inusitada demora por parte do Governo em iniciar a vigência das novas instituições, em regressar à "normalidade constitucional", levanta suspeitas nos meios militares republicanos.

Desde o princípio desse ano correm rumores de um golpe militar encabeçado por uma espécie de frente militar que reúne oficiais próximos do nacional-sindicalismo e da direita militar — João de Almeida e Schiappa de Azevedo — e oficiais liberais como Farinha Beirão e Vicente de Freitas, com a cumplicidade do ministro da Guerra, major Alberto de Oliveira, e, pelo menos, a passividade colaborante do próprio presidente da República. Numa cerimónia em Caçadores 5, a 15 de abril, chefes militares e o ministro da Guerra desafiam abertamente a chefia de Salazar e instam, de forma velada, Carmona para que aja contra este. O jornal espanhol *El Liberal* fala já num novo Ministério, integrado por aqueles oficiais.

Mas Salazar sente-se agora seguro. O Governo responde de imediato: a 16 de abril, apresenta a sua demissão coletiva, e Salazar só aceita continuar à cabeça do Ministério depois de, em nota oficiosa, o presidente lhe reafirmar a sua confiança. Seguem-se desmentidos na imprensa por parte dos principais generais supostamente envolvidos em manobras conspiratórias. O chefe do Governo não perde tempo na exploração do sucesso: nos dias seguintes os oficiais de Caçadores 5 homenageiam Salazar (e saúdam Carmona por o ter nomeado para o cargo); a 27 de abril organiza-se uma manifestação em Lisboa para assinalar o sexto aniversário da sua entrada para o Governo; e, no dia seguinte, parte para uma "jornada de apoteose" no Porto. O I Congresso da União Nacional, aberto em Lisboa a 26 de maio, vem coroar e consagrar o contra-ataque dos salazaristas. Discursando no seu encerramento, Salazar anuncia que "o Exército cumpriu [...], está chegado o momento em que somos obrigados a dar ao Exército outras e mais altas preocupações".[78]

---

78 António de Oliveira Salazar, *Discursos*, v. 1, p. 358.

Este *round* de 1934 não estava ainda, porém, encerrado. Por ocasião do 5 de Outubro, uma delegação de oficiais superiores encabeçada por Vicente de Freitas é recebida em audiência por Carmona, que não acede à insistência do chefe do Governo para que esteja presente um membro do Ministério na entrevista. Vêm-lhe os generais comunicar que corre um abaixo-assinado propondo a sua recandidatura às eleições presidenciais de 1935: os militares tentavam "apoderar-se", por antecipação, do único candidato possível do próprio Governo. Reacende-se o ambiente de *putsch* militar e os boatos sobre a demissão de Salazar. Nos primeiros dias de outubro, sob a aparente inspiração do ministro da Guerra, várias unidades de Lisboa entram de prevenção, sem conhecimento do Governo. A 12 desse mês, Salazar terá finalmente uma entrevista crucial com Carmona, que se salda num novo acordo: Carmona será o candidato do Governo às eleições presidenciais; este aceita convocar eleições para a Assembleia Nacional e apressar, assim, o regresso, pelo menos formal, à "normalidade constitucional"; o presidente "deixa cair" o major Alberto de Oliveira da pasta da Guerra, mas opõe-se à reivindicação de Salazar no sentido de a sobraçar de imediato: é nomeado para o cargo o coronel Passos e Sousa, ligado aos meios liberais.

Mas a sua presença no Governo é mais uma rendição do que a defesa de uma posição. Passos e Sousa, tal como Morais Sarmento, Farinha Beirão e outros oficiais republicanos mantidos em altos cargos militares, irão, quase todos, aceitar o compromisso com o regime e a sua tutela política. O próprio Passos e Sousa já integrava, em 1932, a primeira comissão central da União Nacional.

É certo que a subordinação da instituição militar enquanto tal, o regresso aos quartéis sob a autoridade do Estado Novo, se mostraria mais demorada. Só em 1936 Salazar consegue chamar a si a pasta da Guerra, e pelo menos até 1937, primeiro ano das grandes reformas militares, o chefe do Governo "apenas persistiu em levar a melhor, sem se poder dizer que tenha triunfado definitivamente".⁷⁹ Mas a resistência castrense da segunda metade dos anos 1930, mesmo quando se projeta na tentativa de intervenção política, já pouco ou nada tem a ver com o republicanismo militar conservador e o seu projeto político, derrotados, ao cabo de oito anos de conflitos, em 1934.

Globalmente considerado na sua construção progressiva e não formalizada enquanto tal entre 1932 e 1934, o acordo entre o salazarismo e as chefias militares republicanas do Exército e da Marinha poderia sintetizar-se nos seguintes termos:

— As Forças Armadas aceitavam não só entregar o poder político, o Governo do país, a Salazar e aos seus colaboradores, como se dispunham a ser o principal esteio da defesa e segurança do novo regime. Neste quadro da nova ordem estabelecida de que se constituem o principal pilar, concordam em regressar aos quartéis e às suas missões específicas.

O emergente Estado Novo, por seu turno:

— Reconhece às Forças Armadas a suprema tutela moral e política do regime, tornando-as a última instância das decisões sobre o seu futuro e o seu esteio por excelência;
— Reserva para os militares a suprema magistratura, a chefia do Estado, conferindo vastos poderes constitucionais ao presidente da República (só comparáveis aos do presidente do Conselho; era o "presidencialismo bicéfalo") e, a título imediato, acaba por consentir na continuidade de Óscar Carmona na presidência;
— Compromete-se a manter a forma republicana do Estado e cede a algumas reivindicações liberal-republicanas, quanto ao processo constitucional de eleição do presidente da República e da Assembleia Nacional;

---

79 José Medeiros Ferreira, op. cit., p. 175.

— Concorda que os militares, através do presidente, continuem a designar "autonomamente" o "seu" ministro da Guerra, pasta que, até 1936, o Governo pode condicionar, mas não controlar;

— Compromete-se a modernizar as Forças Armadas e a atribuir-lhes, pelo Governo, os meios técnicos e financeiros necessários ao cabal cumprimento das suas funções;

— Aceita, após uma longa hesitação de um ano e nove meses, convocar eleições para a Assembleia Nacional (em dezembro de 1934) e dar cumprimento formal à Constituição (plebiscitada em março de 1933);

— Distribui generosamente muitas dezenas de oficiais das Forças Armadas por câmaras municipais, lugares de deputados, altos cargos na Administração central, nos organismos corporativos e de coordenação económica, em altos postos da Administração colonial, nas administrações das empresas, no aparelho de propaganda, etc., forma de, simultaneamente, suprir a carência de quadros civis situacionistas e aquietar os militares mais empolgados, fossem eles republicanos ou de extrema-direita.

Como antes se referiu, o compromisso, ao acabar de firmar-se no inverno de 1934, já se transformara em rendição generalizada ao novo regime da direita republicana civil e militar. Como repetirá noutras ocasiões, durante a longa vida do Estado Novo, Salazar atrai os seus adversários para dentro do regime com concessões, e depois "esvazia-os" politicamente, bem como as concessões e os compromissos. A alteração da relação de forças com a neutralização da outra força revelava o carácter artificial e transitório dos acordos: Óscar Carmona apaga-se no "corta-fitismo", transferindo, na prática governativa, os seus vastos poderes para Salazar; as eleições diretas mantêm-se (as presidenciais só até 1959), mas transformam-se numa pura farsa de falsificação e manipulação; a Assembleia Nacional, não perdendo nenhum dos seus traços iniciais, torna-se um grande conselho de representação e articulação das várias sensibilidades políticas e económicas do regime; as reformas nas Forças Armadas só arrancam, realmente, quando o regime logra deitar mão à pasta da Guerra, em 1936, e tornam-se no principal veículo de controlo político e ideológico do Estado Novo sobre a tropa, como veremos mais adiante. O acordo/rendição com a direita civil e militar republicana conservadora fora, todavia, o acordo dos acordos. Permitira aceder à direção do poder político, neutralizar as chefias militares republicanas e, a breve trecho, eliminá-las e assumir a tutela política das Forças Armadas.

O Estado Novo viera para ficar. Tanto mais que, também nesses idos de 1934, quase simultaneamente, Salazar procedia à domesticação e integração da irrequieta extrema-direita fascista.

QUINTO PASSO: DISCIPLINAR E INTEGRAR O NACIONAL-SINDICALISMO

Faltava ainda chamar ao redil das direitas que suportariam o Estado Novo a direita populista, "revolucionária", pequeno-burguesa e radical, assumidamente fascista, soprada, nesses anos de 1933-4, pelos recentes triunfos do nacional-socialismo hitleriano e, sempre, pelo paradigma que era o fascismo italiano.[80] Eram estudantes oriundos da Junta Escolar do Integralismo Lusitano, jornalistas, oficiais de baixa patente, alguns professores universitários, jovens intelectuais — os "meninos", como se lhes chama no gabinete de Salazar, que, numa primeira fase, tinham tomado conta da Liga 28 de Maio, muito ativa, no ano crítico de 1931, no combate ao reviralhismo, no apoio à Ditadura e, de forma particular, na denúncia das tergiversações do republicanismo militar.

---

80 Cf. António Costa Pinto, *Os camisas azuis: Ideologia, elites e movimentos fascistas em Portugal (1914-1945)*. Lisboa: Estampa, 1994. (Citado, daqui em diante, como *Os camisas azuis*.); João Medina, *Salazar e os fascistas: História de um conflito (1932-1935)*. Lisboa: Bertrand, 1978; e Fernando Rosas, *O Estado Novo nos anos trinta*. Lisboa: Estampa, 1986, p. 159 ss. (Citado, daqui em diante, como *O Estado Novo nos anos trinta*.)

Ora, é precisamente no contexto da agitação que rodeia a formação do ministério de Salazar que vai surgir, a partir da Liga, o Movimento Nacional-Sindicalista, expressão política acabada do movimento fascista em Portugal.

Efetivamente, a 12 de março de 1932, o Governo nomeia o ministro da Guerra, coronel Lopes Mateus, para chefiar a Liga e a "meter na ordem", neutralizando a movimentação conspirativa do seu sector militar. Pouco antes, sairá a público o primeiro número do diário *Revolução*, lançado pelo núcleo estudantil dos "liguistas". Daqui nascerá o Movimento Nacional-Sindicalista, após convite dirigido a Rolão Preto para dirigir o jornal e o novo movimento.[81] Respondendo à mão forte do Governo sobre a Liga, Rolão Preto e o Movimento Nacional-Sindicalista vão apelar pelo país fora à adesão dos "liguistas": organizações inteiras da Liga, em poucos meses, juntam-se ao movimento que engole a maioria das delegações da Liga até fins de 1932. Quando, no ano seguinte, se anuncia a adesão formal da Liga 28 de Maio à União Nacional, ela é um corpo quase totalmente esvaziado de gente e de sentido a favor do Movimento Nacional-Sindicalista.[82]

A constituição e a orientação do primeiro ministério salazarista — com forte participação de civis e militares republicanos conservadores, como vimos — confirmariam, aos olhos da extrema-direita político-militar, a "traição" do novo chefe do Governo. Aliás, evidenciada quase como uma agressão, em novembro desse ano, pela constituição da primeira comissão central da União Nacional, nomeada por Salazar, verdadeiro "colégio dos cardeais" das várias direitas políticas e sociais apoiantes do regime. Nela se casaram, numa larga aliança conservadora, caciques da direita republicana (como Albino dos Reis e Bissaya Barreto),

---

81 Rolão Preto surge como diretor do *Revolução* no seu nº 66, de 28 de maio de 1932.
82 Cf. António Costa Pinto, *O salazarismo e o fascismo europeu*. Lisboa: Estampa, 1992, p. 598. (Citado, daqui em diante, como *O salazarismo e o fascismo europeu*.)

monárquicos integralistas (João Amaral), católicos conservadores (Antunes Guimarães), altos comandos militares (Lopes Mateus e Passos e Sousa) e interesses económicos (Nunes Mexia). Era, efetivamente, o contrário da força política vanguardista idealizada pelos fascistas: o predomínio das elites conservadoras, do partido de enquadramento e contenção, sobre a "elite alternativa", jovem, "revolucionária" e militante do Movimento Nacional-Sindicalista.

Assis Gonçalves, a "orelha de Salazar" nas casernas e no "tenentismo", dá-lhe conta de que "a gente da Ditadura perdeu a cabeça", do "desvario [que] anda pelos ares" contra a "política regressista" dos "Ministros cunhalistas", contra a oportunidade da anunciada (em maio de 1932) constitucionalização do regime, contra o facto de Salazar "só dar ouvidos a gente de lealdade duvidosa". Descobrem agora "os rapazes", "dolorosamente magoados, lamentosos e tristes", que o presidente do Ministério, que ajudaram a instalar, "odeia a tropa e [...] tem por ela um profundo desprezo"[83] e chegam à conclusão: "fomos mais uma vez comidos".[84]

Para estes, Salazar perdera a oportunidade de ser "o condutor das boas almas de Portugal até ao resgate final", pois se transformara num "estagnador de águas limpas".[85] Daí, relata Assis Gonçalves a Salazar, "o êxodo de todos os que, tendo um temperamento de ação com maiores tendências para as direitas [...] vão constituir o 'Nacional-Sindicalismo'".[86]

Não admira, assim, que, apesar de ostentarem inicialmente uma prudente posição de apoio à "Ditadura Nacional" e à obra de Salazar, e de se apresentarem como força convergente com a União Nacional, os nacional-sindicalistas reacendam de imediato a guerra local contra o partido do Governo, alimentada por uma

83 Assis Gonçalves, op. cit., pp. 38, 40.
84 Ibid., p. 73.
85 Ibid., p. 38.
86 Ibid., p. 75.

intensa agitação e ativismo, através de brigadas móveis de propaganda, comícios, manifestações, multiplicação de órgãos de imprensa, etc.

Em agosto de 1932, irradiados da Câmara Municipal da Anadia pelos caciques da União Nacional, os nacional-sindicalistas tomam o município de assalto. Essa diretriz de expulsão dos "rolões" dos órgãos autárquicos é definida, em termos gerais, pelo ministro do Interior para os governadores civis, em inícios de 1933,[87] e origina novas e vivas reações dos nacional-sindicalistas, algumas delas implicando a intervenção da própria GNR para dispersar manifestações.[88] E Coimbra, teatro, entre 1931 e 1933, do mais paradigmático afrontamento entre os fascistas e o republicanismo conservador aderente à União Nacional, volta a dar que falar: em fevereiro de 1933, respondendo a uma manifestação nacional-sindicalista contra o "penetralho" republicano e o seu símbolo local, Bissaya Barreto, a propósito da proibição pelo ministro do Interior (Albino dos Reis, outro "penetralhista") de uma conferência que Rolão Preto iria fazer naquela cidade, o Governo manda encerrar — como em 1931 com a Liga — a delegação local do Movimento Nacional-Sindicalista. Era um sinal precoce do que iria acontecer.

Para o nacional-sindicalismo, 1933 será, de facto, o ano da vertigem. O rápido sucesso alcançado pelo MNS nos meios mais ativos da direita civil e militar — especialmente por contraposição à modorra caciquista dos "diretórios partidários à antiga", evidenciada pela União Nacional — e a vitória de Hitler e do nacional-socialismo na Alemanha fazem os seus dirigentes sonhar com a possibilidade de o Movimento se transformar na força hegemónica da "Ditadura Nacional". Primeiro, forçando

---

87 Cf. António Costa Pinto, *O salazarismo e o fascismo europeu*, p. 607.
88 É o caso dos incidentes ocorridos em Fornos de Algodres em abril de 1933 (apud ibid., p. 610).

Salazar, cuja liderança se reconhece, a preterir a União Nacional em favor do movimento como partido único, como vanguarda da "Revolução". Depois, desde o início de 1933, pisando mesmo o perigoso terreno de uma contestação, cada vez menos velada, à capacidade de chefia de Salazar, a quem se contrapõe a figura do novo "chefe", Rolão Preto.

É o ano do "Isto vai, por Deus!", de todas as esperanças e de todas as mobilizações: os grandes banquetes de Lisboa (18 de fevereiro), Coimbra (7 de maio) e Porto (20 de maio), com os "camisas azuis" abrindo alas para receber o "chefe", com a saudação romana e dezenas de militares comparecendo fardados; a multiplicação da imprensa e a subida de tom do criticismo à União Nacional e à orientação do regime em vários domínios; os comícios, em diversos pontos no país, de implantação nacional-sindicalista; tudo culminando com o desfile de 3 mil "camisas azuis" em Braga, nas comemorações do 28 de Maio, a que se sucedem incidentes violentos com contramanifestantes em várias localidades nortenhas.

A 5 de julho, Rolão Preto ainda é recebido pelo presidente da República, Carmona, que lhe assegura que no regime cabem todos os nacionalistas. Dias depois, a 16 de julho, o líder do Movimento Nacional-Sindicalista discursa num comício no Teatro de São Carlos. Será a sua última intervenção pública. Nesse verão, Salazar passa ao ataque.

Não se pode dizer que o Governo ou a direção da União Nacional andassem, até aí, distraídos do fenómeno nacional-sindicalista.

Salazar, seguramente, não esquecia as perturbações fomentadas pela extrema-direita civil e militar contra a formação do seu Ministério. Logo a 6 de julho de 1932, no dia imediato à tomada de posse, Leal Marques, seu chefe de gabinete, regista que o "Doutor Salazar está na disposição de pôr tudo na ordem. Ou os 'meninos' se submetem ou ele os trata como inimigos. É este o seu pensamento". E no dia seguinte, escreve Leal Marques, confidencia-lhe a sua insatisfação e a sua disposição: "Ou os meninos vinham até nós, educados e disciplinados, ou teria que haver pancada. Então se veria quem tinha força".[89]

Na realidade, não é a via do afrontamento que o chefe do Governo vai escolher. Desde fins de 1932 que o *Diário da Manhã*, órgão da União Nacional, abrira o ataque ao radicalismo e à "inspiração estrangeira" do nacional-sindicalismo, subindo claramente de tom e de frequência as diatribes ao longo de 1933. Por seu turno, o ministro do Interior ordenara, através dos governadores civis por ele nomeados, uma razoável limpeza das "infiltrações" nacional-sindicalistas nos órgãos autárquicos e tivera ocasião de tomar várias medidas contra as atividades locais do Movimento Nacional-Sindicalista: proibição de conferências e comícios, repressão de manifestações, suspensão da publicação de jornais, até à proibição das atividades do movimento em Coimbra — isso valeu-lhe, diga-se, a eleição como *bête noire* do direitismo político-militar e, provavelmente, o seu afastamento da pasta do Interior, como medida cautelar, em julho de 1933. Precisamente, quando Salazar prepara a "solução final", isto é, a solução político-policial para um problema que começava a ameaçar a coesão da base de apoio política do regime.

A tática geral é semelhante à seguida anteriormente, quanto aos republicanos: atrair a maioria à colaboração com o regime, distribuindo-lhe certo número de postos no aparelho de Estado ou na organização corporativa, e neutralizar implacavelmente a minoria recalcitrante. De qualquer forma, só um resultado era admissível: a eliminação do Movimento Nacional-Sindicalista como força autónoma.

Em setembro de 1933, essa dupla frente de ataque começa a aplicar-se: o Governo proíbe a publicação do *Revolução* (o último número sai em 23 de setembro de 1933) e de toda a propaganda nacional-sindicalista, ao mesmo tempo que manda encerrar

---

89 Fátima Patriarca, "Diário de Leal Marques sobre a formação do primeiro Governo de Salazar: apresentação", pp. 206-7.

as sedes do movimento. Operará nele, simultaneamente, uma dupla cisão. A nível da direção, e através da influência de homens do Governo que andaram nas bordas do Movimento Nacional-Sindicalista, como Pedro Teotónio Pereira, subsecretário de Estado das Corporações, põe em minoria Rolão Preto e os seus fiéis (Alberto Monsaraz, Alçada Padez, António Tinoco), criticados pelo seu posicionamento contra Salazar. Em novembro de 1933, Assis Gonçalves dá conta das "duas correntes à facada" no seio da direção do Movimento Nacional-Sindicalista: "uma, a dos Rolões, contra Salazar, outra, a dos rapazes que o Dr. Teotónio Pereira traz à mão, a favor de Salazar" e que criticam os primeiros de "obra de traição".[90] A cisão pró-salazarista, onde se destacam Manuel Múrias, José Cabral, Eusébio Tamagnini, Ramiro Valadão, Castro Fernandes, em março de 1934, emitirá com apoio governamental o seu próprio órgão nacional-sindicalista dissidente, *Revolução Nacional*, dirigido por Manuel Múrias.

Ao mesmo tempo, atua-se a nível das bases juvenis-estudantis do Movimento Nacional-Sindicalista. Em janeiro de 1934, com a intervenção de Eça de Queirós, funcionário destacado do secretariado de Propaganda Nacional, e de outros dissidentes, é lançada a Ação Escolar Vanguarda, milícia juvenil paramilitar, os "camisas verdes". Logo nesse mês, e reagindo à agitação operária então verificada, fazem a sua aparição pública, manifestando o apoio ao regime e a Salazar, em comício no Coliseu dos Recreios, onde aquele discursa.

O cerco fecha-se. Face a uma representação endereçada por Rolão Preto a Carmona, em junho de 1934, Salazar comunica ao Conselho de Ministros que é altura de agir contra este, mandando-o prender. E ao protesto que Rolão Preto envia a Salazar, a 10 de julho, o Governo responde, dois dias depois, expulsando-o, bem como ao secretário-geral do MNS, conde de Monsaraz, para o exílio,

---

90 Assis Gonçalves, op. cit., p. 103.

em Espanha. A 29 de julho, em nota oficiosa assinada pelo próprio, Salazar explica as razões das medidas tomadas contra o Movimento Nacional-Sindicalista e aponta o caminho da colaboração com o regime e a União Nacional aos nacional-sindicalistas de boa intenção. Propósito que repete, a 4 de agosto, em entrevista a Manuel Múrias e ao *Revolução Nacional*. É a última peça da farsa: no dia seguinte, com os seus dirigentes no exílio, e sob a presidência do professor Eusébio Tamagnini, dá-se a última reunião do "diretório" do Movimento Nacional-Sindicalista, que aprova uma proposta de José Cabral, no sentido da dissolução do Movimento e da sua integração na União Nacional e na Ação Escolar Vanguarda. Logo a seguir, a 9 de agosto, o *Revolução Nacional* anuncia o termo da sua publicação — "Obedeçamos ao Chefe" —, concretizado no número saído a 19 desse mês.

O "Chefe" cumprirá a sua parte: a elite intelectual do nacional-sindicalismo, sempre muito crítica do conservadorismo da União Nacional, irá pôr o seu radicalismo essencialmente ao serviço do aparelho de propaganda do regime (no *Diário da Manhã*, na futura Emissora Nacional, no Secretariado de Propaganda Nacional, em órgãos próprios que lhe são temporariamente "oferecidos", no final dos anos 1930)[91] ou da sua máquina corporativa (sobretudo a nível das direções dos Sindicatos Nacionais e, de forma particularmente relevante, na Federação Nacional para a Alegria no Trabalho (FNAT), o organismo de controlo dos tempos livres). Irão influenciar de forma relevante o discurso propagandístico e a intervenção corporativa do Estado Novo no campo social até à Segunda Guerra Mundial, especialmente no processo de radicalização fascizante do regime na segunda metade dos 1930. Muitos ex-nacional-sindicalistas vão desempenhar igualmente um papel determinante, sobretudo a nível local, no lançamento, a partir de

---

91 O semanário *Acção*, subsidiado pelo governo, e que existirá de 30 de maio de 1936 a 19 de junho de 1937.

fins de 1936, das estruturas locais da Legião Portuguesa (LP). Aí voltarão a protagonizar múltiplos conflitos entre as "lanças" da Legião Portuguesa e os organismos da União Nacional, curiosamente, em vários casos, nos mesmos pontos e envolvendo as mesmas pessoas das "guerras" de 1932-3.[92]

A minoria, Rolão Preto e os poucos que o acompanhavam, resistirá algum tempo ainda na clandestinidade. Antes de desaparecerem como força política, os nacional-sindicalistas vão mesmo aliar-se com os odiados reviralhistas de anos antes, numa tardia e desesperada intentona contra o regime, em setembro de 1935. Mas a batalha estava definitivamente perdida: o populismo radical do fascismo enquanto movimento subordinava-se à fronda oligárquica do fascismo enquanto regime.

SEXTO PASSO: UNIR, NUMA FORÇA SÓ, AS VÁRIAS DIREITAS DA DIREITA

Tal como em outros processos contrarrevolucionários da "época dos fascismos", uma das pré-condições para a instalação da nova ordem, também em Portugal, foi a unificação de todas as direitas da direita que queriam superar o liberalismo e derrotar a ameaça revolucionária, numa força única, num partido único, capaz de tomar e de conservar o poder. Mesmo quando, nos casos da Itália ou da Alemanha, esse partido único só se impôs depois da tomada do poder, chegar lá significou decisivos processos de aliança, convergência ou integração, tendo como polo agregador o partido dominante à direita, concretamente, o Partido Nacional Fascista ou o Partido Nacional-Socialista. Nos regimes de tipo fascista que vão surgir pela Europa periférica de entre as guerras, a formalização da aliança entre as velhas direitas antiliberais reacionárias

---

92 Cf. Luís Nuno Rodrigues, "A Legião Portuguesa no espectro político nacional (1936--1939)". In: *Penélope*, n. 11, pp. 21-36, 1993; Id., *A Legião Portuguesa: A milícia do Estado Novo (1936-1944)*. Lisboa: Estampa, 1996. (Citado, daqui em diante, como *A Legião Portuguesa: A milícia do Estado Novo*.)

de antes da Grande Guerra com os novos movimentos fascistas do pós-guerra, e até com sectores importantes dos partidos conservadores-liberais, que se rendem e aliam ao advento dos fascismos, a reunião de todas estas forças foi indispensável à tomada do poder e, sobretudo, com o monopólio da política entregue ao partido único, à instalação das ditaduras antidemocráticas que depois o perpetuariam.

Em Portugal, era grande a dispersão das direitas, em geral, a das direitas antiliberais, quando se dá o 28 de Maio de 1926. Será a intervenção do Exército, mesmo assim confusa e contraditória, como vimos, a conferir um mínimo de operacionalidade a toda a pulverização política e ideológica que rodeia o golpe militar. Um Exército onde a maioria dos comandos revelaria inclinações republicanas conservadoras. Para que as direitas ultramontanas, nacional-corporativas e autoritárias pudessem almejar à implantação de um novo tipo de regime, para conseguirem desafiar e subordinar a hegemonia republicano-castrense nas Forças Armadas, era absolutamente essencial unir, numa força só, todas as forças suscetíveis de serem agregadas para a tarefa contrarrevolucionária da "revolução nacional", da implantação do Estado Novo. Era indispensável reuni-las numa plataforma comum que sustentasse a tomada do poder — no caso português, talvez se devesse falar em transferência do poder — e, sobretudo, a sua durabilidade.

Precisamente, a partir de 1928, essa foi a arte suprema de Salazar: fazer das direitas uma direita capaz de saber durar.

Ao longo do processo de transição da Ditadura Militar para o Estado Novo, a base política e ideológica da arrancada salazarista irá ser o campo político a que tenho chamado de *autoritarismo conservador*, representado partidariamente pelo Centro Católico (agrupa a direita católica) e o Integralismo Lusitano (agrupando a direita integralista, isto é, monárquica neotradicionalista, maurassiana e restauracionista, uma espécie de utopia de regresso ao Antigo Regime). Apesar das importantes divergências táticas que separarão as duas formações políticas na primeira metade dos anos 1920, elas partilham de um largo campo ideológico essencial comum, que é de clara rotura com a ordem liberal e parlamentar: o nacionalismo passadista, a nação orgânica como fundamento do Estado, o corporativismo, a negação do património político e ideológico da Revolução Francesa, a condenação do "demoliberalismo", do parlamentarismo, da democracia e do socialismo, a apologia do Estado forte e de uma "ordem nova". Em grande medida, aquilo que Salazar explanaria na sua já referida alocução de 30 de julho de 1930 sobre os "Princípios fundamentais da Revolução política".

É claro que, fiel à política papal do *ralliement*, o Centro reconhece as instituições republicanas e aceita colaborar com elas em nome da defesa dos interesses da Igreja católica. Isto é, na realidade, desvaloriza a chamada "questão do regime" (a questão da restauração monárquica), no que se chocaria violentamente com o rígido ultramontanismo restauracionista do integralismo. Mais do que isso, o Centro, ou talvez, sobretudo, o seu núcleo salazarista, irá evoluindo do pretexto da defesa dos interesses eclesiásticos como razão de aceitação da forma institucional externa do Estado para a assumpção da necessidade de não repetir o erro fatal da experiência sidonista que permitira a rotura da frente conservadora em torno da "questão do regime". Esta preocupação, já claramente orientada para a solução do problema da crise do poder liberal, fará com que, sobretudo na primeira metade dos anos 1920, o Centro Católico se apresente não tanto como um partido político, mas como uma espécie de reserva moral e transpartidária das direitas portuguesas, um seu "instrumento orgânico de transformação social".[93] Essa apetência ecléctica, e federadora, das direitas terá seguramente contribuído para facilitar

---

93 Cf. Manuel Braga da Cruz, *As origens da democracia cristã e o salazarismo*. Lisboa: Presença, 1980.

ao grupo salazarista do Centro Católico a função polarizadora do processo da sua concertação e aliança durante a Ditadura Militar.

Das andanças da direita católica em Coimbra, e não só, Salazar traz um decisivo grupo de apoio, mais ou menos interveniente, para o processo de transição: Gonçalves Cerejeira (na retaguarda, Cardeal Patriarca desde 1929), Mário de Figueiredo (apesar, como vimos, dos amuos e das divergências, em 1929 e em 1932), Pacheco Amorim, José Nosolini, Lopes da Fonseca, Quirino de Jesus, Dinis da Fonseca. Mas traz vários, outros, colegas da universidade ou antigos alunos que o apoiarão em diversas e decisivas ocasiões, vários deles vindo a assumir cargos de topo no regime: José Alberto dos Reis (primeiro presidente da Assembleia Nacional), Manuel Rodrigues (ministro da Justiça dos seus Governos), Fezas Vital (um dos coautores do projeto constitucional), Cordeiro Ramos (ministro de Instrução dos seus primeiros ministérios), Costa Leite (Lumbrales), que fora seu aluno (futuro ministro das finanças e da Presidência, e Comandante Geral da Legião Portuguesa), Armindo Monteiro (futuro ministro das Colónias e depois dos Negócios Estrangeiros, e embaixador em Londres até 1943), Carneiro Pacheco (futuro ministro da Educação Nacional), Águedo de Oliveira, entre outros. Após o discurso de 12 de novembro de 1932, em que, ao traçar o destino das diversas forças políticas na "Revolução Nacional", Salazar apela aos católicos para deixarem de fazer política autónoma através do Centro Católico (CC) e se juntarem à União Nacional, o CC, sem se dissolver de imediato, abandona qualquer tipo de intervenção política, mesmo contra a opinião do seu dirigente de então, Lino Neto.

A absorção dos integralistas será mais complicada. Convirá, talvez, precisar que os adeptos da restauração da monarquia constitucional são uma espécie em rápida extinção, até porque o próprio rei exilado acaba por deixar cair essa reivindicação no Pacto de Paris com os legitimistas, em 1922. Efetivamente, o grosso do restauracionismo cairá, paulatinamente, sob a decisiva influência cultural e ideológica das correntes antiliberais, em geral, e do Integralismo Lusitano, em particular. Antes e depois da morte de d. Manuel II, no exílio, em 1932 (depois disso, os monárquicos, finalmente, unem-se em torno do descendente da linha legitimista, Duarte Nuno, como pretendente), a Causa Monárquica e a maioria dos integralistas vão apoiar a Ditadura Militar e, a seguir, integrar-se no Estado Novo e no partido único, a União Nacional, autodissolvendo-se a Junta Central do Integralismo Lusitano, em 1933.

Ficarão de fora, além de personalidades isoladas, como Paiva Couceiro, figuras destacadas da "primeira geração" do integralismo, os "mestres fundadores", homens como Almeida Braga, Hipólito Raposo, Rolão Preto ou Alberto Monsaraz, todos, mais tarde ou mais cedo, alvo de perseguição pelo regime salazarista. Uns e outros se demarcarão do novo regime como perversão autoritária e estatista do corporativismo — a "salazarquia" —, com ele entrando em rota de colisão. No entanto, a "segunda geração", educada nos combates contra a República durante os anos 1920, e o grosso das hostes monárquico-integralistas, mesmo com críticas por parte dos sectores mais ultramontanos à constitucionalização do regime ou ao primeiro ministério salazarista, aderirá ao Estado Novo, e vários deles se alcandorarão nos mais elevados cargos e na mais estreita colaboração com Salazar (Pedro Teotónio Pereira, Marcelo Caetano, João Amaral, Sousa Gomes, Santos Costa), de cujo regime boa parte se tornará a ala mais rigidamente conservadora. Mas, como sabemos, é também do sector mais jovem desta "segunda geração" integralista, sobretudo do seu sector "escolar", que se operará, entre 1927 e 1932, sob o patrocínio de alguns fundadores — Rolão Preto e Alberto Monsaraz —, a cisão fascista do integralismo.

Mas o Estado Novo não será só a expressão política e ideológica da reação à massificação da política, ao desenvolvimento industrial ou ao perigo da revolução social que a direita católica ou integralista representava. Ele equilibrará, numa tensão constante, o conservadorismo regressista do autoritarismo conservador com o *autoritarismo modernizante* de matriz martiniana, com as suas soluções corporativas, autoritárias e cesaristas, a sua teoria fundadora da conceção do ditador carismático moderno, o seu elitismo cientifista. Estabelecerá uma rotura política e institucional com o liberalismo parlamentarista, a apologia de um poder político forte e independente, mas ao serviço de um projeto de "vida nova", assente num nacionalismo economicamente protetor do desenvolvimento industrial ou, sobretudo, num projeto neofisiocrático de fomento rural e reforma fundiária onde se encontram os fundamentos dos futuros projetos de reforma agrária, ao longo do século XX português. Apesar desta direita modernizante nunca ter tido, entre nós, uma tradução política organizada, ela vai inspirar uma corrente tecnocrática, aquilo a que tenho chamado uma *direita das realizações*, desdobrada quanto às suas estratégias essenciais para o desenvolvimento económico do país, no reformismo agrário neofisiocrático ou no industrialismo.[94] Ela fará da apologia do Estado forte e estável, tanto política como financeiramente, uma condição *sine qua non* do progresso material. Em termos práticos, optará pelo apoio à Ditadura e pela colaboração com o Estado Novo como solução política e financeira indispensável ao fomento económico do país, inspirada e orientada pelos "engenheiros".[95]

Esta prioridade concedida à "técnica", à "ciência" e ao fomento material dará a esta direita tecnocrática uma outra representação menos ideológica das causas da "decadência nacional", um diferente remédio para as superar, o mesmo é dizer: marcará o seu nacionalismo com um conteúdo economicamente modernizante e claramente distinto do nacionalismo regressivo e passadista

---

94 Cf. Fernando Rosas, *Salazarismo e fomento económico*. Lisboa: Editorial Notícias, 2000. (Citado, daqui em diante, como *Salazarismo e fomento económico*.)
95 Ibid., p. 38 ss.

dos integralistas. Um neoiluminismo tecnocrático e autoritário comandado pela elite dos engenheiros.

Do "engenheirismo" feito vanguarda tecnocrática, tal como anunciara o Congresso dos Engenheiros de 1931,[96] sairão, para a colaboração com a Ditadura Militar, e depois com o Estado Novo, figuras como os engenheiros Ezequiel de Campos, apologista da "reforma agrícola e agrária"; Ferreira Dias, o "pai da industrialização portuguesa", futuro secretário de Estado da Indústria, autor da emblemática Lei do Fomento e Reorganização Industrial de 1944 e, em 1958, ministro da Economia; Duarte Pacheco, o poderoso presidente da Câmara Municipal de Lisboa e ministro das Obras Públicas de Salazar (prematuramente falecido em 1943) ou Araújo Correia, deputado, homem chegado a Salazar, célebre relator das Contas Públicas até ao final dos anos 1940 e precursor do moderno planeamento económico no país.

Já antes analisámos o papel central que desempenhou a "rendição" da *direita republicana*, civil e, sobretudo, militar, no processo da tomada do poder pelos salazaristas e na instalação do Estado Novo. A direita republicana (e até boa parte da esquerda) participa no 28 de Maio à sombra do comandante Mendes Cabeçadas, na convicção ingénua de vir a ser o Governo, ou o partido do Governo na Ditadura Militar e na República regenerada, que dela sairia. A ilusão durou três semanas, o tempo que levou às direitas autoritárias a varrer Cabeçadas de cena.

Não obstante, a influência do liberalismo republicano entre boa parte dos chefes do Exército — serão eles, como vimos, a chefiar os ministérios da Ditadura entre 1926 e 1930 — fará com que a direita republicana, civil e militar, se empenhe ainda por vários anos na tentativa, é certo que bastante desconexa e ziguezagueante, de criar a República ordeira, conservadora mas liberal, estável, de Executivo forte, suportada por um sistema bipartidário

---

96   Ibid., p. 43 ss.

"à inglesa", com alguma representação corporativa que, por via eleitoral, ainda em 1931 pensavam poder começar a erguer.

Mas à direita republicana, sobretudo à sua expressão militar — a mais decisiva e respeitada, a que está no poder a partir do 28 de Maio —, faltava quase tudo: chefes à altura, um programa político e financeiro para o país, um sólido apoio partidário e, até, um mínimo de estabilidade. Não resistiria, por isso, já o sabemos, à ofensiva salazarista.

O declínio inexorável da direita republicana civil e militar ditaria o fim a que já antes aludimos: parte dela passa-se para o apoio à conspiração reviralhista, outra parte (a sua larga maioria) vai negociar com o salazarismo as condições da sua integração no novo regime e as contrapartidas para entregar o poder a Salazar e fazer a tropa regressar aos quartéis. A rendição do liberalismo, como vimos, foi a derradeira porta a franquear para o advento do Estado Novo.

No tocante aos políticos republicanos, aos civis, se é certo que o ascenso de Salazar e o endurecimento crescente da Ditadura, a partir de 1930-1, vão lançar vários dirigentes republicanos conservadores desiludidos para o terreno do reviralhismo e da conspiração — é, como sabemos, o caso de Cunha Leal, após o seu conflito com Salazar em dezembro de 1929, e de militares do 28 de Maio que lhe estavam próximos (Ribeiro de Carvalho, Cunha Aragão, Utra Machado) —, o facto é que a maioria do pessoal político desse "republicanismo moderado", sobretudo a nível do cacicato regional e local, mas não só, passar-se-á de armas e bagagens para o novo partido único, a União Nacional (UN), e para o apoio ao Estado Novo. Outros desistirão da intervenção política.

Parte da *entourage* de Cunha Leal na União Liberal Republicana (ULR), muito em especial o célebre "grupo de Coimbra" — Bissaya Barreto, Albino dos Reis, Mário Pais de Sousa, o republicano independente Manuel Rodrigues —, a que se junta Duarte Pacheco (também próximo da ULR) ou figuras como Júlio Dantas, do Partido Nacionalista (PN), ou Vasco Borges (do PRP), vai ter um importante papel na estruturação da aliança entre as várias direitas conducentes à plataforma política viabilizadora do novo regime. E boa parte desses homens virão a desempenhar responsabilidades de topo na hierarquia do Estado Novo ou da União Nacional, afirmando-se como gente da maior confiança de Salazar, a cuja restrita privacidade política, alguns como simples conselheiros pessoais, terão acesso durante largos anos.

Quanto aos militares republicanos, já conhecemos o seu destino. Até à maioria dos oficiais superiores mais velhos ser passada à reforma e afastada do ativo pela nova legislação de 1936-7, muitas das suas figuras mais destacadas — Vicente de Freitas, Morais Sarmento, Farinha Beirão, Passos e Sousa — ocuparão elevados cargos na hierarquia militar, na Administração (central, local ou colonial), alguns deles até, como vimos, na comissão central da União Nacional.

Finalmente, já no quadro do agudo debate interno dentro da Ditadura Militar, emerge, com relevante influência política, a *direita fascista*. Esta direita radical, pequeno-burguesa, de discurso "revolucionário" inflamado, plebeia e populista, apesar de algumas esparsas tentativas de afirmação no pós-sidonismo, é, enquanto manifestação autónoma significativa, um fenómeno relativamente tardio em Portugal.[97] Só aparece como força política a partir de 1927, com a Liga 28 de Maio, de vida irregular, e, sobretudo, como vimos, com o Movimento Nacional Sindicalista (MNS) criado em 1932 a partir da Liga, que o Governo de Salazar tentava domesticar. É chefiado por Rolão Preto, à cabeça dos seus "camisas azuis" de cinturão e talabarte, braçadeira com a cruz de Cristo e saudação romana, a imitar as milícias fascistas e nazis. O MNS conquista uma rápida e notável influência na juventude académica integralista, no "tenentismo" radical, nos jornalistas e na jovem intelectualidade

---

97 Cf. António Costa Pinto, *Os camisas azuis*.

urbana de direita, penetrando até em alguns meios académicos conservadores de Coimbra e Lisboa. Ataca as tibiezas do "ditador catedrático", os compromissos da situação, opõe-se à constitucionalização do regime e defende a continuação da Ditadura e da "Revolução Nacional".

A popularidade do MNS é encarada com clara desconfiança pelas elites políticas, económicas e militares de uma oligarquia que tinha no sangue o vírus do medo da agitação, mesmo quando ela era contrarrevolucionária. E que se habituara, com sucesso, a confiar em instituições tradicionais como a Igreja, o Exército ou as autoridades do Estado para defender os seus interesses, dispensando por isso esse suspeito milicianismo desordeiro que não controla. Isso levará Salazar, em 1933 e no ano seguinte, a tomar as medidas que já conhecemos. O processo de cerco e aniquilamento que culminará, em julho de 1934, na dissolução do MNS, mas com a absorção da maioria dos "camisas azuis" nas estruturas milicianas, de propaganda e sindicais do Estado Novo, onde desenvolverão um papel central no processo de fascização do regime na segunda metade dos anos 1930.

Apesar de gente vinda das bordas do nacional-sindicalismo, como Pedro Teotónio Pereira ou Costa Leite (Lumbrales) terem atingido os mais altos postos no Estado Novo, parece que o único "camisa azul" que chegará ao Governo (e depois à presidência da poderosa Junta Central das Casas do Povo) é Castro Fernandes. Mas outros, como referimos, terão destacado papel nas frentes mais sensíveis da fascização do regime: Queiroz Pereira, na presidência da FNAT; Pereira Forjaz, à cabeça do Sindicato Nacional dos Bancários e do sindicalismo corporativo; Dutra Faria, ideólogo e publicista da Propaganda Nacional; Ramiro Valadão, futuro presidente da RTP e muitos outros, a nível local, no lançamento da Legião Portuguesa.

O que se passa no plano político, com a integração e articulação das várias direitas na plataforma viabilizadora do regime, ocorre também, e provavelmente desde mais cedo, com os vários sectores da direita dos interesses, se quisermos, das classes dominantes. Três vertentes principais do programa económico e social salazarista desde muito cedo concitam o seu incondicional apoio. Desde logo, a prioridade dada ao equilíbrio orçamental, pelo que significava de estabilização da moeda, baixa do crédito, redução dos custos de trabalho, fazer os assalariados pagarem a crise financeira. Depois, o duplo e crucial objetivo da organização corporativa: regulação cartelizadora da economia pelo Estado, feito árbitro dos interesses gerais da oligarquia em tempo de crise (condicionamento da concorrência, da circulação, dos preços) e desarticulação do movimento operário e sindical organizado, sujeitando-o à "ordem" e "disciplina" corporativa. Finalmente, um Governo forte, estável e independente das "desordens" partidárias e parlamentares para levar a cabo esse plano. Em suma, o ambicionado programa de restauração da "ordem": nas finanças, na administração e nas "ruas".

Ao contrário do que por vezes se deixa supor, Salazar manteve sempre contactos estreitos e regulares com vários dos principais epígonos das "forças vivas", entre os quais conta com entusiásticos apoiantes e amigos chegados. Medidas a favor do óleo de *mendóbi* (que a CUF produzia a partir do amendoim da Guiné) ou de salvação do Banco Totta no rescaldo da Grande Depressão aproximam definitivamente Alfredo da Silva e a CUF de uma estreita colaboração e apoio a Salazar e ao regime que não deixarão de crescer a partir dos finais dos anos 1920, consolidando-se política e financeiramente com a gestão da família Melo no grupo financeiro.[98] O banqueiro Ricardo Espírito Santo será, desde os anos 1930, um admirador, colaborador e confidente de Salazar, com quem este discute semanalmente e planeia as mais diversas iniciativas nos domínios político e dos negócios (petróleos,

---

98 Miguel Figueira de Faria, *Alfredo da Silva e Salazar*. Lisboa: Bertrand, 2009, p. 146 ss.

colónias, apoio financeiro à Alemanha na Segunda Guerra, etc.).[99] O próspero conserveiro algarvio Sebastião Ramires, ministro do Comércio e Indústria, desde 1933, com quem antes ensaiara o plano pioneiro de corporativização do sector conserveiro, será uma espécie de "ministro sombra" na coordenação secreta dos apoios aos rebeldes franquistas na Guerra Civil de Espanha, em 1936-9. E relações pessoais e políticas muito próximas mantém, entre outras, com a família Queiroz Pereira (Companhia das Águas, BES, petróleos), o conde da Covilhã, Miguel Quina do grupo Borges, etc. E também com o mundo da grande agricultura: a família Teotónio Pereira (a quem "entrega" a organização corporativa do comércio vitícola); os Palha Blanco (ganadeiros de Vila Franca de Xira); Antunes Guimarães, seu amigo, ex-ministro, deputado e porta-voz da grande lavoura nortenha; Nunes Mexia, latifundiário alentejano, ministro da Agricultura na Campanha do Trigo e presidente, durante vários anos, da poderosa Junta Nacional dos Produtos Pecuários. Não nos esqueçamos, por exemplo, que a primeira manifestação de apoio a Salazar no conturbado pós-Segunda Guerra Mundial, em 19 de maio de 1945, é convocada pela Associação Central da Agricultura Portuguesa, a principal confederação patronal da agricultura que o regime consentia que convivesse com os grémios da lavoura.

Em suma, da articulação e equilíbrio destas cinco direitas da política e da direita dos interesses, da arte de as saber unir, conduzir no processo de tomada do poder e aí as manter duradouramente vai nascer e durar o Estado Novo.

Esta direita das direitas vai conhecer, desde 1932-3, mas acelerado na segunda metade dos anos 1930, um processo de fascização que levará, tal como já se passara na Itália mussoliniana ou se passará na Espanha franquista, à transformação/submissão das direitas com origem não fascista (designadamente os católicos e os liberais conservadores) em sectores de apoio às ditaduras de novo

---

99 Pedro Jorge Castro, *Salazar e os milionários*. Lisboa: Quetzal, 2009, p. 40 ss.

tipo, que então emergem com sucesso por toda a Europa. As direitas antiliberais, e parte das próprias direitas liberais, rendem-se à "eficácia" do fascismo na liquidação do operariado organizado e na regulação da economia. O fascismo é o paradigma da resposta à crise agónica do liberalismo por parte das classes dominantes. Um vórtice fascizante em grande medida potenciado, como bem salienta Manuel Loff,[100] pela pressão de uma "Ordem Nova" internacional vitoriosa nessa batalha decisiva contra a democracia, o socialismo, o comunismo e os valores antifascistas em geral que travará na Guerra Civil de Espanha entre 1936 e 1939.

A União Nacional, fundada em 1930, seria a plataforma de organização desse consenso das direitas da direita portuguesa sob a autoridade tutelar do "Chefe". Não sendo um partido de assalto ao poder, funcionando até como uma espécie de repartição do Ministério do Interior, afirmando-se no discurso oficial como um não partido e mesmo como um antipartido, ela será a especial modalidade de partido único do regime português. No quadro remansoso de uma elite política e de uma oligarquia, sobretudo preocupadas com a ordem, a estabilidade, a disciplina, a obediência, caber-lhe-á estruturar, a nível local e a nível nacional, a integração, o equilíbrio e a arbitragem entre os diferentes sectores políticos e sociais que constituem a base de apoio do regime. Mais do que a mobilização, sempre episódica e difícil, cabe-lhe gerir o consenso oligárquico que assegurará a durabilidade do Estado Novo.

Esta mesma preocupação de equilíbrio e administração do consenso entre os diversos sectores da direita política e da direita dos interesses se exprimirá, já a nível institucional, na constituição e funcionamento da Assembleia Nacional. Esse órgão, formalmente parlamentar, é sempre encarado por Salazar e pela ortodoxia corporativa com incomodidade, como uma cedência transitória ao

---

[100] Cf. Manuel Loff, *O nosso século é fascista! O mundo visto por Salazar e Franco (1936-1945)*. Porto: Campo das Letras, 2008. (Citado, daqui em diante, como *O nosso século é fascista!*.)

liberalismo, mas em que nunca se tocará durante toda a longa vigência da Constituição de 1933. Não só porque, na conjuntura do pós-Segunda Guerra, ele contribuiria para transformar, sem esforço, um regime imperfeitamente corporativo na aparência de um regime semiparlamentar, mas sobretudo porque a Assembleia Nacional se tornaria naquilo que Salazar pretendia que ela fosse: uma câmara de concertação e acerto entre as várias sensibilidades e interesses que suportavam o regime. Onde, firmemente estabelecido o princípio da indiscutibilidade política do Estado Novo e da sua liderança, se discutem, por vezes vigorosamente, os encontros e desencontros das pretensões das várias direitas da direita portuguesa.

Afinal, toda a caminhada de Salazar para o poder entre 1928 e 1932, tendo como ponto de partida a sua política de equilíbrio orçamental, se pode resumir a esse processo de integração/exclusão relativamente às várias correntes da direita, chamando à plataforma viabilizadora do Estado Novo, e da sua durabilidade, a maioria, e excluindo e neutralizando as franjas mais puristas ou radicais de cada uma delas. E com isso conseguindo, como vimos, primeiro, o apoio negociado, depois, o controlo político das Forças Armadas.

Verifica-se, finalmente, que questões como a política colonial ou a política externa têm um impacto reduzido ou indireto neste processo da chegada ao poder dos salazaristas e de implantação do Estado Novo. O desenlace dessa prolongada "guerra civil" latente que atravessa o primeiro quartel do século XX português é fruto de contradições e de relações de força cujo epicentro está na sociedade portuguesa.

É claro que a nova estratégia "imperial" que o Ato Colonial anuncia em julho de 1930, quando Salazar assume interinamente a pasta das Colónias, com o seu centralismo político e financeiro, com a sua renovada lógica de pacto colonial, com a proteção aduaneira e reserva do mercado colonial, com a retórica de nacionalização da exploração colonial, ajudou seguramente a posição de Salazar junto do influente sector da burguesia metropolitana de comércio colonial e não só. Mas provavelmente isso será tão decisivo para o seu sucesso quanto o mal-estar que entre os colonos com negócios com a metrópole, especialmente os de Angola, e na situação de crise internacional que se vivia, provoca a aplicação da política de equilíbrio orçamental aos orçamentos coloniais. Diga-se que o incidente que, em janeiro de 1930, estala entre Cunha Leal e o ministro das finanças, a propósito das críticas por aquele dirigidas a essa política, servirá de pretexto a Salazar para derrubar o Governo de Ivens Ferraz, crise de que sairá, como sabemos, o Ministério do general Domingos de Oliveira e o novo rumo pró-salazarista da Ditadura. Precisamente, o pretexto da política colonial agia através de contradições e de conflitos cujo fulcro pouco tinha a ver com ela. Até a revolta que eclode em Angola em março desse ano,[101] controlada por Salazar com óbvia prudência e discrição, parece não ter impacto relevante na evolução do combate político interno.

Acerca da política externa, mais precisamente, do papel das potências estrangeiras na evolução deste processo, pode dizer-se o mesmo. O apoio da diplomacia britânica e da sua embaixada em Lisboa ao ascenso político de Salazar, praticamente desde a sua entrada para o Governo em 1928, é indiscutível e reforça-se, aliás, com a implantação do Estado Novo. Esse apoio à Ditadura (designadamente apoio em material de guerra, em 1931) e, particularmente, a Salazar foi claramente relevante. Mas seria despropositado atribuir-lhe qualquer papel decisivo no desenlace da situação interna.

UM CHEFE, UM REGIME, UM POVO

Feito chefe do Governo pelo acordo com os militares nesse verão de 1932, dir-se-ia que Salazar tem uma aguda perceção

---

101 Helena Janeiro, *A Revolta de Angola de 1930*. Lisboa: FCSH/UNL, 1992.

das vulnerabilidades do novo Ministério aos olhos da opinião pública. Não sai este da vitória nas urnas, suportado que está, decisivamente, na Força Armada; e o seu Presidente não vem da política e dos políticos que governavam a República, mas é um lente coimbrão com reconhecimento nas elites do Estado e dos negócios, embora essencialmente desconhecido do grande público. Contrariando novamente a imagem de sóbria indiferença e distância do lado mundano da política que cultivará de si próprio, será exatamente este aspecto — o dar-se a conhecer pela propaganda — aquele de que Salazar cuidará antes de tudo.

E o facto é que, ainda bem antes de 1933, ano da adoção da nova Constituição e das medidas que a complementarão, de organização da polícia política e da censura, de criação dos Sindicatos Nacionais, regulação do exercício das liberdades, etc., nos finais de 1932, em novembro, Salazar aceita ser entrevistado por António Ferro para o *Diário de Notícias*. Não é um jornalista qualquer. Era talvez o mais internacionalizado e cosmopolita repórter português da época, viajado pelo mundo dos novos ditadores, entrevistador de Mussolini ou de Kemal Atatürk, entre vários outros, conhecedor da política internacional, homem de cultura próximo dos modernistas, intelectual de extrema-direita seduzido pelas novidades radicais da propaganda, da estética e das grandes encenações do fascismo. Um encontro, por tudo isso, providencial.

O jornal publicará essa série de entrevistas entre os dias 11 e 23 de dezembro de 1932, e a sua primeira edição em livro (reunindo essas cinco conversas) aparecerá, com outros materiais de apoio, em 1933.[102]

---

[102] Nela se incluía o Prefácio de Salazar, o Epílogo, as notas de reportagem do punho de António Ferro e, como anexo documental, o discurso do chefe de Governo de 23/11/1932, para além de dois artigos de António Ferro, "O Ditador e a Multidão" e a "Política do Espírito", publicados no *Diário de Notícias* a 31 de outubro e a 21 de novembro de 1932, respetivamente.

Seria o primeiro grande documento de propaganda sobre o regime e o seu chefe, aparecido em jornal e, depois, recolhido em livro, mesmo antes da institucionalização do próprio Estado Novo. E como esteio duradouro de certa imagem do regime e de Salazar, perdurará através de várias reedições e complementos, em Portugal e no estrangeiro, até à Segunda Guerra Mundial, cujo desfecho haveria de tornar algo embaraçosas muitas das opiniões aí expendidas.

A partir da segunda edição, em 1934, o autor juntou-lhe, "como um *post-scriptum*", uma sexta entrevista realizada nesse ano após a Conferência Económica de Londres, sobre a qual António Ferro, enviado especial do *Diário de Notícias* àquela reunião, quisera ouvir Oliveira Salazar. Numa terceira edição, em 1935, outra novidade de carácter pedagógico, a reforçar a vertente do manual de propaganda: um índice analítico, com todos os temas mais relevantes agrupados por ordem alfabética. Existirá uma sétima entrevista, a mais longa de todas, em jeito de balanço encomiástico do caminho percorrido pelo regime desde as conversas de 1932, feita em setembro de 1938 mas publicada pelo autor separadamente em outro livro, *Homens e multidões*.

A importância política da obra para o regime levaria a um sério investimento na sua divulgação internacional. Haverá como principais edições no estrangeiro a francesa, a espanhola (ambas de 1934) e a inglesa (1935), respetivamente prefaciadas por Paul Valéry, Eugénio d'Ors e Austen Chamberlain. A estrutura destas edições é idêntica à das edições portuguesas a partir de 1934, com algumas diferenças.[103]

---

103 Delas constam as seis entrevistas de 1932 e 1933, o Prefácio de Salazar, a Introdução e o Epílogo de António Ferro, mas um outro discurso de Salazar, o de 30 de junho de 1932 e não o de 23 de novembro desse ano, foi sintomaticamente retirado das edições estrangeiras, pelo menos das destinadas aos países democráticos. Compreende-se porquê. O discurso de junho de 1932 é o do compromisso com o republicanismo conservador e os comandos do Exército (onde ele ainda tinha peso significativo), viabilizador do início do "regresso aos quartéis" dos militares e da transferência do poder para um civil. Demarca-se, por isso, da

Salvo o erro possível, a primeira tentativa (a que outras se seguirão) de reunir o conjunto das entrevistas de 1932, 1933 e 1938, bem como os vários textos de Salazar, Ferro ou de outros prefaciadores que lhe foram sendo anexos, dá-se, que eu saiba, só muitos anos depois, já em democracia.[104]

Vejamos, então, como Salazar consentiu que Ferro o apresentasse e ao Estado Novo. Os desvendasse e encenasse, *urbi et orbi*.

A OBRA E O SEU CONTEXTO: "QUE O DITADOR FALE AO POVO"

Uma das coisas que chama a atenção ao lermos o que Ferro escreveu sobre o "seu" livro de entrevistas com Salazar, ou mesmo o que dele se disse, na época quando foi publicado, é o forte e insistente cunho de autor que se reivindica para uma obra, toda ela, afinal, uma longa entrevista destinada a revelar *urbi et orbi* o nascimento, o perfil, o carisma do novo "Chefe" da Ditadura Nacional.

E, no entanto, nada de mais verdadeiro: a personagem que emerge das entrevistas e dos comentários de Ferro é uma obra sua, mesmo que seja a obra que Salazar, minuciosamente, consentiu que fosse. Que ele cria, encena e apresenta com o desvelo e a minúcia do ficcionista ou, se quisermos, do autor teatral que ele também era. Até aí, dir-se-ia que António Ferro, o jornalista internacional e cosmopolita de renome no final dos anos 1920, o

---

direita radical e da violência em favor de um "nacionalismo equilibrado". Já o de novembro de 1932, como adiante se indicará, é o da liquidação final da liberdade de associação e de expressão para o conjunto das forças políticas e sindicais oponentes da Ditadura. E o da concentração obrigatória de todas as forças políticas situacionistas no partido único do regime, a União Nacional. Um discurso, além disso, de ataque frontal à democracia parlamentar, bastante pouco recomendável nos países onde esta existia com solidez e apoio social. Igualmente desaparecem as Notas de Reportagem e os textos jornalísticos de António Ferro.
104 Será em 1982, por iniciativa da editora Fernando Pereira, de Lisboa, reproduzindo o título e até o espírito da primeira edição portuguesa: *Salazar, o homem e a sua obra*. Nela se incluíam, com o restante material, os três referidos prefácios às edições espanhola, francesa e inglesa. Em 2002 e 2003, a Parceria A.M. Pereira lança duas edições do volume *Entrevistas de António Ferro a Salazar*. Aqui se reúne o conjunto das sete entrevistas de Ferro a Salazar, bem como todos os textos de um e de outro, publicados nas anteriores edições portuguesas.

entrevistador de Primo de Rivera, de Mussolini, de Mustafa Kemal, de António Maura, de Poincaré, de Clemenceau, de Pétain, de Pio XI, o interlocutor de *condottieri*, de homens fortes, de ditadores, esse órfão sebastianista da "ideia de Chefe", parecia procurá-la em "viagens à volta das Ditaduras" pelo mundo fora, depois de aparentemente ter descrido da possibilidade de a encontrar na pátria enferma. Sidónio Pais — esse corpo síntese da Pátria portuguesa —[105] despertara-lhe, escreve mais tarde,[106] o ideário místico do chefe-redentor. E no seu ativismo político de juventude, percorrido nos grupos, nos conciliábulos e até nas conspirações da direita radical, buscara colmatar a orfandade do presidente--rei em putativos mas efémeros candidatos a *duces* domésticos: o comandante Filomeno da Câmara (a quem volta a prestar homenagem nas Notas de Reportagem da sua primeira edição) ou o jovem prematuramente desaparecido Homem Cristo Filho.[107]

Mas o encontro com Salazar, o mítico mas ainda algo obscuro ministro das finanças da Ditadura, finalmente nomeado presidente do Ministério em julho de 1932, esse professor de finanças silencioso e obstinado que agora emergia como chefe indiscutível do novo regime, em desenho no projeto de Constituição debatido naquele segundo semestre de 1932, seria a descoberta do Graal da direita portuguesa. A revelação do "desejado", a transmutação da ideia de chefe em realidade, em poder, em regime político, a "Revolução Nacional" em marcha.

Acontece que Salazar, nesse inverno de 1932, com 43 anos, dando os primeiros passos como chefe do Governo e do regime que se começava a moldar ao cabo de um longo (e ainda não totalmente resolvido) processo de transição e luta interna na Ditadura Militar,

---

105 Cf. António Ferro, *D. Manuel II: O Desventurado*. Lisboa: Bertrand, 1954, p. 45.
106 Ibid.
107 Cf. Sobre a biografia política pré-estado-novista de António Ferro: Raquel Pereira Henriques, *António Ferro: Estudo e antologia*. Lisboa: Alfa, 1990; e Ernesto Castro Leal, *António Ferro: Espaço político e imaginário social (1918-1932)*. Lisboa: Cosmos, 1994.

era pouco menos do que um desconhecido para o grande público. Ainda por cima, parecia o anticlímax do ditador moderno. O seu perfil severo, de dirigente católico, até há pouco próximo do episcopado, com tiques de lente coimbrão, de conservador elitista avesso à rua e às massas em geral, o seu carácter frio e reservado, o seu celibato, a sua cultivada distância do mundo, o rosto fechado, o trajar de escuro, a postura tímida e algo provinciana — tudo isso dificultava a necessária e indispensável ligação entre "O ditador e a multidão",[108] tal como Ferro a pressentia nos seus conhecidos artigos no *Diário de Notícias*, que precederam as entrevistas com Salazar.

As ditaduras modernas — ensinava o modelo de todas elas que, na altura, era o regime de Mussolini na Itália fascista — precisavam da festa, da música, da multidão, da saudação romana, dos cantos, das palavras de ordem, dos estandartes, da "ginástica indispensável aos sentimentos e às ideias condutoras".[109] E necessitavam, também, para colmatar a supressão do parlamentarismo e das liberdades, de fomentar o contacto direto entre o ditador e o povo. É certo que uma "Ditadura séria, sóbria e trabalhadora", subentende-se, como a portuguesa, "não pode passar a vida a narcisar-se". Mas havia que não deixar apagar "a fogueira das ideias em marcha", porque os povos não se contentam com melhoramentos materiais, gostam de ter a sensação de que participam num grande desígnio, "gostam de ser levados". Para evitar "a morte da sua obra e do seu nome", para durar, o ditador teria, pois, de "martelar constantemente as suas ideias, despi-las da sua rigidez, dar-lhes vida e calor, comunicá-las à multidão: Que o ditador fale ao povo".[110]

E o recado para Salazar não podia ser mais explícito:

---

108 António Ferro, "O ditador e a multidão". In: Id., *Entrevistas*, p. 227 ss.
109 Ibid., p. 228.
110 Ibid., p. 231.

Se a natureza do chefe é avessa a certos contactos, se é preferível, talvez não a contrariar para não a quebrar na sua fecunda inteireza, que se encarregue alguém, ou alguns, de cuidar da encenação necessária das festas do ideal, dessas entrevistas indispensáveis, nas Ditaduras, entre a multidão e os governantes...[III]

Com as entrevistas no *Diário de Notícias*, um mês e pouco depois daquele artigo, António Ferro recebia a empreitada para que publicamente se oferecera. Inspira-se, em termos de método prático, na série de entrevistas do jornalista alemão Emil Ludwig a Mussolini, publicadas em sucessivos números de jornal. Uma maneira de, no tocante ao *Diário de Notícias*, poder publicar um "grande inquérito à vida interior dum homem e duma situação". Durante cinco dias seguidos, à média de duas ou três horas por dia, entrevista Salazar no gabinete do Ministério das finanças, em casa, no carro do Ministério ou em longos passeios nos arredores de Lisboa. Isso, no que respeita às cinco primeiras conversas. A sexta, em 1933, tem como cenário mais bucólico a casa e a fazenda de Salazar no Vimieiro ou as paisagens do Caramulo. A entrevista de 1938 será a mais longa. Estende-se por cerca de seis horas fazendo os dois interlocutores o roteiro turístico e propagandístico das realizações do regime na capital, entre as obrigatórias manifestações populares ao "Chefe" a cada esquina, legionários fazendo a saudação romana ou rapazinhos da Mocidade Portuguesa desfilando. Em fundo, uma "Lisboa pobre mas alegre", sem gramofone mas de canário na gaiola, tudo já excessivamente em versão SPN. Ou não fosse a pena gongórica do diretor da propaganda, então no auge da sua força, a desenhar o quadro.

Ferro desempenhou-se desta magna e, para ele, decisiva tarefa como se fora de uma peça de teatro. Não toma apontamentos

---

[III] Ibid., p. 230.

das conversas com Salazar,[112] retém ideias e encena-as. Na realidade, como o próprio deixa entender, não estamos, em rigor, perante a transcrição de uma entrevista, mas de um discurso teatralizado, de um diálogo onde laboriosamente se trabalham as ideias e o perfil do "Chefe". O jornalista não é neutro nem jornalista. Ele próprio se assume como o "intermediário" de Salazar "junto do povo". Mas é mais do que isso: é o *metteur en scène* de um personagem que se empenha assumidamente em valorizar, mitificar e engrandecer, confrontando-o, ou fingindo confrontá-lo, com alguns dos principais desafios políticos, económicos e sociais da atualidade de então. Dando-lhe o palco para se revelar como o "encoberto", o ansiado regenerador da pátria.[113] O entrevistador, naturalmente, está longe de ser um adereço passivo neste cenário. Simula ousadias (fora autorizado a "perguntar tudo..."), clarifica questões, sublinha passagens, anota e salienta os traços de personalidade que interessa revelar no entrevistado, puxa por ele, estende-lhe o tapete até à boca de cena. No subtil contrato que subjaz a esta ceia de dois cardeais, pela mão do futuro diretor da propaganda (que, na realidade, inicia aqui o seu desempenho), surge à luz dos holofotes o "Chefe" do Estado Novo. Cada um preparando-se para ocupar o seu lugar na primeira linha do regime que nascia da Ditadura Militar.

A importância política destas entrevistas de Ferro e do livro posterior é, por tudo isto, enorme. Neles se fundam duradouramente não só os traços do que será o especial perfil carismático do ditador português e "à portuguesa", como se fixam, em jeito de vulgata (a partir da edição de 1935, nem lhe faltará o índice analítico), um conjunto de ideias mestras do pensamento salazariano, que vão desde a mulher, a mendicidade, o operariado, os excessos da polícia política ou a Constituição de 1933, até ao

---

112 António Ferro, "Notas de reportagem duma reportagem". In: *Entrevistas*, p. 209.
113 António Ferro, "Epílogo". In: Ibid., p. 125.

parlamentarismo, ao comunismo, a Mauras, ao fascismo italiano, à aliança inglesa ou à reforma agrária. Tudo metodicamente organizado em títulos e subtítulos (que se mantêm na edição em livro) e servido — inovação pouco usual na época — por um conjunto de fotos do entrevistado com o jornalista.

Dadas à estampa, as entrevistas e os seus anexos constituiriam o primeiro manual de propaganda do regime que se implantava e do "Chefe" que com ele nascia. Não admira que as câmaras municipais, por todo o país, tenham adquirido grande parte da edição, dando ao livro de Ferro uma expansão "rara no nosso mercado".[114]

Uma leitura mais atenta, e à distância, das entrevistas de Ferro a Salazar é possível que estranhe a quase ausência de dois tópicos, ou a sua marginalidade, na economia das conversas. A omissão mais evidente respeita às colónias e à política colonial, em claro contraste com a importância do "Império" e da retórica "imperial" no discurso do regime ao longo dos anos 1930. As escassas referências às colónias (nas cinco entrevistas de 1932, o tema é quase ausente) são basicamente para apontar a importância do equilíbrio dos seus orçamentos, reagir às teorias sobre a "internacionalização das colónias" e negar boatos ou intrigas acerca de possíveis conspirações estrangeiras contra elas. A outra respeita à política externa. Excluindo algumas considerações sobre a crise económica internacional e a libra, as referências de praxe à aliança britânica e uma violenta condenação da Sociedade das Nações e do assembleiarismo internacional (a favor do diretório das potências), não se encontra, sequer, o ensaio de um discurso de conjunto. Saliente-se que na entrevista de 1938, em plena Guerra Civil de Espanha, não há a menor referência quer ao conflito, quer aos complexos problemas internacionais e diplomáticos a ele associados, alguns envolvendo direta e profundamente o Governo de Lisboa.

---

114 António Ferro, "Notas de reportagem duma reportagem". In: Ibid., p. 223.

Num ou noutro caso, não se tratou só de prudência. Tratou-se de prioridades. Para Ferro e Salazar, não obstante a projeção internacional que o livro viria a ter, o essencial era a política interna. E nela, três aspectos, os três aspectos que também preocupam Salazar no Prefácio: transmitir a certeza de que havia um "Chefe", de que o regime tinha pernas para ficar e durar, e anunciar a grande batalha pela reforma da mentalidade dos portugueses como condição de todo o resto.

Era disso, e só disso, que principalmente se tratava. É disso, portanto, que vamos passar a tratar.

PÔR FIM ÀS "DÚVIDAS ACERCA DO HOMEM": UM CHEFE

Saber se o novo regime tinha ou não um dirigente capaz de levar a cabo a "política de missão"[115] que lhe era exigida pela hora que passava foi, sem dúvida, um dos primeiros objetivos das entrevistas de Ferro, aliás bem entendidas, neste seu propósito, no Prefácio de Salazar. Quem era "o homem"? Estaria ele à altura do desafio? Não desertaria ante as dificuldades previsíveis? E sendo "o homem", que homem era este?

A questão era pertinente porque no quadro das modernas ditaduras, em cujo espaço o regime assumidamente se integrava,[116] especialmente em comparação com o paradigma do fascismo mussoliniano, facilmente se percebia haver um "caso português", uma especificidade nacional. Numa sociedade marcada pelo peso hegemónico de elites sociais e políticas ultraconservadoras, com forte peso das oligarquias do ruralismo rentista e do comércio, visceralmente ligadas, como estratégia de preservação, aos poderes tradicionais da Igreja católica e do Exército; com um apego fanático à

---

[115] Eugénio d'Ors, "Prefácio à edição espanhola". In: António Ferro, *Salazar: O homem e a sua obra*. Aveiro: Fernando Pereira, 1982.
[116] Cf. António de Oliveira Salazar, "Princípios fundamentais da revolução política". In: Id., *Discursos*, v. 1, pp. 72-3.

"ordem", à "hierarquia natural", à "tradição", à "disciplina" e, por isso mesmo, com um medo e pânico essenciais a tudo o que respeitasse à "rua", às massas, ao protesto social, aos sindicatos, à democracia e, até, em sectores importantes das classes dominantes, à modernidade em geral; numa sociedade, além disso, globalmente pouco massificada e de escasso peso das classes intermédias; numa sociedade, todavia, fortemente causticada pela crise económica, social, política e ideológica do liberalismo; neste caldo de cultura social e política, entende-se que o "Chefe" da "Revolução Nacional" acabasse por ser quem foi. Um austero catedrático de finanças públicas da Universidade de Coimbra, um ex-seminarista e dirigente do partido católico, um filho de caseiros rurais da Beira Alta, um elitista conservador e autoritário formado no cruzamento das tradições culturais do pensamento contrarrevolucionário, católico social e integralista, alguém visceralmente estranho ao *glamour* da política lisboeta. Um "ditador catedrático" que, quase sem se dar por ele, evoluíra de Coimbra para a pasta das finanças e desta para a chefia do Governo. Nas exteriorizações, no estilo, nos métodos, é aparentemente diferente da virilidade latina, populista, plebeia e modernista do *duce* italiano. Uma espécie de variante nacional do ditador e das ditaduras europeias modernas.

Era este "ditador português", este "chefe" de uma particular modalidade de fascismo filtrada pelo caldo das domésticas realidades sociais, políticas e culturais que Ferro apresentava e punha em cena nas suas "entrevistas". Mas seria ele capaz de arrostar com o que o esperava?

No Prefácio e ao longo das conversas, Salazar preocupa-se, desde logo, em explicar de onde lhe vem a força que parece não ter. Como é que um homem desapegado do poder e das vaidades do mundo, que "não conspirou", "não chefiou nenhum grupo", "não se apoia aparentemente em ninguém",[117] que não queria o Governo

---

117 António de Oliveira Salazar, "Prefácio". In: António Ferro, *Entrevistas*, p. 244.

e não tem a ambição do mando, aceita que lho ofereçam? Por um superior sentido do dever, pela força profunda das suas convicções que o levam a aceder, contrariadamente, ao pedido da nação para que a salve. Governar era, pois, servir, no sentido mais nobre e quase religioso do termo. Um gesto de renúncia absoluta no altar da pátria, o sacrifício da vida pessoal e familiar, o "dom total de si mesmo" sem partilhas, o "alargar a família à própria Nação".[118] "Somos a geração do sacrifício", dirá ele a Ferro em 1938.[119] O ditador asceta, "heroicamente só a pensar em nós e na sua Pátria".[120] Mas que não houvesse ilusões ou confusão entre a aparente indiferença sobre "estar ou ir" e qualquer forma de descuido: "em todo o caso está. Está há tanto tempo e tão tranquilamente como se ameaçasse nunca mais deixar de estar". Suportando estoicamente trabalhos, injustiças, despeitos e raivas, "está, e fica...".[121] Ou seja, sossegando apoiantes e ameaçando opositores, Salazar deixava claro que viera para ficar. E ficaria ainda mais 36 anos.

Este herói solitário — que, com os lapsos de sentido do ridículo que, por vezes, o assaltavam, Ferro quis comparar ao Infante d. Henrique — era um rural de formação, um "ministro lavrador",[122] sempre apegado à sua "courela viçosa", apologista das virtudes das "aldeias" e do campo contra o desvario subversor das "grandes capitais" e o neopaganismo do "mecânico", defensor da "vida modesta", da "mediania coletiva" sem "miseráveis" nem "arquimilionários", e que tinha como ambição, dissera-o a Henri Massis, e repetia-o a Ferro, "levar os portugueses a viver habitualmente".[123] Ele próprio, numa privacidade que Ferro mal deixa entrever quando o encontra em casa, surge como a incarnação dessa austera frugalidade,

---

118 António Ferro, "Sétima entrevista". In: Ibid., p. 202.
119 Ibid., p. 183.
120 Id., "Epílogo". In: Ibid., p. 128.
121 António de Oliveira Salazar, "Prefácio". In: Ibid., p. 244.
122 António Ferro, "Sexta entrevista". In: Ibid., p. 136.
123 Id., "Sétima entrevista". In: Ibid., pp. 181-2.

trabalhando de manta e de sobretudo vestido para se defender do frio (sem aquecimento, nem sequer um "modesto fogão de petróleo"), num escritório "exíguo" e "modestíssimo", entre as pilhas de dossiês, os "livros de consulta" e um "divã anónimo", apertado pela nudez das paredes, só entrecortada por uma imagem do Sagrado Coração de Jesus, o elucidativo soneto de Plantin,[124] e, possivelmente, o retrato de sua mãe.[125]

Mas o homem que vivia nessa "casa modesta" e "despretensiosa", vestindo "um fato simples de alfaiate modesto", era o vencedor, contra tudo e contra todos, com indómita tenacidade, "sozinho em frente da crise", do descalabro financeiro do país. Isso mesmo teria transformado o seu nome no "estado de espírito dum País na sua ânsia de regeneração". Permitindo-lhe, agora, chegado à chefia do Governo, aplicar a sua receita do equilíbrio orçamental "ao orçamento errado, desequilibrado, da própria raça", dando ao seu "défice de virtudes" o mesmo combate metódico e tenaz que impusera ao das contas públicas.[126]

No entanto, este "Chefe" distante, esfíngico e fechado, cuja vida, explica Ferro, era uma lição de "ordem, disciplina e rigor", que o jornalista via debruçado "sobre a planta da Pátria, com uma régua, um esquadro e um compasso",[127] era, também, um homem acessível e de trato cortês. Afinal, revela-nos o jornalista, ele fala, este ditador afável, tem sentido de humor, ri e entusiasma-se "como qualquer português sensível", dá esmola aos pobres, preocupa-se com o sarampo da "pequenita" que protege, adverte o seu motorista para não atropelar os cães, as mulheres e as crianças, aprecia as flores, as fontes e as sombras da sua fazenda, perde-se meditabundo na contemplação da paisagem, angustia-se com a miséria alheia.

124 Id., "Notas de reportagem duma reportagem". In: Ibid., p. 244.
125 Id., "Quarta entrevista". In: Ibid., p. 85.
126 António Ferro, "Introdução". In: Ibid., p. 33.
127 Id., "Primeira entrevista". In: Ibid., p. 37.

Mas não é (e nunca é apresentado como) um igual. Conviria, aliás, não exagerar no alcance deste esforço de popularização da imagem do "Chefe", deste esboço de identificação com o homem comum. Salazar é um elitista antidemocrático convicto, e é como tal que Ferro o apresenta. Nutre pelas massas, pelas multidões, pela populaça, pelo que considera ser o seu carácter volúvel e volátil, a sua inconstância, o seu desnorte essencial, um profundo e genuíno desprezo. A tal ponto que lhe repugna visceralmente sequer fingir o contrário, ceder por facilitismo à rua, como censura a Mussolini.[128] E confessa a Ferro: "A verdade é que não poderia adular o povo sem trair a minha consciência. Nós constituímos um regime popular, mas não um Governo de massas, influenciado ou dirigido por elas". E consideraria como uma insuperável negação de si próprio se as suas atitudes ou palavras "fossem escravas do entusiasmo das multidões". Sabe o chefe do Governo que "nesta época de paixões e de dinâmicos movimentos de massas" está, para muitos, a passar a si próprio "um atestado de incapaz condutor de homens", mas o facto é que, neste aspecto, a sua consciência se recusava a obedecer à voz da razão.[129]

Só que era nesse aparente anticarisma que se encenava o carisma específico do ditador português. O de um chefe sereno, sábio, paternal, austero, vigiando na sua distância, no seu isolamento heroico, sobre essa "boa gente" alegre, trabalhadora, respeitosa, mas algo infantil, descuidada e influenciável, para a levar pelo bom caminho, sem concessões ou demagogias.

Esse era o "Chefe" do Estado Novo português. Assim falava Salazar. À nação cabia recolher-se respeitosa e cumprir.

---

128 Id., "Terceira entrevista". In: Ibid., p. 70.
129 Id., "Sétima entrevista". In: Ibid., pp. 200-1.

PÔR FIM ÀS DÚVIDAS ACERCA DA VIABILIDADE DO ESTADO NOVO: UM REGIME

Encontrado o "Chefe", restava apurar da viabilidade da obra de "regeneração política" por ele projetada. Isto é, punha-se a questão de saber se esse Portugal "doente" e esvaído por mais de um século de liberalismo monárquico e republicano, de sufrágio individual, de parlamentarismo, de regime de partidos, de liberdades públicas, se a nação moralmente enferma ia ou não aceitar a terapia da "Revolução Nacional".

Tanto mais — como claramente transparece logo na primeira entrevista — que o regime, ainda antes de o ser, ou para o ser, para fazer o Exército "sair da política" e regressar aos quartéis, para que houvesse a transferência do poder para o novo Governo, tivera, como vimos, de fazer compromissos com o republicanismo conservador subsistente — e subsistente sobretudo nas Forças Armadas — que marcariam indelevelmente o projeto de Constituição a referendar. Mas o salazarismo emergente como poder tivera também, como sabemos, de abrir o espaço político do novo regime às direitas monárquica e católica. Além disso, exatamente nesse outono/inverno de 1932, o Governo começara a tomar, também já o referimos, as primeiras prevenções relativamente aos "camisas azuis" de Rolão Preto, uma espécie de ausente subliminarmente muito presente nas entrelinhas das primeiras entrevistas.[130]

---

[130] De salientar que, em janeiro de 1933, Rolão Preto publica um opúsculo em resposta ao teor das entrevistas do *Diário de Notícias* intitulado *Salazar e a sua época: Comentário às entrevistas do atual chefe do governo com o jornalista António Ferro*, tendo na capa uma conhecida caricatura de Salazar da autoria de Almada Negreiros. Nele se contrapõe, à figura do "ditador catedrático" e do dirigente ecléctico e manobrador, a necessidade de um verdadeiro "Chefe" para a "revolução nacional". Rolão Preto seria preso e exilado em junho de 1934 e o MNS dissolvido pouco depois. Boa parte dos seus apoiantes aderiram ao Estado Novo.

Tudo isto autorizava as dúvidas sobre o futuro. Afinal o que iria sair do termo da Ditadura Nacional e da anunciada constitucionalização do regime? Uma República liberal retocada com algumas concessões a certos princípios formais dos regimes de autoridade? Essa era a estratégia do republicanismo conservador dentro da Ditadura. Ou um verdadeiro Estado Novo, forte, nacionalista, corporativo, antiparlamentar e antidemocrático, mesmo — como os salazaristas reconheciam ser indispensável — com transitórias concessões a alguns "preconceitos" liberais ainda com peso em certas elites conservadoras?

Salazar será três vezes claro ao responder a esta questão. Primeiramente, no já conhecido discurso de 23 de novembro de 1932,[131] aquele onde se traça a fronteira final entre o que fica dentro e o que fica de fora da nova legalidade estado-novista, entre o que, politicamente, pode viver ou deve morrer. Repeti-lo-á reiteradamente nestas conversas com António Ferro. E escreve-o sem ambiguidades no Prefácio ao livro que recolherá as entrevistas.[132] A Ditadura poderia estar formalmente a terminar. Mas a revolução continuava.[133] E isso queria dizer, como já antes o referimos, que a Constituição que aí vinha proibia os partidos existentes e não permitiria a formação de novos, defendendo o Estado do "assalto partidário". Salazar é peremptório: "Não governarão mais".[134] Confessa a Ferro, aliás, o seu visceral antiparlamentarismo: "O Parlamento assusta-me tanto que chego a ter receio, se bem que reconheça a sua necessidade, daquele que há-de sair do novo estatuto [constitucional]".[135]

Para o novo chefe do Governo essa negação e superação do liberalismo era um sinal positivo do espírito da época: "O processo

---

131 Cf. António Ferro, *Entrevistas*, p. 257 ss.
132 Ibid., p. 241 ss.
133 A fórmula "se a Ditadura termina, a revolução continua" é de um discurso de Salazar de 9/12/1934. Cf. António de Oliveira Salazar, *Discursos*, v. 1, p. 385.
134 Id., "Prefácio". In: António Ferro, *Entrevistas*, pp. 250-1.
135 António Ferro, "Quinta entrevista". In: Ibid., p. 111.

da democracia está feito; a sua crise é universal".[136] Ora, a falência da democracia e a crise do parlamentarismo empurravam, por todo o lado, para "regimes de autoridade forte", com severas limitações das liberdades públicas, com alguma compreensão para os célebres "safanões a tempo" da polícia política,[137] com a progressiva organização corporativa da Nação, com a mulher pregada ao lar, com o operariado metido na ordem, firmemente arredada da luta de classes, dos "organismos de carácter revolucionário" e da "ideologia bolchevista". É curioso analisar, aliás, como ao longo das entrevistas, de 1932-3 para 1938, o comunismo vai substituindo o reviralhismo republicano como inimigo principal do regime. Na conjuntura da Guerra Civil de Espanha, ele torna-se a "palavra da desordem", a "frente popular" dos baixos instintos revolucionários do homem de hoje", havendo que opor ao seu "perigoso dinamismo" um "combate sem tréguas".[138]

Perante tais e tantas ameaças, bem se compreenderia que não se pudesse consentir "liberdade contra a verdade; [...] contra o bem comum", até porque a "liberdade vermelha", a "liberdade romântica", a liberdade como conceito absoluto não existia.[139] E isso justificava a sua restrição e especialmente a necessidade da censura prévia à imprensa, um dos temas recorrentes das perguntas de Ferro a Salazar. Ainda encarada com uma atitude de defesa nas conversas de 1932, em 1938 a censura surge nas respostas de Salazar como um instrumento indispensável para prevenir e controlar a formação da opinião pública, obstar à sua perversão, ou à criação de uma "falsa opinião pública" ou, ainda, mais prosaicamente, para "impedir a invasão das ideias marxistas, a propagação de mentiras e o malefício da calúnia".[140]

---

136 António de Oliveira Salazar, "Prefácio". In: Ibid., p. 264.
137 António Ferro, "Terceira entrevista". In: Ibid., p. 74.
138 Id., "Sétima entrevista". In: Ibid., p. 190.
139 Ibid., p. 170.
140 Ibid., p. 171.

Era, pois, por aqui que se pretendia ir. Um Estado antidemocrático, antiparlamentar, anticomunista, um regime "nacional autoritário" e corporativo. É certo que em alguns passos da formulação institucional deste Estado Novo, na génese da Constituição, se verificava uma "espécie de transigência", com algumas conceções liberais. Um compromisso, todavia, sem correspondência já com a verdadeira relação de forças que preside à sua execução. E, por isso, sempre semântico, sempre tomado como formal e transitório, como defeito a corrigir, mas em que, como sabemos, Salazar nunca tocará. Optará sempre por esvaziar o conteúdo das concessões pela prática governativa evitando correr o risco de as revogar explicitamente.

Por várias vezes, dentro e fora das entrevistas, Oliveira Salazar não tem dúvidas em situar o seu regime na área, então vasta e variada, das reações autoritárias da direita à crise do liberalismo que varriam a Europa, todas tendo como paradigma a experiência pioneira do fascismo italiano. Nas conversas de Ferro com Salazar, são inúmeras as referências ao *duce*, às suas opiniões, ao seu estilo e ao seu regime como modelo explícito ou implícito do "caso português", como bússola, como referente. Salazar não se coíbe, "sem a mais leve hesitação", de explicar ao seu interlocutor a "evidente" identidade essencial dos dois regimes: "A nossa Ditadura aproxima-se, evidentemente, da Ditadura fascista no reforço da autoridade, na guerra declarada a certos princípios da Democracia, no seu carácter acentuadamente nacionalista, nas suas preocupações de ordem social". Afastava-se dela, porém, "nos seus processos de renovação".

Por um lado, reagia o ditador português a esse "cesarismo pagão" para que tenderia o fascismo mussoliniano, à ausência de limites jurídicos ou morais à ação omnipotente do Estado, reflexo, afinal, do tal pendor para servir a rua que levaria o *duce*, esse "admirável oportunista da ação", a atitudes contraditórias e demagógicas, por vezes, até, à hostilização da própria Igreja católica. Pelo contrário, o Estado Novo português considerava-se limitado pela moral e pelo direito, "é menos absoluto e não o proclamamos omnipotente".[141]

Afirmações a partir daqui repetidamente glosadas, até aos dias de hoje, também por alguma historiografia, para evidenciar a diferença "não pagã" ou "não fascista" do regime português, por contraponto com o italiano. Sem prejuízo de mais adiante voltarmos a este assunto, sempre se dirá que era o próprio Estado Novo que "omnipotentemente" definia as regras do direito ou definia as normas da moral com que pretendia autolimitar-se, quando entendia limitar-se. Aliás, o futuro presidente do Conselho tinha ideias muito assentes acerca do poder pessoal dos chefes, dificilmente compatíveis com essa pretendida heterolimitação do mando. Um "poder pessoal largo, bem compreendido e bem dirigido" a ser usado só por "homens raros", "moralmente excecionais", de "grande disciplina interior", "vontade firme" e "inteligência rara". Era um autorretrato.[142] Esses, os verdadeiros chefes, investidos na sua superior missão por graça da providência, governavam sós, no seu supremo e virtuoso isolamento por sobre a pequenez dos homens e das coisas comuns. E só respondiam, dirá Salazar, mais tarde, em outras confidências, perante si próprios ou a "autoridade suprema", "se ela existir".[143]

Mas haveria outra diferença a separar as duas ditaduras — a que, também, mais à frente tornaremos com mais detalhe —, a dos "meios de ação": "a violência". Em Portugal a "brandura dos nossos costumes" e a deseducação do povo aconselhavam a prudência. Havia que governar "tendo sempre em conta esse sentimentalismo doentio a que nós estamos habituados a chamar bondade". O que obrigava a Ditadura a "ser calma, generosa,

---

141 Id., "Terceira entrevista". In: Ibid., pp. 69-70.
142 Ibid., p. 75.
143 Fernando Rosas, "Uma desordem perfumada". In: Christine Garnier, *Férias com Salazar*. Lisboa: Parceria A.M. Pereira, 2002, p. 20.

um tudo-nada transigente, vagarosa até":[144] "vamos devagarinho. Passo a passo".[145] Nem outro ritmo ou energia haveria de carecer o ideal de mediania, o "viver habitualmente", essa *aurea mediocritas* que o ditador definia como a felicidade possível e conveniente para as aspirações dos portugueses, como "a imagem da pátria que se traz no coração": "uma casa branca, cheia de sol, num quintal cuidado, em que a vida é pacífica, alegre, operosa e digna".[146] Era um "fascismo à portuguesa". Onde, como adiante melhor se verá, a violência "invisível" mas omnipresente da repressão preventiva e dissuasória permitia, em condições normais, a relativa "economia" da violência repressiva.

REGENERAR A ALMA DA NAÇÃO CONTRA ELA PRÓPRIA: UM POVO

Se para combater "a tempestade revolucionária que agita o mundo e ameaça os fundamentos da ordem social", a "primeira de todas as necessidades" era a "conquista do Estado", esse não era, di-lo Salazar no Prefácio às entrevistas, "fator suficiente de renovação", nem "por si só pode garantir a estabilidade, o futuro da obra realizada".[147] Essa só haveria de firmar-se "na reforma da educação", isto é, na grande batalha de fundo, afinal condição de tudo o mais, pela "revolução das almas". Esta é, talvez, a ideia mais forte e mais presente que atravessa, qual grande trave mestra, o conjunto dos diálogos com António Ferro. Aliás, uma das suas mais antigas e arreigadas convicções como político. As revoluções só se realizariam verdadeiramente "quando a mentalidade dos povos, pacientemente educada, se transforma de facto".[148]

---

144 António Ferro, "Terceira entrevista". In: Id., *Entrevistas*, pp. 71-2.
145 Id., "Quinta entrevista". In: Ibid., p. 115.
146 António de Oliveira Salazar, "Prefácio". In: Ibid., p. 255.
147 Ibid., p. 252.
148 António Ferro, "Sétima entrevista". In: Ibid., p. 162.

Ora, "a revolução portuguesa [impôs-se] a tarefa de remodelar a alma do povo". Certamente: "Nem sequer mereceria o nome de revolução se assim não fosse".[149] Para "fazer obra nova" era necessário, "antes de mais nada, renovar o indivíduo, transformá-lo".[150] O salazarismo, com todos os seus vagares e cautelas, aspirava também ao seu "homem novo".

Isto porque o povo português estava "doente", moralmente enfermo e vulnerável. Para essa "maré baixa da raça", como lhe chama Ferro, pesava mais de um século de liberalismo, de influência das ideias dissolventes da Revolução Francesa, de regime parlamentar, de partidocracia, de caciquismo, de desordem política e financeira, a que a República jacobina juntara os ataques à Igreja e à religião e a importação da subversão bolchevista. Para Salazar, e para o conjunto da direita antiliberal portuguesa, esse era o diagnóstico de um século de trevas que se abatera como uma maldição sobre a verdadeira história pátria. Era esse curso interrompido, o renovar da tradição do Portugal autêntico, de heróis, santos e cavaleiros que o novo regime, redimindo a pátria, reatava. Vítima desse ambiente doentio, a "raça" decaíra, amolecera, esquecera o seu passado, corrompera-se: havia que a tratar, "levá-la a negar os próprios instintos".[151]

O liberalismo, afinal, fizera vir ao de cima os piores "defeitos do povo português". Percebe-se, ao longo das entrevistas, e precisamente como inseparável do tema da "regeneração das almas", ser este um dos tópicos preferidos do ditador. A despeito das suas "qualidades" (ser "bondoso", "sofredor", "dócil", "trabalhador", "inteligente"...) pesavam no espírito enfermiço do povo alguns "defeitos tradicionais" que, a não serem corrigidos, impediriam a obra de renascimento em curso: o sentimentalismo, o horror à

---

149 Ibid., p. 176.
150 Id., "Quinta entrevista". In: Ibid., p. 114.
151 Id., "Epílogo". In: Ibid., p. 127.

disciplina, o individualismo, a falta de persistência e tenacidade, a inconstância, a superficialidade, a improvisação. Sendo certo que, "quando enquadrado, convenientemente dirigido, o povo português dá tudo quanto se quer",[152] havia, pois, que tomar conta dele, contrariar-lhe os instintos perniciosos, desenraizar-lhe da alma e do carácter esses aleijões espirituais, educá-lo, moldá-lo, discipliná-lo, renovar-lhe a mentalidade, "salvá-lo de si próprio". Em suma, "adaptar o temperamento nacional a uma nova conceção de vida coletiva". Essa era a tarefa de fundo.

Não ocorria sequer ao elitismo autoritário e claramente totalizante da época pôr a questão de saber se o povo queria, ou não, ser salvo de todos os males de que diziam padecer. Muito menos se a comunidade — "a Nação" — deveria ou não pronunciar-se democraticamente sobre as doenças e a cura. Quem definia, quem, por natureza, podia definir o interesse nacional e quais os caminhos para o alcançar eram as elites, não a urna ou a rua, perversões demagógicas da expressão da vontade da pátria autêntica. Como tal, elas tinham o dever patriótico de salvar a nação, de impor o caminho da sua regeneração, mesmo contra a maioria contaminada e desnorteada de uma pátria transitoriamente enferma. Esse era o cerne da "política de missão" que Eugénio d'Ors, prefaciador da edição espanhola das entrevistas, entendia ser a de Salazar em Portugal. E di-lo quase com crua brutalidade:

> "O político de missão" ao operar sobre um país civilizado, inclusive sobre um país de larga tradição na cultura, fá-lo à maneira do missionário ocupado em redimir um povo bárbaro da sua barbárie. Longe de obedecer aos instintos espontâneos deste [...], o missionário irá contrariá-los, corrigi-los, castigá-los no mais nobre sentido da palavra [...]. O político de missão apara, se se me permite a imagem, as barbas hirsutas da espontaneidade

---

[152] Id., "Sétima entrevista". In: Ibid., p. 193.

popular, [até porque] a luta pela cultura é uma luta de imposição. E tanto pior se o favorecido se revolta e salta.[153]

E como haviam de "regenerar-se as almas", de "engrandecer o povo ainda que ele lhe pese", de combater os defeitos e potencializar as virtudes da "raça"? Ou seja, como se fabricava esse "homem novo" salazarista, esse ser trabalhador, probo, disciplinado, respeitador da religião e da ordem, chefe de família zeloso e patriota, alegremente conformado na "casinha branca" e no quintal que o "viver habitualmente" lhe dava por destino?

As entrevistas de Ferro e Salazar alongam-se pouco sobre esses caminhos em concreto, ainda por iniciar em 1932-3 (à data da sexta entrevista), uma vez que o Secretariado de Propaganda Nacional só surgiria em setembro deste ano. Mas talvez digam o suficiente para se perceber que o chefe do Governo e o seu futuro diretor da propaganda parecem ter aproximações distintas a essa magna questão.

Para Salazar, um conservador autoritário de formação e convicção, saído do seu viveiro por excelência, que era a clique dos lentes de Direito da Universidade de Coimbra, discípulo de Le Play e Gustave Le Bon, a necessidade da propaganda de massa, de "cortejos, festas, gritando o que já se fez e o que se pensa fazer", esse "número de circo" exigido pela "impaciência do povo", é vista como um mal que se aceita contrariadamente, quase como uma transigência com a "inquietação" de certo "nacionalismo impaciente": "teremos de ir para aí", admite a António Ferro, o homem que dentro em pouco nomeará para ir por ali, "mas é lamentável que a verdade precise de tanto barulho para se impor, de tantas campainhas, bombos e tambores, dos mesmos processos, exatamente, com que se divulga a mentira".[154]

---

153 Eugénio D'Ors, op. cit.
154 António Ferro, "Sexta entrevista". In: Id., *Entrevistas*, p. 135.

O chefe de Governo entenderá sempre a propaganda como um serviço de informação das atividades e realizações do regime que a má-fé, a mentira e a insídia subversiva dos seus inimigos obrigavam a criar. Era muito. Seria de futuro muitíssimo, mas, para Salazar, era só isso. Numa das entrevistas a Ferro, chega a dizer-lhe estar tranquilo quanto ao "estado de espírito da Nação" face ao regime. A questão era técnica: era preciso dominar a arte de quebrar "o gelo", a "indiferença" dos apoiantes da situação: "o que nos falta — os técnicos são necessários em tudo — são colaboradores que tenham esse dom, o dom da animação, da encenação".[155]

E dessa tarefa técnica e informativa de massas, de alguma forma desliga a grande prioridade da "educação". Como diz lapidarmente a Ferro:

> O nosso grande problema [...] é o da formação das elites, que eduquem e dirijam a Nação. A sua fraqueza ou deficiência é a mais grave crise nacional [...]. Considero até mais urgente a constituição de vastas elites do que ensinar toda a gente a ler. É que os grandes problemas nacionais têm de ser resolvidos, não pelo povo, mas pelas elites enquadrando as massas.[156]

Ou seja, para o ditador português, a ingente tarefa de regenerar espiritualmente os portugueses era concebida como um esforço preferencialmente dirigido às elites. A elas caberia, se bem preparadas, "conduzir os homens sem eles darem por isso", organizar o consenso passivo da maioria, "saber durar".

Para António Ferro, e isso fica claro desde o seu célebre artigo no *Diário de Notícias*, a propaganda era muito mais do que um serviço de informação pública do Governo. Era isso, sem dúvida, mais toda a "política do espírito" ou, se quisermos, era isso

---

[155] Ibid., p. 112.
[156] Id., "Sétima entrevista". In: Ibid., p. 193.

como parte do projeto totalizante da "política do espírito". Era o investimento do regime na formação das almas, a todos os níveis, designadamente na literatura, nas artes, na cultura e na educação, em geral. Como ele escreve então, os novos governantes não deviam olhar o espírito "como uma fantasia" ou uma "ideia vaga". O espírito era "uma arma indispensável ao nosso ressurgimento". A preciosa "matéria-prima da alma dos homens e da alma dos povos...".[157] Cabia ao regime saber moldá-la.

Mais "moderno", talvez mais informado pelas suas deambulações e contactos internacionais, mais sensível às novas prioridades de uma ação "revolucionária" de direita no campo da propaganda e da cultura nessa época de massificação da política, António Ferro percebia que se tratava de conceber a propaganda num sentido muito mais vasto, profundo, diversificado e totalizante. Decididamente voltado para o quotidiano das famílias, das escolas, das empresas, das aldeias, para o enquadramento dos lazeres, para a orientação ideológica da educação, da cultura e das artes, tudo centrado na formação do "carácter", do "gosto", do ideário dos portugueses. Tudo servido por uma estética vanguardista, originalmente casada com os conteúdos ideológicos conservadores do regime. Mas o objetivo eram os espíritos, as almas, a dois níveis: seguramente, reeducando ou preparando novas elites de enquadramento sindicais, corporativas, educacionais, artísticas, mas muito para além da simples reprodução do escol tradicional; e ainda, para além disso: formando ativamente as massas, tanto no sentido de as conformar, como de as "educar", moral e espiritualmente, nos novos valores da "cultura popular", nacional-ruralista e corporativa, ou seja, de acordo com os grandes esteios ideológicos do regime.

Acabaria por ser esta visão a triunfar na segunda metade dos anos 1930, sob a pressão do avanço internacional dos fascismos e, sobretudo, da radicalização fascinante internamente trazida pela

---

157 Id., "Política do espírito". In: Ibid., p. 137.

Guerra Civil de Espanha, vencendo as desconfianças e resistências de Salazar a uma tão inusitada massificação da política, mesmo da política do regime. Como adiante melhor se verá, o SPN pioneiro de António Ferro acabaria por se articular num gigantesco e multiforme aparelho de propaganda, num vasto e complexo político--burocrático de difusão e inculcação ideológica autoritária.[158]

Ironias da história, este imenso investimento de carácter totalitário, toda esta força inculcadora empregue pelo Estado para autoritária e univocamente fabricar esse particular "homem novo" estado-novista, para recriar a alma dos portugueses, não resistiria, no que tinha de mais essencial, ao impacto da derrota dos fascismos na Segunda Guerra Mundial, ainda que o Estado Novo tenha tido a arte de a ela sobreviver. Sobreviveu-lhe menos a dinâmica e o arreganho inicial das políticas do espírito, mesmo quando muitos dos seus invólucros subsistiram. O que sobrava era um regime em lento, difícil e frustrado processo de adaptação aos novos tempos, a abarrotar de burocracia, mas já sem "espírito". E nesse ocaso, desiludido e cético, partiu também António Ferro do SNI, em 1949.[159]

---

158 Cf. Acerca desta problemática, Jorge Ramos do Ó, *Os Anos de Ferro: O dispositivo cultural durante a "Política do Espírito": 1933-1949*. Lisboa: Estampa, 1999; e Daniel Melo, *Salazarismo e cultura popular: 1933-1958*. Lisboa: ICS, 2001. (Citado, daqui em diante, como *Salazarismo e cultura popular*.)
159 O SPN, sob os efeitos da derrota dos fascismos na Segunda Guerra Mundial, muda de nome logo em 1944 para Secretariado Nacional de Informação, Cultura Popular e Turismo, mais conhecido pela sigla SNI.

CAPÍTULO III
SABER DURAR

> *"Durar, eis o segredo"*, *disse-me um dia Mussolini. E tinha razão.*
>
> António Ferro[1]

A longevidade do salazarismo enquanto regime político, mesmo assim ligeiramente inferior à do Estado Novo propriamente dito, ou, se quisermos, à vigência da Constituição de 1933, coloca evidentemente aos historiadores, e não só a eles, o problema de procurar entender os fatores da sua durabilidade.

Como foi possível ao salazarismo sobreviver à sua primeira crise histórica, no pós-guerra, sujeito ao impacto da vitória aliada sobre o nazifascismo que parecia anunciar o fim irremediável das ditaduras inspiradas nesse modelo de regimes? Neste caso, não só sobreviver-lhe, mas recompor-se e reforçar-se até, no contexto da Guerra Fria, que se torna o quadro referencial do mundo bipolar saído do conflito, ao despontar a segunda metade do século XX.

Como logrou o regime resistir, mas agora definitivamente mal ferido e em perca, à prolongada crise, a sua segunda crise histórica, desencadeada pela explosão delgadista de 1958 e prolongada, como que suspensa no seu real desenlace, até à "Abrilada" de 1961 — o *annus terribilis* de 1961 — e às grandes mobilizações de massa antissalazaristas de 1962 (crise académica, manifestações políticas de maio, greve nos campos do sul pelas oito horas de trabalho)?

---

[1] António Ferro, *Entrevistas*, p. 174.

Uma crise que resultava da incapacidade de um Estado Novo, irremediavelmente envelhecido, responder positivamente aos grandes desafios europeus do pós-guerra: a democratização política, o desenvolvimento económico, a justiça social, a construção europeia e a descolonização. Sobretudo, como foi possível ao velho ditador tornar-se, provavelmente, o único chefe do Governo inderrubável do século XX português, fosse pela tropa, pela rua, pelo parlamento ou pela intriga palaciana? E um dos raros ditadores europeus só vencidos pela lei da morte, como Estaline ou Franco? Ao cabo de 35 anos consecutivos à cabeça do regime e do Governo, quem o derruba é um acidente vascular cerebral drasticamente incapacitante.

Ironicamente, Salazar já não teve de enfrentar como chefe do Governo os dramáticos impasses económicos, políticos e sociais, tanto a nível externo como interno, a que conduziram as pirrónicas vitórias das suas políticas nas crises anteriores. Sobretudo na segunda, de que sairia o trágico compromisso de envolver o país numa guerra colonial sem fim e sem saída. A terceira crise histórica do regime, a crise fatal, com o seu lastro de cansaço com a guerra, esgotamento orçamental, crise petrolífera, inflação, agitação social, contestação estudantil, radicalização político-militar das oposições, etc., cairia por inteiro sobre os ombros do seu tão incauto como ansioso sucessor, Marcelo Caetano. O marcelismo seria o outro nome da crise final do regime e do "império" que Salazar fundara e crismara, respetivamente.

É claro que, em diferente tipo de exercício histórico, poderíamos tentar encontrar explicações para estas perguntas considerando separadamente cada uma das crises. Mas aqui buscamos respostas para a durabilidade do regime como um todo, procuramos entender a longa duração do salazarismo como um fenómeno histórico em si. E, nesse sentido, tentamos dela sintetizar os principais fatores tendencialmente permanentes dessa durabilidade. Os fatores estruturais da durabilidade do regime.

Assim, creio que é possível considerar cinco fatores principais do "saber durar" salazarista, cinco realidades estruturantes dessa longa duração do Estado Novo.

Em primeiro lugar, a violência, melhor dizendo, a adequada gestão das duas modalidades de violência que sempre sustentaram o regime. Por um lado, a violência preventiva, intimidatória, desmobilizadora, exercida ao nível da grande massa da população por organismos de censura, de filtragem política, de vigilância e prevenção policial ou pelos aparelhos de enquadramento político-ideológico do quotidiano, da família, da escola, dos lazeres, do trabalho, etc. Por outro lado, a violência repressiva, punitiva, da polícia política e do vasto sistema de justiça política e de forças policiais que a serviam, agindo implacavelmente contra o protesto efetivo, a organização clandestina da resistência, a ousadia da revolta ativa.

Em segundo lugar, o controlo político das Forças Armadas conquistado a partir das reformas militares de 1937-8, como veremos, e que funcionará como o último e decisivo argumento quando, em tempo de crise, os demais falham ou se mostram insuficientes para defender o regime. No pós-guerra, no vendaval de 1958, no *putsch* de 1961, a capacidade de manter o essencial da tropa leal ou submissa ao regime, e disposta a segurá-lo, seria o elemento decisivo para a sua durabilidade. As Forças Armadas, enquadradas por comandos de gente fiel e cuidadosamente selecionada politicamente, seriam, na realidade, a espinha dorsal do Estado Novo, a sua força leal e disciplinada, o seu principal sustentáculo. Pelo menos enquanto durou o salazarismo, mesmo após a "Abrilada" de 1961.

Em terceiro lugar, a cumplicidade política e ideológica da Igreja católica, no quadro de um regime de separação concordatada que, efetivamente, como se procurará evidenciar, traduzia aquilo a que tenho chamado um neorregalismo funcional. Uma Igreja que, prescindindo de ter atividade política própria, colabora na legitimação ideológica do regime e na sua sustentação junto das grandes massas e das elites, quer diretamente, através do púlpito e da orientação das organizações católicas, quer através da sua decisiva intervenção dirigente nos aparelhos de prevenção e enquadramento ideológico do Estado, ligados à juventude e às mulheres. Nas colónias, ao abrigo do Acordo Missionário de 1940, a subordinação da Igreja católica à política e até à Administração colonial será, aliás, claramente assumida. Tal como o seu explícito apoio à guerra colonial após 1961. Como veremos, a oposição católica ao regime que desde os finais dos anos 1940 começa a despontar em alguns organismos da Ação Católica, e recebe da carta do bispo do Porto, em 1958, um alento definitivo, tem como uma das suas bandeiras principais a denúncia dessa colaboração entre a hierarquia e o regime.

Em quarto lugar, o corporativismo enquanto regime, ou seja, a organização corporativa, iniciada em setembro de 1933, considerada na sua dupla e decisiva eficácia histórica quanto à estabilidade e durabilidade do Estado Novo. Desde logo, ao assegurar a "disciplina", o enquadramento "ordeiro" do mundo do trabalho e reduzir drasticamente os seus custos através do espartilho dos Sindicatos Nacionais, da proibição da greve e da liberdade de associação e expressão sindicais, e da tutela policial. Essa foi a primeira condição para unir as "forças vivas" em torno do regime. Depois, pela sua capacidade de regular e equilibrar os interesses económicos dos diversos sectores da oligarquia em torno do interesse comum das classes dominantes que o Estado Novo interpretava. Ação reguladora económica sempre sobredeterminada politicamente pela prioridade do equilíbrio e da durabilidade do regime, sobre qualquer racionalidade especificamente económica.

Em quinto lugar, o investimento totalitário no "homem novo" salazarista. O velho desígnio estratégico do ditador visando mudar a mentalidade e o carácter dos portugueses, corrigir-lhes os "defeitos", moldá-los, bem como às suas almas, de acordo com os valores ideológicos da "nova ordem", como acima se referiu. Um projeto "totalitário" que, nos anos 1930, os principais ideólogos do regime assumiam descomplexadamente, como demonstrou Luís Reis Torgal.[2] Mas que passou aos atos, através da criação de um vasto complexo burocrático de organismos de enunciação ideológica geral e de aparelhos complementares da inculcação autoritária e unívoca desses valores a todos os níveis das sociabilidades quotidianas, desde a família ao local de trabalho, passando pela escola e pelos lazeres. Ou seja, os instrumentos centrais e decisivamente eficazes da violência preventiva, do medo, do acatamento, em suma, da "ordem".

Mas vejamos, com mais detalhe, cada um destes aspectos.

A VIOLÊNCIA

A questão do uso da violência pelo regime salazarista, objeto nos últimos anos de vários trabalhos académicos,[3] assume indiscutível importância nos estudos históricos sobre o Estado Novo. Tanto maior quanto determinadas abordagens historiográficas pretenderam extrair, de uma espécie de estatística quantitativa das vítimas da repressão política, argumentos justificativos de uma visão banalizadora ou "normalizadora" do Estado Novo, afinal, segundo

2   Luís Reis Torgal, *Estados novos, Estado Novo*. Coimbra: Imprensa da Universidade de Coimbra, 2009, p. 249 ss. (Citado, daqui em diante, como *Estados novos, Estado Novo*.)
3   Cf. Obras sobre a polícia política, as cadeias políticas e os tribunais políticos especiais por ordem cronológica da sua edição: Maria da Conceição Ribeiro, *A polícia política no Estado Novo (1926-1945)*. Lisboa: Estampa, 1995; Dalila Cabrita Mateus, *A Pide/DGS na guerra colonial (1961-1974)*. Lisboa: Terramar, 2004; João Madeira (coord.), *Vítimas de Salazar: Estado Novo e violência política*. Lisboa: Esfera dos Livros, 2007; Irene Flunser Pimentel, *A história da Pide*. Fernando Rosas (coord.), *Tribunais políticos: Tribunais militares especiais e tribunais plenários durante a ditadura militar e o Estado novo*. Lisboa: Temas e Debates/Círculo de Leitores, 2009; Alfredo Caldeira e Álvaro Dantas Tavares (coord.), *Memória do campo de concentração do Tarrafal*. Lisboa: Fundação Mário Soares/Fundação Amílcar Cabral, 2009; Fernando Rosas e Irene Flunser Pimentel (coord.), *Aljube: A voz das vítimas*. Lisboa: Fundação Mário Soares/Instituto de História Contemporânea, 2011.

esses pontos de vista, um regime de baixo teor de violência, claramente distinto do seu culto e da sua prática nos "verdadeiros" regimes fascistas. Para avaliarmos o papel da violência na defesa e sustentação do salazarismo, é indispensável, todavia, ir um pouco além da falácia quantitativa descontextualizada.

Creio que convirá começar por lembrar que a violência está inscrita no código genético de todos os regimes de tipo fascista. Assentes doutrinariamente na negação da herança da Revolução Francesa, na recusa das conceções da soberania popular enquanto fonte de legitimação e, portanto, do "demoliberalismo" em geral, os teóricos da "revolução contrarrevolucionária" preocupavam-se pouco com o sentimento ou a vontade das maiorias. Autorrepresentando-se como elites, ou como "chefes" depositários de uma missão salvífica transcendental, considerando-se intérpretes da "nação autêntica" e eterna, e pretendendo reencontrá-la e resgatá-la das desordens do presente, as direitas tornadas revolucionárias propunham-se "curar" a pátria enferma para a "reerguer", para reatar o fio do verdadeiro destino nacional, interrompido pelo parêntese a-histórico e antinacional do liberalismo ou pervertido pela "lepra" socialista ou comunizante.

Essa "cura" da nação contaminada ideológica e moralmente pela "antinação", essa imposição da "verdade" contra a maioria da pátria doente e decaída, havia de se fazer, necessariamente, pela violência esclarecida das minorias, pela força, como uma cruzada, como um golpe de bisturi extirpa o tumor, como um missionário que contraria, castiga ou corrige o bárbaro da barbárie. Tratava-se, afinal, de regenerar a alma da nação contra ela própria.

E bem se compreendia que tão ingente tarefa não pudesse dispensar a violência como elemento centralmente constitutivo da própria ação de resgate. Tratava-se de desencadear processos tendentes a suprimir as liberdades fundamentais de associação e de expressão, de proibir os partidos e fechar os parlamentos, de decretar o fim da luta de classes em favor do enlace corporativo, de acabar com o direito à greve e à liberdade sindical, de silenciar sem contemplações os restos recalcitrantes da "traição" e da "subversão".

Só a força podia operar a "limpeza" sobre que se ergueriam os "novos" Estados. Mas não era exatamente a violência em si mesma, ínsita na natureza dos novos regimes e nas suas tarefas, que os individualizava relativamente aos velhos liberalismos, onde também ela estava presente como essência de suporte do seu carácter oligárquico. O que distinguia a violência fascista, ou protofascista, era o ser potencial e teoricamente irrestrita, exercida em nome de uma suprema razão nacional, racial ou providencial face à qual não havia razões legítimas. Uma razão suprema que, na sua tarefa purificadora e reconstrutora, a tudo se impunha, tendencialmente, sem limites ou que, na realidade, só reconhecia as regras com que a si própria, e pelas suas próprias razões e circunstâncias, se autolimitasse.

Quando Salazar falava de um Estado Novo "limitado pela moral e pelo direito", não estava a aceitar um sistema de heterolimitação do poder, estava a falar da "moral" que o regime perfilhava como forma de estar, e livremente interpretava, e do direito que tinha o poder praticamente discricionário de produzir para si próprio. Efetivamente, o que limitava o salazarismo não era este tipo de retórica declarativa. Eram os equilíbrios internos dentro do regime e as relações de força na sociedade. Mas dentro deste quadro, o poder do Estado era praticamente todo aquele que entendesse, em cada momento, dever ter. Em nada de essencial se distinguia do "absolutismo estatista" que apontava ao fascismo italiano, provavelmente com fatores de limitação bem mais pesados por parte dos poderes tradicionais da Coroa, das Forças Armadas e das oligarquias — apesar da sua indiscutível adesão ao fascismo.

Numa época de crise política, económica e social do capitalismo, sucessivamente abalado pelos impactos da Grande Guerra e da Grande Depressão de 1929, para boa parte das classes dominantes da Europa mais atrasada ou mais debilitada pelos efeitos acumulados desses choques e pelas ameaças reais ou imaginárias da revolução social ou da massificação da política, esse era o caminho para a reposição das taxas de lucro e da "ordem" perdida. O parlamentarismo e o liberalismo oligárquico, que institucionalizavam a velha dominação política e social, mostravam-se inadequados, e até prejudiciais, perante a profundidade da crise e das ameaças, sobretudo nos países da semiperiferia ou para ela empurrados pelas circunstâncias históricas da guerra e do pós-guerra. Nesse caldo económico-social e cultural floresceram várias reações e ditaduras de novo tipo, juntando, em diferentes tipos de equilíbrio, as velhas teorias elitistas da contrarrevolução com o jovem nacionalismo radical e plebeu dos movimentos fascistas do pós-guerra. Desse pacto, dessa combinatória diversamente experimentada, nasceram os fascismos enquanto regimes.

Mesmo quando os partidos fascistas chegam ao poder nos termos da legalidade do Estado liberal, pelas portas que lhes abre a rendição ou a cumplicidade dos partidos tradicionais da oligarquia, a violência mais ou menos discricionária é um elemento fundamental para a imposição da "nova ordem" no plano político e da dominação social. Destruir, reformar ou neutralizar o velho Estado burguês, em nenhum caso dispensará a ação regeneradora da violência, considerada em diferentes graus, pelos diferentes regimes deste tipo, como necessidade indispensável, até como virtude de culto, em qualquer caso não sujeita a quaisquer limites que não fossem os ditados pelas próprias prioridades e conveniências do novo poder. Mesmo quando, no caso português, o regime entendia dar uma pseudolegitimidade jurídica formal ao arbítrio.

Não é crível, portanto, que possamos inventar um "violenciómetro", uma espécie de medida para os graus de violência que funcione como critério de distinção dos regimes que são fascistas dos que não são. A violência, essa violência potencialmente irrestrita, é a essência comum ao conjunto dos regimes de tipo fascista enquanto forma de negação e superação do Estado liberal e de radicalização da dominação política e social por parte das diferentes coligações de sectores dominantes que eles exprimem. O grau e a extensão do uso dessa violência variaram de acordo com as distintas características que esses regimes assumiram em cada formação social concreta, e de acordo com as circunstâncias históricas e o caldo de cultura específico que condicionaram a sua evolução. De qualquer forma, essencialmente ligada à "regeneração nacional" e, por isso mesmo, tendencialmente sem mecanismos reais de heterolimitação, a não ser na retórica dos seus autores, tal violência não é o que diferencia, mas sim o que, fundamentalmente, identifica os regimes de tipo fascista. Mussolini falava por todos: "A violência para nós está muito longe de ser um desporto ou um divertimento. Ela é, como a guerra, uma dura necessidade de certas horas históricas".[4]

No caso do Estado Novo, Salazar tem desde muito cedo ideias assentes sobre o papel da violência no regime nascente. Confidencia-as a António Ferro, como acima se referiu, nas entrevistas que lhe concede em 1932, e proclama-as, nesse mesmo ano, num dos seus discursos emblemáticos já antes referidos, proferido a 28 de maio, nas vésperas de ascender à presidência do Ministério.[5]

O ditador concordava com Mussolini em que a violência pudesse "ter vantagens, efetivamente, em certas horas históricas", compreendia até aqueles apoiantes da Ditadura que reclamavam "fazer-se mais largo apelo e maior uso da violência" face à "grandeza dos males, das resistências e dos perigos", e considerava, à luz da sua "reflexão e experiência", "que a força é absolutamente indispensável na reconstrução de Portugal".

---

4 António Ferro, *Entrevistas*, p. 51.
5 António de Oliveira Salazar, "O Exército e a revolução nacional". In: Id., *Discursos*, v. I, p. 142 ss.

Mas havia que atender às características da "nossa raça" e dos "nossos hábitos", ao "doentio sentimentalismo do povo português", tão "deseducado ou tão defeituosamente educado" que não comportava sequer o rigor da justiça. "E sendo assim como se pede para ele a violência?". O "processo revolucionário da violência" estaria, pois, "contraindicado entre nós" e havia que obter "os mesmos fins por outros meios mais harmónicos com o nosso temperamento e as condições da vida portuguesa". De contrário, tudo podia ser deitado a perder. A força "indispensável" teria então de "ser usada com a serenidade e a prudência capazes de assegurar a continuação da obra e de desviar as complicações que a prejudiquem ou a tornem impossível". A nova organização do Estado e a "reforma da sociedade portuguesa" não se poderiam levar a cabo "sob rajadas de temporal desencadeado por nossas próprias mãos".[6]

É claro que esta aparente conformação com os "brandos costumes" convivia sem excesso de estados de alma, um pouco mais adiante na mesma entrevista que acima citamos, com a conhecida apologia dos "safanões a tempo" por parte das polícias contra os "temíveis bombistas que se recusavam a confessar",[7] metáfora corrente para legitimar abusos e violências arbitrárias contra qualquer forma de resistência ao regime.

Na realidade, aquilo de que Salazar falava não era em nada parecido com a renúncia à violência ou à força (que o ditador considerava "indispensável" à tarefa reconstrutora), mas de uma sua gestão politicamente racional, de acordo com as circunstâncias do meio social sobre que atuava e que visava subjugar e controlar. Uma oligarquia dominada pela preponderância dos sectores rentistas, ruralistas e parasitários, ideologicamente mais tradicionalistas e conservadores, e uma sociedade onde o peso da ruralidade cercava

---

6   Ibid., pp. 142-5.
7   António Ferro, *Entrevistas*, p. 54.

e, em parte, neutralizava, as ameaças reviralhistas ou grevistas de Lisboa (e da sua Margem Sul) e do Porto, pareciam não privilegiar a radicalidade da mobilização da massa ou da violência miliciana de outras experiências fascistas coevas. As classes dominantes e as suas elites, agrupadas sob o chapéu do Estado Novo e da chefia do salazarismo, nutriam uma genuína e essencial desconfiança da rua, dos grupos milicianos, das "revoluções", de tudo o que se furtava à tutela tradicional do Estado, das Forças Armadas ou da Igreja católica, mesmo que fosse para agir em nome da "ordem". Não dispensavam, sem dúvida, essa nova radicalidade e o seu culto da violência discricionária. Mas subordinavam-nos a outras formas de violência, de sujeição e de enquadramento menos obviamente disruptivas e mais adequadas aos métodos de dominação tradicionais na sociedade portuguesa. A violência política e social também se preferia a funcionar "habitualmente".

Era uma espécie de gestão a dois tempos entre a *violência preventiva*, "invisível" e quotidiana e a *violência punitiva* e mais seletiva da repressão direta. Da sua articulação resultaram, a prazo, maior eficácia dissuasora (ou pontualmente mobilizadora), uma conveniente "economia do terror", para usar a expressão de Hermínio Martins,[8] um "coeficiente ótimo de terror", sem excesso de vítimas ou de custos, e, sobretudo, a criação de condições garantidoras da durabilidade do regime. É esta dupla face da violência que marca a essência política e ideológica do Estado Novo e, sobre ela, talvez valha a pena acrescentar qualquer coisa.

A VIOLÊNCIA PREVENTIVA

No Estado Novo português, a violência tomou, portanto, dois caminhos no seu afã de enquadrar a massa, moldar os espíritos e reprimir os prevaricadores e resistentes à "ordem nova".

---

8   Hermínio Martins, "Portugal". In: Id., *Classe, status e poder*. Lisboa: ICS, 1998.

Em primeiro lugar, a *violência preventiva*, a forma mais constante, mais omnipresente, mas mais "silenciosa" ou "invisível" da violência. A que era apontada à dissuasão, à intimidação, privilegiando a contenção e a vigilância permanente dos comportamentos. Nela desempenhava um papel de fundo, no Portugal ainda essencialmente rural dos anos 1930 aos anos 1950, a ação da Igreja católica na legitimação ideológica do regime e no controlo dos espíritos.

A violência preventiva era sustentada por três tipos de órgãos do aparelho de Estado. Desde logo, os especializados na vigilância e na ação preventiva — a censura prévia aos órgãos de informação e espetáculos, as escutas telefónicas e interceções da correspondência por parte da polícia política, a delação e os informadores, o controlo seletivo que a polícia política fora incumbida de exercer sobre os candidatos à função pública, desde 1935-6, à organização corporativa e ao emprego também em muitas empresas privadas. A mensagem subliminar era clara: "porta-te bem, alguém está a vigiar o teu comportamento".

O outro pilar da violência preventiva era o "sistema de ordem pública" sucessivamente reorganizado, concentrado, rearmado e modernizado pelo regime salazarista desde 1933.[9] Assentava, no essencial, na Polícia de Segurança Pública (PSP) e na Guarda Nacional Republicana (GNR), às ordens do Ministério do Interior. Terminada a Guerra Civil de Espanha, após abril de 1939, o regime define o que virá a ser duradouramente o padrão da distribuição de tarefas da "ordem pública": "tarefas preventivas e de repressão inicial" da competência da PSP nos centros urbanos, e missões de "choque" para a GNR que, no entanto, volta a ocupar-se do policiamento rural.[10]

A missão preventiva da PSP e da GNR (e também a sua vertente repressiva, como veremos) oscilava entre duas pressões. De um

---

9 Diego Palacios Cerezales, *Portugal à coronhada: Protesto popular e ordem pública nos séculos XIX e XX*. Lisboa: Tinta-da-china, 2011, p. 261 ss.
10 Ibid., p. 277.

lado, uma reiterada teoria de "modernização", profissionalização e racionalização do recurso à violência através de técnicas específicas de "manutenção da ordem", tendentes a evitar os incidentes sangrentos (máxime as vítimas mortais), a não dar argumentos à "subversão", a salvaguardar o "bom nome" das forças da ordem. Do outro, o imperativo de ser implacável face aos "desafios à autoridade" e à desobediência às suas ordens. É certo que "não eram a violência na rua nem os espancamentos nas esquadras o que tornava singular a ditadura portuguesa",[11] no sentido em que as suas polícias eram herdeiras de uma enraizada "subcultura violenta das organizações policiais" dos regimes precedentes, e similar às de muitos Estados liberais da época. Mas essa brutalidade genética, no caso do Estado Novo, era drasticamente agravada pela negação dos direitos, liberdades e garantias, pela ausência de qualquer forma (judicial ou outra) de heterofiscalização dos comportamentos policiais, pela impunidade legalmente assegurada, na prática, aos abusos dos guardas da PSP, refugiados por detrás da "garantia administrativa",[12] ou da GNR, resguardados pelo foro militar.

Significava isto que, mesmo na sua missão preventiva, no dia-a-dia, qualquer altercação com um agente da PSP, qualquer discussão de uma ordem ou de uma multa, podia traduzir-se numa ida coerciva à esquadra da área, onde quem lá caía estava correntemente sujeito (variando com a sua condição social) aos insultos, aos bofetões ou, caso houvesse alegação de "resistência à autoridade" ou "desacato", a um arraial de pancadaria. No mundo rural, nas aldeias, não cumprimentar um guarda da GNR, um copo a mais na taberna, uma acusação de caça furtiva e, nos campos do sul, a suspeita de ação clandestina em torno de reivindicações ou de greves, podiam dar lugar a uma chamada ao posto da GNR e a uma

---

[11] Ibid., p. 294.
[12] A "garantia administrativa" impedia a instauração de um processo penal contra qualquer agente da PSP sem prévia autorização do ministro do Interior.

sessão de murros, cacetadas e pontapés. A este propósito seja-me permitido que invoque a minha mais antiga recordação de criança. Teria cinco ou seis anos, no início dos anos 1950, ia pela mão do meu avô num dos meses de verão, em Santo António, na Costa da Caparica, quando deparamos num terreiro frente à porta de uma taberna, com um guarda da GNR, fardado, espancando brutalmente a soco e a pontapé um desgraçado que nem tentava defender-se, já todo ensanguentado. Em redor, mudos de medo, sem ousar o menor gesto ou palavra, meia dúzia de homens assistiam. Na consciência de cada um, na consciência do cidadão comum, e sobretudo na da grande parte dos pobres e socialmente desprotegidos, estava indelevelmente gravada a mais indiscutível e mais eficaz das normas de prevenção policial do regime: "com a autoridade não se brinca".

Mas, além dos órgãos de vigilância e do "sistema de ordem pública", atuavam os aparelhos oficiais de inculcação ideológica, isto é, os poderosos organismos que tinham como missão, na família, na escola, nos locais de trabalho (no mundo urbano ou rural), nos lazeres, vigiar o quotidiano e inculcar unívoca e autoritariamente os valores do "homem novo" salazarista e da mulher a renascer como fada do lar e repouso do guerreiro, vinculada à missão de o servir e à família como esteio da "nova ordem".[13] Estamos a falar principalmente de dois tipos de aparelhos. Por um lado, o do Ministério da Educação Nacional (MEN): as organizações da juventude, a Mocidade Portuguesa (MP) (e a MP Feminina surgida em 1936-7), a Organização das Mães para a Educação Nacional (Omen), e toda a tentacular ação de vigilância e saneamento ideológico operados através dos inspetores do MEN, dos professores devidamente selecionados, dos currículos, dos livros únicos, das atividades escolares e "circum-escolares", das famílias dos alunos, etc.

---

13   Cf. Helena Neves e Maria Calado, *O Estado Novo e as mulheres: O género como investimento ideológico e de mobilização*. Lisboa: C.M. Lisboa, 2001; Irene Flunser Pimentel, *História das organizações femininas do Estado Novo*. Lisboa: Círculo de Leitores, 2007. (Citado, daqui em diante, como *História das organizações femininas do Estado Novo*.)

Por outro lado, o vasto aparelho da organização corporativa: a tutela política e ideológica ao nível das relações laborais e das empresas a cargo do Instituto Nacional do Trabalho e Previdência (INTP), criado em 1933, ou o controlo dos tempos livres e dos lazeres através da Federação Nacional para a Alegria no Trabalho (FNAT), fundada em 1935, para as empresas e organismos oficiais nas cidades, e da Junta Central das Casas do Povo, que aparece em 1949, para o controlo das almas nas casas do povo e no mundo rural.

Toda esta imensa panóplia burocrática (do Estado e da organização corporativa), com a sua ação intimidatória no dia-a-dia, com o clima de intimidação e de abstenção cívica que alimentava, visava instalar, através de uma surda socialização do medo, um clima geral de acatamento e submissão: a política devia deixar--se para quem podia mandar, e a política dos que obedeciam era o trabalho. Como se traçassem uma linha divisória invisível, um primeiro círculo de segurança que toda a gente que não quisesse correr sérios riscos ou arranjar problemas graves interiorizava não poder pisar. Era, afinal, a fronteira do "viver habitualmente" que o salazarismo instalara como quotidiano das pessoas comuns. E que vigiava minuciosamente, preventivamente, para que se cumprisse sem sobressalto. A violência preventiva era um esteio essencial da segurança e da durabilidade do regime. Na desmobilização, no medo, na interiorização da obediência, numa sociedade onde o peso social e cultural da ruralidade se prolongou bem para além do seu peso económico, ou seja, na eficácia real dessa violência preventiva assentou em larga medida o "saber durar" salazarista.

Por isso, parece muito difícil, a propósito desta cintura de prevenção, em que o convite implícito ou até explícito à desmobilização superava claramente o apelo a qualquer forma de adesão ativa, falar de "consenso" ou mesmo de "consenso organizado". Consenso pressupõe algum grau de liberdade de escolha, autodeterminação, adesão voluntária, formação de uma opinião maioritária após confronto plural de ideias. Ora, no Portugal preventivo do salazarismo, mesmo após a Segunda Guerra Mundial, essa não era, de todo, a realidade. Não se tratava só de não existir liberdade de expressão nem de manifestação, de serem proibidos os partidos políticos, de serem fortemente limitadas todas as atividades religiosas fora da Igreja católica, de só poderem existir as associações autorizadas pelo ministro do Interior, de qualquer reunião pública, conferência ou palestra ter de ser previamente autorizada pelos Governos Civis, de serem proibidos a greve e os sindicatos livres, de sobre tudo isto pairar omnipotente o arbítrio das polícias, em geral, e da polícia política, em particular.

A prevenção ia mais fundo: não se podia organizar um torneio de xadrez numa escola, ou uma excursão num local de trabalho, fora do monopólio da iniciativa ou da autorização da MP ou da FNAT. O ensino primário fora largamente entregue a regentes escolares cujos critérios de admissão eram os da sua fidelidade ao regime. Os professores foram obrigados a dar aulas glosando cartazes de propaganda do Estado Novo e a apresentar, depois, relatórios sobre o que tinham dito. Ninguém entrava para um lugar na função pública sem prévio parecer positivo da polícia política e podia perdê-lo se desmerecesse da confiança política do regime afiançada pela mesma polícia. Num concurso para prover qualquer posto de docência numa universidade, o parecer da PVDE ou da Pide podia sobrepor-se à opinião do júri. No primeiro dia de aulas do primeiro ano de liceu, o professor de Religião e Moral podia, e frequentemente o fazia, mandar levantar e identificar os "meninos que não eram batizados". Um "bufo" da polícia, infiltrado numa empresa a pedido do patrão, decidia do emprego dos que apontava como "subversivos". O funcionário de uma repartição pública que não se apressasse a assinar o "telegrama de desagravo" ao senhor presidente do Conselho ou não comparecesse na "manifestação espontânea" arriscava-se a sérios problemas.

Até aos finais dos anos 1960, quando tudo isto se começa a desmoronar, o que largamente predominava não era o consenso, a aceitação livre, ou sequer o sucesso de uma doutrinação massiva. Era a sujeição, a obediência, a passividade, obtidas pela combinação eficaz do enquadramento preventivo com a resposta punitiva.

Não se pretende dizer que o regime não tivesse tido apoios fiéis e entusiásticos, em certos sectores sociais, ou em certas conjunturas históricas, sobretudo até à Segunda Guerra Mundial. Mas não era, nunca foi, a mobilização dessa gente que principalmente o susteve. Foi, quase sempre, a bem-sucedida desmobilização dos demais. Quando a inexorável determinação das circunstâncias anulou a eficácia desse círculo de segurança, quando, se se quiser, a vontade maioritária pôde reencontrar o seu caminho sobre os escombros dos velhos instrumentos de prevenção, o resto não demoraria a cair, pois a repressão, só por si, já não chegava.

A VIOLÊNCIA PUNITIVA

Só depois do círculo da prevenção agia a *violência punitiva*, a violência da repressão direta contra o número sempre relativamente escasso (salvo nos períodos, também circunscritos, de grandes mobilizações de massa) dos que ousavam desafiar a "ordem estabelecida". Ou seja, dos que pisavam o tal risco delimitador do primeiro círculo de segurança, militando ou apoiando organizações clandestinas de luta contra o regime, conspirando ou participando em atividades revolucionárias, ou simplesmente aderindo a uma greve, firmando um abaixo-assinado de protesto, comparecendo numa manifestação, solidarizando-se com presos políticos, ou frequentando iniciativas culturais ou recreativas proibidas, tudo atividades automaticamente passíveis de repressão policial com efeitos mais ou menos graves na liberdade, na integridade física e na vida profissional dos prevaricadores.

É neste domínio da repressão punitiva que atua o sistema de justiça política do regime cujo centro nevrálgico era a polícia política, servida sempre fielmente pela PSP, pela GNR, pela milícia da Legião Portuguesa (LP), pelos tribunais especiais às suas ordens, pela rede de prisões políticas e campos de concentração, e por uma legislação penal e processual penal que legalizava praticamente toda a espécie de violência e arbítrios contra os suspeitos da prática de "crimes contra a segurança do Estado", desde o recurso sistemático à tortura e à prisão sem culpa formada por tempo indeterminado, até ao cumprimento indefinido de penas de prisão, mesmo sem sentença condenatória ou muito para além dela.

A violência repressiva da polícia política mostrou ser capaz de tudo o que fosse necessário para atingir os fins do regime — incluindo o recurso ao assassinato pela tortura nas cadeias ou por liquidação física dos resistentes em emboscadas ou operações policiais de rua —, mas, normalmente, só recorrendo aos métodos extremos de assassinato em casos restritos, pelo menos no combate às oposições em Portugal. Nas colónias, antes e sobretudo durante a guerra colonial, já assim não foi.

A tortura do sono, a "estátua", os espancamentos com vários tipos de instrumentos de agressão, o isolamento prolongado, a chantagem e a humilhação dos presos, a prisão arbitrária sem culpa formada nem condenação judicial, foram os métodos constantemente usados pela polícia política a que o regime procurará dar uma fachada de legalidade, sobretudo após a Segunda Guerra Mundial. Isto emprestava a este "fascismo de toga" uma permanente duplicidade entre um formalismo jurídico, por vezes quase surrealista, e o recurso pelo Estado, a sua polícia política e os seus tribunais, a toda espécie de arbitrariedades.

Não sendo fácil estabelecer, com precisão, o número total de presos pela PVDE/Pide/DGS por razões políticas, os diferentes estudos efetuados permitem estabelecer com razoável probabilidade que, entre 1933, quando se cria a PVDE e se institucionaliza o Estado Novo, e o 25 de abril de 1974, a polícia política efetuou não menos de 30 mil prisões por motivos políticos.[14] Os períodos de maior incidência repressiva foram o da Guerra Civil de Espanha (8.293 presos políticos, entre 1936 e 1939) e, previsivelmente, os das duas grandes crises do salazarismo: 4.267 prisões, entre 1945 e 1949, e 4.894 prisões, entre 1958 e 1962. Apesar da falta de fontes fidedignas, pode estimar-se que, no período da Ditadura Militar, entre 1926 e 1932,[15] tenham ocorrido não menos de 2 mil prisões políticas.[16] O que perfaz, entre 1926 e 1974, um total que rondará entre os 30 e os 35 mil presos políticos.

A maioria dos presos políticos não ia a julgamento (73 por cento entre 1933 e 1945), não obstante, até 1945, um número significativo passava longos anos na prisão sem ir a tribunal, por decisão extrajudicial da polícia política. Basta lembrar que em 1944, dos 226 presos políticos do campo de concentração do Tarrafal, 172 estavam presos sem julgamento, nem pena, ou permaneciam presos após já a terem cumprido. Através do sistema das "medidas de segurança", no pós-guerra, os presos políticos que a Pide considerava perigosos podiam ver a sua pena sucessivamente agravada

---

14   Cf. Comissão do Livro Negro Sobre o Regime Fascista (CLNSRF), *Presos políticos no regime fascista*, v. 1-6; Irene Flunser Pimentel, *A história da Pide*, p. 417 ss.; e Fernando Rosas, *O Estado Novo nos anos trinta*, p. 189 ss.

15   Os números de 1945-9 e de 1958-62 respeitam à totalidade das prisões efetuadas pela polícia política que também perseguia a emigração clandestina e a falsificação de moeda. (Cf. Irene Flunser Pimentel, Ibid, p. 417 ss.)

16   Até 1933, quando são criados os Tribunais Militares Especiais (TME) e a PVDE (e inaugurado o respetivo registo de presos), há seguramente mais de 2 mil presos políticos (nos movimentos revirahistas de 1927, 1928 e 1931, e nas tentativas goradas de 1929-30, na agitação e nas greves operárias de 1931-2, nas greves e manifestações estudantis de Lisboa e Porto entre 1927 e 1931, na agitação política de 1931, etc.) cujo registo processual e prisional é disperso, inexistente ou se perdeu. Os TME improvisados não funcionavam, os presos políticos eram detidos em esquadras da PSP e postos da GNR, a estruturação das polícias políticas era incerta e mutante, e a sua documentação é pouco ou nada conhecida. Finalmente, como se verá, as detenções políticas nem sequer eram, ainda, um exclusivo das polícias secretas embrionárias. O mesmo se diga quanto aos registos, até 1933, daqueles que eram objecto de medidas extrajudiciais de banimento ou fixação de residência. Com a "normalização" do sistema de justiça política, a partir de 1933, os registos de presos políticos tornam-se fiáveis, mas os processos abertos pela PVDE no TME continuam a deixar de fora muitas vítimas de encarceramento por decisão extrajudicial.

por períodos de três anos e por tempo indeterminado (regime só alterado no fim do período marcelista).

Também não é fácil determinar com exatidão o número de presos mortos às mãos da polícia política, sobretudo no período da Ditadura Militar e nos primeiros anos do Estado Novo. Referimo--nos não a pessoas abatidas em manifestações pelas forças de segurança (a que já se aludiu), mas a presos assassinados durante os interrogatórios na sede da polícia, nas cadeias, nas esquadras da PSP e nos postos da GNR ou nos hospitais, onde foram morrer, bem como àqueles que sucumbiram por falta de assistência médica nas prisões, como é tipicamente o caso dos mortos no Tarrafal. E incluem-se, neste número, os que são abatidos a tiro no decurso de operações ou emboscadas das brigadas da polícia política (António Ferreira Soares em 1942, Alfredo Dinis em 1945, José Dias Coelho em 1961, Humberto Delgado e Arajaryr Campos em 1965, José António Ribeiro Santos em 1972).

Essa contabilidade é particularmente difícil, como se disse, para o período entre 1926 e 1945, pois só sensivelmente a partir de 1934 a polícia política começa a ter o "monopólio" das prisões políticas (e respetivos registos de entrada), porque muitos interrogatórios são feitos em quartéis ou em esquadras e, sobretudo, porque as mortes não davam lugar a qualquer tipo de inquérito ou investigação. É certo que, no período seguinte, as mortes são sempre objeto de inquéritos arquivados (são presos que se "suicidam", tiros ocasionais, etc.), mas há um rasto documental que permite investigações como a que Irene F. Pimentel levou a cabo.[17]

As pesquisas desta autora e da Comissão do Livro Negro Sobre o Regime Fascista sobre o período da PVDE (1933 a março de 1945)[18] permitiram encontrar 39 presos políticos que morrem ou se "suicidam"

---

17 Sobre os "Mortos pela Pide/DGS em Portugal", ver Irene Flunser Pimentel, *A história da Pide*, p. 387 ss.
18 Comissão do Livro Negro sobre o Regime Fascista (CLNSRF), *Presos políticos no regime fascista*, v. 1-2.

no decurso dos interrogatórios da PVDE, nos hospitais onde vão parar ou na enfermaria do Aljube. Alguns morrem de doença no Forte de Angra do Heroísmo. E, a estes 39, há que somar os 31 deportados que perecem, até 1945, no campo de concentração do Tarrafal, num total (bastante aquém da realidade) de setenta vítimas mortais da polícia política.

Depois de 1945, esse número decresce, mas ainda se contabilizam, até 1974, quinze mortos nas cadeias da Pide/DGS ou assassinados no decurso de operações desta polícia, como atrás se referiu. Destes quinze, cinco são abatidos a tiro em ação da polícia, dois "caem" do terceiro andar da sede da Pide para a rua durante os interrogatórios, um morre durante uma greve de fome, três "suicidam-se" (dois deles no espaço de menos de um mês, em 1957, na delegação da Pide, no Porto) e os restantes morrem durante a fase dos interrogatórios na cadeia ou nos hospitais para onde são transportados. Em todos estes casos, há fortes presunções (e testemunhos) das vítimas terem sucumbido a violentos e prolongados maus-tratos na polícia.

É claro que a violência punitiva contra os movimentos de libertação das ex-colónias e as populações africanas, antes e durante a guerra colonial, deve merecer consideração específica, tema que só agora começa a ser abordado na bibliografia académica.[19] Aqui, a polícia política e as suas forças paramilitares especiais, em colaboração estreita com as Forças Armadas, recorreram a formas extremas de violência massiva contra as populações e as guerrilhas (prisões em massa, designadamente em campos de concentração, massacres, torturas, execuções sumárias, etc.). Dessa relação da violência colonial com o "outro" africano, especialmente quando ele ousa pegar em armas, a partir de 1961, não se tratará aqui. Mas é essencial ter presente que a Pide dos crimes de massa em África, a polícia como instrumento central da violência e das guerras coloniais, é a mesma que atua na sociedade portuguesa, ainda que

19 Dalila Cabrita Mateus, op. cit.

com outros métodos impostos pelas maiores capacidades de defesa e de denúncia das oposições portuguesas, e pela improbabilidade dos benefícios para o regime da aplicação de tais processos em Portugal, fora de contextos extremos de conflitualidade. Mas essa possibilidade de violência extrema existia, existiam a técnica, os quadros e o precedente, bastava a oportunidade, se ou quando ela surgisse. Afinal, essa era a natureza profunda do Estado e da polícia política, convocáveis em caso de necessidade e quando as relações de força o consentissem ou impusessem.

A PSP e a GNR desempenhavam, também, um papel central no domínio especificamente repressivo da defesa do regime. Em tudo o que respeitou à "ordem pública", em geral, e à "segurança do Estado", em particular, para além da vertente preventiva de que já se falou, elas foram o braço armado do regime e da polícia política na resposta punitiva contra a ação pública das forças sociais e políticas que se lhes opunham. Protestos sociais, manifestações populares espontâneas, mobilizações políticas, greves — sempre que a resistência saía à rua, desafiava as proibições ou vinha à luz do dia, era a PSP e a GNR (mais secundariamente, a Legião Portuguesa até à Segunda Guerra Mundial) que encontrava pela frente.

É certo, como estuda Diego Palácios e já acima se referiu, que este tipo de intervenções contra manifestações pacíficas, desde a criação estado-novista do sistema de ordem pública, em 1933, é alvo de sucessivas intervenções e diretivas, não só para dotar as "forças da ordem" dos meios técnicos modernos e eficazes que marcassem a sua clara superioridade bélica face aos "desordeiros", mas também no sentido da racionalização do uso da força, de evitar o impacto negativo das mortes, de privilegiar a dispersão com captura dos "cabecilhas".[20]

Mas no Portugal da Ditadura, quem ousasse manifestar-se publicamente contra o regime ou as suas práticas, fosse de forma

---

20 Diego Palacios Cerezales, op. cit., p. 273 ss.

abertamente política (comemoração do Primeiro de Maio), fosse, sobretudo no mundo rural, para reclamar "apoliticamente" contra a florestação dos baldios, a demarcação dos colonatos, a construção de barragens, as políticas do leite ou do vinho,[21] fosse pelas reivindicações estudantis, contra a guerra colonial ou na sequência de uma romagem ao cemitério do Alto de São João num aniversário do 5 de Outubro, quem o fazia sabia que o risco era grande. Sofrer a brutalidade das cargas policiais, ser preso e entregue nas mãos da polícia política ou apanhar um tiro.

Quando se tratava de reprimir manifestações (imediatamente consideradas ilegais) sob o manto da impunidade policial garantida, a cultura da punição exemplar — essencial ao próprio conceito de violência repressiva — frequentemente se impunha às doutrinas do "uso proporcional da força". É por isso que, para um exercício do direito de manifestação relativa e compreensivelmente episódico até às explosões de 1958 e dos anos 1960, o número de vítimas mortais é proporcionalmente relevante, principalmente no mundo rural. Nas manifestações populares de novembro de 1961 "contra a farsa eleitoral", em Almada, nas manifestações de 1º e de 8 de maio de 1962, em Lisboa, e novamente na capital no Primeiro de Maio em 1963 e 1964, são mortas cinco pessoas pelos disparos policiais. Também neste tipo de repressão, a polícia é socialmente seletiva. Dispara mais facilmente contra os camponeses (seis mortos na "revolta do leite", na Madeira, em 1936; dois mortos na Válega, Aveiro, em 1939; três mortos em Alvarenga, Aveiro, em 1941; dois mortos em Benavente, em 1944; um morto em Montemor-o-Novo, em 1945; um morto em Alpiarça, Santarém, em 1950; um morto em Baleizão, Beja, em 1954; um morto novamente em Montemor, em 1958; dois mortos em Aljustrel, em

---

21 Cf. Dulce Freire, Inês Fonseca e Paula Godinho, "O dilema do Estado Novo: A criação de uma verdadeira polícia rural ou o aumento da GNR de forma a poder substituí-la". In: *Arquivos da Memória*, Lisboa, n. 3, 1997, pp. 35-52.

1962),[22] ou contra os trabalhadores de Margem Sul e de Lisboa, do que contra as manifestações estudantis ou as romagens republicanas, onde há coronhadas e prisões, mas não se registam mortos. Seja como for, a violência policial na rua contra os adversários do regime foi uma das mais fortes memórias associadas pela resistência à Ditadura e um instrumento central da violência punitiva centralizada na polícia política.

Cabe dizer que as Forças Armadas — o verdadeiro esteio da segurança e da violência legal do Estado, por isso, sempre, o último e decisivo rácio da durabilidade do regime, apesar da sua autonomia funcional e da sua superioridade simbólica, política e institucional face à polícia política (e as demais "forças da ordem") —, nunca deixaram de lhe prestar uma ativa colaboração e até de agirem em conformidade com as prioridades de segurança do Estado, que ela definia e o Governo fazia aplicar. Convém não esquecer que as Forças Armadas sempre desempenharam, sobretudo na história político-militar contemporânea portuguesa, funções de ordem interna, de defesa do poder político das ameaças originadas intramuros, e esse papel não foi senão reforçado com as reformas militares de 1937-8 que, operando uma significada "limpeza" política nos comandos, inauguraram um longo período de sujeição política da hierarquia das Forças Armadas ao Estado Novo. Mas disso se tratará mais à frente.

Nestes termos, quando se coloca a questão de conhecer o papel da violência política entre os fatores da longa duração do regime, do seu "saber durar", é talvez demasiado simplista responder com a polícia política, apesar do seu papel fulcral. No que respeita ao uso da violência, o regime durou porque foi eficaz, precisamente,

---

22 Sobre esta contabilidade de vítimas mortais nas manifestações, que está longe de ser exaustiva, cf. Diego Palacios Cerezales, op. cit., p. 261 ss.; Fernando Rosas, *Portugal entre a paz e a guerra 1939/45*. Lisboa: Estampa, 1990, p. 400 ss. (Citado, daqui em diante, como *Portugal entre a paz e a guerra*.); e Fernando Rosas, *60 anos de luta*. Lisboa: Avante!, 1982, p. 80 ss.

na combinação dos dois tipos de violência de que falamos — a violência preventiva e a violência punitiva —, na contenção, desmobilização e repressão da larga maioria dos trabalhadores assalariados e das resistências sociais e políticas mais ativas. A história do Estado Novo, como a de todos os regimes da época dos fascismos, é a história da eficácia dessa combinatória entre velhas e novas formas de violência potencialmente discricionária. A da intimidação, a da formatação dos espíritos, a da ignorância, a do temor reverencial, e a da brutalidade crua da punição contra a ousadia de se pôr de pé. No fundo, o salazarismo operou, em consonância com as ditaduras de novo tipo da sua época, uma espécie de "modernização" quantitativa e qualitativa das formas antigas de controlo social e repressão vindas do Portugal antigo e rural, cuja eficácia só a industrialização, a urbanização e a emigração, a partir das "mudanças invisíveis" dos finais dos anos 1950, e principalmente dos anos 1960, viriam a pôr em causa, e com isso, a própria capacidade de sobrevivência do regime.

Quando se foi perdendo a possibilidade de domesticar as consciências, quando a hegemonia ideológica mudou de campo — e a guerra colonial, no contexto das referidas mudanças dos anos 1960 e 1970, terá nisso um papel essencial —, não havia violência repressiva que fizesse durar um regime esgotado, isolado, e progressivamente sem força sequer para tornar eficaz a sua própria força.

O CONTROLO POLÍTICO DAS FORÇAS ARMADAS

A obtenção da lealdade e do apoio político e militar das Forças Armadas, e do Exército em particular, foi a primeira condição para a durabilidade do regime salazarista entre 1933 e 1968. Conquistar o controlo político das Forças Armadas e do Exército em 1936-8, e saber mantê-lo, ou reconstruí-lo, nas conjunturas de crise — nos abalos do pós-Segunda Guerra Mundial, no terramoto "delgadista" de 1958, ou nesse outro *annus terribilis* de 1961 — foi, talvez, o crucial desafio que Salazar e o Estado Novo tiveram de enfrentar no decurso de uma ditadura que, em boa medida, só foi longa porque, caso a caso, o lograram ir resolvendo.

Não se trata aqui, portanto, de estudar a história das políticas militares ou das conceções estratégicas que nos diferentes períodos foram formuladas pelas elites militares e pelo Governo. Pretendemos analisar, na história do Estado Novo, a questão central da durabilidade do poder político: a forma como ele conseguiu sujeitar e manter a sujeição, ao seu serviço, do poder militar, o eixo vital da força do Estado. Durante 35 anos.

E falamos sobretudo do Exército, porque este, desde o século XIX, era o elemento determinante da ordem e estabilidade do poder interno no Portugal metropolitano. Sem tarefas de defesa da integridade territorial praticamente desde as invasões francesas (não fora para defender as fronteiras ameaçadas que ele estivera na flandres em 1917), o Exército tornara-se, sobretudo, uma força decisiva na manutenção da ordem interna ou no fomento da instabilidade política, uma ou outro ao serviço dos poderes políticos conjunturalmente capazes de o instrumentalizar. Dividido ao sabor de fações antagónicas durante a Primeira República, o Estado Novo salazarista cedo compreendeu que o seu futuro estava dependente da capacidade de unir as Forças Armadas sob as suas ordens, e ao serviço das suas prioridades políticas e ideológicas. Não foi, como veremos, nem tarefa fácil, nem dada por adquirida uma vez inicialmente alcançada em 1936-8. Para Salazar, seria um sobressalto periódico. Para o seu sucessor em 1968, Marcelo Caetano, um pesadelo com desenlace trágico.

FINALMENTE, MÃO FORTE SOBRE O EXÉRCITO (1936-37)

Quando Salazar alcança a chefia do Governo, em julho de 1932, o poder que obtém é ainda limitado ou condicionado: as Forças

Armadas permanecem numa espécie de autogestão, sob o comando realmente separado das suas chefias onde predominam os oficiais de matriz republicana conservadora. É certo que estes aceitaram apoiar e integrar o novo regime, mas só negociadamente, como vimos, coexistindo como que uma dualidade de poderes entre a esfera civil e a militar. Ora, o projeto contrarrevolucionário que Salazar dirigia não se coadunava com um poder que só condicionalmente pudesse usar a plenitude da sua força. A unidade do poder político e militar sob um mando único era da essência do próprio Estado Novo, condição para existir, para cumprir a sua missão e para sobreviver. O novo chefe do Governo nunca deixará de considerar essa divisão de poderes como debilitante, inaceitável e, portanto, de uma transitoriedade imposta pelas circunstâncias. Acabar com ela deitando mão à pasta da Guerra, "limpar" e reorganizar o Exército e sujeitá-lo politicamente ao regime é, talvez, a tarefa central da implantação do Estado Novo nessa segunda metade dos anos 1930.

Telmo Faria descreveu com detalhe[23] as peripécias desse processo que decorre entre novembro de 1934 (o acordo Salazar-Carmona que estabilizou a agitação militar, mas mantém a "autonomia" do Ministério da Guerra nas mãos dos generais liberais) e janeiro de 1938 (as medidas finais e fatais de saneamento e reorganização militar). É sabido que o Governo de Salazar, sem condições para decidir sobre a reorganização das Forças Armadas como pretendia, podia, no entanto, impedir o Ministério da Guerra, Passos e Sousa e a sua equipa, de levar à prática o que quer que fosse de relevante. Não inscrevendo verbas no orçamento para o rearmamento, não convocando os novos organismos superiores das Forças Armadas e do Exército para se pronunciarem, como deviam, sobre as propostas do Ministério da Guerra para a modernização militar, ou

---

23 Telmo Faria, *Debaixo de fogo! Salazar e as forças armadas (1935-1941)*. Lisboa: Cosmos/Instituto de Defesa Nacional, 2000, p. 69 ss. (Citado, daqui em diante, como *Debaixo de fogo!*)

travando os projetos da equipa do ministro com pareceres contrários dos jovens colaboradores do presidente do Conselho para as questões da defesa (onde, desde cedo, se destaca o capitão Santos Costa). Mais do que isso, o chefe do Governo, não aceitando nem os protestos, nem os (ainda prematuros) pedidos de demissão de Passos e Sousa, vai alimentar discretamente a truculenta oposição do novo major-general Morais Sarmento (também ele um general republicano conservador "rendido" ao regime) à política do seu ministro da Guerra,[24] deixando entender que compreende as queixas dos generais e dos "técnicos" do Exército por não serem ouvidos por Passos e Sousa.

Entretanto, em fevereiro de 1936, a Frente Popular ganha as eleições em Espanha e, pelo menos para os apoiantes da situação, o "perigo espanhol" deixa de ser um simples tropo de retórica colhida das representações tradicionais do inimigo no discurso estratégico do Estado-Maior do Exército. O "empastelamento" e a impotência do Ministério da Guerra são agora inquietantes. Entretanto, nas reuniões do Conselho de Ministros sobre questões de Defesa, realizadas entre fevereiro e abril de 1936, fica patente que Salazar e o Governo não partilham do dispendioso plano "maximalista" de reorganização e rearmamento, defendido por Passos e Sousa, e que este tenta impedir a aplicação das diretivas governamentais sobre o assunto. Salazar está agora em condições de encostar o ministro da Guerra à parede, e fá-lo a dois níveis: isolando-o no Conselho Superior de Defesa Nacional (que finalmente acede em convocar) e não aceitando o pedido de demissão do major-general, Morais Sarmento, em protesto contra as opções do ministro da Guerra.[25] finalmente, atropelando a hierarquia e desautorizando frontalmente Passos e Sousa, Sarmento envia diretamente a Salazar um projeto de diretivas

---

24 Ibid., p. 86 ss.
25 Ibid., p. 107 ss.

sobre a reorganização militar, contrariando o que o seu ministro apresentara.

Era a gota de água. Cercado e isolado, Passos e Sousa apresenta novamente a demissão a 9 de maio de 1936 e nem Carmona, seu velho protetor, o segura. Salazar aceita a demissão no dia seguinte e comunica-lhe que acordara com o presidente "proceder à minha nomeação interina para o cargo".[26] Uma interinidade que durará mais de oito anos (toda a Guerra Civil de Espanha e quase toda a Segunda Guerra Mundial), até setembro de 1944, quando Santos Costa recebe a titularidade da pasta.

Os ventos tinham virado a favor do chefe do Governo. A "ameaça vermelha" soprada de Espanha e a consolidação do Estado Novo criaram um quase consenso entre as chefias militares em torno da nomeação de Salazar como ministro da Guerra (já acumulara as finanças e, ainda nesse ano, juntaria os Negócios Estrangeiros). Passos e Sousa apoia-a publicamente, pois vê na nomeação uma forma de minorar o vexame da sua saída, e Morais Sarmento, convencido de que ganhara a guerra interna, tece um rasgado elogio a Salazar no ato de posse, em que discursa em nome do Exército.

O coronel Raul Esteves, conspirador do 18 de Abril e do 28 de Maio, ainda escreve a Carmona protestando contra esse "agravo injusto e humilhante para o Exército".[27] Mas quase todos aceitam o facto consumado de, pela primeira vez desde a República, o ministro da Guerra ser um civil. Pior: os coronéis, brigadeiros e generais engolem em seco a verdadeira provocação que é a designação do jovem capitão Santos Costa para subsecretário de Estado da Guerra, lugar imediatamente abaixo do ministro na hierarquia, com a mesma competência disciplinar e as honras de general. Situação que contribuirá para envenenar permanentemente a relação de Santos Costa com parte da oficialidade, ao longo dos

---

26 Ibid., p. 115.
27 Apud ibid., pp. 116-7.

22 anos que permanecerá como subsecretário e ministro da Guerra (até 1950), e depois como ministro da Defesa (entre 1950 e 1958).

O atentado frustrado contra Salazar, a 4 de julho de 1937, permitirá reforçar simbolicamente a coesão das Forças Armadas com o regime através da manifestação de fidelidade e apoio que, dois dias depois, prestam ao chefe do Governo 1.700 oficiais do Exército e Marinha, encabeçados pelos seus chefes, no Palácio de São Bento. A iniciativa fora sugerida a Santos Costa pelo velho governador Militar de Lisboa e ex-presidente do Ministério que, em janeiro de 1930, iniciara a viragem pró-salazarista da "Ditadura Nacional", o general Domingos de Oliveira.

Curiosamente, em simultâneo, mas discretamente, a elite militar aproveita essa ocasião para dar sinal da vigorosa sobrevivência da sua organicidade autónoma como corpo: o mesmíssimo general Domingos de Oliveira, arvorado em novo líder fáctico da oficialidade, por iniciativa própria e totalmente à revelia do Governo, consulta secretamente, três semanas depois, todos os comandantes das regiões militares e outros oficiais superiores sobre o que fazer na eventualidade do assassinato de Salazar (troca de impressões que, sintomaticamente, avança para a "eventualidade do doutor Salazar ser eliminado" ou até "poder ser substituído a qualquer momento", como parecia ser o receio de Domingos de Oliveira).[28] A resposta, unânime, é clara: para evitar que "os politiqueiros queiram aproveitar-se da confusão para tomar conta do Governo", os militares deveriam impor um Governo militar transitório para "novamente arrumar a casa para depois se entregar a quem nos mereça confiança, a de que não vão destruir ou inutilizar a grande obra feita".[29] A tropa estava

---

28 Ibid., p. 150 ss.
29 Carta de Domingos de Oliveira aos comandantes das regiões militares de 25 de julho de 1937 (apud Telmo Faria, *Debaixo de fogo!*, p. 151).

pronta, em caso de necessidade, a voltar à Ditadura Militar e constituir-se como alternativa de poder ao Estado Novo.

A 24 de agosto, o general envia a Carmona o conjunto da correspondência trocada com os comandos, sem, aparentemente, lhe pedir para informar Salazar ou ele próprio o fazer.

A elite militar, ainda que fiel ao regime e sem condições para resistir sequer àquilo com que não concordava, insistia em dar prova de vida. Já não era uma resistência de republicanos conservadores ou de oficiais de extrema-direita, ambos aceitando, mais ou menos contrariadamente, a subordinação ao salazarismo. Era uma elite em perca de velocidade mas ciosa do seu status, do seu poder de influência no comando das Forças Armadas e que se declarava apta a usá-lo quando necessário. Salazar sabia bem demais que a única forma de verdadeiramente sujeitar o Exército era correr implacavelmente com a clique de velhos generais e brigadeiros, e era isso que se preparava, precisamente, para fazer. A correlação de forças externa e interna permitia, finalmente, a grande "limpeza". Ao tomar posse da pasta da Guerra, avisara: "Não haverá resistências inúteis".

Em janeiro de 1937, a nova equipa ministerial apresenta à Assembleia Nacional para aprovação as leis respeitantes à Organização do Exército e ao Recrutamento e Serviço Militar. Para amarga desilusão do major-general, Morais Sarmento, e dos generais do Estado-Maior do Exército, também o seu processo de preparação — centralizado no gabinete de Santos Costa e articulado com os seus homens de mão no Estado-Maior — marginalizava ostensivamente o parecer e a intervenção dos quadros e instituições das Forças Armadas. Basta dizer que já desde janeiro os diplomas tinham entrado na Assembleia Nacional quando são sujeitos ao parecer do Conselho Superior do Exército, em março de 1937. O projeto do Governo é duramente criticado e até "ridicularizado" pelo major-general e por vários generais do Conselho, entre os quais o chefe do Estado-Maior do Exército (Ceme), Lobato Guerra, e o ex-Ceme, Silva Basto. Na realidade, o Governo defende uma versão minimalista (mesmo assim, corrigida) de um exército permanente de 25 a 30 mil homens e de dezesseis meses de serviço militar obrigatório, afastando-se, quer das conceções maximais e caras de Passos e Sousa, quer das "soluções de aplicação imediata", defendidas por Morais Sarmento, David Rodrigues ou Raul Esteves. Os generais do Estado-Maior rabujam, mas deixam passar o projeto: já não têm força para fazer frente a Salazar, mesmo no que respeita à conceção do novo Exército.

Aliás, até aí, o chefe do Governo evitara chocar de frente com os comandos. É a 31 de dezembro de 1937 que desencadeia a ofensiva final pela "limpeza" e controlo político das Forças Armadas, com a publicação conjunta de quatro decretos fulcrais: o 28.401 sobre quadros e efetivos, o 28.402 sobre promoções, o 28.403 sobre vencimentos e o 28.404 sobre reformas. Basicamente, a legislação orienta-se nas seguintes direções: drástica redução de unidades e efetivos (o quadro dos generais é reduzido a quinze e há um corte de 22,3 por cento do quadro efetivo de oficiais subalternos); regulamenta-se a criação do corpo do Estado-Maior (já antes criado), visando a seleção do "verdadeiro escol do Exército", com um quadro fechado de 84 oficiais cujo acesso dependia da homologação governamental; aumentam-se os vencimentos e racionalizam-se as gratificações (para acalmar os ânimos dos que ficam), com especial benefício para a elite do Estado-Maior do Exército; limita-se o tempo de serviço com pesados efeitos na antecipação das reformas (os limites de idade baixam, no Exército, para 65 anos/generais, 62/brigadeiros, 60/coronéis, 58/tenentes-coronéis, 56/majores, 52/capitães e 48/subalternos); alteração dos critérios de promoção, que passam a ser parcialmente por escolha para capitão, major e coronel, e exclusivamente por escolha para brigadeiros e generais, valorizando-se as reformas relativamente aos vencimentos, especialmente nos sectores mais envelhecidos da oficialidade, desde logo no generalato, para estimular as saídas.

Para se avaliar da extensão destas medidas, vejamos alguns dos seus mais evidentes resultados práticos:

— Em 1938, são afastados do ativo 241 oficiais subalternos do Exército (161 de infantaria, 50 de artilharia, 10 de cavalaria e 30 de engenharia). O quadro destes oficiais baixa de 1.079 para 838.[30] Aparentemente, Salazar não se esquecera das dores de cabeça que lhe dera o "tenentismo" em 1932-3, situação que ameaçava repetir-se face à indignação originada por estas medidas;
— Entre 1938 e 1940, fruto da antecipação do limite de idade, desapareceram de cena praticamente todos os oficiais superiores relevantes durante o período da Ditadura Militar ainda no ativo: o general Domingos de Oliveira, ex-presidente do Ministério e apoiante de Salazar, mas agora feito porta-voz do descontentamento da hierarquia, quase se substituindo ao tradicional papel tutelar de um Carmona crescentemente apagado; Morais Sarmento, major--general em funções, republicano conservador que, com Vicente de Freitas, tentara, em 1932, formar uma liga republicana contra a hegemonia autoritária do salazarismo; Alberto Oliveira, o comandante do emblemático quartel de Caçadores 5, ministro da Guerra em 1934 e velho adversário de Salazar; Lobato Guerra, Ceme em funções, oficial próximo do major-general e, como ele, muito crítico do novo rumo do Ministério; e até o incerto Raul Esteves, recentemente promovido a general por vontade de Salazar, seria atingido pelo limite de idade em 1943. A verdade é que generais fiéis a Salazar e Santos Costa, como Miranda Cabral, Freitas Soares, Casimiro Teles ou Schiappa de Azevedo, apesar de "reservistas", são mantidos em funções por decisão do Governo;
— Também entre 1938 e 1940, o Governo (que se sobrepõe totalmente a um Conselho de Promoções tornado inerte) substitui todo o novo quadro de generais por dezoito nomeações de sua

---

30 Ibid., pp. 172-3.

iniciativa: sete em 1938, oito em 1939 e três em 1940.[31] Salazar e Santos Costa tutelam agora o núcleo duro dos comandos operacionais e das chefias dos órgãos superiores do Ministério da Guerra, e detêm o controlo político e ideológico minucioso sobre o acesso ao *sanctus sanctorum* da instituição que passará a ser o "Corpo" do Estado-Maior.

No rescaldo da agitação militar que varre o mês de janeiro de 1938 como reação aos quatro diplomas, Salazar e o seu subsecretário de Estado preparam a peça de fecho da abóbada: uma vasta remodelação dos comandos. A 19 de janeiro, aceita o pedido de demissão de um amargurado Domingos de Oliveira que prefere passar antecipadamente à reserva a ser corrido por limite de idade. Consulta os comandantes de região, articula-se com Carmona e, em seguida, muda todos os comandantes de região à exceção de Schiappa de Azevedo, que permanece no Porto. Os novos generais de confiança são agora Casimiro Teles (no comando-geral da Legião e da Guarda fiscal), Monteiro de Barros, que vai para o crucial Governo militar de Lisboa, Schiappa de Azevedo no Porto, d. Luís da Cunha Menezes (III Região Militar), Luís de Sampaio em Évora. Em 1939, será a vez de remodelar três das cinco direções de armas (infantaria, cavalaria e aeronáutica). À cabeça da GNR, permanece o sempre fiel Farinha Beirão.

A crise de janeiro de 1938 é intensa mas rápida, centrada nos comandos e na oficialidade mais graduada. Há boatos de golpe militar, o Governo põe de prevenção as unidades de confiança à volta de Lisboa, arma a Legião e a PSP com espingardas, põe a GNR na rua, defende os pontos nevrálgicos, tudo perante o absoluto silêncio público, assegurado pelas instruções à Censura. Salazar tem uma dura entrevista com Domingos de Oliveira a 7 de janeiro, surpreendendo-se pela entrada de prevenção de várias unidades

---

31 Ibid., pp. 191-3.

às ordens do Governo Militar de Lisboa, sem o Governo disso ter conhecimento; recebe e sossega os comandantes das regiões militares; faz esclarecimentos públicos apaziguadores e aceita pequenas alterações aos diplomas sem mudar nada de essencial. A seguir, a tensão começa a baixar. A velha elite militar perdera a partida. Também eles sabem que não podem pôr em risco o regime.

Haverá ainda que desarticular essa confusa conspiração que junta Paiva Couceiro, o velho general João de Almeida (eterno ícone da extrema-direita militar) e vários oficiais nacional-sindicalistas com gente que restava do reviralhismo de direita, ligada a Ribeiro de Carvalho, um pouco ao jeito da intentona de setembro de 1935. Em abril e maio, a PVDE prende os coronéis João Casqueiro e Alberto Pais, mais o general João Almeida, seguindo-se vários outros, e faz abortar a "saída" prevista para maio na guarnição militar de Coimbra. A vaga de prisões, designadamente de oficiais subalternos, prossegue pelo verão de 1938. Depois virão os julgamentos no Tribunal Militar. O regime atacara e vencera. Salazar saiu do embate no auge da sua força.

Ao eclodir o conflito mundial, a 1º de setembro de 1939, o Exército não estava preparado para a defesa do país em caso de guerra, o rearmamento mal se iniciara, mas o regime, pela primeira vez, controlava politicamente com mão forte as Forças Armadas. Como sempre acontecera e voltará sempre a acontecer, a segurança do regime predominava sobre a urgência das reformas. Salazar não se arriscava a gastar dinheiro para armar um Exército em que não confiava politicamente. Com a guerra à vista, o futuro ficava entregue à diplomacia, às circunstâncias incontroláveis da evolução do conflito e à sorte.

A CRISE DO FIM DA GUERRA (1945-47)

A mudança pró-aliada do curso da guerra a partir de fins de 1942 colocou no horizonte a vitória da frente comum das democracias ocidentais e da URSS sobre o nazifascismo. E pode dizer-se que essa expectativa, aliada às pressões britânicas a propósito da questão dos Açores (em 1943) e do embargo do volfrâmio (em 1944), abriu as primeiras fissuras na estrita fidelidade dos comandos das Forças Armadas relativamente ao regime, sem mácula desde a "limpeza" radical e das mudanças de 1938 e 1939. Salazar intui cedo a extensão da ameaça que paira sobre o regime. Desde os começos de 1943 fala ao embaixador britânico da sua intenção de introduzir alterações no sistema político,[32] mas parece haver alguma indecisão sobre o sentido e a amplitude de tais mudanças, aliás encaradas com ceticismo do lado inglês. Para já, preocupa-se com o essencial: aproximar atempadamente o Governo de Lisboa do campo aliado, "segurar" o Exército (onde a conspiração, nas vésperas do acordo sobre os Açores, grassa perigosamente) e debelar a agitação grevista. Objetivos, aliás, estreitamente interligados.

A cedência de *facilidades* militares nos Açores à Inglaterra (o acordo é assinado a 17 de agosto de 1943, mas só é publicado a 8 de outubro), a contrariada aceitação do embargo da venda de volfrâmio à Alemanha (consumada a 5 de junho de 1944) e a extensão de *facilidades* naquele arquipélago aos Estados Unidos (28 de novembro de 1944) devem entender-se no quadro de tal desígnio. Salazar negoceia dura e asperamente cada uma das concessões, na perspetiva imediata e mediata da salvaguarda do regime: obter melhorias nos fornecimentos de géneros e matérias-primas para poder fazer face à agitação social; receber garantias formais, tanto da Inglaterra como dos Estados Unidos, quanto à preservação da integridade do "império" no pós-guerra; ganhar o apoio político dos aliados ocidentais para a manutenção do Estado Novo, mesmo que à custa de algumas adaptações secundárias.

---

32 António Telo, *Portugal na Segunda Guerra Mundial (1941-1945)*. Lisboa: Vega, 1991, v. 2, p. 112. (Citado, daqui em diante, como *Portugal na Segunda Guerra Mundial (1941-1945)*.)

E os efeitos são imediatos: na esteira da profunda deceção que o seu anúncio origina no campo oposicionista, particularmente na oposição liberal e anglófila, o acordo dos Açores e o embargo do volfrâmio vêm "arrefecer", pelo menos temporariamente, o inquietante avolumar de conspirações que precede cada um desses eventos. Especialmente no segundo caso, quando o Foreign Office, em princípios de maio de 1944, e ao contrário do que era a sua orientação constante até esse momento, dá luz verde ao seu embaixador Campbell para fomentar e apoiar um golpe contra Salazar, a partir de círculos afetos a Carmona e dos meios militares monárquicos, isolando dramaticamente Salazar, renitente a ceder às pressões que chovem de todos os lados, interna e externamente, para que decrete o embargo.

O certo é que será o próprio Churchill a congelar esse projeto.[33] E, se se excetuar esta conjuntura particular, a política de Londres e do Foreign Office face ao Governo de Lisboa manter-se-á, como até então, renovada a partir daí, como veremos, com crescente convicção e exterioridade: a manutenção do regime de Salazar é o que mais convém aos interesses de Inglaterra em Portugal e nas suas colónias. Mas não se descura a ação direta sobre a tropa. Ao longo de 1943-4, sucedem-se as deslocações e os discursos dos chefes militares fiéis pelas unidades; as grandes paradas intimidatórias de tropa e material bélico (por exemplo, a de outubro de 1943, com o armamento recentemente adquirido à Inglaterra); as manobras da Legião Portuguesa em cenário de guerra civil (novembro de 1944); as concentrações de oficiais para prestar fidelidade a Salazar e ao regime nos aniversários do 28 de Maio ou das tomadas de posse deste como ministro das finanças ou ministro da Guerra, tudo culminando, como se verá, com a remodelação ministerial de setembro de 1944 e com o drástico reforço então

---

33 Ibid., p. 230 ss.

operado de todo o aparelho militar e policial nas mãos de Santos Costa, promovido a titular da pasta da Guerra.

Restava o aspecto político essencial: que fazer do regime, que transformações ou adaptações introduzir-lhe na perspetiva de um pós-guerra democrático e até bolchevizante? Quanto a isto, Salazar é vago, ou prudente. Parece querer medir previamente a temperatura das suas forças e, em fevereiro de 1944, a comissão central da União Nacional convoca o II Congresso da organização. Nessa reunião da comissão central, fala ambiguamente na "revisão a que vai proceder-se", podendo ela ser tanto para "confirmar doutrina" como para a corrigir.[34]

O congresso terá lugar entre 25 e 28 de maio desse ano. E, à parte a ostensiva designação para os principais postos de direção dos trabalhos de homens insuspeitos de tendências germanófilas, o seu balanço é frustrantemente inconclusivo quanto a qualquer "renovação de doutrina", o mesmo no tocante à reunificação de tendências em torno de qualquer linha de enfrentamento do pós--guerra. Só Salazar, que discursa a abrir o congresso, parece já ter ideias claras sobre a linha a seguir, face a um partido desmobilizado e incapaz de a assimilar e pôr em prática.

Efetivamente, pode considerar-se que as traves mestras da sua alocução sobre a "preparação nacional para o pós-guerra"[35] são as que orientarão toda a tática e toda a propaganda do regime até ao balanço do choque eleitoral do pós-guerra, em fevereiro de 1946, desenvolvidas e com ênfases, adaptadas às diversas conjunturas, nas suas outras intervenções políticas deste período.[36]

---

34   Alberto Franco Nogueira, *Salazar*. Porto: Civilização, 1981, v. 3, p. 500.
35   António de Oliveira Salazar, *Discursos, v. 4*, p. 55 ss.
36   Referimo-nos, além do discurso anterior, às alocuções seguintes: "No fim da guerra" (7 de outubro de 1945); "Portugal: a guerra e a paz" (18 de maio de 1945), "Votar é um grande dever" (8 de novembro de 1945) e "Ideias falsas e palavras vãs" (23 de fevereiro de 1946). As citações que se seguem no texto referem-se a estes discursos (António de Oliveira Salazar, Ibid.).

Tomado no seu conjunto, pode dizer-se que, desde maio de 1944, o caminho apontado se resume a isto: ainda que tendo de fazer algumas concessões ao ambiente democrático do fim da guerra, nada de essencial na natureza política do regime havia de mudar, salvo uma mais adequada concretização e desenvolvimento dos seus princípios fundadores.

É certo que ao Estado Novo se deparava um desafio político decisivo: "A bandeira da vitória foi desfraldada e ficou drapejando ao vento da democracia". Mas isso não significava a necessária universalização dos regimes democráticos. A realidade é que cada país, onde haja dirigentes políticos responsáveis, "há-de ter as instituições que melhor se adaptem ao seu modo de ser". Essa era mesmo "aquela zona [da ordem interna] que nos parece irredutível, porque essencial à soberania e inacessível à atuação internacional".

Ora, a "guerra foi por toda a parte feita com a liberdade possível e a autoridade necessária, e à paz acontecerá a mesma coisa", sobretudo face à imensa crise da ordem, à vaga de subversão que se avizinhava. Acresce que "nós que percorremos todos os caminhos, sabemos o nosso": as realidades comprovavam a ineficácia e o caos do sistema dos partidos em Portugal e que o atual regime trouxera "paz e ordem" à nação a par da "liberdade possível", e "se a democracia pode ter, além do seu significado político, significado social, então os verdadeiros democratas somos nós".

Nada de essencial haveria, pois, que alterar no sistema político português: seguramente impunha-se "rever, criticar, discutir para melhorar" — designadamente, havia que o restituir à sua pureza e desenvolver a organização corporativa —, mas em harmonia com "os princípios fundamentais e a própria orgânica do Estado português". E a mensagem é clara: "Nenhuma diferença de conceitos fundamentais parece ser de admitir acerca dos laços que nos unem ao agregado pátrio [...] não se é livre de viver ou não a solidariedade nacional".

É à luz destes princípios básicos que, em setembro de 1944, Salazar procede à remodelação do Governo: um ministério não para adaptar o regime aos "ventos" do fim da guerra, mas para os enfrentar e combater como uma ameaça. Onde, mesmo do ponto de vista interno, as preocupações da ordem, da segurança, da sobrevivência do regime *manu militari* se sobrepõem claramente às da unidade ou da recomposição das suas forças. O essencial da recomposição passa pelas Forças Armadas e pela polícia: Santos Costa é promovido a ministro da Guerra, sendo nomeado para a pasta crucial do Interior um seu homem de mão, o coronel Júlio Botelho Moniz. Nas semanas seguintes, são colocados oficiais da confiança de Santos Costa nos principais comandos das Forças Armadas, bem como à frente da PSP, da GNR e da Legião: havia que prevenir as incertezas de um exército afetado pela conspiração. Os governadores civis são igualmente substituídos pelo novo ministro do Interior: passando sobre as pressões dos caciques distritais da União Nacional, nomeia-se gente sem inserção nem apoio nas elites locais, recrutada na extrema-direita germanófila ou de formação nacional-sindicalista — o que viria a revelar-se desastroso nas eleições para deputados de novembro de 1945. Face às "ondas de subversão" que, naquele verão de 1944, já sacudiam a Europa pós-desembarque da Normandia, e às incertezas quanto ao destino do regime franquista na vizinha Espanha, Salazar decidia-se pela crispação política e repressiva, apoiando-se ostensivamente na fidelidade desesperada dos sectores mais conservadores e radicais do regime: o ruralismo da lavoura tradicional e o conservadorismo ultramontano de braço dado com os sectores germanófilos e "costistas" da tropa. Como escreveria o conselheiro da Embaixada norte-americana na altura, "politicamente o Gabinete é solidamente conservador e autoritário [...] nem um só ministro é claramente pró-aliado", sendo que "as pessoas de tendências liberais [...] viram na atitude intransigente de Salazar o fim de um compromisso pacífico com este Governo".[37]

---

37 Relatório de E.S. Crooker, NA/SD nº 813 00, PR/216, de 28 de setembro de 1944.

Para os que, entre os críticos no interior do regime ou nos meios da oposição liberal, esperassem por recuos e reformas do Estado Novo à aproximação da "vitória", Salazar dizia-lhes saber que essa seria a rota da derrocada total: defender, com a máxima força, o essencial seria a maneira de poder ceder, controladamente, no acidental. Mas esse era, nas circunstâncias externas e internas da época, um caminho à beira do abismo.

A prioridade dada à segurança policial-militar do regime sobre os riscos da recomposição política das suas forças mostra-se, em si mesma, arriscadíssima. Em fins de 1944, o descontentamento da oficialidade face ao anunciado não aumento dos ordenados do funcionalismo civil e militar refaz, num ápice, a rede conspiratória das diversas fações do Exército. O núcleo afeto a Mendes Cabeçadas e Tamagnini Barbosa, isto é, aos sectores liberais do clandestino Movimento de Unidade Nacional Antifascista (Munaf), consegue reanimar os grupos hesitantes ligados aos monárquicos e aos velhos generais republicanos conservadores. Gozando da expectativa benevolente de Carmona, que conferencia com os líderes da intentona, por ele recebidos em Belém, o golpe terá estado iminente nos princípios de janeiro de 1945, aparentemente só travado pela ação dos meios britânicos junto do sector monárquico da conspiração[38] e pelo recuo de Salazar que, a 14 de fevereiro desse ano — após um agudo "exame de consciência política" à situação do regime, em sucessivas reuniões do Conselho de Ministros —,[39] aceita modificar o orçamento do Estado e conceder um aumento de quinze por cento ao funcionalismo em geral.

É um susto. Rapidamente, Santos Costa procede a novas mudanças em alguns postos-chave cujas chefias se mostravam hesitantes ou ambíguas: para novo major-general do Exército é nomeado outro homem de mão, o general Aníbal Passos e Sousa

---

38 António Telo, *Portugal na Segunda Guerra Mundial (1941-1945)*, p. 137 ss.
39 Marcelo Caetano, *Minhas memórias de Salazar*. Lisboa: Verbo, 1977, p. 190.

(irmão do ex-ministro da Guerra até 1936), e, para comandante da Região Militar de Lisboa, designa o fidelíssimo general Pereira Coutinho. Reunidos os comandantes-chefes de 27 de fevereiro a 3 de março, decide-se uma nova manifestação coletiva de lealdade a Carmona e Salazar. Santos Costa atua quase desbragadamente como o capataz da fidelidade da tropa ao regime, empenhando-a política e ideologicamente de uma forma que excedia tudo o que até aí se praticara.

Mas o ambiente é ameaçador, e o fim da guerra — com o escândalo das bandeiras a meia-haste pela morte do Hitler[40] e as manifestações populares da vitória de claro cunho antifascista, por todo o país, a 7 e 8 de maio — causa perplexidade nas fileiras do regime, enquanto os meios militares da Munaf reativam a conspiração. Nem a manifestação de "agradecimento" a Salazar pela paz, a 19 de maio, sintomaticamente convocada pela Associação Central da Agricultura Portuguesa e cuidadosamente organizada pelo Ministério do Interior, parece devolver a confiança às desmobilizadas e apreensivas forças governamentais.

É altura de organizar o recuo e tentar esfriar os ânimos: entre o imediato pós-guerra e o princípio de outubro, o Governo toma a iniciativa de antecipar a revisão constitucional, decretar uma nova lei eleitoral, dissolver a Assembleia Nacional e convocar eleições legislativas antecipadas, ao mesmo tempo que remodela os cargos dirigentes da União Nacional, a quem Salazar tenta alertar para as "dificuldades provenientes da chamada 'vitória das democracias'".

As coisas são feitas quase de surpresa e sem praticamente deixar à oposição margem para preparativos: convocado o ato eleitoral

---

[40] Em Lisboa, aparentemente por "excesso de zelo" protocolar do secretário-geral do Ministério dos Negócios Estrangeiros, embaixador Teixeira Sampaio, ordena-se, a 2 de maio de 1945, a colocação das bandeiras a meia-haste pela morte de Hitler, um chefe de Estado estrangeiro. O facto provoca uma onda de protestos internacionais e grande escândalo interno. Face à desorientação dos representantes diplomáticos portugueses no estrangeiro perante a reação geral, Salazar telegrafa-lhes sibilinamente: "Hora a hora Deus melhora".

a 6 de outubro, Salazar abre a campanha com um discurso, no dia seguinte, em que novas e mais altas concessões políticas se anunciam. De qualquer forma, até à votação, a 18 de novembro, sobrava pouco mais de um mês para as candidaturas eventualmente contrárias fazerem quase tudo.

O recuo de Salazar é cuidadosamente calculado e controlado: permitir a realização de eleições onde "indivíduos que a si próprios definem e marcam posições de hostilidade [...] — chamemos-lhe por facilidade oposição" — possam concorrer em listas da União Nacional, fosse até em listas próprias, assegurando-se-lhes "liberdade suficiente" para tal. O facto era, em si mesmo, incontornável: "Há momentos em que pode convir politicamente esclarecer o ambiente por meio de uma consulta direta à Nação". E ainda que, no caso português, as eleições não fossem, "de perto ou de longe", atos aparentados "com a concorrência eleitoral em que a Europa tão afadigadamente se lançou", não havia dúvida estar

> feita uma opinião pública internacional acerca destas manifestações de vontade popular por via eleitoral, e nós só podemos tirar vantagens de que esta se manifeste uma vez mais no momento presente. E porque somos da opinião de que não se pode governar contra a vontade persistente de um povo, este dirá se deve mudar-se de sistema.[41]

É sabido que, para surpresa dos salazaristas e dos próprios oposicionistas, as eleições antecipadas não vão ser o escape calmante e revigorante da legitimidade do regime que o chefe do Governo previra e arriscara. Bem pelo contrário. Na realidade, os acontecimentos precipitaram-se: sob o pretexto de apoiar as reivindicações da célebre reunião do Centro Republicano Almirante Reis, o então constituído Movimento de Unidade Democrática (MUD)

---

41 António de Oliveira Salazar, *Discursos*, v. 4, pp. 171-85.

explode, em poucos dias, como um grande movimento à escala nacional. Multiplicam-se comícios entusiásticos e aguerridos que reúnem muitos milhares de pessoas por todo o país; surgem, de norte a sul, comissões regionais e profissionais de apoio; vêm a terreiro, nos jornais mais abertos à oposição (*República*, *Diário de Lisboa*, *O Primeiro de Janeiro*) e até no *Rádio Clube Português*, de Jorge Botelho Moniz, dezenas de personalidades eminentes — escritores, professores, advogados, militares, quer da oposição, quer de franjas monárquicas e católicas dissidentes do regime — tomar posição de crítica ao Estado Novo; circulam listas de assinaturas de apoio ao MUD e às suas petições, abertas à subscrição pública em várias casas comerciais. A 24 de outubro, o advogado Lima Alves causava sensação — e pânico, nas desnorteadas hostes situacionistas — ao anunciar em conferência de imprensa que, só em Lisboa, havia mais de 50 mil subscritores. A panela de pressão que era a sociedade portuguesa transbordava, espontaneamente, à mais pequena abertura, numa torrente de indignação, de esperança e de vontade de mudar que subvertia todos os cálculos, no regime e na oposição, acerca de uma possível transição controlada.

A linha "ordeira" do MUD, que pretende constituir-se como interlocutora responsável do regime e travar a mobilização popular, vê-se ultrapassada pela pressão dos acontecimentos. O Governo, valha a verdade, também não ajudou a oposição de direita a ganhar margem de manobra e credibilidade, isto é, apoio de massa, junto da opinião pública moderada do oposicionismo. Atarantado pelo vigor e pela extensão massiva da ofensiva, congelou qualquer projeto de diálogo: nega linearmente, a 16 de outubro, todas as pretensões do MUD e, sob a chefia direta de Salazar, passa à resposta assente na ameaça, na intimidação e na restrição. Tudo isso empurrou a tática ordeira — e até a sua eventual aceitação de concorrer às eleições, mesmo sem as condições reivindicadas — para um beco sem saída. No comício de 10 de novembro, no Teatro Taborda, em Lisboa, a comissão central do MUD de

1946, já muito pressionada pelas críticas da esquerda, apresenta um balanço claramente defensivo das suas decisões anteriores, apoia a abstenção da ida às urnas (uma vez verificada a ausência de condições mínimas de seriedade das eleições) e a continuação do MUD para além do ato eleitoral.

Mas a via legal eleitoral para forçar uma abertura, realmente, falhara. Bem se poderia dizer que o MUD não fora, nem suficientemente fraco e contido para se poder apresentar como um núcleo oposicionista tranquilizador e aceitável a um diálogo de transição com o regime, nem suficientemente forte e avassalador para impor, pela pressão da "rua", mais ou menos conjugada com as dissidências político-militares situacionistas, um processo de reformas e mudanças. Tivera, todavia, o impacto suficiente para abalar o regime e o obrigar a recompor as suas forças, ainda que sem concessões formais e diretas às oposições.

A inanidade manifesta da via legal-eleitoral, por um lado, e o rápido controlo ganho pelo PCP/Munaf no Movimento de Unidade Democrática, por outro, fariam reavivar as movimentações conspiratórias, entretanto mais solidamente unificadas nas suas diversas componentes, através de uma Junta Militar de Libertação, já constituída em maio de 1946. Nela se consagra, sob a presidência do almirante Cabeçadas, a marginalização relativa dos militares mais ligados ao Munaf (Norton de Matos, brigadeiro Miguel dos Santos) e a aliança clara dos liberais republicanos com a oficialidade de direita dissidente do regime. O elemento civil do golpe em preparação é, todo ele, republicano e recrutado entre profissões liberais, industriais, comerciantes e proprietários: João Soares, Celestino Soares, Correia Santos, Castanheira Lobo, para só falar dos homens da junta. Celestino Soares, secretário da junta, será o autor e depositário de uma vasta panóplia de documentos a emitir por ela que iam, desde o "pacto" entre os oficiais conspiradores, a uma "lei constitucional transitória", passando por várias "leis" respeitantes à futura depuração e reorganização do Estado.

As operações militares — cujo comando fora entregue ao general Marques Godinho, comandante militar dos Açores durante a guerra — estavam a cargo de vários oficiais superiores, entre os quais se destacavam o general Carlos Maria Ramires, os brigadeiros António Maia e Vasco de Carvalho, o comandante Pires de Matos, os coronéis Celso de Magalhães e Carlos Selvagem e o major Sarsfield Rodrigues (chefe do Estado-Maior da operação), para só referir, mais uma vez, os membros militares da junta. Os contactos destes homens — todos oficiais superiores no ativo — entre o pessoal político-militar do regime eram muito estreitos: os "quatro heróis da situação" (Jorge Botelho Moniz, Moreira Lopes, David Neto, Mário Pessoa) faziam parte, com vários outros, da margem atentista da conspiração, estabeleciam a ponte entre esta e a direção do Estado Novo, e teriam um importante papel na sua desativação, no início de 1947.

É igualmente sabido que o próprio presidente da República teria recebido e ouvido, pelo menos complacentemente, e sem disso dar conhecimento a Salazar, não só o almirante Cabeçadas, como outros oficiais golpistas, referindo-se a um primo — o almirante Carmona —, e até à esposa dele, como claros incitadores da ação conspiratória. O objetivo do golpe era, aparentemente, claro: "Assegurar a S. Ex.ª o Presidente da República a força necessária para a substituição do Governo", sendo a força armada a garantia de se "manter a ordem", evitando que ela fosse perturbada "por quaisquer aventuras ou subversões".

Após sucessivos adiamentos, o movimento é finalmente marcado para 10 de outubro de 1946. Mas no centro falha tudo, e tudo é adiado de novo, exceto a saída do Porto do capitão Queiroga, que jurara não aceitar mais dilações. A sua solitária coluna de Cavalaria 6, intercetada no cruzamento da Mealhada para o Luso por tropa governamental, ficará sendo o "golpe da Mealhada", na realidade a saída em falso do 10 de abril.

Para essa data é finalmente fixada a eclosão do movimento, após se saber que Santos Costa prepara a transferência, a 12 de abril, para os

Açores ou para as colónias, de vários chefes militares do golpe. Mas o adiamento fora política e militarmente fatal: dera tempo a Salazar de retomar a iniciativa, recompondo os equilíbrios dentro do regime e neutralizando sectores hesitantes. As remodelações no Governo e na União Nacional, em fevereiro e princípios de março de 1947, atraindo certos sectores descontentes, retiraram parte importante do apoio dissidente ao golpe: Botelho Moniz e os seus amigos empenham-se agora na desmobilização, e com êxito. O general Ramires passa-se para o campo de Santos Costa, os demais ficam em casa a 10 de abril.

Nesse mesmo dia, a Pide, que acompanhava com razoável pormenor toda a conspiração, sobretudo desde a Mealhada, inicia as prisões dos civis. Aos poucos, com alguma estupefação, vai-se descobrindo a extensão da rede conspiratória entre a oficialidade superior e as conivências com Carmona. As coisas não podem ser abafadas: a 15 de junho, o Governo manda aposentar vários militares que considera mais seriamente implicados no golpe. E a 21 de julho de 1947 são presos aqueles oficiais que as laboriosas negociações no interior do regime não puderam salvar da detenção e, depois, do julgamento no tribunal militar. O contra-ataque governamental punha termo, e por cerca de uma década, ao processo conspiratório *putschista*, retomando-se o mais estrito controlo político-militar sobre as Forças Armadas. Esse seria, simultaneamente, o primeiro e o mais decisivamente importante fruto do processo de recomposição e reequilíbrio de forças no interior do regime.

Por isso mesmo, Salazar tem interesse em não deixar transparecer a real profundidade da dissidência que ameaçara a situação, em minorar e desdramatizar os seus propósitos e, sobretudo, a conivência de Carmona. Para desespero de um Santos Costa ressabiado — que acusará os instrutores militares de "falta de amor às responsabilidades" —, as averiguações, em moldes brandos e respeitosos, conduzem a incriminações benévolas. O julgamento no Tribunal Militar de Santa Clara decorrerá ao longo de nove sessões, entre maio e junho de 1948. Os réus, para manifesta perturbação dos juízes e dos meios afetos ao regime em geral, defendem-se com a cumplicidade e apoio de Carmona. A sentença, lida a 15 de junho, responde ao apelo pacificador dos advogados oficiosos dos réus (parte deles também nas margens da conspiração: Tamagnini Barbosa, Henrique Galvão, Jorge Botelho Moniz), com condenações simbólicas que permitem a quase todos sair em liberdade. A hora, após as feridas recentes e em véspera de eleições presidenciais, era de apaziguamento e de prudência. Salazar, sanado o seu público amuo com Carmona, apresentá-lo-á, uma vez mais, como candidato a novo mandato.

Na verdade, a desarticulação do 10 de abril, em 1947, faz-se no quadro do contra-ataque desencadeado pelo regime sobre as oposições no sentido de vencer definitivamente a crise do pós-guerra e retomar o controlo da situação. O ambiente de "guerra fria" que se instala desde o ano anterior dá-lhe o respaldo dos aliados anglo-americanos; a política das "farturas" de Daniel Barbosa, o novo ministro da Economia recomendado pelos marcelistas na renovação governamental de fevereiro desse ano, esvazia o "mercado negro" e disciplina os preços dos bens de primeira necessidade, desanuviando decisivamente a tensão social.

A recomposição e o reequilíbrio das desorientadas forças do regime operados a partir da 1 Conferência da União Nacional, em novembro de 1946, e consolidados com a remodelação do Governo e da direção da UN em fevereiro e março de 1947, completavam o quadro que permitia romper o ambiente de impasse de 1946. Como Salazar comunica ao Conselho de Ministros, em abril de 1947, era tempo de acabar com a política de transigências impostas pelo clima internacional do fim da guerra, quando o Ocidente e a URSS ainda eram aliados. Havia agora que extrair os efeitos no plano interno da nova situação internacional.[42]

---

42 Alberto Franco Nogueira, *Salazar*. Porto: Civilização, 1978-85, v. 4, pp. 69-70. (Citado, daqui em diante, como *Salazar, v. 4*.)

E é o que se fará, golpe a golpe, entre abril de 1947 e abril de 1949. O Governo liquida os últimos assomos do movimento grevista (a greve dos estaleiros navais de Lisboa, entre 5 e 19 de abril de 1947), desarticula a conspiração golpista do 10 de abril, expulsa das universidades mais de vinte docentes em virtude das suas posições políticas,[43] proíbe a MUD e prende sucessivamente a sua Comissão Central e a da MUD-Juvenil e, em 1949, prende Álvaro Cunhal e quase desmantela a direção central clandestina do PCP.

É certo que ainda haverá o derradeiro assomo da candidatura oposicionista do general Norton de Matos à presidência da República nas eleições presidenciais de fevereiro de 1947. Mas é um gesto já em claro contraciclo, remando contra a maré de proibições, prisões, provocações policiais e até divisões internas que levarão o candidato a desistir, e as oposições a um longo período de refluxo e fortes divisões internas. Em 1949, durante e após a dura campanha eleitoral com que cercou a candidatura oposicionista, Salazar é mais claro que nunca: "O regime não tem de destruir-se; tem de completar a sua evolução [...], não tem de admitir ou enxertar na sua estrutura princípios contrários, mas de desenvolver a aplicação dos próprios"; "não regressaremos".[44]

O Estado Novo não se limitava a vencer a crise do fim da guerra. Com a ajuda do Ocidente (o Governo dos Estados Unidos condecorará Santos Costa no pós-guerra) recompunha-se e fortalecia-se tanto no plano interno como no plano externo, designadamente com a adesão à Nato e a reticente integração na esfera de hegemonia norte-americana no novo mundo bipolar.

---

43 Cf. Fernando Rosas e Cristina Sizifredo, *Demissões políticas das universidades portuguesas durante a Ditadura Militar e o Estado Novo (1926-1974)*. Lisboa: Tinta-da-china. No prelo.
44 António de Oliveira Salazar, *Discursos*, v. 4, pp. 308, 371-80, 400.

O "TERRAMOTO DELGADISTA" E A QUEDA DE SANTOS COSTA (1958)

O poderoso abalo originado pelas eleições de 1958 e pelo *delgadismo*, repercutido em sucessivas vagas até 1961-2, constitui a segunda crise histórica do Estado Novo.

Durante a primeira, no fim da Segunda Guerra Mundial, como vimos, o regime tremera, conhecera fraturas sob o impacto interno e internacional dos efeitos do conflito e da vitória aliada, mas nunca chegara a estar seriamente ameaçado na sua sobrevivência. Fora uma crise sem oportunidades reais de transição. As reivindicações e manifestações populares, aliás geralmente "ordeiras" e controladas, ou até as frustradas conspirações golpistas, não chegaram para causar fraturas decisivas na elite política ou na hierarquia militar que, salvos os envolvimentos conspiratórios de alguns oficiais superiores, se manteve essencialmente fiel, sem verdadeiramente fazer perigar o regime.

Não foi assim com a crise de 1958-62. Esta originaria duas oportunidades históricas sucessivas de operar uma mudança de regime, ambas falhadas, respetivamente em maio-agosto de 1958 e em abril de 1961. Ou, se se quiser, desencadearia dois momentos de uma mesma oportunidade de transição aberta pelo terramoto delgadista de 1958: 1961 seria, afinal, a conspiração militar de 1958, já sem os constrangimentos que a tolheram nesse ano, sem a "desordem", sem a explosão popular, sem o risco de "o poder cair na rua".

Várias condições políticas se reuniram nessa primavera/verão de 1958 para, ao mesmo tempo, fazer explodir a caldeira social das tensões acumuladas, abrir a crise mais grave da história do Estado Novo até então e, consequentemente, colocar na ordem do dia, também pela primeira vez, a possibilidade real de um processo de transição política conduzido, ao menos na sua génese, a partir do interior do regime e das suas Forças Armadas, e com o apoio claro das oposições.

A primeira condição consistiu na consumação, com carácter a partir daí irremediável, do processo de desagregação interna do regime, latente desde o pós-guerra. Essa fratura, já indisfarçável no verão de 1957, fez emergir uma corrente reformista com expressão, quer civil, quer militar, ao mais alto nível das respetivas instâncias do regime, ainda que aparentemente pouco articulada entre ambas as vertentes. Parecia ela apostada na reeleição do presidente da República, general Craveiro Lopes, como forma de concretizar um projeto de transição que passaria — apesar de o propósito ser mais implícito do que explícito — pela substituição, constitucionalmente prevista, de Salazar na Presidência do Conselho. É o que o próprio Craveiro Lopes deixa cair em conversa exploratória com o "ultra" Mário de Figueiredo, em agosto de 1957, provocando da parte de Santos Costa a "mobilização" dos altos-comandos e dos comandos da Região Militar de Lisboa, para reagir a essa eventualidade.[45] Não custa admitir que este episódio, habilmente desdramatizado por Salazar junto do presidente, tenha marcado, no espírito do chefe do Governo, a decisão definitiva de não recandidatar Craveiro Lopes ao sufrágio presidencial pela União Nacional.

Sobre a componente civil dessa corrente, já noutro lugar[46] tivemos ocasião de a procurar caracterizar, e ao seu percurso. Marcelo Caetano, desde o pós-guerra, desde a chefia do executivo da União Nacional, passando pela presidência da Câmara Corporativa, até ao posto cimeiro de ministro da Presidência que ocupava desde 1955, agrupara, paulatinamente em seu redor, um vasto partido informal. Era o sector da oligarquia e dos quadros superiores mais agudamente sensível à urgência das reformas políticas e sociais, como fator indissociável do crescimento económico.

---

45 Cf. Telmo Faria, "Quem tem a tropa...". In: Iva Delgado (coord.), *Humberto Delgado: As eleições de 1958*. Lisboa: Vega, 1998, p. 240 ss. (Citado, daqui em diante, como "Quem tem a tropa...".)
46 Cf. Fernando Rosas, "O Marcelismo ou a falência da política de transição do Estado Novo". In: José Maria Brandão de Brito (coord.), "Do Marcelismo ao fim do Império". Lisboa: Editorial Notícias, 1999, pp. 15-59.

No processo de demarcação dos marcelistas com o sector ultramontano, que teve o seu momento emblemático na revisão constitucional e no Congresso de Coimbra da União Nacional de 1951, mas com sucessivas guerrilhas posteriores, importa salientar que este sector foi chegando a um entendimento tácito, mas iludível, com Craveiro Lopes e a sua *entourage* militar: o eixo marcelista-craveirista. Isto é, o reformismo ganhara uma expressão militar, ganhara poder militar. Na realidade, em torno do desiludido presidente da República, inconformado com a marginalização de que era alvo e com os vexames, direta ou indiretamente, infligidos pelo ministro da Defesa, de quem, debalde, reclamará a substituição junto de Salazar, fora-se agrupando um influente sector de oficiais "anticostistas".

Como sugerem José Medeiros Ferreira[47] e António Telo[48] nos seus trabalhos, eram, boa parte deles, oficiais marcados pela formação da Nato, pelo convívio e as estadias em meios militares e instituições dos países democráticos, interessados em modernizar o arcaico aparelho militar português, tanto no plano técnico-militar como nas suas relações com o poder político. Muitos se tornaram objeto da desconfiança do todo-poderoso ministro da Defesa, o verdadeiro chefe de fila político-militar da ala ultraconservadora do regime, defensora da perpetuação do salazarismo *à outrance*. Tornaram-se, assim, senão os seus inimigos figadais, gente suspeita, discriminada, refugiando-se sob a proteção do presidente da República. Estão, nestes termos, apostados "em cerrar fileiras em torno do chefe de Estado" e a impor a sua reeleição. Tinham-no como condição necessária para um processo de "limpeza" e "arejamento" da vida militar e da vida política por eles vagamente reclamado e que, em termos práticos, passava pelo imediato afastamento da "clique de Santos Costa" dos comandos

---

47 José Medeiros Ferreira, op. cit.
48 António Telo, *Portugal e a Nato*.

das Forças Armadas. Constituía um grupo algo difuso e mais alargado do que possa parecer.

Apesar das sucessivas manobras de Santos Costa, desde o verão de 1957, para fazer alinhar os altos comandos regionais e operacionais do Exército, da GNR, da Guarda fiscal e da Legião Portuguesa contra Craveiro Lopes; apesar de, desde fevereiro de 1958, estar em ativa montagem, articulação e municiamento um vasto aparelho militar de resposta, à escala nacional, contra eventuais "perturbações da ordem pública",[49] o certo é que, até à explosão delgadista de maio, parte da hierarquia tomava ainda as suas distâncias relativamente à imposição de uma escolha política anticraveirista às Forças Armadas. Isto é, parte dos comandos resistia às fortes pressões costistas por um alinhamento sem reservas em torno da liderança salazarista do regime.

Efetivamente, o novo chefe do Estado-Maior-General das Forças Armadas, o general Júlio Botelho Moniz, um ex-costista, e outros chefes de Estado-Maior ou secretários de Estado das pastas militares não estariam longe das pretensões dos "craveiristas". E não é de excluir que, mesmo após o afastamento de Craveiro Lopes da corrida por parte da União Nacional, eles lhe tivessem manifestado alguma disponibilidade para impor a sua candidatura, como podem indicar os contactos do presidente com Júlio Botelho Moniz já depois da União Nacional o deixar cair. Ainda em princípios de junho, como comunica a Caetano e escreve a Salazar,[50] o presidente cessante parecia dispor de apoios, não se sabe a que nível, mas, presumivelmente, nesta fase, sobretudo da oficialidade intermédia, para impor militarmente a sua recandidatura e o adiamento das eleições.

---

49 Telmo Faria, "Quem tem a tropa...", pp. 252 ss.
50 Iva Delgado et al. (coord.). *Humberto Delgado: As eleições de 1958*. Lisboa: Vega, 1998, p. 611.

Diga-se, aliás, que muito próximos dos propósitos dos "craveiristas" estavam, também, os poucos oficiais que tinham publicamente aderido à oposição moderada, passando a conspirar contra o regime — os "trânsfugas", como os apelidava a imprensa situacionista: Henrique Galvão, David Neto, Mário Pessoa, Moreira Lopes. Tal como os próprios oficiais republicanos reformados, velhos reviralhistas e conspiradores de sempre. É sintomático que, ainda em novembro de 1957, Craveiro Lopes receba do velho almirante Cabeçadas o testemunho do seu regozijo e dos "seus amigos" pelo propósito de não desistir de se recandidatar à Presidência. Facto de que, com inexcedível candura, se apressa a dar contas a Salazar.[51]

É por isso que, no contexto de profunda divisão que atravessou o regime, a definição do candidato da União Nacional aparecia como decisiva para toda a gente, na situação e nas oposições. Em volta dessa escolha se iria estruturar todo o quadro político das forças em presença: a recandidatura de Craveiro Lopes (oficial ou "independente", que este viria a recusar) estabeleceria provavelmente a ponte entre os reformistas e as oposições (Delgado manifestara-lhe a disposição de não se apresentar se ele avançasse, e o próprio PCP, como se viria a demonstrar, estava, no essencial, alinhado com uma tática de transição pacífica deste tipo) e abriria caminho a um possível, e mais ou menos acidentado, processo de transição. Nessa disputa interna, a ala salazarista obtém uma primeira e decisiva vitória impondo o anódino Américo Tomás e bloqueando o processo constitucional de transição, o "golpe de Estado constitucional", como bem lhe chamava Salazar. Na realidade, a recusa de Craveiro Lopes em avançar como candidato contra a União Nacional, apesar dos apoios militares de que parece dispor, sustém a iniciativa da transição a partir do interior do regime.

---

51 Cf. Telmo Faria, "Quem tem a tropa...", p. 245.

Caberia agora ao "candidato independente", Humberto Delgado, isto é, à oposição conservadora, lançar as pontes nessa direção.

Efetivamente, Delgado era um general no ativo (o mais jovem das Forças Armadas portuguesas), vinha das altas esferas do poder político-militar do regime, onde fizera, desde os idos de maio de 1926, uma fulgurante carreira; era homem da Nato, dizia-se que não só inspirado como apoiado pelos americanos, essa superpotência mítica da força, da riqueza e da abundância; surgia como um "independente", ou seja, sendo um crítico do regime, não se confundia com a respeitável mas largamente simbólica oposição tradicional, e muito menos com os comunistas; não vinha para cumprir unicamente o ritual de presença, nem semear o caos. Finalmente o seu estilo: o desassombro, a coragem física e moral como que a resgatar as décadas de medo, de silêncio, de opressão, de temor reverencial face a um poder distante e autocrático — tudo resumido nesse santo-e-senha da explosão popular e da esperança que foi o *Obviamente demito-o!* lançado sobre Salazar.

Não só dito assim, quebrando o tabu não escrito do indizível, mas dito por quem parecia ter, dentro do regime e da Força Armada, mas também no estrangeiro, a respeitabilidade, o prestígio, os apoios, a força, isto é, a *possibilidade real* de o fazer. E de o fazer "por dentro", sem convulsões dramáticas, com segurança, como algo efetivamente ao seu alcance, desde que houvesse coragem, desde que *acabasse o medo*.

O extraordinário efeito de tudo isto é que o perfil e as atitudes do general instalaram amplamente a convicção, numa população já agitada e inquieta, de que finalmente a mudança de situação política estava ao seu alcance, porque o general *teria força* interna e externa para a impor. Percebeu-se que o poder estava fraco e o dique rebentou. O candidato certo para a transição palaciana tornava-se a bandeira política da revolta popular.

Delgado levantaria o país de norte a sul, faria descer à rua, espontaneamente, sem que ninguém soubesse como, surpreendendo tudo e todos no regime e nas oposições, centenas de milhares de pessoas que o aclamavam em delírio, que o levantavam em ombros, que vinham a pé, de longe, descalços, filhos ao colo, ver passar e saudar o "senhor general". Quando, sobretudo a partir das célebres manifestações do Porto, a 14 de maio, o Governo, visivelmente descontrolado, entendeu reprimir e anular a expressão mesma do seu isolamento, que eram as manifestações de apoio ao general, regou o incêndio com gasolina. Apesar do assalto às sedes das candidaturas oposicionistas, da prisão dos seus ativistas, da apreensão da propaganda e das listas, da censura regressada ao rigor extremo, das cargas brutais e dos disparos sobre os manifestantes, da intimidação generalizada, o povo acreditava, perdera o medo. E, em verdadeiras batalhas campais, em Braga, Guimarães, Famalicão, Fafe,[52] Porto, Lisboa, na Margem Sul, afrontou as polícias e a GNR, apedrejou e vaiou os comboios e as camionetas dos apoiantes do regime,[53] vitoriou a liberdade e o seu paladino, na certeza, como dizia aquela mulher do Porto vituperando os GNR, de que "ele está a chegar".[54]

É claro que a tempestade desencadeada pelo delgadismo varreu todos os cálculos e raciocínios táticos da transição ordeira. Delgado despertou o apoio transbordante de um imenso suporte popular, mas com isso perdera o apoio dos oficiais "craveiristas", sem nunca, em algum momento, o ter chegado a conquistar. Quando a ameaça insurrecional desceu à rua, a transição recolheu aos quartéis de Santos Costa para a combater.

Por singular ironia das coisas, o candidato da mudança segura transmutara-se no instigador da rebelião cívica. E bloqueada a primeira, ninguém soube o que fazer com a segunda.

---

52 Cf. A propósito da campanha eleitoral de Humberto Delgado: Iva Delgado, *Braga cidade proibida: Humberto Delgado e as eleições presidenciais de 1958*. Braga: Edição Governo Civil de Braga, 1998. (Citado, daqui em diante, como *Braga cidade proibida*.)
53 Iva Delgado, *Braga cidade proibida*, p. 614.
54 Ibid.

Ao fim, e ao cabo, nem o levantamento popular consegue vencer a força do vasto aparelho policial e militar montado por Santos Costa envolvendo o Exército, a PSP, a GNR, a Legião e a Pide (tropa de prevenção, cerco militar a Lisboa, controlo dos pontos nevrálgicos, blindados na rua, armamento da Emissora Nacional, reforço de municiamento da polícia política, sistema especial de transmissões, etc.), nem o golpe militar sonhado por Delgado (ou o revelado por Craveiro Lopes) veio para a rua.

Não veio, desde logo, porque quando ainda era possível ele sair "segura" e "ordeiramente", pela mão de Craveiro Lopes e da parte dos comandos que o apoiariam num eventual processo de adiamento das eleições e imposição da sua candidatura, isto é, nos primeiros dias de maio, antes da radicalização da campanha, o presidente hesitou e recuou. E nessa posição se manteve ao longo das quentes semanas de maio, altura em que, como relata a Caetano e a Salazar,[55] ainda disporia de apoios — seguramente, agora, só dos oficiais mais jovens — que se recusa a operacionalizar. O temor reverencial, a lealdade perante o "Chefe", certo sentido militar da "disciplina", o medo das consequências de um "inconveniente levantamento popular" — tudo isto terá falado mais alto. Exatamente o que se passará, três anos mais tarde, com o seu amigo Júlio Botelho Moniz e os chefes militares da "Abrilada" de 1961, que ele apadrinhará. A elite militar reformista do regime não se dispunha, nunca se disporia, a correr qualquer risco pessoal ou político.

O "golpe", o pronunciamento militar, estava, por outro lado, obviamente fora de questão após o arranque da campanha de Humberto Delgado na conferência de imprensa do Chave d'Ouro e a onda de apoio popular que ela ia despertar. Com o perigo de "o poder cair na rua", até os sectores "anticostistas" da hierarquia militar cerram fileiras em torno do ministro da Defesa e de Salazar,

---

55 Ibid., p. 611.

para "defender a ordem". Não só nem um único dos apoios da hierarquia a Craveiro Lopes se transferira para Delgado, como, a despeito dos apelos deste, irão participar ativamente na operacionalização do esquema militar-policial de prevenção geral desencadeada a partir da reunião dos altos-comandos com Santos Costa, a 19 de maio de 1958.

A hierarquia militar no seu conjunto permitirá, sem reação, que, em seu nome, Santos Costa, em repetidas intervenções públicas, proclame formalmente o apoio das Forças Armadas a Américo Tomás; chefiará a larga manobra repressiva de resposta militar e policial às manifestações populares de apoio a Delgado, a "fase alfa" de prevenção geral do plano de segurança interna há muito preparado por Santos Costa, e aprovado em Conselho Superior de Defesa, no dia seguinte ao célebre comício do Liceu Camões e aos confrontos que o rodearam; acompanhará diretamente, através do aparelho de informação militar, o decorrer das votações e do apuramento dos resultados eleitorais, e continuará a vigiar atentamente o rescaldo da campanha.[56] Nestas condições, mesmo a jovem oficialidade apoiante de Craveiro, ou despertada para o apoio ao "candidato independente", não tem condições para agir. Esperarão alguns meses, até ao frustrado "golpe da Sé", em março de 1952.[57] Delgado, desalentado, concluía, dias antes da votação: "O Exército não tem coragem para se levantar".[58]

É claro que, para os generais e oficiais superiores "anticostistas", estava fora de questão levantarem-se para apoiar Delgado

---

56 Ibid., p. 257 ss.
57 Movimento militar contra o regime preparado por oficiais intermédios pró-delgadistas e civis, designadamente dos meios católicos. Os conjurados reuniam-se nas instalações da Sé de Lisboa, estando a intentona prevista para eclodir a 12 de março de 1959. (Cf. Carla Antunes e Suzana Martins, *A tentativa da Revolta da Sé*. Dissertação (Licenciatura) — Faculdade de Ciências Sociais e Humanas, Universidade Nova de Lisboa, Lisboa, 1996. Policopiado.)
58 Entrevista de Humberto Delgado à cadeia de televisão americana NBC, apud Telmo Faria, "Quem tem a tropa...", p. 265.

e a "desordem subversiva". Mas, consciente de que o seu apoio e intervenção foram decisivos para aguentar o regime na crise eleitoral; mais, que "a atual situação política assenta na força do Exército",[59] passado o perigo principal, a hierarquia militar descontente retoma a iniciativa propriamente política nos dias imediatos à votação. Pedem-se medidas de moralização política e administrativa, denunciam-se abusos, exige-se a melhoria de condições de vida dos militares profissionais, reclama-se uma profunda remodelação governamental, acima de tudo, explícita ou implicitamente, pede-se a cabeça de Santos Costa. Os relatórios, informações e cartas dos titulares das pastas militares do Governo, dos comandos das regiões militares ou de várias unidades operacionais importantes, ao longo dos meses de junho, julho e início de agosto,[60] são os sinais do pronunciamento militar em preparação. Cumprida a tarefa de não permitir a queda do regime na "rua", os sectores anticostistas apresentavam a fatura: a cabeça de Santos Costa. Disso faz eco, novamente, com impecável diligência, Craveiro Lopes a Salazar,[61] renovando duras críticas ao ministro da Defesa.

Santos Costa tem uma aguda e lúcida compreensão do perigo — a 6 de agosto de 1958 volta a decretar a prevenção geral, agora mais voltada para os quartéis do que contra a "rua" —, que só será esconjurado com o seu próprio afastamento, que parece não só aceitar, como propor, facilitando a tarefa a Salazar.[62] A 10 de agosto, no seu estilo de sempre, de procurar o equilíbrio entre as várias forças do regime, e contrariando o parecer alarmado dos "ultras", o chefe do Governo substitui Santos Costa por Júlio Botelho Moniz na pasta da Defesa. Salomonicamente, afasta Caetano da Presidência. Seria o suficiente para acalmar a tropa e desarmar o *putsch* em preparação. O Governo sobrevivia à conjuntura eleitoral e às

---

59   Carta do Comandante de Infantaria 10, apud ibid., p. 271.
60   Documentação compilada em ibid., pp. 271-3.
61   Cf. Iva Delgado, *Braga cidade proibida*, v. 3, p. 611, doc. nº 45.
62   Cf. Ibid., pp. 660-1, doc. nº 73-4.

sucessivas ameaças de golpe palaciano nesse verão de 1958. Mas a crise estava longe de ser vencida: os problemas de Salazar com as chefias militares não tinham senão (re)começado.

O ÚLTIMO SUSTO: O *PUTSCH* FALHADO DE BOTELHO MONIZ (ABRIL DE 1961)

Conta Adriano Moreira[63] que na primeira entrevista que teve com Salazar como novo ministro do Ultramar, logo a seguir aos dias agitados do *putsch* gorado do ministro da Defesa, em abril de 1961, o presidente do Conselho, ajeitando o cinto das calças num gesto nele habitual, lhe confidenciou: "Desta vez foi por pouco".

Mais tarde escreverá, nas suas memórias, que ouviu Salazar "desabafar que nunca se sentira tão perplexo em toda a sua vida política, e admitir que o General Moniz tinha na mão todos os comandos". É bem provável que assim fosse. A perplexidade resultaria, como sugere Adriano Moreira, "da dificuldade de saber qual seria o gesto político que poderia evitar um conflito com as Forças Armadas e, ao mesmo tempo, assegurar a execução da política que tinha decidido".[64] E a ela subjazia a magna questão, que antes já abordamos, de que na lógica legitimadora do regime não havia razão válida perante a razão das Forças Armadas, suprema entidade tutelar do Estado Novo. Face a um conflito claro e aberto com os comandos das Forças Armadas acerca da orientação política do regime, para Salazar só havia duas saídas: ganhar tempo para, podendo, alterar ou "arrefecer" a contradição — coisa que tentará fazer durante vários meses — ou, se os chefes militares o encostassem à parede (como parece ser o caso no início de abril), aceitar a derrota e ir-se embora.

---

63 Conversa com o autor, em 2004.
64 Adriano Moreira, op. cit., pp. 176-7.

Nunca tal acontecera em toda a história das relações do regime com as Forças Armadas: os comandos exigirem a saída de Salazar. Chegadas as coisas a este ponto, pelo espírito do presidente do Conselho terá perpassado a convicção que nada havia a fazer. Só isso explica a sua estranha e singular passividade ou indecisão perante o adensar da crise desde o mês de março de 1961.

Na realidade, tudo indica que foi preciso convencê-lo do contrário: que Moniz e os comandos que o seguiam não representavam verdadeiramente a "vontade" e o "espírito" das Forças Armadas, que estavam a soldo dos americanos, que preparavam a entrega do "Ultramar" e o desastre da nação, que esta, mais que nunca, com a urgência da guerra em Angola, exigia que Salazar permanecesse no seu posto. No romper desse impasse, dessa "perplexidade", terão papel central, como veremos, a par de vários outros apoiantes em pânico, o presidente da República, Américo Tomás, o sempre fiel e influente Santos Costa e um pomposo coronel Kaúlza de Arriaga, subsecretário da Aeronáutica, por quem Salazar, aparentemente, não nutria excessiva consideração nem reconhecimento.[65] Quando, face ao quase *ultimatum* de início de abril, finalmente o parecem convencer a agir, Salazar é rápido e certeiro como sempre fora com tudo o que respeitava a sua sobrevivência política. A realidade é que, entre 1958 — quando a necessidade de evitar o pior colocara Botelho Moniz, e depois a equipa "anticostista" que ele escolhe na pasta da Defesa e nos comandos — e 1961, a situação para o regime em nada melhorara, tanto exterior como internamente. A crise aberta pelo "delgadismo" arrastara-se, agravara-se e só em abril de 1961 teria o seu desenlace.

---

[65] Kaúlza de Arriaga é afastado de subsecretário de Estado da Aeronáutica pouco depois do "favor" que presta a Salazar: "um favor que este não podia desculpar" (Adriano Moreira, op. cit., p. 180). Terá ainda um destacado papel político-militar no período marcelista, designadamente como comandante-chefe das Forças Armadas em Moçambique (chefe da controversa operação "Nó-Górdio", em 1973).

No plano internacional, nada podia correr pior: a União Indiana cercava o chamado Estado Português da Índia, os ventos da descolonização chegavam à África e na Assembleia Geral da ONU, desde dezembro de 1960, estabelecera-se uma maioria de países afro-asiáticos para condenar as pretensões de perpetuação colonial do Governo de Lisboa. A turbulenta independência do ex-Congo belga, nesse ano, tivera uma incontornável influência subversora nas populações do norte de Angola, ainda por cima duramente castigada pelos massacres perpetrados pelas autoridades e pela tropa coloniais contra os cultivadores de algodão, em revolta na baixa do Cassange, entre dezembro de 1960 e fevereiro de 1961. A cumular tudo isto, a nova Administração Kennedy, nos Estados Unidos, reforça a viragem pró-autodeterminação dos povos colonizados, já latente nos últimos anos da presidência de Eisenhower. E o presidente eleito do Brasil, Jânio Quadros, numa atitude inédita, marca ostensivamente, ainda antes de tomar posse, as suas distâncias da Ditadura salazarista.

O "ano terrível" de 1961 começava com o vexame internacional sofrido na sequência do espetacular assalto ao paquete *Santa Maria*, em janeiro, por Henrique Galvão e os seus companheiros do Dril.[66] Para surpresa do Governo de Lisboa, apesar das pressões exercidas, as autoridades americanas lidam com Galvão como um *freedom fighter*, e não como um pirata internacional, o mesmo acontecendo com o novo Governo brasileiro, que dá asilo político aos ocupantes do *Santa Liberdade*, como fora depois crismado o navio.

Cavalgando o lastro de descontentamento e do mal-estar social e político deixado a medrar desde 1958, foi-se alargando "o movimento de General Botelho Moniz, que se desenrolou durante

---

66 Dril: Directório Revolucionário Ibérico de Libertação. Órgão luso-espanhol de resistência ao salazarismo e ao franquismo, constituído por refugiados políticos dos dois países, na América Latina. Galvão é o dirigente da parte portuguesa do Dril que planeia a "Operação Dulcineia", como se designa a captura do navio. Na prática, o Dril pouco sobreviveu ao sucesso espetacular da operação.

meses, com uma publicidade pouco imaginável, incluindo a ausência sistemática do ministro da Defesa das reuniões, aliás espaçadas, do Conselho de Ministros, escrevendo textos facilmente acessíveis a toda a gente, praticamente mantendo conhecida a soma de aderências que ia recebendo da estrutura militar".[67]

Os acontecimentos precipitaram-se com as pressões diplomáticas de Washington sobre o Governo de Salazar, que acompanham a notificação oficial da sua nova política em relação à África e à descolonização e, quase em simultâneo, com os primeiros confrontos em Luanda que, a 4 de fevereiro de 1961, marcam o início da guerra colonial. Vale a pena relembrar sinteticamente a cronologia da movimentação que então se desencadeia no interior do regime, entre boataria crescente e frenética sobre um golpe iminente, uma vez que a censura nada deixava transparecer em termos públicos.

A 7 de março, o embaixador dos Estados Unidos, Elbrick, após ter previamente informado o ministro da Defesa, Botelho Moniz — com quem mantém regularmente contactos paralelos e de quem recebera a informação do projeto em curso de impor uma mudança liberalizadora no regime —, comunica formalmente a Salazar a alteração da posição da administração Kennedy quanto à política colonial portuguesa. Washington insta por mudanças no sentido da autodeterminação e da independência das colónias, e afirma que, a não se verificarem, os Estados Unidos não poderão continuar a apoiar Lisboa na ONU. A 13 de março, no Conselho de Segurança, pela primeira vez, o delegado americano, Adlai Stevenson, vota com os afro-asiáticos contra Portugal. E, a 15 de março, a União dos Povos de Angola desencadeia os mortíferos ataques no norte de Angola.

Nos meios políticos e militares reformistas, os acontecimentos em Angola — perspetivando o início de uma guerra que os

---

[67] Adriano Moreira, op. cit., p. 176.

comandos das Forças Armadas entendem não haver condições para prosseguir — e a retirada do apoio de Washington causam profunda consternação e, mais do que isso, pressionam a passagem à ação. Tanto mais que é claro o apoio político que, através da Embaixada dos Estados Unidos e da antena da CIA em Lisboa, recebem para tal.[68]

Botelho Moniz conta com sólidas e aparentemente imbatíveis cumplicidades na cúpula do aparelho militar por ele paulatinamente instalada: o chefe do Estado-Maior-General das Forças Armadas, general Beleza Ferraz, o ministro do Exército (apesar de hesitante), coronel Almeida Fernandes, o subsecretário de Estado do Exército, tenente-coronel Costa Gomes,[69] o chefe de Estado-Maior da Força Aérea, general Albuquerque de Freitas, além dos comandos das regiões militares. Expectantes, neutrais, sem se quererem comprometer, o chefe do Estado-Maior da Marinha, almirante Sousa Uva, e o ministro do Interior, coronel Arnaldo Schulz. Fora do aparelho militar, Moniz conta com o ativo apoio do general Craveiro Lopes e pensa em Marcelo Caetano, com o qual se chega a avistar, para futuro chefe do Governo, não obstante as reservas deste quanto ao processo golpista de afastar Salazar.[70]

Dito de outra maneira: o movimento de Botelho Moniz surgia como o braço militar da corrente reformista civil, tal como se desenhava desde meados dos anos 1950. Firmemente fiéis ao Governo, mas substancialmente inoperacionais em caso de uma manobra determinada dos demais, só o subsecretário de Estado da Aeronáutica, o coronel Kaúlza de Arriaga, o chefe do Estado-Maior do

---

68 José Freire Antunes, *Kennedy e Salazar: O Leão e a Raposa*. Lisboa: Difusão Cultural, 1992, p. 97 ss. (Citado, daqui em diante, como *Kennedy e Salazar*.)
69 Costa Gomes era um militar com fortes ligações à Nato e aos americanos, que o consideravam "um oficial competente e de grande visão". Certos autores apontam-no como o "predileto dos americanos" ou como o verdadeiro cérebro por detrás de Botelho Moniz (Cf. José Freire Antunes, *Kennedy e Salazar*, p. 209).
70 José Freire Antunes, *Kennedy e Salazar*, p. 215.

Exército, general Câmara Pina, e o ministro da Marinha, Quintanilha Dias.

Informando, a par e passo, a embaixada e os serviços americanos das suas *démarches*, Botelho Moniz escreve uma dura carta a Salazar e mantém duas prolongadas reuniões com ele, a 28 e 29 de março. Fala de incapacidade do Governo para fazer face à grave situação internacional e colonial sem um "choque psicológico de envergadura" que desanuvie "o ambiente político nacional e o pesado clima internacional". Havia que abrir o regime, de forma a encontrar "um vasto campo de entendimento comum", dada a estreiteza da sua base de apoio, restrita a "valores políticos gastos": "chamar ao tablado político valores novos" e outros experimentados, mas presentemente desmotivados. Tratava-se de renovar, "dentro da continuidade", o "espírito do 28 de Maio", agora adulterado. E, com isso, melhorar o "baixo nível de vida das classes rural, operária e média"; alterar, mesmo que com "pequenas modificações", a imagem de Portugal como um país sem liberdades essenciais; caminhar para uma solução do tipo federativo no tocante ao Ultramar, uma vez que a política atual criava uma angustiosa e "insustentável" situação às Forças Armadas:

> Poderemos ficar à mercê de um ataque frontal com forças dispersas pelos quatro continentes, sem meios bastantes e com uma missão de suicídio da qual não seremos capazes de sair, uma vez que a política lhe não encontra solução nem parece capaz de a procurar.[71]

E, se Portugal der mostras de querer ir por aí, Moniz assegura poder-se contar com o apoio político e financeiro dos Estados Unidos.

Enquanto Salazar ganha tempo, prometendo pensar em tudo e dar uma resposta — para ele é evidente, e sabe-o pelas informações

---

71 Apud Alberto Franco Nogueira, *Salazar*, v. 4, p. 226 ss.

da polícia, o apoio dos Estados Unidos à manobra que se prepara —, Moniz convoca o Conselho Superior Militar, onde distribui a sua carta, e suscita reuniões nos comandos das regiões militares que decorrem nos princípios de abril e onde a possibilidade da substituição de Salazar é abertamente colocada.

Mas, fosse por ainda não estar completamente decidido a derrubar o chefe do Governo, fosse por sobrestimar a invencibilidade do "excesso de força" de que dispunha ou por subestimar a capacidade de reação do outro campo, Moniz perde um tempo precioso após a conversa com Salazar — permite-se mesmo ir passar uns dias ao Algarve —, deixa sair do país, em missão oficial, o chefe do Estado-Maior-General das Forças Armadas (CEMGFA), Beleza Ferraz, e o chefe do Estado-Maior da Força Aérea, Albuquerque de Freitas, e parece aguardar que os seus interlocutores lhe deem razão. A 5 de abril, avista-se com o presidente da República, a quem repete — ante o seu mutismo e atrapalhação — os argumentos apresentados a Salazar, insistindo agora na necessidade de o afastar. No campo salazarista vive-se já o alarme e prepara-se o contra-ataque, depois de o chefe do Governo "finalmente tomar uma decisão". A reação é articulada, no plano militar, pelo eixo Tomás-Kaúlza de Arriaga, com apoios de Santos Costa, Venâncio Deslandes e ativa movimentação civil de velhos e novos fiéis: Lumbrales, Nosolini, Soares da Fonseca, Correia de Oliveira, Adriano Moreira. Só tarde Moniz parece perceber o significado das evasivas e das demoras em responder. E a 9 de abril comunica a Elbrick que vai, finalmente, passar ao ataque, tentando "convencer Tomás a neutralizar ou demitir Salazar e nomear um novo primeiro-ministro. Se a tentativa falhar, diz Moniz, ele e outros generais comunicarão a Tomás que vão tomar o Poder" (telegrama de Elbrick para Washington às dezesseis horas do dia 9 de abril de 1961).[72]

---

72 Apud José Freire Antunes, *Kennedy e Salazar*, p. 214.

A 11 de abril, em clima geral de boatos acerca do golpe e com o Exército já posto de prevenção pelos conspiradores, Moniz e Almeida Fernandes forçam uma entrevista com o presidente da República, que só os recebe cerca da meia-noite. Entretanto, por indicação de Tomás, Kaúlza coloca a Força Aérea também de prevenção; Câmara Pina, fiel ministro do Exército, contacta as unidades e assegura-se da fidelidade do ministro do Interior. Antes de receber os golpistas, Tomás concerta com Salazar as medidas a tomar. E na entrevista com eles — durante a qual Almeida Fernandes se trava de razões com Moniz acerca do querer das Forças Armadas — mantém-se reservado e ganha, como sempre, tempo. No dia seguinte, já a situação se inverteu: Salazar ordena a Quintanilha a prevenção da Marinha e estuda a "limpeza" dos comandos militares, enquanto Tomás comunica, por carta, a Moniz a sua intenção de reiterar a confiança no presidente do Conselho.

Finalmente, a 13 de abril, dia da chegada do chefe do Estado-Maior da Força Aérea do estrangeiro, o ministro da Defesa convoca para as dezessete horas, na Cova da Moura, uma reunião dos altos-comandos de todas as regiões militares, com vista a decidir-se o golpe de força para derrubar Salazar.

Era demasiado tarde: às quinze horas, numa manobra de antecipação, é anunciada pela Emissora Nacional a demissão do ministro da Defesa, do chefe do Estado-Maior-General das Forças Armadas, do ministro e subsecretário de Estado do Exército e do chefe do Estado-Maior da Força Aérea. O presidente do Conselho, que, pouco depois, se dirige pela televisão ao país — "se alguma explicação há a dar [...] essa é Angola [...] andar rapidamente e em força" —, assume a pasta da Defesa e os fiéis Gomes de Araújo e Mário Silva são nomeados, respetivamente, chefe do Estado-Maior-General das Forças Armadas e ministro do Exército. Araújo toma de imediato a iniciativa de determinar aos comandos das regiões militares que não compareçam na reunião convocada por Moniz (o que não é obedecido), e o chefe do Estado-Maior da Marinha,

Sousa Uva, recebe ordem de não ir. Ausentes também o chefe do Estado-Maior-General, Beleza Ferraz, nos Estados Unidos, o chefe do Estado-Maior do Exército, que se mantém em Belém junto de Tomás e o ministro da Marinha.

Quando, às dezessete horas, se reúne no gabinete de Botelho Moniz o plenário dos comandantes militares, ao qual comparece Craveiro Lopes, está-se perante uma assembleia formalmente ilegítima e sediciosa. Santos Costa organizara, aliás, o cerco à Cova da Moura por brigadas da Legião Portuguesa, e as ligações telefónicas tinham sido cortadas. Ou se ia para a desobediência e o afrontamento militar, ou se desistia. Como refere Adriano Moreira, prevaleceu "o complexo da legalidade formal".[73] Os conjurados desistiram, insensíveis aos apelos de Craveiro Lopes. Dirá Elbrick para Washington: "O plano de Moniz falhou devido à fraca preparação ou à falta de coragem. Não há dúvida de que a rápida iniciativa de Salazar apanhou Moniz de surpresa".[74] Mas essa própria rapidez de iniciativa fora facultada pela inépcia, pela hesitação e, finalmente, de facto, pela cobardia política dos golpistas, onde pareceram prevalecer o espírito castrense da disciplina e o temor reverencial pelo poder instituído. A elite militar mostrava-se definitivamente incapaz de enfrentar o regime que há muito a tutelava. Era a sua cultura: nunca aceitaria correr qualquer risco ao longo da história do Estado Novo para impor uma mudança. Salazar conhecia bem os seus generais.

Perdia-se, após 1958, a segunda oportunidade histórica de os reformistas mudarem o curso do regime. E essa era definitiva. Efetivamente, "para impor às Forças Armadas a guerra em África, Salazar teve de as decapitar dos seus chefes máximos",[75] mas com isso não viabilizou só a sua política colonial — assegurou a fidelidade dos

---

73 Adriano Moreira, op. cit., p. 178.
74 José Freire Antunes, *Kennedy e Salazar*, p. 226.
75 José Medeiros Ferreira, op. cit., p. 250.

novos comandos ao Estado Novo (e à política de guerra) e habilitou-se a fazer face a todas as demais ameaças. Com as Forças Armadas novamente domesticadas e empenhadas a fundo no esforço militar colonial, nenhuma das demais componentes da crise, por si só (e para já) era suscetível de fazer perigar verdadeiramente o regime. A derrota da "Abrilada" seria, na realidade, o fator decisivo para a sobrevivência do salazarismo ao rescaldo do delgadismo.

No decurso das duas crises históricas do salazarismo (a do pós-guerra e a das eleições presidenciais de 1958), a combinação da onda de descontentamento popular com situações, mais ou menos graves, de desagregação interna do regime, colocou em causa, em três ocasiões, as capacidades do Estado Novo segurar politicamente as Forças Armadas e garantir a sua lealdade.

Em 1946-7 e em 1958, as conjunturas de crise criaram divisões, originaram conspirações, até intentonas militares, mas o regime contou sempre, e sem excessiva dificuldade, com a coesão da maioria dos comandos na defesa da ordem estabelecida contra as ameaças da "subversão" e da "rua". Mas a crise de 1958 seria particularmente profunda e duradoura nos efeitos sociais e políticos. Vimos como, para a debelar, Salazar teve de entregar a cabeça de Santos Costa, o impopular e atrabiliário capataz político do regime para manter a tropa na linha. Era um risco sem saída, mas, como alarmadamente o preveniam os seus fiéis, era um risco sério. Na realidade, a equipa de comandos militares instalada pelo novo ministro da Defesa Botelho Moniz vai, no rescaldo do "delgadismo", em março/abril de 1961, fazer o que nunca acontecera desde 1938: desafiar, em nome das Forças Armadas, a liderança de Salazar à cabeça do regime.

Mas na única ocasião em que efetivamente se rompe essa relação de tutela ou subordinação política, a elite militar claudica, tolhida por uma enraizada cultura de obediência hierárquica, acatamento da legalidade formal, em suma, incapacidade de arriscar.

Não é possível dizer que não se tiraram ensinamentos, a prazo, do facto de não se poder contar com os generais e a oficialidade superior para derrubar ou sequer mudar o regime. Treze anos depois, um dos segredos do êxito foi precisamente esse: dispensá-los. A 25 de abril de 1974, o que sai vitoriosamente à rua é um movimento de oficiais intermédios que rompe a cadeia hierárquica de comando e, assim que pode, trata de desligar do ativo cerca de cem oficiais superiores. Só sem eles, e em larga medida contra eles, foi possível o sucesso do Movimento das Forças Armadas.

A CUMPLICIDADE DA IGREJA CATÓLICA: UM NEORREGALISMO FUNCIONAL

Para os efeitos da questão que pretendemos abordar, vamos considerar a Igreja católica no sentido de hierarquia da Igreja, isto é, o conjunto dos seus bispos e outros hierarcas eclesiásticos ou do laicado responsáveis pela orientação e disciplina das organizações territoriais e sectoriais, ou de outros organismos religiosos por eles tutelados. Ou seja, falamos de interlocutores do Estado Novo e dos seus governantes na sua relação formal com a Igreja Católica portuguesa ou com a Santa Sé.

Defendemos aqui o ponto de vista de que após a institucionalização do Estado Novo, em 1933, e apesar da nova Constituição consagrar inicialmente o carácter laico do Estado e o regime de separação deste com as igrejas, se inicia um processo — com consagração constitucional — de progressiva confessionalização do Estado e, simultaneamente, de crescente integração da Igreja católica nos propósitos ideológicos do novo regime. Uma "união moral" entre ambos com o fito comum de "recristianizar" a nação, uni-la e integrá-la na "nova ordem" e, dessa forma, estabilizar e consolidar o Estado Novo, aliás sempre apontado pela Igreja, mais o seu Chefe, como obra e instrumento da providência divina. Fosse através dos seus órgãos próprios, fosse através de organizações de enquadramento criados pelo regime e, na prática, entregues à direção de quadros de confiança da Igreja, essa era uma tarefa onde a Igreja católica iria ter um papel central.

Esse processo teve a sua consagração na Concordata e no Acordo Missionário, assinados com a Santa Sé em maio de 1940, apesar de conhecer ainda, como veremos, um reforço simbólico importante com a revisão constitucional de 1951. A Concordata e o Acordo Missionário de 1940 não consagraram, a não ser na forma, um regime de separação. Como contrapartida do regime concordatário de verdadeiro privilégio conferido à Igreja católica pelo Estado Novo (o reconhecimento da personalidade jurídica da Igreja e das suas organizações, o regresso à indissolubilidade do casamento católico, monopólio, de facto, do ensino religioso nas escolas, ou do controlo da assistência social, a criação em exclusivo de uma hierarquia paralela à hierarquia militar nas Forças Armadas para a ação dos capelães, as imunidades pessoais e fiscais conferidas aos membros do clero e às organizações eclesiásticas, etc.), a hierarquia colocou-se ao serviço "espiritual" do regime.

Ou seja, a Igreja pós-concordatária, a despeito de aceitar a imposição estrita de se abster de interferir direta e formalmente enquanto tal no campo político, empenhou-se como atitude permanente e continuada na legitimação ideológica e moral do regime, na construção da imagem providencial do seu "chefe" e na apologia das suas principais opções políticas: o nacionalismo autoritário e antidemocrático, o corporativismo, o colonialismo "imperial", assim inculcados como o reencontro com a "verdadeira" tradição e história da nação, e desígnios da providência. A Igreja ficava impedida de fazer a "sua" política, mas aceitava abençoar e legitimar a política do regime. A aliança da "cruz e da espada" reeditava-se sob a hegemonia do poder político e exprimia-se, sem reservas, até na iconografia propagandística do salazarismo.

Em matéria "imperial", o Acordo Missionário foi até mais longe: nas colónias, a Igreja católica atua explicitamente, administrativamente, ao serviço do projeto colonial do regime, e é paga pelo Estado para o exercício de uma ação missionária orientada pelas prioridades da política do Governo. Na realidade, a partir de 1940, o regime de separação concordatada esconde mais do que revela: esconde uma relação de neorregalismo funcional em regime de separação jurídica, no qual a ação da hierarquia eclesiástica é essencialmente concebida e desenvolvida como pilar religioso, moral e ideológico de sustentação da "nova ordem". Sendo a esse título um fator da maior importância na durabilidade do regime. Como sugere João Miguel Almeida, para a Igreja católica o fim da "questão religiosa" tinha um preço e uma condição implícita: "A da colaboração, ativa ou passiva, com o Estado Novo".[76]

Considerando o longo período das relações entre o Estado e a Igreja católica no período da Ditadura Militar e do Estado Novo salazarista (1926-1968), podemos considerar duas grandes fases. A primeira, entre 1926 e 1958, é a da progressiva construção e consolidação dessa "unidade moral", dessa relação de estreita cumplicidade ideológica e política da Igreja com o regime que, como tudo o que Salazar conquista, se faz prudentemente, passo a passo. A Constituição de 1933, a revisão constitucional de 1935, a Concordata de 1940 e, ainda, a nova revisão constitucional de 1951 serão a expressão institucional desse duplo processo de confessionalização do Estado e de instrumentalização funcional da Igreja, na legitimação religiosa do regime e na criação da unicidade ideológica de massa em torno do Estado Novo.

A segunda fase, entre 1958 e 1968, quando Salazar desaparece politicamente, é a da crise dessa aliança neorregalista induzida pelas grandes transformações nacionais e internacionais, que marcam a transição dos anos 1950 para a tumultuosa década de 1960. O essencial dessas dificuldades é originado por dois tipos

---

[76] João Miguel Almeida, *A oposição católica ao Estado Novo, 1958-1974*. Lisboa: Nelson de Matos, 2008, p. 24.

de fatores. Por um lado, pela intervenção "dos de baixo" da Igreja católica portuguesa, pelo surgimento e rápido desenvolvimento da oposição católica ao Estado Novo, após o episódio da "carta do Bispo do Porto", no rescaldo das eleições presidenciais de 1958, e do abalo profundo que provocaram, como sabemos, no regime. Oposição católica ao Estado Novo que é, também, ao mesmo nível de contestação, uma corrente de denúncia da cumplicidade da hierarquia da Igreja com o regime. Este critica e ameaça a hierarquia pela sua incapacidade de "meter na ordem" os contestatários, e esta tenta defender-se das críticas do regime e das vindas das suas agitadas fileiras, sem nunca pôr em causa o essencial da sua colaboração com o regime à luz da Concordata.

Outro fator azeda drasticamente este entendimento: a mudança de estratégia do papado em termos eclesiais, religiosos e de orientação diplomática da Santa Sé com a morte de Pio XI, a entronização de João XXIII, em outubro de 1958, e a abertura do Concílio Vaticano II, em 1962. Este fator externo, a que se prende a nova atitude do papado sobre o direito à autodeterminação e independência dos povos africanos, abrirá no triângulo Estado Novo-hierarquia-Vaticano feridas irreparáveis, uma crise que estará à beira da rotura no consulado marcelista. Mas a década entre 1958 e 1968, a última década de Salazar, será, deste ponto de vista, um período de confronto permanente entre a oposição católica e o regime, envolvendo a hierarquia com ele comprometida, onde se cruzam: o impacto da crise do Estado Novo de 1958 a 1962, o crescendo da oposição católica, a eclosão da guerra colonial, os "novos ventos" do Vaticano II e das encíclicas papais desses anos e o peso do ambiente internacional.

Apesar de, salvo raras e honrosas exceções, não se conhecer da parte da hierarquia qualquer gesto de demarcação ou de crítica ao regime, apesar de ela apoiar e abençoar a guerra colonial, apesar de tentar "disciplinar" e silenciar a contestação católica de base, nada voltaria a ser o mesmo. Como avisara Salazar no rescaldo do delgadismo, rompera-se a "frente nacional" e não se voltaria a encontrar forma de a recompor, pelo menos nos mesmos termos.

A "UNIÃO MORAL" DA IGREJA CATÓLICA COM O ESTADO NOVO (1926-58)

Em 1951, nuns apontamentos que envia a Marcelo Caetano (então presidente da Câmara Corporativa) sobre a revisão constitucional em curso, e referindo-se às propostas sobre a consagração constitucional da religião católica como a da "nação portuguesa", Salazar aprecia o caminho percorrido nesta matéria dizendo: "Tenho procurado andar, e tentado que se ande, muito devagar, só avançando à medida que a consciência pública se encontra preparada para esses avanços".[77] Em verdade, devagar se fora longe, desde a laicidade do Estado e do ensino no texto constitucional de 1933, à confessionalidade (ainda que em regime de separação), de um e de outro, consagrado na revisão de 1951, tendo pelo meio o enorme pilar da Concordata e do Acordo Missionário de 1940.

Nem sempre assim fora. Em 1926, ainda Manuel Cerejeira não era cardeal-patriarca, a hierarquia quase tropeçara na sua pressa de se refazer do que entendia terem sido os esbulhos causados pela Lei de Separação de 1911. Desde a revisão da lei pelo sidonismo, em 1918, eliminando ou limando alguns dos seus aspectos mais controversos e potencialmente mais conflituais (devolveram-se templos e alfaias à propriedade eclesiástica, mudaram-se as comissões cultuais, acabou-se com as medidas disciplinares contra os bispos, com o beneplácito, com a proibição das vestes talares em público, restabeleceram-se as relações diplomáticas com o Vaticano), desaguara-se num regime de manutenção do *statu quo* que,

---

[77] Apud Paula Borges Santos, *A política religiosa do Estado Novo (1933-1974): Estado, leis, governação e interesses religiosos*. Dissertação (Doutorado) — Faculdade de Ciências Sociais e Humanas, Universidade Nova de Lisboa, 2012, p. 17. (Citado, daqui em diante, como *A política religiosa do Estado Novo*.)

derrubada a Primeira República, a Igreja esperava poder romper a favor da reposição do que considerava como seus direitos. O seu imediato apoio à Ditadura Militar (quase simbolicamente, o golpe arrancara de Braga, quando aí se reunia um congresso mariano) expressava esse afã, logo continuado na espaventosa atuação de um padre Perez, precipitadamente pendurado no curto Governo da "balbúrdia belenense" do velho general Gomes da Costa, com o indefinido estatuto meio de vigilante, meio de conselheiro em matéria religiosa. Fora uma aposta no cavalo errado. Nem um mês depois, Gomes da Costa estava a caminho do exílio e a direita católica abrira um conflito com o ministro da Justiça e dos Cultos, Manuel Rodrigues.

No entanto, nem tudo se perdera. O seu Decreto nº 11.887 de 4 de julho de 1926 seria, depois das reformas sidonistas, a segunda peça dessa via-sacra de reconstituição dos "direitos" e do papel da Igreja católica, ao reconhecer a personalidade jurídica das corporações encarregadas do culto, ao dispensar a autorização do Estado para o ensino religioso nas escolas particulares e ao impedir o Estado de destinar a outros fins os templos e as alfaias afetos a uma religião. Ainda ficava de fora o essencial (a personalidade jurídica da Igreja) e muito mais. Manuel Rodrigues vai transformar-se num dos alvos preferidos da direita católica na Ditadura, mas o processo iniciara-se e acelera-se com a entrada de Salazar para o Governo, em 1928, e, no ano seguinte, com a designação de Cerejeira como Patriarca de Lisboa.

Nessa fase da Ditadura, o compromisso é, de um lado e do outro, respeitar a situação existente. Não o fazer, como demonstrou o incidente da "portaria dos sinos", em 1929, podia originar demissões e até quedas de Governo, como acontecerá com o de Vicente de Freitas. Mas a ascensão política real de Salazar traz consigo a da Igreja católica: ela reaparece, com pompa e circunstância, no protocolo do Estado, e este volta a fazer-se representar ostensivamente nas cerimónias religiosas; Carmona vai a Fátima sancionar a grande manobra eclesial da sua recuperação para o culto mariano e para a ofensiva da "recristianização" dos portugueses lançada em força nos anos 1930.[78] Nas concentrações fatimistas dos meados da década em diante, Salazar e o Estado Novo serão informalmente referidos e celebrados como instrumentos da providência divina para a "salvação de Portugal".

O Ato Colonial de 1930, sendo Salazar ministro das Colónias interino, constitui o terceiro passo institucional significativo, agora no domínio mais afastado (e talvez mais consensual para a cultura colonialista dominante) do "império": às missões católicas coloniais, é-lhes reconhecida personalidade jurídica, proteção e apoio do Estado, como "instrumentos de civilização e influência nacional". Conviria ter presente que esta será matéria constitucional, uma vez que o Ato Colonial é integrado no texto constitucional de 1933.

A Constituição de 1933, fruto que fora, como vimos, do compromisso genético do Estado Novo, no tocante às relações do Estado com a Igreja, ia até onde, aparentemente, podia ir: mantinha o regime de separação do Estado e da Igreja e reafirmava o carácter laico do Estado e do ensino público. No mais, consagrava constitucionalmente as concessões realizadas pelos diplomas já referidos, de 1918 e de 1926, e integrava o Ato Colonial. Mas, também neste caso, as aparências iludiam. Desde logo pelo que não se via: o texto constitucional referendado eliminava do projeto, após alguma controvérsia entre os hierarcas da situação no Conselho Político Nacional,[79] as disposições constitucionais de 1911 que mantinham em vigor a legislação extintiva das congregações religiosas e das ordens monásticas.

Mas sobretudo, como refere Paula Santos, o novo texto introduzia "uma alteração do estatuto público do catolicismo" pelo facto

---

78 Cf. Luís Torgal, *As aparições de Fátima: imagens e representações, 1917-1939*. Lisboa: Temas e Debates, 2002.
79 António de Araújo, op. cit., pp. 149-85.

de "passar a matéria constitucional o que até então fora apenas consagrado em legislação ordinária".⁸⁰ Podia não se avançar muito, mas bloqueavam-se constitucionalmente as aquisições já alcançadas pela Igreja católica. Talvez por isso mesmo, apesar de questões essenciais para a direita católica não só não serem contempladas pela nova Constituição, como serem consagradas contra os seus pontos de vista (a separação, a laicidade, o ensino neutro, o não reconhecimento de personalidade jurídica, o tratamento em pé de igualdade com as demais confissões religiosas, a não inclusão do nome de Deus), a hierarquia acabou por receber, com discreta contenção, o texto constitucional depois de, sem êxito, tentar modificá-lo. A direção do Centro Católico observaria que a nova Constituição apesar de não satisfazer "todas as reivindicações pendentes dos católicos" era "incomparavelmente superior à de 1911, que continuaria se a nova Constituição não fosse votada", instruindo os seus apoiantes a votar a favor do projeto apresentado.⁸¹

Restava esperar e acumular forças e influência, o que não deixa de acontecer com o claro apoio da Igreja ao regime ao longo dos anos 1930. Logo na revisão constitucional de 1935, o lobby da direita católica na Assembleia Nacional, talvez desconhecendo as negociações em curso com a Santa Sé para a Concordata, impõe a um Governo relutante, após debate apoiado por campanha na imprensa católica e monárquica, uma alteração proposta pela deputada Maria Guardiola — comissária nacional da Mocidade Portuguesa Feminina — que acaba com a consagração constitucional da neutralidade religiosa do ensino público. A Constituição passa a estabelecer que o "ensino ministrado pelo Estado" visava o revigoramento das capacidades físicas e intelectuais, e das virtudes cívicas e morais, "orientadas estas pelos princípios

---

80 Paula Borges Santos, *A política religiosa do Estado Novo*, pp. 85-6.
81 Ibid., pp. 95, 99.

da doutrina moral cristã tradicional do País".[82] Na prática, e apesar dos rodriguinhos formais que rodeavam a formulação, o ensino público passava a ter constitucionalmente uma orientação confessional católica.

Convém dizer que esta fora a ponta do iceberg. Todo o programa de recriminações contra a separação, a laicidade do Estado, a ausência do nome de Deus, o divórcio, etc., viera de novo à baila. Ficava elucidativamente claro que a direita católica aceitava o sacrifício temporário, ou tático, do seu programa (compreendendo os condicionalismos a que Salazar estava sujeito), em nome do esforço comum na construção da "unidade moral da Nação", na "restauração nacional", no reencontro do país com a sua tradição cristã, na "renascença do espírito religioso", que a Igreja era chamada a partilhar com o Estado Novo e o seu chefe. Um esforço comum que tornava aceitável o adiamento de certas reivindicações, mas não o seu postergamento. O papel da Igreja na "frente nacional" impunha mais. E a Concordata ia dá-lo, regulando definitivamente esta relação.

Entretanto, desde 1929, secretamente, tinham-se iniciado contactos para negociar uma nova Concordata com a Santa Sé. As conversações são retomadas de forma sistemática e sob a direção pessoal de Salazar (do lado português) a partir de 1933.[83] Seriam sete anos de dura barganha, mas a Concordata consagrará duradouramente o estatuto de privilégio que, a todos os títulos, a Igreja católica conquistara no regime. É a culminância e a consagração

---

82 Ibid., p. 110.
83 A propósito da Concordata e do acordo Missionário com a Santa Sé de 1940, e do contexto mais geral das relações entre o Estado Novo e a Igreja católica em que aqueles se inserem: Cf., entre outros, Rita Almeida de Carvalho, *A concordata de Salazar: Portugal--Santa Sé 1940*. Dissertação (Doutorado) — Faculdade de Ciências Sociais e Humanas, Universidade Nova de Lisboa, Lisboa, 2010; Luís Salgado Matos, *Um "Estado de ordens" contemporâneo: A organização política portuguesa*. Dissertação (Doutorado) — ICS/UL, Lisboa, 1999; Paula Borges Santos, *A política religiosa do Estado Novo*; e Manuel Braga da Cruz, *O Estado Novo e a Igreja católica*. Lisboa: Bizâncio, 1998. (Citado, daqui em diante, como *O Estado Novo e a Igreja católica*.)

de um processo, não só de "unidade moral", mas de "frente nacional", no plano político e ideológico com o Estado Novo.

É preciso olhar para a Concordata à luz do período histórico em que é assinada, em maio de 1940, o auge da época dos fascismos. Franco acaba de vencer a Guerra Civil, bendita como uma cruzada contra o Anticristo pela Igreja católica de Espanha, pelo papa e pela generalidade do mundo católico; a Alemanha hitleriana está a infligir uma dramática derrota aos aliados anglo-franceses na frente ocidental, e em breve chegará aos Pirenéus; a Itália de Mussolini vai entrar na guerra ao lado do Eixo, o espectro da "ordem nova" parece desenhar-se de forma inexorável sobre a Europa. A Igreja católica, através da política vaticana das concordatas (com as ditaduras, mas não só), pretenderia acautelar o futuro. Mas nas elites eclesiásticas, em países como Espanha, Itália e seguramente Portugal, é bem mais do que isso: é a adesão ativa aos regimes que se propõem ser o braço da "regeneração moral" e da "recristianização" das sociedades contaminadas pelos males do século. É a aliança estreita em torno de um projeto comum de resgate nacional e cristão; é corresponder à divina Providência pela graça da vitória sobre os infiéis e a "antinação", e pelos caudilhos e chefes capazes de levar a cabo a "nova renascença". Para a ideologia dominante na época, como vimos (ver Capítulo 1), era algo teoricamente descrito como acima do sentido comum da política ou dos partidos. Era a nação, finalmente, reencontrada consigo própria, ou seja, com os caminhos da tradição católica, a sua verdadeira história. Nesse caminho, como coisa natural e transpolítica, se reencontravam a Igreja e o Estado Novo.

Não se pode, por isso, subestimar a importância da Concordata como elemento consagrador e regulador dessa "frente" de duas entidades, cada uma com a sua esfera própria, mas aliadas no propósito de sustentar o Estado Novo como instrumento temporal dos desígnios da Providência. É certo que a Concordata é, em larga medida, um instrumento consagratório de concessões já antes feitas. Mas é indiscutível que ela vai substancialmente além do que fora dado à Igreja até então (reconhecimento de personalidade jurídica, proibição do divórcio, isenções fiscais, proteção policial e censória, etc.), instalando um regime de privilégio para uma determinada confissão religiosa.

É certo, também, que o Estado Novo não dá à Igreja tudo o que ela pretendia: não lhe restitui o grosso do património, nem indemnização por isso; não aceita confessionalizar o Estado nem pôr o nome de Deus na Constituição; não toca, pelo menos formalmente, no regime de separação, não concede feriados nos dias santos. Dir-se-á que o critério parece ser o seguinte: dar tudo o que puder ser dado de modo a que a Igreja católica aceite desempenhar o seu papel de baluarte ideológico da nova ordem, mas não tanto que pudesse originar divisões ou reações anticlericais na base de apoio do regime.

Essa instrumentalização, pois disso se tratava e tinha um custo, Salazar havia de a resumir lapidarmente num discurso a abrir a II Conferência da União Nacional, em 1949, na campanha eleitoral para as presidenciais desse ano: tratava-se, com o regime concordatário, de "aproveitar o fenómeno religioso como elemento estabilizador da sociedade e reintegrar a Nação na linha histórica da sua unidade moral".[84]

Por isso, a Igreja católica recebe, com o reconhecimento da personalidade jurídica, uma liberdade de organização e de expressão (ao abrigo da censura e até protegida por ela) que nenhuma outra entidade privada gozava no país; por isso lhe é dado o monopólio, de facto, do ensino religioso tendencialmente obrigatório[85] nas escolas públicas do ensino primário, liceal e técnico, bem como situação idêntica para a assistência e ação religiosa nos hospitais,

---

[84] António de Oliveira Salazar, *Discursos*, v. 4, pp. 372-3.
[85] O ensino da religião católica nas escolas públicas é tornado obrigatório para todos os alunos cujos encarregados de educação não requeressem a sua dispensa.

prisões e quartéis (onde criará uma hierarquia paralela de capelães militares); por isso, se lhe dá vasto campo de ação na assistência social (com as misericórdias e não só); por isso, o regime lhe entrega a direção e a orientação efetiva de vários organismos estatais ligados à formação das "mulheres", das "mães", das "raparigas" (a Organização das Mães para a Educação Nacional, Omen, e a Mocidade Portuguesa Feminina, MPF), ou ligados à assistência social e à formação neste campo, bem como lhe permite forte influência a nível do aparelho corporativo (no INPT, casas do povo e dos pescadores, etc.). Por isso, às missões católicas coloniais é atribuído, como vimos, o papel de um verdadeiro instrumento administrativo-religioso ao serviço da política colonial do regime.

Não se tratava só de facilitar à Igreja o seu múnus religioso. Tratava-se de potenciar uma ação religiosa de difusão de uma mundivisão largamente coincidente com a legitimação ideológica da ordem estabelecida. Tratava-se de apresentar, como coisas de Deus e da doutrina da Igreja, o nacionalismo organicista, o regime corporativo, o autoritarismo antidemocrático, o colonialismo (e, mais tarde, a guerra colonial), ou seja, os fundamentos políticos e ideológicos do Estado Novo. Dessa tarefa se encarregou a Igreja durante largos anos, fosse através dos meios que lhe conferia a Concordata e o regime, fosse diretamente dos púlpitos dos templos em todo o país.

Talvez isso nos ajude a entender o pesado e quase total silêncio dos bispos, sobretudo no novo mundo do pós-guerra, face a tanta coisa que mudava, ou se mantinha, e convocava o dever do seu comentário. Talvez assim se compreenda que a hierarquia metropolitana, salva a honrosa exceção do bispo do Porto, nunca tenha questionado nada relativamente aos direitos humanos permanentemente abusados, às liberdades fundamentais violentamente negadas, às injustiças sociais profundas criadas e reproduzidas pelo sistema político e económico, à violência criminosa e absurda da guerra colonial. Não se limitaram os bispos ao silêncio e à abstenção. Quando as vozes dos ativistas das organizações operárias ou estudantis católicas, precedidas pela coragem quase solitária de homens como os padres Abel Varzim ou Alves Correia, começaram, ainda antes do bispo do Porto, e sobretudo depois do "sinal verde" que foi a sua carta, a pôr em causa aspectos essenciais das políticas do regime que reputavam (ou começavam a reputar) de anticristãs, a posição da hierarquia foi sempre, em última análise, a de tentar silenciar e neutralizar a voz e a ação da dissidência. Face à dissidência político-religiosa, fosse ela em Portugal ou nas colónias, o poder eclesiástico acabou sempre por cumprir com as prioridades e as pressões do poder político.

Naturalmente, no contexto desta relação que aqui se caracteriza como neorregalismo funcional, a Igreja católica mantém a sua autonomia institucional e de interesses, alimenta os seus lobbies no aparelho do Estado, debate-se com o poder político em torno da defesa da sua esfera de influência. Mas os conflitos conhecidos — nas misericórdias, sobre dissolver ou não os escuteiros católicos, e noutras frentes — não são conflitos paradigmáticos, isto é, a Igreja não é portadora de um projeto de sociedade alternativo ou em disputa com o do regime. É uma conflitualidade de repartição de competências em torno de uma estratégia comum. Querer ver nessas contradições uma demonstração de mútua distância entre o Estado e a Igreja e da separação dos seus percursos é uma forma — a que a própria elite eclesiástica várias vezes recorreu ao longo do período em estudo — de iludir o essencial do que a Concordata substancialmente regulava: a Igreja católica aceitava legitimar e apoiar o Estado Novo, porque entendia que ele era um instrumento temporal da providência divina. E a esse título achava que lhe cumpria segui-lo para servir um desiderato superior que era comum à nação e à religião.

É claro que a Concordata, à luz do que se disse, continha um implícito político essencial. A Igreja tinha maior liberdade para desenvolver as suas atividades ao abrigo do pacto concordatário, desde que elas não fossem hostis ao Governo. Se isso acontecesse, a Igreja estava a fazer política e as suas atividades deixavam de ser protegidas pela Concordata. Como os acontecimentos de 1958 demonstrariam, era precisamente isso que se entendia das palavras de Salazar ao anunciar na Assembleia Nacional, com o acordo concordatário, a certeza do Governo "de que a Igreja se abstém de fazer política com o Estado".[86]

Resta dizer que, com a Concordata, "a situação jurídica da Igreja ficava ancorada no direito internacional e, no essencial, liberta de ameaças de alteração ao seu *statu quo* por via da legislação ordinária".[87] E dizer isto não é dizer pouco: significava garantir, sem prazo, a segurança das aquisições concordatárias, uma vez que ficavam ao abrigo das variações da política interna do país. E assim foi: seria preciso esperar sessenta anos — se excetuarmos a cirúrgica revogação da proibição do divórcio para o casamento católico, no "verão quente" de 1975 — para rever a Concordata (isto é, para o Vaticano se dispor a tal).

Mas só na revisão constitucional de 1951 se completará o edifício político-jurídico da colaboração da Igreja católica com o Estado Novo. Passado o susto da crise do pós-guerra, vencida a oposição democrática, no auge da Guerra Fria e da histeria anticomunista e com a extrema-direita do regime propalando intenções de retorno à pureza ideológica dos anos 1930 e de retificação de certas "transigências" político-institucionais pretéritas, é precisamente nesse contexto que regressa a agenda do integralismo católico.

Com um argumento de peso: a prática pós-concordatária de estreita convergência da Igreja com o Estado, na tarefa da restauração nacional e cristã, vinha demonstrar que não faziam mais sentido as "condescendências do passado" relativas à "separação"

---

86 António de Oliveira Salazar, "II Legislatura, nº 89", 27/05/1940. In: *Diário das sessões da Assembleia Nacional*, pp. 70-2.
87 João Miguel Almeida, op. cit., p. 101.

de poderes (defendia-se agora uma "união moral" com "independência administrativa e económica dos dois poderes"), à neutralidade religiosa do Estado, à ausência do "nome de Deus" na constituição, etc.[88]

Salazar antecipa-se. E sempre fiel à política dos pequenos passos, na sequência de um debate com várias pressões e recados, onde a direita ultramontana ameaça ser maioritária e conta com o apoio de vigorosa campanha na sua imprensa, o chefe do Governo aceita — contra o parecer da Câmara Corporativa, relatado por Marcelo Caetano — uma forma de confessionalização do Estado novamente enviesada, em que a religião católica passa a ser constitucionalmente consagrada como a "religião da Nação portuguesa". Com isso, trava a introdução do "nome de Deus" no preâmbulo da Constituição e a tentativa de alterar o regime de separação.[89]

E aqui acabam as concessões político-institucionais à Igreja católica. Melhor, o final dos anos 1950, com o "terramoto delgadista" de 1958, trará não só a mais grave crise política que o regime conhecera até então, mas o início da rotura desse sistema de relações do Estado Novo com a Igreja católica, em que esta se constituíra como um dos principais fatores da segurança e estabilidade do regime.

A ROTURA NA "FRENTE NACIONAL" (1958-68)

A crise nessa frente coesa de colaboração entre a Igreja e o Estado Novo que durava desde os anos 1930 começa a manifestar-se sob o impacto dos múltiplos e agitados acontecimentos que marcam o ano de 1958. Como atrás se sugeriu, a dois níveis distintos, ainda que obviamente interligados.

Desde logo "por baixo", pelo início sustentado e crescentemente alargado da dissidência de ativistas ligados aos organismos

---

88 Paula Borges Santos, *A política religiosa do Estado Novo*, p. 129.
89 Ibid., p. 168 ss.

operários ou estudantis da Ação Católica, ou de intelectuais pertencentes aos círculos de influência da Igreja. A partir da célebre carta a Salazar do bispo do Porto, d. António Ferreira Gomes, e das perseguições de que fora alvo, o prelado será a referência intelectual de uma dissidência que responde saindo à luz do dia, assumindo a crítica do regime e, com ela, de forma crescente, a crítica à hierarquia da Igreja, cúmplice do regime.

Depois, quase ao mesmo tempo, a relação começara também a rachar "por cima", pelo conflito insanável com a orientação do Vaticano após a morte de Pio XI, em outubro de 1958, e a escolha de João XXIII pelo colégio dos cardeais. A Igreja católica começa a repensar-se, a repensar a sua relação com os fiéis e com o mundo em plena transformação, e disso farão parte, entre várias outras novidades, o diálogo ecuménico com outras crenças e os não crentes, novas ideias sobre a participação dos leigos na vida da Igreja e sobre a sua abertura ao "povo de Deus" e, no plano da política externa, o diálogo com o campo soviético e, sobretudo, uma aproximação à causa da libertação nacional dos povos africanos.

O Concílio do Vaticano II, inaugurado em 1962, é o fórum por excelência desses ventos de mudança, suportados, também, por encíclicas papais emblemáticas, como a *Pacem in Terris* de João XXIII, publicada em 1963, com grande reflexo em Portugal. Na realidade, é muito profundo o impacto que o concílio Vaticano II tem nos meios católicos portugueses e na base da sua Igreja. Encontrava terreno favorável, adubado desde os anos 1950 pela ação de reflexão e até de contestação de ativistas e alguns dirigentes das organizações da Ação Católica e pela pública dissensão de d. António Ferreira Gomes face ao salazarismo.

Efetivamente, a doutrina conciliar funciona como um maremoto de novas conceções teóricas e práticas sobre a vida interna da Igreja católica e sobre as relações dos católicos com a sociedade e com os novos desafios do mundo dos anos 1960. Nesse sentido, abalou profundamente a Igreja católica portuguesa, pesadamente conservadora, centralista e autoritária, e com uma hierarquia alinhada com a oligarquia política e económica do regime, com o colonialismo e a guerra. A este nível, a mensagem do Vaticano é recebida com indisfarçável embaraço e perplexidade pela hierarquia, quando não deparou com a aberta oposição do ultramontanismo laico. Mas será à sombra do Vaticano II, depois do primeiro gesto do bispo do Porto, e sob a sua inspiração, que grupos de católicos laicos ou membros do clero criam novas tribunas de debate político e ideológico, lançam pontes de diálogo com outros sectores sociais, se radicalizam politicamente, tomam posição contra o regime e a guerra colonial, atacam o autoritarismo, o conservadorismo e as cumplicidades da hierarquia, falam corajosamente dos púlpitos pela paz e pela justiça social, começam a ser perseguidos, presos e torturados, um certo número deles recorre a formas clandestinas de propaganda e informação, outros não recusaram sequer, com pesado sacrifício pessoal, o apoio à luta armada contra o regime nos anos 1970.

Logo em 1963, comentando o impacto do Concílio e das encíclicas papais, Salazar previra, em correspondência particular, que:

> Os Bispos terão dificuldade em manter a disciplina no clero que por muitas vezes se revelará ousado e impertinente. É preciso que em toda a parte onde se sinta esse deslize? Desatino? Alguém tenha a coragem de rebater as acusações infundadas e injustas. Não pode prever-se que tempo durará esta crise que assolará a Igreja.[90]

E não tem dúvida sobre o papel que cabe aos apoiantes do regime: "É nosso dever auxiliar os próprios servidores dela a libertarem-se da confusão em que estão lançados".[91]

---

90 Carta de Salazar ao advogado portuense Carlos Costa, apud João Miguel Almeida, op. cit., p. 134.
91 Ibid.

Toda esta situação cria ao Estado Novo, no tocante às suas relações com os católicos, tradicionalmente sólidas, uma tripla situação de tensão: com a dissidência católica que não desarma, com o Vaticano que socava a política colonial e com a própria hierarquia, acusada de "pusilanimidade" por não "disciplinar" eficazmente os primeiros, ou de tergiversação, pela pouca eficácia junto da diplomacia vaticana.

A crise com a dissidência católica tinha os seus antecedentes no choque do pós-guerra. Nessa altura, a hierarquia — sempre alegando a sua distância face à "política concreta de regimes" — alinhava em bloco com o Governo na defensiva, lançando o alarme junto dos fiéis para os perigos de um pós-guerra dominado pelas ideias da democracia "jacobina" ou do comunismo, chamando à gratidão do povo pelo milagre da conservação da paz operado pelo Estado Novo, e trazendo a Virgem de Fátima num andor a desfilar pelas ruas de Lisboa, de Almada e de outros centros "ameaçados", para rezar pela salvaguarda da harmonia e da concórdia. Em pleno contra-ataque do regime sobre a oposição democrática, em 1947, as espaventosas festas, para celebrar o oitavo centenário da conquista de Lisboa à mourama "infiel", funcionavam como metáfora da retoma do controlo do regime sobre os novos infiéis, estando a Igreja católica no centro das comemorações.[92]

Nessa altura, só as vozes solitárias dos padres Abel Varzim (contra o que considerava ser a degenerescência autoritária e plutocrática do corporativismo) ou Joaquim Alves Correia, ou de Francisco Veloso (antigo dirigente do Centro Académico de Democracia Cristã que surgiu como aderente do MUD), desafiaram o aparente consenso dos católicos. O primeiro, sob pressão do Governo, será demitido dos seus cargos na Ação Católica, verá o seu jornal *O Trabalhador* ser encerrado e será remetido por Cerejeira para

---

[92] Cf. Fernando Rosas, "A Igreja em Portugal nos anos 40". In: *História*, n. 46, 1982, pp. 2-17.

uma espécie de exílio interno.[93] O segundo será empurrado para o exílio nos Estados Unidos. Mas, ao longo dos anos 1950, as atividades da LOC e da JOC (Liga e Juventude Operária Católica) preocupam seriamente o Governo. A JUC (Juventude Universitária Católica) mobiliza-se ativamente, em 1956, contra o Decreto-Lei nº 40.900[94] e os escritos e opiniões do bispo do Porto, d. António Ferreira Gomes, deixam adivinhar a tempestade.[95]

É sabido que as eleições presidenciais de 1958 desencadeiam a expressão pública da dissidência católica com o Estado Novo. A sua primeira e inédita manifestação é a carta dirigida, a 19 de maio, ao diretor do *Novidades*, órgão do patriarcado que assumira a defesa do candidato do regime, Américo Tomás, pedindo-lhe uma atitude de isenção na campanha eleitoral, dias depois da receção triunfante a Delgado no Porto. São 28 personalidades de peso no mundo da Ação Católica: João Bénard da Costa, presidente-geral da JUC; Carlos Portas, seu vice-presidente; Manuela Silva, presidente-geral da JUC Feminina; João Gomes, presidente-geral da JOC; Manuel Serra, dirigente da JOC; Adérito Sedas Nunes, Francisco Pereira de Moura, João Salgueiro, José Pinto Correia, todos ex-dirigentes da JUC; Manuel de Lucena, Pedro Tamen, Nuno Portas, Mário Murteira; bem como personalidades mais velhas: Alçada Baptista, Barrilaro Ruas, Francisco Lino Neto e Nuno Teotónio Pereira. Ou seja: o núcleo duro do que iria ser o início da oposição católica.

---

93 Cf. Maria Inácia Rezola, *O sindicalismo católico no Estado Novo (1931-1948)*. Lisboa: Estampa, 1999, pp. 270-276. (Citado, daqui em diante, como *O sindicalismo católico no Estado Novo*.)
94 O Decreto-Lei nº 40.900, publicado em 1956, era gravemente limitador da liberdade e autonomia das Associações de Estudantes (AE) e suscitou contra ele uma larga mobilização das AE e da JUC, que levou à suspensão do diploma. A luta contra o "40.900" é considerada como a primeira batalha da contestação estudantil ao Estado Novo no pós-guerra.
95 Cf. Sobre os antecedentes da oposição católica: João Miguel Almeida, op. cit., pp. 32-45.

Seguiu-se a divulgação da publicação do pró-memória preparado pelo bispo do Porto para uma entrevista com Salazar que nunca chegaria a realizar-se. Era a primeira vez que um bispo assumia uma crítica sistemática ao regime, em documento dirigido ao seu chefe, e tornado público. As apreciações de d. António Ferreira Gomes não eram propriamente surpreendentes, vinham na linha das suas recentes intervenções que tinham dado nas vistas: a degenerescência estatista e oligarquizante do corporativismo, as injustiças sociais, a "miséria imerecida" do mundo do trabalho, a negação das liberdades públicas. O aspecto realmente crítico da carta — aquele que parecia dar razão às suspeitas que, há muito, Salazar alimentava relativamente aos reais propósitos da Ação Católica — respeitava à defesa que d. António fazia do direito dos católicos se organizarem politicamente, com autonomia, fora do regime. O bispo do Porto punha em causa o essencial do pacto político implícito na Concordata.

Salazar não perdoará, nem transigirá. Sabe que é a unidade do regime que está em causa, o risco de desagregação. Desencadeia contra o bispo do Porto um ataque em três frentes. Em primeiro lugar, uma virulenta campanha de imprensa e de outras publicações de ataque ao "bispo das oposições", que, violando os seus deveres, se pusera ao serviço dos políticos e da política dos inimigos do Estado Novo. Depois, uma ofensiva de pressão pública sobre a hierarquia, aberta pelo seu discurso de 6 de dezembro de 1958: havia católicos e "organismos onde se têm verificado desvios" que tinham rompido a "frente nacional" imiscuindo-se em atividades políticas contra o regime, sendo certo que, se a Igreja os não disciplinava, teria de ser "um poder igualmente legítimo na sua esfera de ação [a] dizer quais os limites que de todos os modos se fariam respeitar em nome do interesse nacional".[96]

---

96 António de Oliveira Salazar, *Discursos: Notas políticas (1959-1966)*. Coimbra: Coimbra Editora, 1967, v. 6, pp. 516-7.

Era a Concordata que podia estar em causa. Finalmente, lança uma ofensiva diplomática para levar a Santa Sé a exonerar d. António da diocese do Porto.[97]

Os bispos ficam em estado de choque. O cardeal Cerejeira e a conferência episcopal viriam a público por quatro vezes, de novembro de 1958 a janeiro de 1959, para garantir que a Ação Católica não era, nem corria o risco de vir a ser, um partido democrata--cristão; para se defender das acusações de conluio político com o Estado Novo, dando, até, conta de algum azedume, para lembrar a Salazar, sem o referir, claro está, "que é a ordem espiritual que julga a temporal e não vice-versa".[98] Mas, melindres à parte, está ansiosa por repor a "normalidade" e não criar mais problemas. Ela não esboçará o menor gesto de solidariedade para com o bispo do Porto, alvo de ataques violentos da direita católica e do ultramontanismo. Quem reage, com tomadas de posição públicas, são grupos de padres a quem, através de sucessivas circulares confidenciais do Patriarcado de Lisboa, entre março e abril de 1959, o cardeal impõe a interdição de redigir ou assinar textos, proferir homilias ou até de manter "conversas particulares" de "carácter político" ou que "envolvam qualquer melindre da mesma ordem".[99] Mais do que isso: através da intervenção do cardeal Costa Nunes, articula-se com Salazar uma espécie de armadilha que consiste em levar o bispo do Porto a sair do país, em gozo de férias, sabendo-se que o Governo não lhe consentiria o regresso, como efetivamente aconteceu no posto de Valença, na manhã de 18 de outubro de 1959, data do início do seu longo exílio. A Santa Sé não cede na sua destituição, mas Salazar lograra expulsá-lo do país. Pouco ia adiantar. Sintomaticamente, em janeiro desse ano, d. Sebastião Soares de Resende, bispo da Beira, publicava na

---

97 Cf. Luís Salgado Matos, op. cit., pp. 50-1.
98 Discurso do Cardeal Cerejeira, no Natal de 1958, apud João Miguel Almeida, op. cit., p. 78.
99 Ibid., p. 91.

imprensa moçambicana um artigo de crítica demolidora à política colonial do Governo.

De seguida, é sabido que a dissidência católica contra o regime explode tomando como pretexto o caso de d. António Ferreira Gomes e não mais deixará de crescer. Em 1959, um grupo de mais de quarenta personalidades católicas dirige-se, em fevereiro, a Salazar, respondendo às suas ameaças sobre a rotura da "frente nacional" e, pouco depois, voltam à carga para denunciar "os métodos de repressão do regime" e a atuação da polícia política. Nesse mesmo ano, há dissidentes católicos envolvidos na conspiração da Sé;[100] em 1961, pela primeira vez, personalidades católicas integram listas da oposição na campanha eleitoral para a Assembleia Nacional; em 1963, aparece a revista *O Tempo e o Modo* e inicia a sua atividade o grupo clandestino Direito à Informação; em 1964 surge a cooperativa Pragma (encerrada pela Pide em 1967); em 1965, 54 universitários católicos protestam contra a vaga de repressão antiestudantil e denunciam as torturas infligidas aos presos pela polícia política. E, em outubro, 101 católicos invocam a *Pacem in Terris* para apoiar o "manifesto da Oposição" às eleições desse ano, no qual se defende o princípio da autodeterminação para pôr termo à guerra colonial. Conflito que a hierarquia, desde o começo, justifica e apoia em nome dos velhos valores da missão providencial da evangelização conferida ao colonizador português. Ainda em 1965, o Direito à Informação verbera, em edição especial clandestina, a "Igreja comprometida com o regime".

Entretanto, quase simultaneamente, a partir de outubro de 1964, abre-se o conflito com o Vaticano que, nesse mesmo mês, através do próprio Paulo VI, informa Cerejeira da sua deslocação ao Congresso Eucarístico em Bombaim, na União Indiana (aparentemente, estivera mesmo para ir a Goa).

---

[100] Susana Martins, *A conspiração da Sé*. TCC (Licenciatura em História) — Faculdade de Ciências Sociais e Humanas, Universidade Nova de Lisboa, 1996.

Salazar seguia, há muito, atento e inquieto, as novas tendências da diplomacia romana. Vexado pela desvalorização papal da ocupação de Goa pela União Indiana três anos antes e, sobretudo, pela desconsideração das velhas tradições imperiais e religiosas do país naquela região, ciente do risco que advinha para a estratégia do integrismo colonial de facilitar a dessintonia do Vaticano, resolve reagir com uma dureza provavelmente sem precedentes nas relações do Estado Novo com a Santa Sé. Responde a Cerejeira, novamente, com a ameaça de rever a Concordata:

> Não há o propósito de tocar em matéria convencional, mas creio dever considerar-se comprometida toda a larga margem de boa vontade, de generosidade, de apoio, de prestígio, de preferência em que até ao presente se tem movido a administração pública para com as autoridades e interesses da Igreja.[101]

Manda Franco Nogueira, ministro dos Negócios Estrangeiros, em conferência de imprensa, apontar a visita de Paulo VI a Bombaim como um "agravo gratuito, inútil e injusto". Dá instruções à Censura para que impeça toda a informação sobre a deslocação do papa e ordena medidas policiais e administrativas contra os padres, seminaristas, professores de religião e moral, etc., que nas homilias, em cartas abertas, em publicações várias, um pouco por todo o país, defendem o papa e explicam a sua visita. Mais uma vez Cerejeira se põe do lado das proibições, repreendendo o clero diocesano que, "para desagravar o Papa", tinha desobedecido ao Patriarca, pedindo explicitamente aos membros do clero para se absterem de qualquer referência ao assunto.[102]

A posterior concessão da Rosa de Ouro ao Santuário de Fátima e a visita papal de maio de 1967 acabam por ser uma compensação

---

101 Apud João Miguel Almeida, op. cit., p. 142.
102 Ibid., pp. 146-7.

frouxa (e muito controversa, nacional e internacionalmente), oferecida por Paulo VI a Salazar, que a aceita, entendendo-a como uma retificação do "excesso de progressivismo". Mas o papa protege-se: visita Fátima a convite da diocese de Leiria, e não do Governo português, não desembarca em Lisboa mas no aeródromo de Monte Real, e reza em Fátima "pela paz no mundo". Na realidade, também nesta frente tudo ia agravar-se.

A velha cumplicidade rompia-se. Entre o regime e a Igreja católica, a partir de 1958 e com uma rapidez crescente, nada voltaria a ser o mesmo. A novidade, nos anos do fim do regime, virá da hierarquia, após a substituição de Cerejeira pelo cardeal António Ribeiro como Patriarca de Lisboa. Ela começará a tomar as suas distâncias do poder político com vista a evitar — como evitou — o erro fatal da queda da monarquia: o de morrer abraçada aos vencidos.

O CORPORATIVISMO ENQUANTO REGIME

Na sua expressão prática de instrumento de controlo e "disciplina" social do movimento operário e sindical e, simultaneamente, de principal quadro orgânico de regulação e equilíbrio entre os diversos sectores da classe dominante e as suas estratégias de acumulação, o corporativismo seria, sem dúvida, um dos mais importantes (e menos referenciados enquanto tal) fatores da longevidade política do Estado Novo.

Convém, todavia, precisar melhor do que falamos. O debate em torno do corporativismo, enquanto experiência política autoritária na primeira metade do século XX (na Europa, com seródios prolongamentos ibéricos no pós-Segunda Guerra Mundial), é, em Portugal, raro e escasso. E, tanto entre nós, como internacionalmente, penso que é frequentemente obscurecido por uma confusão de níveis da realidade que a lição de Renzo de Felice já detetara a propósito da necessidade central de distinguir, no estudo dos fascismos, o fascismo enquanto movimento do fascismo enquanto regime.[103] Ora, para sabermos do que estamos a falar quando convocamos o estudo do corporativismo, o mesmo tipo de *distinguo* há-de ter-se em conta, como em estudo recente bem sugeriu Daniele Serapiglia,[104] entre o corporativismo enquanto mero discurso ideológico das direitas autoritárias e antiliberais, e o corporativismo enquanto realização prática. Isto é, enquanto expressão institucional, instrumento de intervenção política e administrativa na economia e na sociedade dos regimes que se reivindicavam do corporativismo como ideologia.

É o estudo comparado dessa prática política, social e económica dos corporativismos que permite, como propõe Manuel Lucena,[105] concluir pela identidade essencial do fascismo italiano e do Estado Novo (até aos anos 1940), enquanto fenómenos político--ideológicos, sem prejuízo das suas diferenças a vários níveis, necessariamente filtradas pelas distintas realidades socioeconómicas e culturais em que esse tipo de regime emergiu. Nesta maneira de ver, Estado Novo e fascismo mussoliniano surgem como duas expressões da "época dos fascismos", ou duas variantes desse "fascismo genérico", que marca grande parte da Europa entre as duas guerras.

Pretendemos aqui não tanto discutir essa dimensão comparativa, já muito bem estudada por outros autores,[106] mas analisar o corporativismo português sobretudo na sua dimensão de prática

---

103 Renzo de Felice, *Entrevista sobre fascismo*. Rio de Janeiro: Civilização Brasileira, 1976, p. 28 ss.
104 Daniele Serapiglia, *La via portoghese al corporativismo*. Roma: Carocci, 2011, p. 226.
105 Manuel Lucena, "Corporatisme au Portugal, 1933-74". In: Pedro Aires Oliveira e Maria Inácia Rezola (coord.), *O longo curso: Estudos em homenagem a J. Medeiros Ferreira*. Lisboa: Tinta-da-china, 2010, p. 178 ss.
106 Cf. Entre outros autores portugueses: Manuel Lucena, op. cit.; Luís Reis Torgal, *Estados novos, Estado Novo, v. 1*; Manuel Loff, *O nosso século é fascista!*; Fernando Rosas, "Cinco pontos em torno do estudo comparado do fascismo". In: *Vértice*, v. 13, n. 2, pp. 21-9; ou, com orientação distinta, António Costa Pinto, *O salazarismo e o fascismo europeu*.

social e económica do regime salazarista. Ou seja, procuraremos demonstrar como o corporativismo prático e real, enquanto regime, longe de constituir uma solução mais ou menos técnica de "concertação social" ou de regulação económica, longe também de ser uma prática neutra, em si, ou politicamente descartável dos regimes que lhe deram concretização, é, pelo contrário, um instrumento indissociável da natureza dos fascismos e da sua apetência totalitária, e um fator central da sua durabilidade.

Mas ainda antes disso, vale a pena comentar brevemente a dimensão doutrinária e ideológica do corporativismo lusitano.

O CORPORATIVISMO ENQUANTO DOUTRINA E AS SUAS AMBIGUIDADES

É sabido que em Portugal, como em outras sociedades da época, a doutrinação corporativista assumiu nuances diferentes entre as várias direitas da direita sobre que assentaria o Estado Novo. O Integralismo Lusitano, surgido como corrente em 1912-3, atualizaria o discurso contrarrevolucionário de génese legitimista dos finais do século XIX, cruzando-o com as influências do carlismo espanhol e, sobretudo, da Action Française maurrassiana. A versão integralista do corporativismo é, por isso, mais política, abertamente monárquica e restauracionista, discordante da estratégia centrista do *ralliement* definida pelo papado para a direita católica (com quem os integralistas entram em conflito tático aberto no início dos anos 1920), menos centrada no social ou na defesa dos direitos da Igreja, e mais ideológica na cerrada apologia dessa utopia de regresso ao Antigo Regime de que o organicismo corporativo era a trave mestra.

Neste campo da direita autoritária, conservadora e antiliberal, a direita católica, reorganizada após o sidonismo na nova versão do Centro Católico, não tinha divergências doutrinárias de fundo com o integralismo no que se pretendia como sociedade alternativa à crise do liberalismo e à ameaça da luta de classes.

As suas divergências eram de ordem tática, como referimos, e o seu discurso sobre o corporativismo de pendor retoricamente mais social, mais personalista, mais associativo (no sentido do *corporativismo de associação* teorizado por Manoilescu).[107] Ambas as versões recusando o estatismo corporativo em nome da autonomia, da descentralização, do organicismo social enquanto decorrência da própria ordem natural das coisas.

Também em Portugal quando finalmente se constitui, em 1932, o Movimento Nacional-Sindicalista, um movimento especificamente fascista, em larga medida, como vimos, saído das fileiras da juventude escolar do Integralismo Lusitano sob a tutela de alguns dos seus fundadores,[108] também aqui, o fascismo-movimento não inova teoricamente, faz seu o discurso corporativista das velhas direitas, ainda que emprestando-lhe, como em todo o lado, tons obreiristas, antiplutocráticos e milicianos recebidos, aliás, com particular frieza pelo ultramontanismo endémico das elites conservadoras.

A direita republicana, essencial, como procuramos demonstrar, para a viabilização do regime salazarista, encararia, por seu turno, a doutrinação corporativa da forma pragmática e oportunista com que o geral dos meios conservadores se renderia ao advento do Estado Novo. Ou seja, como um expediente prático e eficaz para repor a "ordem" nas finanças públicas, no Governo, nas empresas e nos negócios. De forma identicamente pragmática iria a direita tecnocrática, que se junta ao novo regime — a direita dos engenheiros ou "das realizações", como acima a designamos (ver p. 64 e segs.) —, olhar para o corporativismo. Apreciá-lo-á essencialmente pela sua eficácia como instrumento de direção e regulação económica ao serviço do Estado e da elite tecnocrática, no ambicionado processo de fomento económico do país.

107 Cf. Mihail Manoilescu, *Le Siècle du corporatisme*. Paris: Alcan, 1936.
108 Rolão Preto e o conde de Monsaraz, ambos da geração fundadora do Integralismo Lusitano, assumirão em 1932 a liderança (como "chefe", o primeiro, e como secretário--geral, o segundo) do Movimento Nacional Sindicalista.

Sem surpresas, será o discurso católico sobre a "Nação orgânica" e o corporativismo que marcará os textos solenes e fundadores de Estado Novo: a Constituição de 1933, o Estatuto do Trabalho Nacional do mesmo ano, os principais discursos de Salazar sobre o assunto. Seria esse enunciado teórico politicamente correto, como hoje se diria, apologista de um corporativismo de associação demarcado da "omnipotência estatista" que, para o geral dos autores, haveria de sofrer o radical desmentido da sua concretização prática, isto é, do corporativismo enquanto regime. Donde a essencial insuficiência de centrar unilateralmente o estudo ou a caracterização do corporativismo na sua vertente de mero enunciado doutrinário, sobretudo com a pretensão de extrair daí conclusões sobre a natureza política dos regimes que dele se reclamam. Em certo sentido, só se podem entender os regimes corporativos tentando conhecer o que eles foram na prática social e política, e não unicamente através da retórica dos seus ideólogos sobre o que pretendiam que eles fossem.

Dito isto, duas observações me parecem pertinentes.

A primeira, para dizer que mesmo no seu enunciado teórico-programático (intervenções do chefe do Governo ou em textos legais) é bem visível a ameaça estatista e totalizante no discurso do corporativismo português. Nem a pureza associativa das intenções é assim tão imaculada, como geralmente se aponta, nem a traição da prática é tão escandalosa, como já na época alguns dos doutrinadores — com destaque para Marcelo Caetano — lamentavam.

Na realidade, e já antes a isto aludimos (ver Capítulo 1), preexistindo a Nação orgânica ao Estado, fruto que era da disposição natural das sociedades, do "instinto" associativo dos seus corpos harmónica e espontaneamente constituídos — as famílias, as freguesias, os municípios, as corporações morais e económicas —, o cerne da "revolução corporativa" consistia em integrar a Nação orgânica, essa "constituição natural da sociedade", no Estado. O Estado social e corporativo constituía-se, assim, em estreita correspondência com a Nação orgânica, organizando-a corporativamente, conferindo direitos políticos e administrativos a essa organização corporativa, e criando, dessa forma, "uma expressão, mais fiel do que qualquer outra, do sistema representativo".[109] Na boa ortodoxia do corporativismo de associação, essa receção da "Nação pelo Estado" — cuja expressão institucional é a organização corporativa como fundamento legitimador do próprio Estado — realizar-se-ia respeitando e consagrando o espontâneo e livre associativismo, a organicidade social imanente aos corpos construtivos da Nação, sem outra intervenção do Estado que não fosse a título supletivo das carências da iniciativa privada. Não obstante, Nação e Estado coordenam-se mas não se confundem, como repetidamente salientará Salazar nos seus discursos: "sobre a unidade económica — Nação — move-se o Estado", um "Estado que deve tomar sob si a proteção e a direção superior da economia nacional",[110] o que, aliás, será consagrado constitucionalmente.

Por isso, todo este discurso ideológico onde num prato da balança repousa a conceção da Nação orgânica e corporativista demarcada do estatismo totalizante, e no outro o Estado como intérprete e árbitro supremo do interesse nacional, é permanentemente atravessado por uma ambiguidade essencial: sempre debitando a obediência ao princípio da não "divinização do Estado", deixa-se adivinhar que em nome do "realismo", em nome "da razão e da história" ou "dos mais sagrados interesses da Nação", "nós temos de realizar o Estado forte... temos de dar à engrenagem do Estado a possibilidade de direção firme, de deliberação rápida, de execução perfeita".[111] E isso fazia-se, dizia o chefe de Governo num dos seus mais importantes discursos fundadores, coordenando "as corporações, federações e confederações

---

109 António de Oliveira Salazar, *Discursos*, v. 1, p. 87.
110 Ibid., pp. 205, 207.
111 Ibid., p. 285.

económicas de carácter patronal ou operário [...] e sujeitando todas as atividades e interesses às necessidades e interesses superiores da Nação",[112] obviamente interpretados pelo Estado.

Nem se pode dizer que, logo em 1933, ao referir positivamente as novas tendências políticas do pós-Primeira Guerra, Salazar não tenha sido bastante claro relativamente à dimensão centralizadora, totalizante e estatista do projeto corporativista em gestação:

> [...] tudo se pretende que obedeça uma direcção única, a um único espírito, e — à falta de um estado de consciência coletivo que espontaneamente se encaminhe para esse resultado — é o Estado quem se arroga determiná-los, como representante e guarda do interesse geral. Aparece assim quase como um axioma que o Estado deve dirigir a economia da Nação. Mas como? Como? O tempo revela que a direção moderada e discreta das pautas, dos tratados de comércio, dos prémios aos produtores não evita desvios inconvenientes, excessos que se traduzem em prejuízos, falta de ajustamento das várias rodagens da produção. Tem-se ido mais longe [...].[113]

A esta luz, é difícil sustentar que o futuro corporativismo enquanto regime não contivesse já subjacente, por entre garantias formais de sentido diferente, ao enunciado do corporativismo enquanto discurso ideológico do Estado Novo. A ambiguidade da teoria deixava já adivinhar a prática.

A REAÇÃO CORPORATIVA E O SEU CONTEXTO HISTÓRICO

A segunda observação tem a ver com o risco de uma relativa irrelevância deste tipo de análise dos textos, dos discursos ideológicos, das suas particularidades, quando transformada numa espécie

---

112 Ibid., p. 89.
113 Ibid., p. 287.

de exegese desligada do contexto histórico que lhe deu origem. A que perigos, a que ameaças pretendiam, afinal, reagir as direitas tradicionalistas — e depois não só elas — com a sua alternativa (revolução de "terceira via" lhe chamarão os movimentos fascistas do pós-guerra) corporativa? A resposta é importante, não só para se apreender a lógica funcional da doutrina em si, mas também para clarificar o sentido da sua transformação pela prática, ou seja, a lógica prática do corporativismo enquanto regime, aspecto que trataremos um pouco mais adiante.

A partir dos finais do século XIX, e em especial nas mais vulneráveis periferias europeias do capitalismo ocidental, a crise multimodal do sistema liberal arrasta consigo dois perigos fatais para as oligarquias tradicionais e as suas elites.

Por um lado, a massificação da política decorrente do triplo fenómeno da nova vaga da industrialização/proletarização, da moderna terciarização (criando uma nova pequena burguesia com outros estatutos e expectativas sociais) e da rápida urbanização. A emergência de novos grupos sociais na política era decididamente marcada pelo surgimento do movimento operário organizado no último quartel do oitocentismo: a fundação dos partidos ou dos movimentos portadores de diferentes ideologias e políticas emancipatórias da classe operária (o socialismo reformista, o anarquismo, o sindicalismo revolucionário e o comunismo no pós-guerra); a organização dos sindicatos operários, e das suas uniões e confederações, desencadeando, pela greve e pela luta reivindicativa, o combate do trabalho contra a exploração do capital; a rápida expansão, nos principais centros urbanos e industriais, de uma densa rede de associativismo operário e popular para fins de solidariedade social, instrução, formação cultural, organização dos lazeres, etc.

A luta sindical e política levada a cabo com crescente expansão e sucesso pelo operariado organizado representava uma ameaça quase intolerável para as oligarquias dos países periféricos e para o seu processo de acumulação e dominação do trabalho. Sobretudo por se tratar de burguesias relativamente débeis, divididas e dependentes, cuja prosperidade assentava geralmente em sistemas de sobre-exploração do trabalho assalariado. A possibilidade de alteração dessa relação de forças pela conquista de direitos sociais e políticos pelas organizações de trabalhadores, mesmo que gradual, vinha pôr em causa o modelo económico e social vigente, a sua lógica de acumulação e os seus privilégios. Pior: numa situação internacional marcada simultaneamente por uma sucessão de graves crises económicas globais (1890-1, o impacto da Grande Guerra, a crise de 1921, e sobretudo a Grande Depressão de 1929) e pela onda de choque desencadeada, após 1917, com o triunfo da revolução bolchevista na Rússia, neste quadro, a "ameaça vermelha" torna-se verdadeiramente o "espectro",[114] o inimigo central das burguesias do Ocidente.

Mas nos países periféricos do sistema, como Portugal, com reduzida margem para as políticas mais ou menos renitentes de diálogo, reforma ou integração social e política ensaiadas nos países capitalistas desenvolvidos, a destruição do movimento operário organizado e a eliminação drástica da sua capacidade reivindicativa — a "restauração da ordem" — são erigidas em condição central para a recuperação económica das classes dominantes e, portanto, da "renascença nacional". Reduzir os custos, os direitos e as condições de vida da força de trabalho à sua expressão mais simples era a base de partida para todo o resto. Na realidade, e com esse propósito, acabar com a luta de classes seria o consenso genético que haveria de reunir as direitas dos interesses e da política na plataforma viabilizadora do Estado Novo.

---

114 O *Manifesto Comunista* de Marx e Engels, de 1848, abria com uma frase tornada emblemática: "Anda um espectro pela Europa — o espectro do Comunismo. Todos os poderes da velha Europa se aliaram para uma santa caçada a este espectro...".

Precisamente porque o corporativismo enquanto doutrina legitimava, moral e politicamente, o ataque ao movimento operário organizado. Se a harmonia entre o capital e o trabalho, a primeira e estruturante das demais, decorria espontaneamente da ordem natural das coisas, se era um fundamento essencial da Nação orgânica, toda a ideologia ou ação político-social disruptiva, designadamente de índole anticapitalista, tudo o que fomentasse a luta de classes, e a "desordem", havia de remeter-se para o domínio dos comportamentos desviantes, da aberração política e moral, do antinatural, do herético, mais, da antinação: "Tudo pela Nação, nada contra a Nação".[115] Assim sendo, o discurso corporativo justificava, e de alguma forma impunha, e impôs, ao Estado, a criminalização, repressão e aniquilamento das organizações políticas e sindicais do operariado que persistissem no trilho da "subversão", que não aceitassem a sua autodestruição, isto é, a sua conversão ao ideário e ao espartilho dos Sindicatos Nacionais corporativos. Ao perigo da luta de classes contrapunha-se o corporativismo, enquanto instrumento central de vigilância e disciplina social. Uma vertente geralmente desconsiderada na maioria dos estudos sobre o corporativismo lusitano.

Mas o segundo perigo a que o corporativismo pretendia dar resposta era o dos graves efeitos internos das sucessivas crises económicas e financeiras que, desde finais do século xix, como referimos, abalaram o capitalismo internacional. A quebra das exportações, os efeitos destrutivos da "concorrência desregrada" numa situação estrutural de excesso de oferta e subconsumo própria de um mercado interno demasiado estreito, a desproteção dos mercados nacional e colonial face à concorrência estrangeira,

---

115 Num discurso dirigido aos estudantes da Acção Escolar Vanguarda, a 28 de janeiro de 1934, no rescaldo da tentativa de "greve geral revolucionária" de 18 de janeiro desse ano, Salazar, após caracterizar o comunismo como a síntese de "todas as aberrações da inteligência" e de "todas as revoltas [...] da barbárie contra a civilização", proclama-o "a grande heresia da nossa idade" (António de Oliveira Salazar, *Discursos*, v. 1, p. 308).

as dificuldades de acesso ao crédito, as carências de capital originadas pela fraca propensão para o investimento produtivo por parte de uma classe dominante ainda marcada pelo forte peso dos seus sectores parasitários,[116] o défice crónico das contas públicas, o enorme peso do analfabetismo, da insipiência do ensino, a todos os níveis, e do escasso desenvolvimento tecnológico (com efeitos pesados na qualidade do que se produzia e na respetiva produtividade), tudo isso exprimia as vulnerabilidades estruturais de uma economia ainda subindustrializada nos primeiros trinta anos do século xx, subordinada ao peso preponderante da ruralidade e fortemente dependente do exterior (fosse do centro do sistema, fosse da ultraperiferia colonial).

Nesta situação de fundo, as crises originavam uma acumulação de efeitos recessivos que erodiam taxas de lucro e ameaçavam mesmo a continuidade de grandes, médios e pequenos negócios. Exigiam-se respostas drásticas que, aparentemente, a debilidade financeira e a instabilidade política endémica, e até a atitude tradicional de abstenção face à intervenção na economia do velho e corroído Estado liberal, se mostravam incapazes de fornecer. Nem a solução parecia poder encontrar-se no dinamismo da iniciativa privada, condicionado que estava pela natureza social e comportamental da classe dominante e das suas elites. Uma burguesia fragmentada, sem forças intestinas claramente hegemónicas, onde preponderava ainda o peso dos sectores rentistas. Uma oligarquia desde sempre alimentada e criada à sombra tutelar da proteção multiforme do Estado, educada no medo do risco, da concorrência e da agitação social, substancialmente dividida entre os diversos sectores de interesses, quanto às estratégias de restauração das suas taxas de lucro, em suma, demasiado fraca e dividida para confiar ao mercado a regulação da resposta à crise.

---

116 Cf. Fernando Rosas, *O Estado Novo nos anos trinta*, p. 101 ss.

Sem surpresa, nas economias periféricas, e em Portugal também, as "forças vivas" e as suas elites vão apelar e, depois, confiar a um novo tipo de Estado a tarefa de assumir a direção suprema e a proteção e articulação *super partes* dos seus interesses. Um Estado dotado da autonomia suficiente para interpretar os interesses dominantes como um todo, como um equivalente do "interesse nacional". Um Estado forte, autoritário, estável, imposto sobre a anulação da democracia parlamentar, dos partidos e das liberdades fundamentais. Um Estado dotado de capacidade financeira para intervir regulando a economia e investido de autoridade para disciplinar ou anular a concorrência, proteger e articular os interesses e proceder à composição e equilíbrio dos vários objetivos e estratégias sectoriais em presença. Um Estado, como já vimos, que impusesse pela força a "disciplina social". Em suma, um Estado de "ordem" — nas finanças, na administração, nas "ruas" — para defender e compor os interesses dominantes face aos perigos que espreitavam.

Para a prossecução de tais objetivos deveriam "a lei e a administração pública" promover "a formação e desenvolvimento da economia nacional corporativa" (artigo 34º do texto constitucional de 1933), isto é, "coordenar as corporações, federações económicas de carácter patronal ou operário, formadas espontaneamente ou por impulso do Poder". Verifica-se assim que o lato e, na prática, quase irrestrito poder de intervenção económica atribuído constitucionalmente ao Estado vai ter o seu primeiro e principal instrumento na organização corporativa de carácter económico e social.

O corporativismo português nascia, mesmo no seu enunciado legal básico, não só politicamente subordinado ao poder, como fortemente direcionado para a intervenção económica sob a tutela do Estado, tanto na iniciativa de criação dos respetivos organismos como na sua efetiva orientação e articulação. O discurso corporativo nascia assim, em Portugal, fruto de uma dupla urgência para os grupos sociais dominantes: a de prevenir a subversão social e a

de regular e arbitrar a vida económica, cuja crise fazia perigar a prosperidade e os lucros. E essa dupla emergência ditará as duas principais vertentes da funcionalidade prática do corporativismo enquanto regime: instrumento de "ordem" e "disciplina social", por um lado, braço principal da intervenção reguladora do Estado Novo na vida económica, por outro.
Analisemos brevemente cada uma delas.

O CORPORATIVISMO COMO INSTRUMENTO DE CONTROLO E "DISCIPLINA" SOCIAL

Vimos, portanto, que descendo da retórica ideológica do organicismo de livre associação para a realidade, a organização corporativa é chamada a vigiar e a tutelar a concretização do grande objetivo consensual da coligação suporte do Estado Novo e que lhe era externo: a contenção/repressão do movimento operário. Reduzir os custos de trabalho baixando os salários (em termos reais ou nominais), retirando regalias, mantendo ou aumentando as jornadas de trabalho, foi propósito que o patronato, de uma forma geral, associou ao advento da Ditadura Militar e do Estado Novo. E essa constituiu, como sabemos, umas das principais matérias consensuais entre as "forças vivas": a base sobre a qual deveria assentar a recuperação económica e a resposta à crise.

O novo regime, quanto ao essencial, não desiludiu esse propósito. Culminando a ação preparatória e ainda hesitante da Ditadura Militar, o Estado Novo suprime os sindicatos livres e proíbe a greve com a legislação de setembro de 1933 (ver p. 175 e segs. e pp. 296-8), reprime as lutas operárias, prende e deporta os seus dirigentes — numa palavra, desarticula o movimento operário organizado, com isso anulando ou diminuindo drasticamente a capacidade negocial e reivindicativa dos assalariados, uma vez que essa função é praticamente inviabilizada nos novos Sindicatos Nacionais corporativos.

Efetivamente, o regime vai criar, com o pacote legislativo-corporativo pioneiro de setembro de 1933 (ver quadro nas páginas 296-8), os *organismos primários* da "pirâmide corporativa", destinados à regulação das relações do capital com o trabalho: os Sindicatos Nacionais para enquadrar operários industriais e empregados dos serviços privados (aos funcionários públicos era vedado o direito de associação sindical), os grémios patronais da indústria, do comércio e da lavoura, as casas do povo e as casas dos pescadores, respetivamente, para o conjunto de patrões e trabalhadores do mundo rural e das pescas. Sobre o conjunto tutelava política e ideologicamente o todo-poderoso Instituto Nacional do Trabalho e Previdência, pertencente ao Subsecretariado do Estado das Corporações, também criado nesse ano primeiro do regime corporativo. Era o supremo garante da "disciplina social". Os sindicatos nacionais tendencialmente de inscrição obrigatória,[117] normalmente de base distrital e profissional, eram verdadeiros coletes de força da atividade sindical, estreitamente policiados pelo Governo através do Instituto Nacional do Trabalho e Previdência (INTP). As suas direções, geralmente "cozinhadas" pelo INTP, estavam sujeitas a homologação governamental prévia, podendo ser total ou parcialmente demitidas por livre decisão do Governo, tal como o próprio sindicato dissolvido. Praticamente sem capacidade financeira, não lhes era reconhecida liberdade de se federarem sectorial, regional ou nacionalmente, dependendo tal iniciativa da prévia autorização do Governo. Proibido constitucionalmente o direito à greve, os

---

117 A regra teórica nos sindicatos nacionais era a liberdade de inscrição. Mas o Governo tinha a faculdade, a que recorrerá muito frequentemente, de obrigar os profissionais do ramo não inscritos a pagar quotas para o sindicato (Cf. Decreto-Lei nº 29.931, de 05/09/1939), sendo que os acordos ou contratos coletivos de trabalho por ele subscritos eram de aplicação vinculativa a todos os trabalhadores do ramo, mesmo que não sindicalizados.

sindicatos nacionais seriam historicamente um "não parceiro" nesta decretada harmonia corporativa entre o capital e o trabalho.

Mais eficazes, ainda, nesta função administrativamente redutora da conflitualidade social se podem considerar as casas do povo e as casas dos pescadores, estruturadas com maior "pureza corporativa", isto é, realizando elas próprias os enlaces orgânicos, tanto de assalariados como de patrões, da agricultura e da pesca, respetivamente, com proibição da constituição de sindicatos de assalariados destes sectores. Estatutariamente entregue a sua direção aos grandes proprietários, ou às autoridades portuárias, e sob estrito controlo do INTP, umas e outras funcionariam essencialmente como instrumentos da política salarial e laboral do patronato, de enquadramento político-ideológico da massa rural e piscatória, e de uma embrionária e paternalística assistência social para os seus associados.

Os grémios, elementos primários da organização corporativa do lado patronal, têm, como já referimos, a sua origem diretamente ligada à necessidade de cartelização patronal para responder a situações sectoriais de crise. A legislação criadora dos grémios será também publicada em setembro de 1933. Esta característica genética marcará a natureza essencial da organização gremial: órgãos de intervenção económica, dotados de latos poderes reguladores nos respetivos sectores, fortemente tutelados pelo Estado (através do INTP ou dos organismos de coordenação económica sectoriais). Os primeiros e principais grémios, de comércio e indústria ou por produtos agrícolas (ver quadros nas páginas 287-8 e 296-8), são de inscrição obrigatória. Ou seja, são criados pelo Governo, sendo a sua área de atuação e funções determinados pelo Estado, que designa administrativamente os respetivos corpos gerentes. Funcionam, na prática, como "quase institutos públicos". Mas mesmo os grémios de inscrição facultativa, permitidos para o comércio e indústria, em 1934, e para a lavoura, em 1937, não fugirão a tal lógica de subordinação ao Estado: não só porque se transformarão frequentemente em grémios obrigatórios,[118] mas porque todos os aspectos da sua gestão (desde a constituição, eleição das direções, área de atuação, definição de funções até à possibilidade de federação) deveriam ser previamente autorizados pelo Governo, que igualmente vigia e orienta a sua atividade através do INTP e dos organismos de coordenação económica competentes.

É claro que durante todo o período que se estende desde antes do advento do Estado Novo até ao pós-Segunda Guerra Mundial, a repressão política e policial sobre toda e qualquer forma de protesto social está no centro da resposta corporativa. É normalmente esquecida, ao tratar-se da "paz social" destes anos 1930, a excecional vaga de repressão que varre ininterruptamente o movimento operário organizado entre 1934 (tentativa de greve geral contra a "fascização dos sindicatos", em 18 de janeiro) e 1939 (os anos terríveis da Guerra Civil de Espanha, entre 1936 e 1939). Nesses seis anos, é praticamente liquidada a organização libertária, quase destruída a organização clandestina do PCP, morrem no campo de concentração do Tarrafal, e em outras cadeias, vários dos seus militantes e dirigentes históricos (entre os quais Mário Castelhano e Bento Gonçalves), e são presos por razões políticas cerca de 10 mil pessoas, 57 por cento das quais operários e outros trabalhadores.[119]

Não obstante, seria redutor limitar a intervenção do Estado Novo, na conflitualidade social deste período, à repressão. Os trabalhos de Fátima Patriarca vieram enfatizar o especial papel da prevenção dos excessos que o Estado, através do INTP, vai desempenhar neste "triângulo corporativo" (capital/trabalho/Estado) em que os trabalhadores se encontram praticamente desarmados

---

118 A legislação gremial permitia a transformação por via administrativa dos grémios de facultativos em obrigatórios, e vice-versa, ainda que esta segunda modalidade fosse de concretização mais rara.
119 Comissão do Livro Negro Sobre o Regime Fascista (CLNSRF), *Presos políticos no regime fascista*, v. 1-2.

(privados dos seus sindicatos e do direito à greve), face a uma renovada agressividade patronal, escorada na situação de crise e num ambiente politicamente favorável.

Os objetivos do INTP eram, assim: evitar que os excessos da política de redução dos custos do trabalho e do arbítrio patronal, isto é, que a sobre-exploração do trabalho provocasse ruturas, protestos, explosões incontroláveis pelo sistema corporativo, fora dele e contra ele; denunciar, ainda que só nos circuitos internos do sistema, o espírito "plutocrático", a "imoralidade" dos abusos patronais, responsabilizando-os pela agitação social; tentar moralizar, à luz da pureza dos princípios corporativos ou da doutrina social da Igreja, as relações de trabalho, condenando o luxo ostentatório de certos patrões, a sua recusa à contratação coletiva ou ao simples respeito pela lei, a sua fuga frequente à organização gremial, a atitude persecutória contra quem protesta, incluindo os próprios filiados nos sindicatos corporativos. Estas vão ser, até ao pós-guerra, as preocupações de alguns dirigentes sindicais e delegados do INTP, oriundos do nacional-sindicalismo ou do corporativismo católico. Interessados, não tanto, pelo menos ao nível do Estado/INTP, em alterar o lugar do trabalho na estratégia de recuperação da crise, ou seja, em questionar o essencial da política de contenção dos direitos e regalias do trabalho, mas, sobretudo, em limitar os seus efeitos a níveis "moral" e socialmente toleráveis, níveis que não fizessem perigar o equilíbrio geral do sistema e a própria política de recuperação.

Por isso, vemos o regime, logo a partir de 1934, abandonar a sua crença original nas virtualidades do diálogo corporativo para impor acordos e contratos coletivos mais equilibrados, substituir-se a eles, através de medidas administrativas de âmbito genérico, leis e normas de carácter geral, inicialmente recusadas como desajustadas às realidades sociais e estranhas ao espírito corporativo da contratação.

Efetivamente, não existia equilíbrio neste "diálogo corporativo". Nem diálogo: os sindicatos nacionais, face à persistente recusa patronal em contratar, face ao sistemático desrespeito pelos horários de trabalho, face à baixa de salários e aos despedimentos, só podiam queixar-se ao INTP. E a capacidade de este pressionar os patrões era, pelo menos, de eficácia reduzida. O limite teve de ser traçado autoritariamente, pelo Estado, em termos genéricos: em agosto de 1934, pela reafirmação por via legal da jornada das oito horas de trabalho para a indústria e o comércio, a fixação do descanso semanal (em princípio ao domingo), a proibição do trabalho noturno das mulheres e menores, a fixação dos doze anos de idade mínima para trabalhar e o estabelecimento de mecanismos de fiscalização e de multas aos infratores. E sabe-se o que foi a ingente batalha pelo cumprimento mínimo destas leis, não obstante elas permitiriam numerosas exceções e "buracos".[120] Em agosto de 1935, os poderes de intervenção do Estado foram alargados à capacidade de fixar salários mínimos, faculdade que a prática administrativa alargaria à regulamentação minuciosa de todos os aspectos da organização, prestação e remuneração do trabalho.

A mesma preocupação, agravada pelo aumento do desemprego e a total ausência de mecanismos legais de proteção, quer para os desempregados, quer para os que trabalhavam, leva o regime a tomar outras medidas enquadradoras de pendor social: cria, em 1932, um subsídio de desemprego; contém os preços dos produtos alimentares básicos; ensaia os fundamentos de previdência social; e, sobretudo, pressiona o grande patronato — em troca das elevadas taxas de lucro que lhe assegura — no sentido da adoção de uma política de paternalismo empresarial, visível em algumas das principais grandes fábricas, com as suas cantinas, creches, postos médicos, bairros sociais, sistemas assistenciais privativos, etc.

O ambiente intimidatório e desmobilizador carreado pelo espartilho dos sindicatos nacionais e pelo ambiente policial e

---

[120] Fátima Patriarca, *A questão social no salazarismo (1930-1947)*. Lisboa: INCM, 1995, v. 1, p. 371 ss.

repressivo que se vivia então, associado às medidas sociais preventivas já referidas e às políticas de reabsorção do desemprego (obras públicas, Campanha do Trigo, etc.), poderá ajudar a explicar o relativo sucesso do regime na contenção da agitação social durante a segunda metade dos anos 1930, apesar da crise e dos seus efeitos sobre as classes trabalhadoras.

A ORGANIZAÇÃO CORPORATIVA E A REGULAÇÃO ECONÓMICA: A POLÍTICA NO COMANDO

Não parece possível entender a lógica funcional da organização corporativa, pré-corporativa ou paracorporativa (estatal) enquanto instrumentos centrais de regulação económica por parte do Estado, sem ter presente a natureza social do novo regime que emergia no alvor dos anos 1930.

Na realidade, o salazarismo impôs-se como um regime do conjunto da oligarquia com o apoio inicial de importantes sectores das classes médias, em torno, como vimos, de uma plataforma mínima muito clara no plano económico e social: um consenso sobre o equilíbrio orçamental, a estabilidade política de um "Estado forte" e antiparlamentar, a liquidação da liberdade sindical e do direito à greve, e a necessidade — e consequente capacidade política e financeira — da sua intervenção protetora e arbitral na economia em crise. Sob tal programa essencial se abrigaram distintas camadas sociais, diferentes estratégias económicas de preservação e de otimização de interesses, visões ideológicas contraditórias sobre a modernização económica e social ou sobre a conservação *à outrance* das economias e sociabilidades tradicionais. Como se o multiforme Portugal dos interesses, desde logo dos grandes, mas também de muitos dos médios e até dos mais pequenos, castigados desde 1921 por sucessivas crises económicas, se colocasse, ainda antes do rescaldo da Grande Depressão, sob a tutela protetora e arbitral de um Estado forte e dotado de uma autoridade tanto maior quanto mais autónoma, relativamente ao mundo de que, todavia, emergia.

A particular relação do Estado Novo com esse universo de "coisas" económica e socialmente contraditórias, com as tensões pró-fomento, com as forças da conservação, entre os grandes, e entre estes e os mais pequenos, não foi essencialmente económica, mas política: satisfazer e compor, de acordo com o critério básico de não provocar roturas subversivas; equilibrar compensatoriamente interesses contraditórios; arbitrar autoritariamente dissídios e partilhas de vantagens, quase sempre sem um claro critério económico de conduta, mas sempre sob o imperativo político da durabilidade do regime, da manutenção dos equilíbrios estruturantes do tecido económico e social, com a obsessiva preocupação da estabilidade garantidora do "viver habitualmente". Em certo sentido, dos anos 1930 aos anos 1950, não se pode falar com rigor numa política económica do regime, mas em medidas e intervenções económicas avulsas, aparentemente incoerentes, cujo sentido último era determinado por uma política de valorização absoluta da estabilidade. Preocupação de fundo que não desaparece nos anos posteriores.

Estamos, assim, perante o primado indiscutível do político sobre o económico, mesmo quando de economia se trata. Porque, mesmo quando dela se trata, é a estratégia política do salazarismo para a conservação e durabilidade do regime que define e determina as lógicas economicamente erráticas de atuação do Estado. Para Salazar, e para os salazaristas, nunca se tratou genuinamente de adaptar o regime a novas circunstâncias, designadamente durante o segundo conflito mundial e no pós-guerra, modernizando-o. Tratou-se sempre de o aguentar, mesmo à custa de ter de o modernizar. Ou seja, de ter de admitir esforços, mais ou menos relevantes, de fomento industrial, de melhoria de infraestruturas ou de reforma educacional.

É precisamente com base neste equilíbrio instável em torno da "ordem" (e das políticas indispensáveis à sua manutenção), subscrito pelos diversos sectores da oligarquia, com distintas estratégias de defesa dos respetivos interesses, e pelas classes intermédias ameaçadas pela crise económica, que o salazarismo vai gerir a economia do país: fazendo o equilíbrio durar, adaptando-o às diversas circunstâncias, arbitrando compensatoriamente dissídios, tudo subordinando à prioridade absoluta da durabilidade do regime. Se há algo de discernível, em termos de lógica, na cuidadosa tessitura de equilíbrios que rege a intervenção económica do Estado Novo e da organização corporativa ao longo dos anos, é a referência à estabilidade como valor em si mesmo. É a preocupação central de não originar roturas, de compor contradições em função dos interesses instalados e do prolongamento de situações preexistentes. Permitir a prosperidade industrial possível, desde que isso não faça perigar a salvaguarda do velho mundo rural dos senhores do "pão e do vinho"; ou desde que a inovação e o crescimento dos "grandes" não ameace a continuidade do mundo de coisas económica e socialmente pequenas, que era a âncora de estabilidade e conservação da nova ordem; proteger a "produção nacional", mas nos limites necessários para atender às pretensões dos interesses coloniais ou do comércio internacional, em nome da "unidade do império" ou da imprescindibilidade do abastecimento externo.

Noutra ocasião, chamamos a esta delicada engenharia económico-social, suportada pelos andaimes da organização corporativa, um "triplo equilíbrio económico social",[121] uma espécie de empirismo regulador recriado face a cada situação concreta à luz de um princípio geral de conservação da ordem.

Estamos agora, creio, em medida de propor alguma inteligibilidade para a crescente, dispersiva e tentacular intervenção económica da organização corporativa, nascida da urgência da resposta

---

[121] Fernando Rosas, *O Estado Novo nos anos trinta*, p. 115 ss.

ao impacto da Grande Depressão de 1929 e drasticamente alargada na conjuntura da Segunda Guerra Mundial.[122]

A premência da intervenção reguladora do Estado nos mais importantes sectores do comércio externo e interno, e da produção agrícola e industrial, levará à constituição, na segunda metade dos anos 1930, e durante o segundo conflito mundial, de uma importante rede de organismos de coordenação económica (ver quadro nas páginas 296-8), verdadeiros organismos de Estado, dotados de poderes de direção superior e vinculativa, sobre a atividade económica de todos os organismos corporativos (primários ou intermédios) integrados nos sectores ou nos subsectores por eles tutelados. Funcionando, efetivamente, como agências governamentais, os todo-poderosos organismos de coordenação económicas serão sempre mal digeridos pela ortodoxia doutrinária corporativa: considerados órgãos "pré-corporativos" (isto é, de existência provisória, visando criar condições para a edificação das corporações e de um verdadeiro corporativismo de associação), tais organismos subsistirão, mesmo após a constituição das corporações sectoriais, continuando, na prática, a dirigir as respetivas atividades.

Através dos organismos de coordenação económica ou dos grémios obrigatórios, o Estado regulava tudo, ou quase tudo: dimensão mínima das empresas, cotas de produção, normas de produção, cotas de consumo de matérias-primas, preços desde o produtor ao consumidor, circuitos de distribuição, autorizações de importação, preços de exportação. O regime do condicionamento industrial e a manipulação das pautas aduaneiras estavam ao serviço do crescente dirigismo corporativo. Pouco ficava para a "autodireção" pelos interessados. Nem eles — os empresários contemplados com a organização corporativa — inicialmente o desejavam: era exatamente nos sectores onde falhara a "autodireção",

---

122 Id., *Portugal entre a paz e a guerra*.

o cartel privado, que era reclamada a intervenção corporativa do Estado, isto é, a cartelização e disciplina obrigatória. Na conjuntura de crise, na primeira metade dos anos 1930, a maioria dos industriais e os grandes agrários reclamavam não por "autonomia", mas pela autoridade do Estado, pela força que impusesse os remédios e as arbitragens que eles, por si só, pelo livre jogo da concorrência, não estavam em medida de aplicar, quer contra o movimento operário, quer entre si.

Apesar de sucessivas vagas de críticas à organização corporativa em 1938,[123] retomadas com redobrada intensidade no fim da Segunda Guerra Mundial,[124] o sistema, agora ainda mais hipertrofiado, não só não conhece alterações como se alarga com a criação do Ministério das Corporações, em 1950 e, a partir de 1957, com o serôdio lançamento da cúpula da organização, as corporações por grandes sectores económicos (ver quadro nas páginas 296-8). Mesmo com estes passos, ou com os primórdios da aproximação económica à Europa, a adesão à European Free Trade Association (EFTA) [Associação Europeia de Comércio Livre], no início dos anos 1960, nada de essencial mudará na tutela estatista da economia e no seu bunker corporativo.

Por isso, é possível, pelo menos para o período que vai dos anos 1930 aos anos 1950, sugerir algumas ideias-síntese principais sobre a organização corporativa no domínio económico-social:

— Em primeiro lugar, a organização corporativa não corresponde a nada que se assemelhe a um plano sistemático e coerente de organização das forças económicas e sociais, muito menos visando alcançar quaisquer metas em termos de desenvolvimento

---

123 Id., *O Estado Novo nos anos trinta*, p. 272 ss.
124 Id., *Portugal entre a paz e a guerra*, p. 291 ss.; e Maria Fernanda Rollo, "Desmandos da organização corporativa e reencontros do corporativismo no rescaldo da II Guerra: O inquérito à organização corporativa de 1947". In: Fernando Rosas e Álvaro Garrido (coord.), *Corporativismo, fascismo, Estado Novo*. Lisboa: Almedina, 2012, pp. 191-227.

sectorial ou global. Ela vai surgindo para ocorrer a situações sectoriais de crise, suficientemente importantes em termos económicos, ou de peso social dos seus intervenientes, para conduzir à intervenção do Estado;

— As soluções adaptadas, por seu turno, não obedecem, normalmente, a um padrão de equilíbrio ou de gestão comum das contradições. Elas irão variar de acordo com as condições de cada ramo — o que é natural —, mas, principalmente, em função do poder negocial dos parceiros em presença. No conflito agricultura/indústria a jusante, apesar da orientação geral de defesa dos grandes interesses agrícolas tradicionais, é muito diversa a amplitude dessa proteção e a extensão das limitações impostas à indústria. Sem deixarem de se verificar grandes linhas tendenciais de intervenção, cada medida é temperada por outras medidas compensatórias de graus e natureza variáveis, de acordo com o peso dos conflituantes;

— Dois aspectos conformam, no entanto, o fundo essencial e permanente da intervenção corporativa. O primeiro é a liquidação da liberdade sindical dos trabalhadores, enquadrados nos "sindicatos nacionais" — ponto reivindicativo comum a todos os sectores da classe dominante, como questão prévia para a imposição de salários e de condições de trabalho a níveis de verdadeira sobre-exploração. O segundo é o condicionamento da liberdade de associação patronal, com a compartimentação sectorial e regional dos grémios e o encerramento de algumas das velhas associações patronais (não as principais), medida necessária para evitar a formação de frentes patronais que dificultassem a movimentação autoritária e arbitral do Estado.

SECTORES AGRÍCOLAS E INDUSTRIAIS ORGANIZADOS CORPORATIVAMENTE NOS ANOS 1930 (ATÉ 1º DE SETEMBRO DE 1939),[125] NO CONTINENTE

AGRICULTURA E PESCAS		INDÚSTRIA		ORGANISMOS DE COORDENAÇÃO ECONÓMICA
Sector	Federações/ grémios	Sector	Federações/ uniões/grémios	
Trigo	Federação Nacional dos Produtores de Trigo	Moagem	Federação Nacional dos Industriais de Moagem	Instituto Nacional do Pão
		Panificação	Grémios dos Industriais da Panificação (b)	Comissão Reguladora das Moagens de Ramas
				Comissão Reguladora de Trigo
Arroz	Grémio dos importadores e armazenistas de Bacalhau e Arroz (c)	Descasque de Arroz	Grémios dos Industriais Descascadores de Arroz	Comissão Reguladora do Comércio de Arroz
Azeite	(c)		Grémio dos Exportadores de Azeite (d)	Junta Nacional do Azeite
Lãs	(c)	Lanifícios	Federação dos Industriais de Lanifícios	Junta Nacional dos Produtos Pecuários
Vinho	Grémios, uniões e federações			Instituto do Vinho do Porto
				Junta Nacional do Vinho
Bacalhau	Grémio dos Importadores e Armazenistas de Bacalhau e Arroz (g)		Grémio dos Armadores de Navios da Pesca do Bacalhau	Comissão Reguladora do Comércio do Bacalhau
		Algodão	Grémio Nacional dos Importadores de Algodão em Rama	Comissão Reguladora do Comércio do Algodão em Rama
		Conservas	Grémios dos Industriais de Conservas de Peixe (e)	Instituto Português de Conservas de Peixe

125 "Salazar, princípio e fim", setembro, 1938, *Entrevistas...*, p. 174.

AGRICULTURA E PESCAS		INDÚSTRIA		ORGANISMOS DE COORDENAÇÃO ECONÓMICA
Sector	Federações/ grémios	Sector	Federações/ grémios	
		Resinosos	União de Grémios dos Industriais e Exportadores de Produtos Resinosos	Junta Nacional dos Resinosos
		Cortiça (f)		Junta Nacional da Cortiça
		Cerâmica	Grémio dos Industriais da Cerâmica	
		Fósforos	Grémio Nacional da Indústria dos Fósforos	
		Ourivesaria	Grémio dos Industriais de Ourivesaria	
		Confeitaria	Grémio Nacional dos Industriais de Confeitaria	
		Especialidades farmacêuticas	Grémio Nacional dos Industriais de Especialidades Farmacêuticas	

Fonte: Fernando Rosas, *O Estado Novo nos anos trinta*, pp. 198-9.

Notas:
(a) A partir de 1º de setembro de 1939, com a eclosão da guerra, produzem-se grandes alterações na organização corporativa.
(b) Grémios em Lisboa e no Porto.
(c) Os produtores estavam obrigatoriamente inscritos nas comissões reguladoras ou nas juntas nacionais.
(d) Os exportadores de azeite eram, fundamentalmente, os industriais refinadores.
(e) Grémios do norte, do centro e do sul e do Barlavento e do Sotavento algarvios. Industriais obrigatoriamente inscritos na Junta.
(f) O Grémio dos Importadores e Armazenistas de Mercearias, designadamente de Bacalhau e Arroz, teve várias designações, e orgânica diversa, desde a sua fundação em 1934 até 1940 (cf. Garrido, 2004, p. 119 ss.).

— Assim, poderemos dizer que, nos anos 1930, a organização corporativa surge fundamentalmente em quatro tipos de situações concretas (quadro anterior):
- Para defender os sectores industriais e agrícolas ligados às principais exportações portuguesas, ameaçados pelo colapso e a queda dos preços no início da década, sendo que eles eram uma fonte vital de divisas e um mercado empregador de largos milhares de pessoas, onde avultava o poderoso lobby vitícola;
- Para garantir, no rescaldo da crise de 1929, ou na conjuntura da Segunda Guerra Mundial, a importação de bens alimentares essenciais ao abastecimento público (bacalhau, arroz, açúcar), ou de matérias-primas vitais ao funcionamento da economia (algodão, carvões, metais, oleaginosas, produtos químicos), controlando todo o circuito e quotas de distribuição desses bens do importador ao armazenista, deste ao retalhista e daqui para o consumidor, incluindo a fixação dos respetivos preços em cada etapa. Como bem salienta Álvaro Garrido para o caso do bacalhau,[126] o Estado assume, através de organismos de coordenação económica específicos (nestes casos Comissões Reguladoras), com a colaboração de grémios obrigatórios, e frequentemente, com funções paraestatais, a direção autoritária de todo o circuito, regulando e equilibrando com larga autonomia decisória os interesses de importadores, grossistas, retalhistas e consumidores. Apesar da maioria destes organismos ter sido criada entre outubro de 1939 e janeiro de 1940, já há comissões reguladoras para a importação do arroz, do bacalhau e do algodão a funcionar desde 1933, 1934 e 1937, respetivamente;
- Para proteger a grande agricultura tradicional — trigo, arroz, azeite, lãs —, impossibilitada de exportar a preços

---

[126] Álvaro Garrido, *O Estado Novo e a Campanha do Bacalhau*. Lisboa: Círculo de Leitores, 2004, p. 156 ss.

concorrenciais e ameaçada pela concorrência estrangeira no próprio mercado interno, tendo-lhe sido reservado, com extensão e amplitudes bastante diversas, o mercado nacional a preços compensadores, mesmo em prejuízo de alguns dos sectores industriais a jusante — por isso também sujeitos à disciplina corporativa;

– Para defender os interesses da grande exploração e comércio coloniais (do algodão, do café, do açúcar, das oleaginosas), impondo a sua colocação no mercado português, à custa de restrições à indústria e ao consumo metropolitanos;

– E, ainda, por pressão de grupos familiares influentes ligados a indústrias dispersas, marcadas por aguda concorrência interna, onde as principais empresas desejavam impor a cartelização sob sua hegemonia, mas não o conseguiam por si só (cerâmica, fósforos, produtos farmacêuticos).

— finalmente, e porque a organização corporativa foi significante pelo que organizou, e pelo que prescindiu de organizar, registe-se a inexistência de qualquer regulamentação corporativa nos sectores de bens intermediários a montante da esfera agrícola, já altamente concentrados ou mesmo em regime de monopólio (adubos, cimentos, refinação do petróleo), ou ainda noutros sectores, em que o processo de concentração estava bastante avançado (tabacos, vidros, cervejas). Aqui, a tarefa monopolizadora ou oligopolista carecia de qualquer interferência extraeconómica, ou então esta realizava-se por processos mais expeditos, sob a forma de concessão estatal ou concentração administrativa. No tocante à indústria, a cartelização corporativa nos anos 1930 parece ser uma forma de intervenção característica de sectores dispersos, onde as empresas de maior peso relativo carecem, todavia, da intervenção estatal para hegemonizarem os mercados onde atuam.

Pode, assim, afirmar-se que, na sua vertente de intervenção ou de direção económica, a organização corporativa revela-se, com a sua crescente tentacularidade e o seu casuísmo pragmático, como o instrumento central da regulação autoritária e totalizante do Estado. Não é só o produto temporário de uma conjuntura, ou de uma sucessão de conjunturas, de crise, um "remédio heroico" a que a burguesia e o Estado recorrem em fases de aperto. Dura para além delas com estabilidade, apesar das críticas e das crises. Provavelmente, porque espelha a natureza profunda do fascismo português e dos seus propósitos de domínio e perpetuação. Por isso, aguenta-se quase imutável ao longo do regime e, por isso, provavelmente, será um dos fatores centrais da longevidade do Estado Novo salazarista.

FASCISMO E CORPORATIVISMO, DURABILIDADE

Bem se pode dizer que aquilo que mais se revela no corporativismo enquanto sistema de regulação económica autoritária dos interesses dominantes é, como salientamos, a sua ductilidade e, por isso mesmo, a sua durabilidade.

Na realidade, o corporativismo nasceu como resposta política e económico-social às urgências, aos "perigos", às "ameaças" da crise de 1929 e, em seguida, aos efeitos disruptivos da Segunda Guerra Mundial sobre uma economia com as vulnerabilidades estruturais da portuguesa. Mas não só não vemos a organização corporativa desaparecer (nem sequer enfraquecer) findo o conflito, no surto económico do pós-guerra, ou sequer nos primeiros passos de aproximação económica à Europa, como ela desempenha um papel central na consolidação dos grandes grupos financeiros que então emergem como entidades oligopolísticas na economia portuguesa.

De aparente resposta conjuntural às crises, o corporativismo enquanto regime de direção económica revela-se como uma permanência essencial à durabilidade do Estado Novo e à reprodução da ordem estabelecida.

É certo que a organização corporativa foi frequente e duradouramente um instrumento de contenção da modernização industrial, ao serviço da manutenção dos privilégios parasitários e rentistas. Fosse, por exemplo, do ruralismo conservador da grande lavoura cerealífera do sul, fosse de interesses do comércio colonial na colocação sobreprotegida dos seus produtos mais caros, e de baixa qualidade, no mercado metropolitano (designadamente o algodão e o açúcar). Ou até no deliberado prolongamento da obsolescência produtiva de uma multidão de "coisas pequenas", à sombra do condicionamento industrial e da cartelização corporativa. Mas a verdade, também, é que através de concessões monopolistas ou oligopolistas da exploração de sectores estratégicos da economia (entre outras: refinação do petróleo, siderurgia, construção naval, químicas de base), de concentrações administrativas (moagem, fabrico mecânico de vidraça), da reserva de mercados através do condicionamento industrial, ou da proteção aduaneira dos mercados nacional e colonial, de regimes fiscais de privilégio, de financiamentos públicos e, acima de tudo, da contenção policial dos custos de trabalho, a organização corporativa viria a desempenhar um papel central na constituição e no processo de acumulação que fez nascer e prosperar os grandes grupos financeiros, e fomentou essa característica "modernização conservadora"[127] da indústria e da economia portuguesas, sobretudo entre os anos 1950 e 1970.

Seria um crescimento, como sabemos, permanentemente peado por esse equilíbrio politicamente imposto entre a modernização e a conservação. Uma industrialização incontornável e, por isso, admitida por Salazar como um risco necessário, mas sempre condicionada ao objetivo da não subversão das velhas lógicas económico-sociais de dominação, um preço que assumidamente se pagava pela salvaguarda da estabilidade político-social, como explicitamente admitiu Salazar ao apresentar o Primeiro Plano

---

127 Cf. Jorge Costa et al., *Os donos de Portugal: Cem anos de poder económico (1910-2010)*. Porto: Afrontamento, 2010, p. 201 ss.

de Fomento, em 1953.[128] A organização corporativa foi, no seu aparente ecletismo casuístico, a explicitação prática dessa lógica de domínio em que a economia se subordinava ao império político da salvaguarda da ordem e do "saber durar", afinal de contas, a suprema virtude que o chefe do Governo reconhecia em Mussolini.

Assim sendo, talvez se possa concluir que apesar das críticas — que em certas conjunturas, como vimos, chegaram a ser acerbas — por parte de alguns sectores empresariais mais dinâmicos (e sobretudo do engenheirismo industrialista) à "hidra burocrática", por parte de pequenos e médios agricultores, comerciantes ou industriais, prejudicados pela lógica oligárquica da regulação exercida, ou, sobretudo, de consumidores populares em conjunturas de escassez e/ou inflação, o certo é que a organização corporativa, de alguma forma, responde, pela via equilibrante e compensatória que analisámos, aos propósitos do conjunto dos diversos sectores das classes dominantes, e até às necessidades de sobrevivência de sectores intermédios.

No tocante aos primeiros, assegurando-lhes pela variada intervenção do Estado e da organização corporativa um seguro processo de acumulação com escassa modernização nos anos 1930 e 1940, mas também de modernização conservadora centrada na oligarquização da economia no pós-Segunda Guerra Mundial. Quanto aos segundos, em nome de impedir a subversão das sociabilidades tradicionais, tidas como âncoras da "ordem", tentará aguentá-los e protegê-los, enquanto possível, através do condicionamento, do cartel gremial, do protecionismo, dos baixos salários e de outros expedientes administrativos. E por isso se compreende que, seja da parte dos interesses ligados ao ruralismo tradicionalista ou à banca e ao comércio colonial/internacional, seja dos homens da indústria, não encontrarmos, salvo algum descontentamento avulso ou

---

128 António de Oliveira Salazar, *Discursos: Notas políticas (1951-1958)*. Coimbra: Coimbra Editora, 1959, v. 5, pp. 104-5. (Citado, daqui em diante, como *Discursos, v. 5.*)

conjuntural, críticas de fundo ou oposições sistemáticas ao corporativismo enquanto sistema ao longo de toda a história do regime. Para uma burguesia geneticamente educada a depender do Estado que a "criara", o corporativismo, sobretudo a regulação estatal — corporativa da economia (e da luta de classes) —, era verdadeiramente o seu regime.

Vale a pena, aliás, registar a ambiguidade do novo surto ideológico corporativo nos anos 1950, com a constituição do super Ministério das Corporações (com os seus múltiplos órgãos de formação e inculcação ideológica), e das corporações sectoriais. Correspondendo, aparentemente, em plena Guerra Fria, a um ímpeto regressista à pureza dos valores genéticos do Estado Novo, o discurso doutrinário e as preocupações formativas produzidas pela ação dos novos organismos do Ministério são animados por uma jovem geração de tecnocratas, grande parte oriunda das organizações da Ação Católica — os "tecnocatólicos", como os designa Albérico Afonso.[129] Na verdade, representavam a forma peculiar como parte das novas camadas de quadros do regime tentava, sob o manto da ortodoxia corporativa, adaptar o Estado e o aparelho produtivo às novas prioridades e desafios do rápido desenvolvimento industrial em curso nesses anos. Tanto no campo das teorizações sociológicas neocorporativas, que procuravam reformular, em termos mais integrativos e de maior eficácia preventiva, as relações entre o capital e o trabalho, como no domínio da formação profissional, da organização racional do trabalho e áreas afins.

Fenómenos idênticos se processavam nos domínios da alfabetização de adultos e das reformas do ensino técnico e liceal que, desde o final dos anos 1940, cuidadosamente se ensaiavam, buscando, sempre sob grande retórica nacional-corporativa esconjuratória dos riscos da modernidade, responder às necessidades

---

129 Albérico Afonso Costa Alho, F.P.A.: *A fábrica leccionada: As aventuras tecnocatólicas no Ministério das Corporações*. Lisboa: Profedições, 2008.

técnicas e de mão-de-obra da modernidade industrial. Bem se pode dizer, usando a conhecida metáfora hobsbawmiana, que a burguesia portuguesa colocava os velhos rótulos do corporativismo nas garrafas novas do desenvolvimento capitalista. Essa forma de se ir disfarçadamente adaptando ao futuro, garantindo que o passado era imutável e intocável, exprimia uma lógica essencial da intervenção corporativa na economia e da manutenção dos equilíbrios que garantiam a perenidade do regime.

Neste sentido se pode dizer que o corporativismo como regime, isto é, na sua dupla vertente principal de "disciplinador" social, e de regulador da economia, em nome da representação "nacional" dos interesses dominantes, é um fator essencial da definição e da durabilidade do fascismo português. A par daquilo que acima designamos como os aparelhos de repressão preventiva e dos órgãos de repressão punitiva policial, a organização corporativa é um dos pilares basilares da ordem estabelecida.

Ou seja, o corporativismo é o fascismo enquanto regime. Não constitui nem uma mera resposta conjuntural às crises, como vimos, nem uma espécie de técnica de concertação social descartável dos regimes fascistas. Participa da sua essência ou da essência da sua tarefa história nas economias periféricas: sujeitar o trabalho ao capital (dependendo das realidades nacionais, através de uma combinatória de violência, demagogia obreirista ou paternalismo social), e realizar a gestão autoritária e dirigista da economia no interesse da restauração da acumulação das classes dominantes e da perpetuação do seu domínio, erigindo essa "Nova Ordem" em "Interesse Nacional". Tarefa que implicou a superação dos velhos liberalismos oligárquicos e do seu "demoliberalismo", soluções demasiado fracas para levar a cabo, com a eficácia e urgência requeridas pela natureza dos perigos, a missão da "Renascença Nacional". O corporativismo, nas suas nuances, foi a bandeira doutrinária dessa reação (sobretudo nos países latinos), mas foi, sobretudo, um instrumento prático central da eficácia dos fascismos enquanto regimes. E, por isso, da sua durabilidade.

PRINCIPAIS DIPLOMAS ESTRUTURADORES DA ORGANIZAÇÃO CORPORATIVA (1933-60)

ANOS	TEXTOS BÁSICOS	ORGANISMOS CORPORATIVOS			ORGANISMOS PRÉ--CORPORATIVOS (ORG., COORD., ETC.) (B)	ORGANISMOS PARACORPORATIVOS/ ESTATAIS (C)
		PRIMÁRIOS	INTERMÉDIOS (A)	CORPORAÇÕES NACIONAIS		
1933						
1º/Abr.						Subsecretariado de Estado das Corporações (Dec.-Lei nº 22.428)
11/Abr.	Promulgada nova Constituição					INTP (Dec.-Lei nº 23.053)
23/Set.	Estatuto do Trabalho Nacional (Dec.-Lei nº 23.048)		Sindicatos Nacionais (Dec.-Lei nº 23.050) Grémios Obrigatórios (Dec.-Lei nº 23.051) Casas do Povo (Dec.-Lei nº 23.051)			
1934						
15/Ago.						Conselho Corporativo (Dec.-Lei nº 24.362)
27/Nov.					Org. da Câmara corporativa (Dec.-Lei nº 24.683)	
03/Dez.			Grémios facultativos do comércio e da indústria (Dec.-Lei nº 24.715)			
1935						
15/Jun.						FNAT (Dec.-Lei nº 25.495)

ANOS	TEXTOS BÁSICOS	ORGANISMOS CORPORATIVOS			ORGANISMOS PRÉ-CORPORATIVOS (ORG., COORD., ETC.) (B)	ORGANISMOS PARACORPORATIVOS/ ESTATAIS (C)
		PRIMÁRIOS	INTERMÉDIOS (A)	CORPORAÇÕES NACIONAIS		
1936						
24/Fev.						Constituição Técnico-Corporativa do Comércio e Indústria (Dec.-Lei nº 23.370)
08/Jul.					Organismos de coordenação económica: — comissões reguladoras — juntas nacionais — institutos (Dec.-Lei nº 26.757)	
1937						
11/Mar.		Casas dos Pescadores (Lei nº 1.953)				Junta Central das Casas de Pescadores (Lei nº 1.953)
20/Maio		Grémios facultativos da lavoura; Sindicatos operários; Sindicatos de empregados (Lei nº 1.957)				
1938						
12/Nov.				Bases para a futura constituição das corporações (Dec.-Lei nº 29.110)		
1945						
10/Jan.						Junta Central das Casas do Povo (Dec.-Lei nº 34.373)
1947						
19/Dez.			Regula federação dos Grémios da lavoura provinciais (Dec.-Lei nº 36.681)			

ANOS	TEXTOS BÁSICOS	ORGANISMOS CORPORATIVOS			ORGANISMOS PRÉ--CORPORATIVOS (ORG., COORD., ETC.) (B)	ORGANISMOS PARACORPORATIVOS/ ESTATAIS (C)
		PRIMÁRIOS	INTERMÉDIOS (A)	CORPORAÇÕES NACIONAIS		
1º/Ago.						Ministério das Corporações (Dec.-Lei nº 37.909)
23/Out.						Comissão de Coordenação Económica (Dec.-Lei nº 38.008)
1956						
17/Ago.						Plano de Formação Social e Corporativa (Lei nº 2.085)
22/Ago.				Corporações Nacionais (Lei nº 2.086)		
1957						
23/Set.			Regula Federação das Casas do Povo (Dec.-Lei nº 41.286)	São criadas as Corporações da Agricultura, dos Transportes e Turismo, do Crédito e Seguros e da Pesca e Conservas		
1958						
				São criadas as Corporações do Comércio e da Indústria		
1959						
				São criadas as Corporações da Imprensa e Artes Gráficas e dos Espetáculos		
1966						
				São criadas as Corporações das Artes, Ciências e Letras e da Educação Física e Desportos		

Notas:
(a) Salvo casos pontuais, a formação dos organismos corporativos intermédios (uniões e federações gremiais, sindicais e de casas do povo) era regulamentada nos diplomas constitutivos daqueles organismos primários.

(b) Organismos pré-corporativos: os organismos de coordenação económica eram teoricamente considerados de natureza provisória. Destinavam-se a criar condições para o desenvolvimento da organização corporativa, designadamente para a constituição das corporações nacionais, altura em que deixariam de ter razão de existir. Na realidade, funcionavam como agências governamentais de intervenção económica sectorial, que subsistiriam para além da formação das corporações nacionais, onde se integraram. Foram criados três tipos de organismos de coordenação económica:
1) as comissões reguladoras: regulavam as importações;
2) as juntas nacionais: intervinham na coordenação da produção e exportação de produtos nacionais;
3) os institutos: coordenavam a produção e o comércio de artigos de exportação e participavam em atividades já organizadas corporativamente, onde a garantia da qualidade dos produtos era essencial.
(c) Organismos paracorporativos: órgãos de Estado, não provisórios, destinados a orientar superiormente o desenvolvimento da organização corporativa.

O PROJETO TOTALITÁRIO: O SALAZARISMO E O "HOMEM NOVO"

O totalitarismo, tomado na aceção que lhe conferiram os ideólogos da "época dos fascismos", surge como um projeto de fabricação social e ideológica de um "homem novo", "reeducado" ou formado nos valores da "ordem nova". Esse era, sem dúvida, um grande desígnio de todos esses regimes, a ir atingindo através da intervenção de órgãos do Estado ou do partido especializados nessa "moldagem", intervenção autoritária, unívoca e inculcatória a todos os níveis de sociabilidade — desde a família à escola, passando pelos lazeres e o trabalho. Nesse sentido, enquanto processo "total" de enquadramento, condução e intimidação ideológica de importantes sectores da população por parte do regime, o totalitarismo foi, também, um eficaz fator de perpetuação do Estado Novo.

Salazar, durante os anos 1930 e 1940, por mais de uma vez, em intervenções públicas, procurou demarcar o Estado Novo do totalitarismo estatista, argumentando que se tratava de um regime "limitado pela moral e pelo direito". Parece que tanto bastou para que uma parte da historiografia mais crédula tenha aceitado como boa a interpretação do chefe do regime sobre o regime que chefiava, declarando como ponto assente que a questão do totalitarismo não se colocava a propósito do Estado Novo. Contra-argumentando num dos seus mais interessantes ensaios sobre a natureza política e ideológica do Estado Novo, Luís Reis Torgal[130] demonstrou, pelo contrário, que para a quase totalidade dos ideólogos de regime neste período — Mário de Figueiredo, Manuel Rodrigues, Carneiro Pacheco, Gustavo Cordeiro Ramos, Águedo de Oliveira e vários outros — o totalitarismo era explicitamente reivindicado como uma sua característica essencial, ainda que, para alguns deles, o estatismo que já o impregnava houvesse de ser considerado como pecha transitória de um sistema em início de construção.

Igualmente, a propósito da violência, tivemos oportunidade de salientar o carácter essencialmente retórico da "limitação pela moral e pelo direito", uma vez que a "moral" era decorrente da ideologia imposta pelo poder, e o direito que ele entendia autoritariamente produzir. Ao invés de serem uma heterolimitação aos excessos e abusos do regime, a "moral" e o "direito" eram instrumentos desse projeto totalizante que, até ao final da guerra, o Estado Novo reivindica e, sobretudo, tenta levar à prática.

Precisamente, o propósito das linhas que se seguem, partindo de uma tentativa de definir sinteticamente o sistema de valores, a axiologia, as grandes bases do discurso ideológico do Estado Novo nos anos 1930 e 1940, é o de defender a ideia de que esse sistema de valores — as "verdades indiscutíveis" proclamadas no Ano x da revolução nacional —, pela sua própria natureza propositiva, pela mundivisão totalizante que transportava, exigiu e criou um aparelho de inculcação ideológica autoritária, estatista, mergulhado no quotidiano das pessoas com o objetivo de criar esse particular "homem novo" do salazarismo.

---

130 Luís Reis Torgal, *Estados novos, Estado Novo*, p. 249 ss.

Procura-se demonstrar que o salazarismo, neste período da sua história, assente numa certa ideia mítica de nação e de interesse nacional, tentou, também ele, "resgatar as almas" dos portugueses, integrá-los, sob a orientação unívoca de organismos estatais de orientação ideológica, "no pensamento moral que dirige a Nação", "educar politicamente o povo português", num contexto de rigorosa unicidade ideológica e política, definida e aplicada pelos aparelhos de propaganda e inculcação do regime, e de acordo com o ideário da revolução nacional. Neste contexto, sustenta-se a ideia de que o Estado Novo, à semelhança de outros regimes fascistas ou fascizantes da Europa, alimentou e procurou executar, a partir de órgãos do Estado especialmente criados para o efeito, um projeto totalitário de reeducação dos "espíritos", de criação de um novo tipo de portuguesas e de portugueses, regenerados pelo ideário genuinamente nacional de que o regime se considerava portador.

Ideal que, longe de se limitar a ser proclamado, ou de se restringir à formação do "escol", foi levado autoritariamente ao espaço e às sociabilidades privadas da massa, procurando modificar de raiz, e em extensão, os comportamentos, as atitudes e as condições sociais e mentais da sua gestação. É neste sentido que se falará da apetência totalitária do regime nos anos 1930 e 1940, sem prejuízo da deteção das especificidades e diferenças, por vezes substanciais, que, no tocante ao perfil, ao conteúdo ideológico deste peculiar "homem novo" estado-novista, seguramente o distinguem de outras propostas de regimes do mesmo género.

O filtro das particulares realidades culturais, políticas, sociais, económicas, mentais, donde emergira o regime português tornava-o um fenómeno de natureza historicamente idêntica, mas de expressão nacionalmente diferenciada, relativamente ao movimento genérico dos fascismos europeus desse período. E isso refletia-se, como procuraremos evidenciar, nas especificidades ideológicas do seu projeto regenerador e do novo tipo de "homem" que, a partir dele, se pretendeu moldar.

OS MITOS IDEOLÓGICOS FUNDADORES DO ESTADO NOVO.
AS "VERDADES INDISCUTÍVEIS" DO ANO X

O discurso ideológico e propagandístico do regime pode considerar-se estavelmente fixado a partir de meados dos anos 1930. Realizará então um peculiar casamento dos valores nacionalistas de matriz integralista e católica conservadora, com as influências radicais e fascizantes recebidas da Guerra Civil de Espanha e do triunfal ascenso dos fascismos e do hitlerismo na Europa.

Três observações parecem pertinentes a propósito da linha dominante deste discurso.

A primeira é relativa ao seu carácter essencialista. Ele respeitava à essência da nação, ao domínio de direito natural, e por isso não o aceitar, bem como à mitologia que arrastava, era resvalar para o domínio da "antinação". Nesse sentido, os mitos fundadores constituíam — e assim, como veremos, as proclamará Salazar, em 1936 — verdades insuscetíveis de discussão. Eram o paradigma ideológico vinculatório das atitudes e comportamentos que os órgãos de inculcação autoritária, nele inspirados, tratariam de procurar impor à sociedade. Pela porta do essencialismo entrou, naturalmente, o projeto totalitário.

A segunda é a de que a sua matriz ultraconservadora e integralista o fazia menos abrangente do que a real base política e ideológica que integrava a plataforma das diversas direitas viabilizadoras do regime. Dificilmente, por exemplo, o republicanismo conservador, no plano político, ou as ideologias tecnocráticas do reformismo agrário e do industrialismo, no plano económico-social, se reconheciam no enunciado agrarista, organicista, nessa ordem económica e social transtemporal e hierática, nesse tradicionalismo eivado de desconfiança quanto ao progresso material, que ressumavam de boa parte das "verdades indiscutíveis" da propaganda oficial do regime.

O Estado Novo, política e economicamente, no equilíbrio que realizava entre as várias direitas da direita portuguesa, era mais do que o reducionismo deliberado do seu discurso ideológico oficial. Por isso, a par deste enunciado dominante, e sobretudo a nível das discussões estratégicas acerca do futuro económico do país, era possível assistir-se — nos debates do I Congresso da Indústria, de 1933, durante o I Congresso da União Nacional, no ano seguinte, na imprensa da Associação Industrial Portuguesa, nos escritos de Ferreira Dias — [131] à defesa política do regime, ou à apologia do "nacionalismo português", mas a partir de premissas de desenvolvimento, do elogio da função redentora da ciência e da técnica, mais do que da do "espírito". Isto é, com conteúdos substancialmente distintos do paradigma oficial. Como se fosse, e em certo sentido era, um invólucro comum com essências distintas.

A terceira observação tem a ver com o correr do tempo, com as flutuações e alterações do discurso e dos propósitos que animavam a sua divulgação, de acordo com as diferentes conjunturas históricas que atravessam o período, designadamente, como veremos, face às ameaças da guerra e no mundo em rápida mudança do pós-guerra.

No período áureo da afirmação do projeto ideológico totalizante do Estado Novo, nos anos 1930 e 1940, apesar das fissuras e nuances internas, o regime definira um discurso propagandístico claro, agressivo, fundamentador de uma "nova ordem", procedendo, para tal, quer à revisão purificadora e autolegitimadora da memória histórica,[132] quer à fabricação de um conceito integrador e unificador de "cultura popular", de raiz nacional-etnográfica.[133] O propósito era o de estabelecer uma ideia mítica de "essencialidade portuguesa", transtemporal e transclassista, que o Estado Novo reassumira, ao encerrar o "século negro" do liberalismo, e a partir da qual se tratava de "reeducar" os portugueses no quadro

---

131 Cf. Fernando Rosas, *Salazarismo e fomento económico*.
132 Sérgio Campos Matos, *História, mitologia e imaginário nacional: A história no curso dos liceus (1895-1939)*. Lisboa: Livros Horizonte, 1990.
133 Cf. Daniel Melo, *Salazarismo e cultura popular*, p. 43 ss.; p. 173 ss.

de uma nação regenerada e reencontrada consigo própria, com a sua essência eterna e com o seu destino providencial.

Poderíamos, talvez, tentar sintetizar os tropos essenciais desse discurso, na sua componente mais afirmativa, nos seguintes mitos ideológicos fundadores.

Em primeiro lugar, o *mito palingenético*, ou seja, o mito do recomeço, da "Renascença portuguesa", da "regeneração" operada pelo Estado Novo, interrompendo a "decadência nacional" precipitada por mais de cem anos de liberalismo monárquico, e do seu paroxismo republicanista. Era uma ideia comum a toda a direita antiliberal portuguesa, reforçada e reelaborada a partir da reação ao *Ultimatum* de 1890, mas igualmente partilhada, ainda que com contornos ideológicos diversos, pelo regeneracionismo nacionalista republicano[134] e que o Estado Novo sintetizou com propósitos de legitimação própria.

Em segundo lugar, o *mito da essência ontológica do regime*, ou, se quisermos, do novo nacionalismo. O Estado Novo não seria mais um regime na história política portuguesa; era o retomar do verdadeiro e genuíno curso da história pátria, fechado que fora, pela "revolução nacional", o parêntesis obscuro desse século antinacional, quase a-histórico, do liberalismo. O Estado Novo surgia, assim, como a institucionalização do destino nacional, a materialização política no século xx de uma essencialidade histórica portuguesa mítica. Por isso, ele cumpria-se, não se discutia, discuti-lo era discutir a nação. O célebre slogan "Tudo pela Nação, nada contra a Nação" resume, no essencial, este mito providencialista.

Ao terceiro chamaremos o *mito imperial*, em larga medida herdado da tradição republicana e monárquica anterior, no seu duplo aspecto de vocação histórico-providencial de colonizar

---

134 Cf. Rui Ramos, "A segunda fundação". In: José Mattoso (dir.), *História de Portugal*. Lisboa: Estampa, 1994, v. 6, p. 565 ss.

e evangelizar. Dizia o Ato Colonial de 1930,[135] no seu artigo 2º: "É da *essência orgânica da Nação Portuguesa* desempenhar a função histórica de possuir e colonizar domínios ultramarinos e de civilizar populações indígenas". Seria isso não só um "fardo do homem branco", mas, no discurso imperial do Estado Novo, um fardo do homem português, uma missão determinada pela Providência, continuando a gesta heroica dos nautas, dos santos e cavaleiros. Por outro lado, o desígnio mítico da "raça" concretizava-se no ideal reencontrado do império: o império como entidade ontológica e natural-organicista concretizadora dessa missão providencial e dessa vocação da "raça". Armindo Monteiro, ministro das Colónias de 1931 a 1935, talvez o principal ideólogo da doutrina "imperial" do Estado Novo, explicava claramente a novidade do conceito: "Portugal pode apenas ser uma Nação que possui colónias ou pode ser um império. Neste caso ele será a realidade espiritual de que as colónias sejam a concretização".[136] Assim se compreende que deste mito imperial se deduza, como dogma indiscutível, a ideia da nação pluricontinental e plurirracial, una, indivisível e inalienável. E teríamos, assim, nesta sistematização, uma primeira vocação, que seria a *vocação imperial da nação*.

O quarto mito era o *mito da ruralidade*. Portugal seria um país rural, uma ruralidade tradicional tida como uma característica e uma virtude específicas, de onde se bebiam as verdadeiras qualidades da "raça" e onde se temperava o ser nacional. Tão tarde como em 1953, falando, por paradoxal que pareça, a propósito do Primeiro Plano de Fomento, Salazar dizia que "aqueles que não se deixam obcecar pela miragem do enriquecimento indefinido, mas aspiram, acima de tudo, a uma vida que embora modesta seja suficiente, sã, presa à terra, não poderiam nunca seguir por

---

135 Ato Colonial, promulgado pelo Decreto nº 18.570, de 08/07/1930, quando Salazar ocupava interinamente a pasta das Colónias.
136 Armindo Monteiro, *Para uma política imperial*. Lisboa: Agência Geral das Colónias, p. 56.

caminhos em que a agricultura cedesse à indústria". E continuava: "Sei que pagamos assim uma taxa de segurança, um preço político e económico, mas sei que a segurança e a modéstia têm também as suas compensações".[137] A terra, portanto, como a primeira e a principal fonte da riqueza possível, o caminho da ordem e da harmonia social, o tal berço das virtudes pátrias. Daí também, um discurso caro a certos sectores do regime, aliás dominante a nível do aparelho de propaganda, de crítica à industrialização, de desconfiança da técnica, de crítica da urbanização e da proletarização, ou seja, de fundamentação de uma segunda vocação, uma espécie de *vocação rural da nação*.

O quinto mito seria o *mito da pobreza honrada*, o mito da *aurea mediocritas*, um país essencial e incontornavelmente pobre devido ao seu destino rural, no qual, como dizia António Ferro, "a ausência de ambições doentias" e disruptivas de promoção social, a conformidade de cada um com o seu destino, o ser pobre mas honrado, pautavam o supremo desiderato salazarista do "viver habitualmente", paradigma da felicidade possível. E, portanto, para usar uma expressão do próprio chefe do Governo, *uma vocação de pobreza*.

O sexto mito, *mito da essencialidade orgânica e corporativa da nação* de que já antes demos conta: a nação orgânica, intemporal, preexistente em relação ao Estado, a nação representando a "ordem natural das coisas" na sua hierarquia de classes e poderes, na sua natural harmonia entre o capital e o trabalho, na sua espontânea organização social repousando na família, no município, na igreja, na escola, na empresa, essa nação como a verdadeira fonte de legitimidade do Estado, que haveria de a receber e organizar corporativamente. Em clara rotura com as desordens "antinaturais" subversoras do demoliberalismo e do socialismo. O reencontro do Estado com a solução orgânica, corporativa e antiliberal, permitia, assim, revelar

---

137 António de Oliveira Salazar, *Discursos*, v. 5, pp. 104-5.

outra vocação da essencialidade portuguesa: uma *vocação de ordem, de hierarquia* e *de autoridade natural*.

O sétimo, e último, o *mito da essência católica da identidade nacional*, entendia a religião católica como elemento constitutivo do ser português, como atributo definidor da própria nacionalidade e da sua história. Separando as águas, quanto a este assunto, diria Gustavo Cordeiro Ramos num texto de 1936:

> Sob o disfarce do laicismo fez-se uma obra criminosa, antissocial e antipatriótica de descristianização [...] A religião tem de ser considerada uma necessidade do Estado [...] A ordem nova, com os seus conceitos dominantes de autoridade e de nação, só se compreende admitindo uma ordem superior. É inaceitável sem a ideia e a prática de Deus.[138]

Esclarecia ainda Carneiro Pacheco, na sequência deste raciocínio:

> Uma coisa é a separação do Estado e da Igreja que a Constituição de 1933 mantém, outra, o espírito laico que é contrário à Constituição, à ordem social, à família e à própria natureza humana. Muito pior do que a treva do analfabetismo num coração puro é a instrução materialista e pagã que asfixia as melhores inclinações.[139]

Portanto, e finalmente, uma *vocação religiosa*, *cristã* e *católica* da nação portuguesa. Salazar resumiria esta axiologia ao proclamar, no célebre discurso do ano X, durante as comemorações do décimo aniversário do 28 de Maio, em Braga, as "verdades indiscutíveis" da revolução nacional. "Não discutimos", dirá ele, "Deus e a virtude", não discutimos a "Pátria e a sua História", não discutimos

---

138 Gustavo Cordeiro Ramos, *Os fundamentos éticos da escola no Estado Novo*. Lisboa: União Nacional, 1937, pp. 371, 373, 378.
139 Carneiro Pacheco, "Na recepção ao pessoal do ensino primário". In: *Escola Portuguesa*, n. 69, p. 3, 1936.

a "Autoridade e o seu prestígio", "a Família e a sua moral", "o Trabalho e o seu dever".[140]

Convirá salientar que os "valores de Braga" não eram uma simples plataforma de unidade político-ideológica no quadro do Estado Novo, ou uma moral abstrata e genericamente informadora dos comportamentos em sociedade. Significavam uma moral de (re)educação, de regeneração coletiva e individual, da qual resultaria, pela ação do Estado nos vários níveis das sociabilidades públicas e privadas, o moldar desse especial "homem novo" do salazarismo, capaz de interpretar e cumprir a alma e o destino ontológico da nação que o antecedia e se lhe sobrepunha, vinculando-lhe atitudes, pensamentos e modos de vida, redefinindo e subordinando o particular ao império do "interesse nacional". Não só, nem principalmente, como sujeição do individual ao coletivo, mas como padronização tendencial dos espíritos e dos "modos de estar" de acordo com os "valores portugueses" de sempre, que o regime definia, representava e tinha como missão fazer aplicar.

Esse ser renovado, expurgado dos vícios do liberalismo, do racionalismo e da contaminação marxista, esse ser reintegrado, por ação tutelar e condutora do Estado, no verdadeiro "espírito da Nação", haveria de ser temente a Deus, respeitador da ordem estabelecida e das hierarquias sociais e políticas como decorrências do organicismo natural e imutável das sociedades, pronto a servir a pátria e o império, cumpridor dos seus deveres na família e no trabalho, destituído de "ambições doentias" e "antinaturais" e satisfeito com a sua honrada modéstia. Tais eram as "virtudes da raça", expressão mesma dessa referência essencial da ruralidade, dessa terra regada pelo suor dos que sobre ela labutavam, mãe da riqueza, da temperança e da ordem.

---

140 António de Oliveira Salazar, *Discursos*, v. 2, p. 130.

"RESGATAR AS ALMAS". OS APARELHOS DE PROPAGANDA E INCULCAÇÃO IDEOLÓGICA DO REGIME

Desta essência ontológica da nação e do regime decorria, portanto, a sua apetência totalizante. Como diria Salazar, em 1934, "não reconhecemos liberdade contra a Nação, contra o bem comum, contra a família, contra a moral".[141] Para não negar a própria nação, o Estado Novo havia de assumir como missão essencial a de reconduzir os portugueses à "nova ordem moral", que a redimia e realizava. É por isso que no Portugal salazarista, à semelhança do que se passava com outras ditaduras coevas de natureza fascista e portadoras de um projeto totalitário, o discurso ideológico não se limitou a um simples enunciado, mesmo que exclusivo e unívoco. Constituiu-se como um duplo guia para a ação: uma orientação para a política, em geral, mas, de forma muito particular, uma espécie de catecismo para o "resgate das almas", levado à prática por organismos de propaganda e inculcação ideológica expressamente criados para esse efeito. Como salienta Jorge Ramos do Ó, "a ideologia não mais seria enunciado programático: deveria obstinadamente procurar a realidade, saindo de si e impregnando as práticas".[142]

Poderá argumentar-se, todavia, que o pensamento matricial de Salazar acerca das relações do poder com as massas era marcado por nítidas distâncias relativamente a esta visão algo massificante, e com assomos de mobilização, da educação política e ideológica. Sendo um autoritário conservador de formação *católica*, um adversário convicto do "demoliberalismo" e das ideias socialistas e comunistas, o pensamento salazarista vem sobretudo na linha da tradição contrarrevolucionária da direita conservadora, ainda que moldado

---

141 Id., *Discursos*, v. 1, p. 309.
142 Jorge Ramos do Ó, *Correspondência de Santos Costa para Oliveira Salazar, (1934-1950)*. Lisboa: CLNSRF/PCM, 1988, v. 1, p. 50. (Citado, daqui em diante, como *Correspondência de Santos Costa para Oliveira Salazar*.)

pelos ensinamentos do "catolicismo social". Nos seus escritos, e desde muito cedo, ainda que manifestando sempre uma preocupação central acerca da renovação das mentalidades e do papel da escola orientada ideologicamente nesse sentido, Salazar preocupa-se sobretudo com a formação das elites. Era, se se quiser, como o geral da direita católica do seu tempo, um típico elitista conservador: o futuro da nação e do regime dependia, sobretudo, das elites educadas no espírito do verdadeiro interesse nacional.

No seu pensamento político do período inicial do novo regime, ou da sua chefia do Governo, designadamente nas entrevistas a António Ferro, em 1932 e 1933, podemos encontrar reservas, ainda que sempre repassadas de uma compreensão admiradora e reverente, ao estilo de Mussolini, "entre o escol que soube formar [...] e a rua, a que é forçado a agradar".[143] Ao longo de anos de discursos e outros escritos políticos, o chefe do regime acumulará apontamentos e referências sobre a "bondade doentia", o carácter volátil, inconsequente, impressionável, algo infantil e irresponsável do povo português. Afinal, já o citámos, o povo nada esperava da "adulação" demagógica dos velhos políticos liberais, queria, isso sim, "ser bem governado". E essa era a tarefa das elites. Se assim fosse, elas saberiam controlar e conduzir a massa, potenciar as "virtudes do povo português" (o seu estoico apego à ordem, ao trabalho, às agruras da vida), organizar o consenso e a conformação, em suma, garantir a estabilidade e a durabilidade do regime: nisso residiria a arte suprema da governação.

Estamos longe, apesar de tudo, do projeto totalizante que o Estado Novo parece propor-se a partir de meados dos anos 1930. Precisamente, a realidade é que, no contexto histórico de então, sob o efeito da afirmação do fascismo italiano, do nacional-socialismo e dos "regimes de ordem" em toda a Europa, como inelutável alternativa política e ideológica à ordem liberal, e única

---

[143] António Ferro, *Salazar, o homem e a sua obra*. Lisboa: Fernando Pereira, 1982, p. 114.

barreira face ao comunismo soviético, sobretudo sob o tremendo impacto da Guerra Civil de Espanha e da proclamada "ameaça vermelha" não só ao regime, mas à própria soberania nacional e à "civilização cristã ocidental", a pressão fascizante a partir do interior do próprio regime, e com alguma base social, ultrapassou, sob muitos aspectos, o ponto de vista conservador elitista dominante na oligarquia do regime, impondo-lhe concessões e recuos.

E, nessa situação, iria criar-se, contra os seus receios e reservas, uma dinâmica fascizante que se manifesta, desde logo, no aparecimento, "a partir de baixo", de organizações de mobilização e inculcação ideológica que o Estado Novo terá de aceitar, sempre procurando controlá-las e sujeitá-las à sua tutela.

É a "pressão social e política de base" dos vários grupos da direita radical que Luís Nuno Rodrigues deteta como "determinante" no aparecimento da Legião Portuguesa (LP), no verão de 1936. Ou a iniciativa motora do núcleo duro e militante do sindicalismo corporativo, boa parte dele de origem nacional-sindicalista, no lançamento, com o decisivo apoio de Pedro Teotónio Pereira, da Federação Nacional para a Alegria no Trabalho (FNAT), em 1935, marcado por uma explícita influência "doppolavorista" ou mais ainda, no aspecto orgânico, da Kraft durch Freude alemã e que, em muito, ultrapassava os iniciais e modestos propósitos de Salazar quanto a uma "obra" de "valorização do trabalho nacional".[144] Mas também ao nível de certos sectores do Estado, como o da "educação nacional", se verifica, num processo controversamente amadurecido no seio do regime desde anos antes, mas só resolvido em 1936, uma inflexão radical, e de sentido totalizante, no tocante às políticas de ensino e de enquadramento da juventude e das mulheres.

---

144 José Carlos Valente, *Estado Novo e alegria no trabalho: Uma história política da FNAT (1935-1958)*. Lisboa: Colibri/Inatel, 1999, p. 39 ss.

No quadro desta dinâmica, as novas organizações criadas, e a reorientação e reforma de outras já existentes, propuseram-se cuidar do "carácter", do "gosto", da "cultura", do ideário, dos portugueses num duplo sentido. Por um lado, criando ou reeducando as elites, mas tomando esta tarefa num sentido alargado que ultrapassava largamente a simples reprodução do "escol" tradicional da oligarquia. Tratava-se de formar as elites sindicais, as elites das organizações corporativas rurais, os educadores primários, os novos agentes culturais e artísticos, isto é, os quadros de enquadramento e orientação das organizações de massa e do gosto e dos lazeres das massas.

Valerá a pena referir, a este propósito, que no "dispositivo cultural" do Estado Novo, montado a partir de 1933, com a criação do Secretariado de Propaganda Nacional (SPN), quer ao nível da "política do espírito", quer até da "educação nacional", viria a ser atribuído um papel claramente periférico e subalterno ao saber académico e à cultura científica e universitária, acantonada na tarefa de avaliar e legitimar os grandes lances da propaganda.[145]

Desde logo, porque nesta fase de mobilização, de propaganda, de encenação política do poder, o espetáculo e o monumento sobrelevam o saber encerrado em espaço fechado e o documento. Os peritos do saber académico veem-se substituídos no tablado da propaganda pelos novos artistas, ideólogos e agitadores do SPN. A prática cultural das elites académicas, ainda que, ideologicamente, sobretudo no domínio da reconstrução do passado e das "grandes verdades históricas" legitimadoras do Estado Novo, se mantenha como essência informadora e estruturante, distancia-se e obscurece sob o império da política-espetáculo que inspira.

Depois, porque toda a orientação ideológica para a escola primária e secundária aposta agora, quer no "saber ler, escrever e contar", para o ensino primário, quer, de uma forma geral, na crítica ao

---

145 Jorge Ramos do Ó, *Correspondência de Santos Costa para Oliveira Salazar*, p. 53 ss.

"saber enciclopedista" de inspiração republicana (e despertador das mais perigosas e inconvenientes expectativas), no veicular dos saberes indispensáveis a que cada um se encontre e coloque numa hierarquia social cristalizada e intemporal, quer na desvalorização do saber prático, do saber-fazer, da racionalidade científica, relegados para as categorias subalternas do ensino técnico e largamente ausentes do ensino liceal e das próprias universidades.[146] Na "educação nacional", a ciência, a técnica, a pluralidade dos saberes são encaradas com desconfiança e suspeição. E a universidade, onde tal suspeição persiste, está completamente cortada, quanto ao seu papel, das tarefas da formação aos outros níveis.

Mas aposta-se também, e de forma decisiva, na formação das massas, não unicamente no sentido de as conformar, mas de as educar moral e espiritualmente, sobretudo nos valores de uma "cultura popular", nacional-ruralista, etnográfica e corporativa,[147] criada pela propaganda nacional e veiculada ao nível dos meios populares urbanos e no mundo rural pela FNAT e pela Junta Central das Casas do Povo (JCCP). Ação complementada pelo investimento da "educação nacional" na massificação do ensino primário, ainda que marcada por uma "lógica minimalista" e integradora.[148]

Deve, aliás, dizer-se que este propósito totalizante era clara e publicamente assumido por vários dos hierarcas do regime. Gustavo Cordeiro Ramos, ex-ministro da Instrução dos primeiros governos de Salazar, e inspirador das reformas educativas de 1936, germanófilo declarado, falando naquele ano perante o Centro de Estudos Corporativos da União Nacional, lembrava que "nos Estados renovados há uma conceção unitária da vida e do homem,

---

146 António Nóvoa, "Educação nacional". In: Fernando Rosas (coord.), *Portugal e o Estado Novo (1930-1960)*. Lisboa: Presença, 1992. Coleção Nova História de Portugal, v. 7, p. 456 ss. (Citado, daqui em diante, como "Educação nacional".); e Id., "Ensino universitário". In: Fernando Rosas e José Maria Brandão de Brito (coord.), *Dicionário de história do Estado Novo*. Venda Nova: Bertrand, 1996, p. 305 ss.
147 Cf. Daniel Melo, *Salazarismo e cultura popular*.
148 António Nóvoa, "Educação nacional", pp. 456-519.

um princípio de totalidade que se traduz na política e economia, na ciência, cultura e educação". E citava Francesco Vito, para defender que "procurar fazer uma revolução económica, sem a espiritual do indivíduo e da sociedade, é mera utopia".[149]

Precisamente, Carneiro Pacheco, o ministro fundador da "educação nacional" em 1936, entendia que, em Portugal, a "restauração nacional", tão auspiciosa nos campos financeiro, económico e social, "está muito atrasada ainda no do espírito". Verificava-se um "défice de mentalidade", uma "insuficiência moral", uma "indisciplina mental da mocidade", que o levavam a concluir: "O País não acompanha espiritualmente o ritmo do Estado Novo". Havia que tratar disso, e desde logo a partir do Estado, uma vez que este "tem o direito, mais que o direito, o dever de selecionar todos os agentes do desenvolvimento da inteligência e da formação espiritual".[150]

E o regime assim fará, a partir de 1933, com a criação do SPN, mas sobretudo desde meados dessa década, montando e orientando um vasto e diversificado sistema de propaganda e inculcação ideológica autoritária e monolítica, assente no Estado, e desdobrando-se diversamente sobre o quotidiano das pessoas, na família, nas escolas, no trabalho ou nas "horas livres". Foram quatro os pilares principais desse dispositivo policêntrico e multifacetado.

Dois deles integravam aquilo a que poderemos chamar o *sistema de enunciação*, isto é, de organização, padronização e divulgação da informação selecionada, mas também das crenças, dos valores, da cultura, dos artefactos do "espírito" em geral: antes de mais, o Secretariado de Propaganda Nacional (SPN), o centro unificador do discurso ideológico para o conjunto do dispositivo, diretamente dependente da Presidência do Conselho; mas com função idêntica no campo específico da fixação e difusão da ideologia colonial

---

[149] Gustavo Cordeiro Ramos, op. cit., p. 364.
[150] Carneiro Pacheco, "Declarações de Sua Excelência o ministro da Instrução Pública no acto de posse". In: op. cit., pp. 1-2.

(tanto na metrópole, como nas colónias do "império"), encontramos a Agência Geral das Colónias, organismo do Ministério das Colónias (de que aqui não trataremos). Em ambos os casos se cruzava o exercício de um "poder de influência", o de condicionar e disciplinar as condutas em nome de princípios declarados comuns, com o seu reverso, o exercício de um "poder de injunção", o de, pela ameaça, pela punição e pela censura prévia, proibir e silenciar os comportamentos e valores considerados desviantes.[151]

Os outros dois pilares eram a espinha dorsal do *sistema de inculcação* ideológica, de organização do consenso e da ordem: o vasto aparelho da educação nacional, assente no Ministério crismado com esse nome por Carneiro Pacheco, em 1936, quando procede à "reforma nacionalista" da velha "instrução pública", e desdobrado pela Mocidade Portuguesa (MP) e pela Obra das Mães pela Educação Nacional (Omen), da qual dependia a Mocidade Portuguesa Feminina (MPF), e o aparelho corporativo, todo ele, por definição, eivado de um acentuado "espírito de missão", de carácter ideológico-formativo (desde o Instituto Nacional do Trabalho e Previdência, aos grémios, sindicatos nacionais, casas do povo e casas dos pescadores). Destes, destacam-se, no domínio da "educação dos espíritos" e da "cultura popular", dois organismos principais: a FNAT, surgida, como vimos, em 1935, e a JCCP, superestrutura dirigente das casas do povo, criada em 1945, e que filtrava as funções da FNAT para o mundo rural e piscatório.[152]

DA ENUNCIAÇÃO À MODELAÇÃO:
O "ESPÍRITO" COMO "MATÉRIA-PRIMA"

A ideia da criação do SPN, persistentemente "vendida" por António Ferro a Salazar, fora aceite por este, pelo menos inicialmente,

---

[151] Jorge Ramos do Ó, *Correspondência de Santos Costa para Oliveira Salazar*, p. 39 ss.
[152] José Carlos Valente, op. cit., pp. 180-1.

de acordo com uma perspetiva relativamente restrita da propaganda: a necessidade de fazer ver a obra do regime face às alegadas calúnias e ataques dos seus inimigos, e face à falta de informação das massas sobre ela, o que podia gerar mal-estar e descontentamento manipuláveis a partir desse desconhecimento. Como dirá o chefe do Governo ao dar posse a Ferro, em outubro de 1933, "politicamente só existe o que o público sabe que existe".[153] Tornará a glosar esta fórmula noutras ocasiões — "em política o que parece é" —, sempre para insistir na necessidade da existência ou da intensificação da propaganda dos propósitos e dos atos do Estado Novo. Mas é preciso dizer que, desde antes de ser nomeado diretor do Secretariado, António Ferro tinha ideias mais ambiciosas e radicais sobre as tarefas do novo organismo, relacionadas com a prossecução de uma "política do espírito" a que se desse "altura, significado, eternidade". O "espírito" de que ele falava não era "uma fantasia", "mas uma arma indispensável para o nosso ressurgimento"; nessa aceção também seria matéria, "uma preciosa matéria-prima, a matéria-prima da alma dos homens e da alma dos povos".[154] Nascido com o objetivo de divulgar a obra do Governo, sob a liderança de Ferro, o SPN ganharia outro golpe de asa e uma dimensão mais conforme à dos organismos congéneres das ditaduras europeias: reeducar os espíritos e pô-los em consonância com a ideologia da "nova Renascença".

O SPN vai constituir-se, assim, como o espaço por excelência da *mise en scène* da política e da ideologia do regime, da sua estetização e divulgação massiva, através de um impressionante e tentacular aparelho de agitação que, em poucos anos, atuava sobre as artes plásticas (procurando casar o modernismo estético com os valores ruralistas e conservadores do discurso oficial), apostava a fundo nos novos veículos da moderna propaganda — o cinema,

---

153 António de Oliveira Salazar, *Discursos*, v. 1, p. 259.
154 António Ferro, "Política do espírito". In: *Diário de Notícias*, 21 de novembro de 1932.

a rádio, o cartaz —, promovia prémios literários, lançava o "teatro do povo", reinventava a etnografia e a cultura "populares", criava um turismo oficial como decorrência destas, encenava "festas populares", "cortejos históricos" e o geral das grandes mobilizações do regime. Tudo complementado pela atuação da censura prévia (sob o controlo do SPN, a partir de 1940), cobrindo o conjunto das formas de expressão (com a exceção do livro, onde as dificuldades da atuação prévia eram supridas pela repressão *a posteriori*).

Mas, apesar da sua assumida orientação, visando o "espírito", o "gosto", a formação política e ideológica do "público", apesar de omnipresente nas suas intervenções, aliás fortemente agressivas neste período, e servidas por uma estética modernista e criativa, o SPN era, sobretudo, um espaço de enunciação e de recriação simbólica das obras e dos valores do Governo e do Estado Novo. Um grande e multifacetado dispositivo de divulgação impositiva de tais conteúdos que ele ordenava e trabalhava com esse fim. A "educação" era, naturalmente, um resultado pretendido como fruto da eficácia e da arte do Secretariado e da sua propaganda. Mas, de uma forma geral, o SPN não tinha como tarefa organizar a inculcação das suas mensagens. Do enunciado à inculcação passava-se para o campo da "educação nacional" e da organização corporativa.

Para os inspiradores e autores da reforma educativa de 1936, se se quiser, para os ideólogos fundadores da "educação nacional", o objetivo não podia ser mais claro: "A educação [...] não pode limitar[-se] à elaboração de programas, construção de escolas, mas à orientação justa da vida individual e nacional". Como lembrava Cordeiro Ramos, nos tais "Estados renovados", onde o Portugal salazarista enfileirava, "alargou-se a ação da escola, cujo fim não é apenas ensinar, mas sobretudo educar e educar politicamente, no sentido nobre da palavra". Em suma, dizia, só a educação "forma o *novo homem*".[155] Essa era uma tarefa essencial do Estado Novo.

---

155 Gustavo Cordeiro Ramos, op. cit., pp. 364, 367.

Mas, atendendo ao papel basilar que nela desempenhava o "lar familiar", e não se desconhecendo que a crise de valores também atingira e debilitara as famílias, o Estado devia vigiá-las, secundá-las e acompanhá-las nessa missão: "O Estado não pode desinteressar-se de conhecer as condições em que a criança vive; torna-se imprescindível uma relação íntima e constante entre as autoridades escolares e as famílias para que o trabalho educativo não seja prejudicado". Devia, pois, a escola conhecer "a vida do aluno fora do meio escolar e, assim, exercer a sua ação no campo vasto da extensão educativa e da regeneração social".[156] O novo ministro da "Educação Nacional", Carneiro Pacheco, na proposta de reforma do ensino primário que envia à Assembleia Nacional, invocava a "impreparação da família para a obra educativa",[157] noção corroborada pelo parecer da Câmara Corporativa, que defendia dever essa "incapacidade da família para a ação formativa" ser "suprida pelo Estado".[158]

Carneiro Pacheco, logo ao receber, como titular da nova pasta, os cumprimentos dos professores primários, comunicava-lhes desta forma o que deles esperava: "Ajudar os pais a modelar o futuro homem português na cera sensível e plástica que é o cerebrozinho da criança". Afinal, "só educadores com espírito novo podem formar homens novos", e o professorado primário haveria de ser "a tropa de linha na benemérita ofensiva pela educação nacional".[159] Ofensiva que se alargava a várias frentes, num verdadeiro projeto de colocação da escola, a todos os níveis, ao serviço desse esforço modelador das consciências:

---

156 Ibid., pp. 370, 375.
157 *Diário das sessões da Assembleia Nacional*, n.º 147, 27/11/1937, p. 13 ss.
158 *Diário das sessões da Assembleia Nacional*, n.º 175, 24/03/1938.
159 Carneiro Pacheco, "Na recepção ao pessoal do ensino primário". In: op. cit., pp. 117-8.

— Revisão dos programas escolares de acordo com os princípios ideológicos do regime e adoção de "livros únicos" nas principais disciplinas formativas do ensino primário e secundário;
— Organização de um rigoroso e minucioso sistema centralizado de "inspeção" política permanente das atividades, opiniões e atitudes dos docentes, que passam, aliás, a ser alvo de cuidadosa seleção e depuração políticas;
— Recurso regular a iniciativas e cerimónias políticas ou político-religiosas nas escolas, destinadas a formar ideologicamente os alunos, testar os professores e manter uma tensão mobilizadora: aulas ou palestras obrigatórias sobre o significado de cartazes de propaganda distribuídos pelo Ministério, cerimónias rituais de entronização dos crucifixos nas salas de aula, semanas coloniais, celebração dos aniversários da entrada de Salazar para o Governo ou de outras efemérides nacionalistas, etc.;
— Reforço da elitização do ensino liceal como veículo de preparação do "escol" e a massificação/minimalização do ensino primário, em ambos os casos com uma clara opção pelo reforço da "formação da consciência" em detrimento da transmissão de conhecimentos;
— Lançamento da organização miliciana de enquadramento da juventude, a Organização Nacional da Mocidade Portuguesa, de inscrição obrigatória para os alunos do ensino primário e secundário e a quem vai ser entregue o monopólio de todas as atividades desportivas e das iniciativas culturais ou recreativas circum-escolares. Como escrevia Marcelo Caetano, o seu mais destacado comissário nacional, "a Mocidade Portuguesa procura utilizar todos os materiais utilizáveis para realizar uma síntese formativa do homem novo". Também nesta tarefa se constatava que "a família portuguesa está, em muitos casos, tocada de males que diminuem ou anulam a sua capacidade educativa". Haveria que "colaborar com a família" sempre que fosse possível; não sendo, "procure-se agir sobre os pais, através dos filhos.

Estamos num tempo em que muitas vezes os pais precisam de ser educados pelos filhos...";[160]

— Criação da Obra das Mães para a Educação Nacional (Omen), destinada a formar a mulher/esposa/mãe, esteio doméstico de uma família sã, reprodutora ideológica natural no seio do lar familiar e, sobretudo, na educação dos filhos, da fé e da moral católicas e dos princípios da ordem, da honra, do dever, do nacionalismo. Nesse sentido, a Omen, onde era mais nítido o papel dirigente dos quadros femininos das organizações católicas, pretendia não só agir diretamente sobre o ambiente familiar, corrigindo-o — "reeducar as mães pobres e ricas" —, como sobre a formação das jovens, das futuras esposas e mães, através da Mocidade Portuguesa Feminina (MPF), que estava sob a sua dependência, e não constituía, como noutros casos, uma seção feminina do "partido" ou de qualquer organização global da juventude. Com um estatuto de unicidade legal e de inscrição obrigatória idêntico ao da Mocidade Portuguesa, visando, como ela, a tarefa simultânea de educar um escol, "preparar chefes" e consciencializar a massa das filiadas, a MPF investia, talvez, mais direta e assumidamente, na educação ideológica da família e, em particular, no destino conjugal e maternal da mulher jovem, na sua futura posição no lar, como pilar da regeneração dessa "célula básica" da organização social.[161]

Finalmente, os dois grandes dispositivos de propaganda e inculcação da organização corporativa: a FNAT, para dirigir e integrar, política e ideologicamente, os lazeres dos trabalhadores, especialmente os dos centros urbanos, uma vez que, a partir de 1945, a sua ação para o mundo rural era mediatizada pela JCCP. Também aqui, em ambos os casos, se verificava a dupla vertente formativa: criar

---

160 Marcelo Caetano, *A missão dos dirigentes: Reflexão e directivas pelo comissário nacional*. Lisboa: Mocidade Portuguesa, 1942, pp. 7, 31. (Citado, daqui em diante, como *A missão dos dirigentes*.)
161 Cf. Irene Flunser Pimentel, *História das organizações femininas do Estado Novo*, p. 61 ss.

as elites do sindicalismo corporativo, tarefa que a FNAT chamou a si, desde 1935 até aos anos 1950, mas também mobilizar e educar as massas trabalhadoras. Essa tentativa de mobilização foi bem marcada na FNAT até ao início da Segunda Guerra Mundial, designadamente com os esforços de apropriação e transformação do Primeiro de Maio em "festas do trabalho", de forte cunho rural, qualquer coisa entre o desfile político e a feira minhota, que se realizam entre 1934 e 1938. Nessa direção apontava também o conteúdo obreirista/corporativo do jornal *1º de Maio*, editado pela FNAT entre 1939 e 1942, ou até, de forma particular, a decisiva ação mobilizadora desenvolvida pelo núcleo sindicalista dirigente da organização no lançamento da Legião Portuguesa, milícia do regime, em 1936.[162]

Mas a inculcação ideológica no espaço dos tempos livres, dentro ou fora do local de trabalho, orientando as distrações, furtando-as à influência deletéria da "taberna" ou da ação subversiva, moldando--as no paradigma da "cultura popular", essa era a tarefa por excelência da FNAT. O povo, o "verdadeiro povo", como lhe chamava António Ferro, era o que participava nesta recriação mítica de uma ruralidade essencial como quadro de vida, desse nacional--ruralismo corporativo que reinventava músicas, danças, "folclore", hábitos, costumes, comportamentos, de acordo com o espírito de uma etnografia elaborada à sua medida.[163]

O "homem-trabalhador", que disto avultava, era um chefe de família esforçado, respeitador, obediente, simples, ancorado no pequeno mundo da sua família e da vizinhança, fiel às tradições de sempre e à "ordem natural das coisas", mesmo quando o destino o arrancava à aldeia para o lançar nesse meio hostil e perigoso da fábrica e da cidade. Recriar esse ambiente ruralizante, essa aldeia mítica, nos bairros populares e nas empresas era o objetivo da FNAT

---

162 José Carlos Valente, op. cit., p. 62 ss.
163 Cf. Daniel Melo, *Salazarismo e cultura popular*, p. 61 ss.

e da sua rede de centros de alegria no trabalho (CAT), nas fábricas, nas repartições públicas, nos sindicatos nacionais e demais organismos corporativos, nos bairros sociais, onde lhes será atribuído legalmente o monopólio da organização dos tempos livres, desde o torneio de ténis de mesa à excursão de fim de semana. Nas casas do povo e nas casas dos pescadores atuavam, com funções idênticas, os centros de recreio popular (CRT), tutelados pela JCCP. Dando apoio, orientando ou unificando essas iniciativas, a FNAT possuía um largo leque de atividades permanentes: as cantinas, as colónias de férias, as viagens turísticas, a ginástica e os torneios desportivos, os espetáculos musicais (os célebres "serões para trabalhadores"), o cinema, os "ranchos folclóricos", os "museus" e outras iniciativas etnográficas, a definição da heráldica corporativa: instrumentos postos ao serviço desse supremo desígnio cultural e político de "aportuguesar os portugueses".

A SEGUNDA GUERRA MUNDIAL E O PÓS-GUERRA:
A ADAPTAÇÃO DO PROJETO TOTALIZANTE

Como antes se sugeriu, o estudo comparado da história das principais organizações de mobilização, propaganda e inculcação ideológica do regime, milicianas ou não, demonstrou que, após o zénite da sua força e influência, na segunda metade dos anos 1930, elas vão conhecer, primeiro nas vésperas/início da Segunda Guerra Mundial, depois nos anos 1950, um duplo fenómeno de desvirtuação. Por um lado, um processo de contenção e adaptação desde antes do conflito mundial, por outro, no pós-guerra, uma espécie de progressiva formalização das instituições de inculcação, com a manutenção dos velhos dispositivos institucionais, mas uma paulatina mudança dos seus conteúdos discursivos, dos seus objetivos e métodos. Não sendo esta a ocasião possível para proceder com detalhe à abordagem comparativa deste processo durante a guerra e no período subsequente, parece crucial compreender, pelo menos, a lógica evolutiva da vertente totalizante do regime, nos tempos que se sucederam ao apogeu e queda dos fascismos europeus.

É claro que havia boas razões para o Estado Novo, sobretudo a partir de finais da Guerra Civil de Espanha, e até ao início do conflito mundial, demonstrar alguma apreensão com a dinâmica fascizante das organizações de mobilização e enquadramento que deixara criar, ou que tomara a iniciativa de criar. Na Legião, Namorado de Aguiar e o seu corpo de oficiais pretendem uma milícia "tal e qual as fascistas",[164] com veleidades de militarização, armamento e autonomia que põem em causa a tutela do Exército e desafiam arrogantemente as demais forças de ordem. Na FNAT, Higino de Queiroz e Melo, o núcleo duro dos sindicalistas corporativos que a dirigiam, um grupo de claras inclinações fascistas, insiste no jargão obreirista e "antiplutocrático", nas comemorações "populares" do Primeiro de Maio, no controlo ideológico de toda a máquina corporativa nas cidades e nos campos, e até do SPN.[165] Na Mocidade Portuguesa, criada pelo regime com o fito de controlar o radicalismo e anular a autonomia da Ação Escolar de Vanguarda (AEV), que a precedera desde 1934,[166] o primeiro comissário nacional, Nobre Guedes, de conhecidas simpatias pró-nazis, acentuava a componente paramilitar e miliciana da organização, conflituava com a Igreja católica e fazia público espavento da colaboração com as "juventudes" hitlerianas ou com os *balilas*, cujos rituais e saudações se copiavam.

Ora, o facto é que o ocaso da Guerra Civil de Espanha, se trouxera o triunfo franquista sobre o "Anticristo", implicava, igualmente, a hegemonia de uma Falange que não ocultava os propósitos anexionistas relativamente a Portugal, com a agravante de a

---

164 Luís Nuno Rodrigues, *A legião portuguesa: A milícia do Estado Novo*, p. 107.
165 José Carlos Valente, op. cit., p. 107 ss.
166 Cf. António Costa Pinto e Nuno Afonso Ribeiro, *A acção escolar de vanguarda (1933--1936)*. Lisboa: História Crítica, 1980.

"Nova Espanha" emergir tutelada por quem lhe dera militarmente a vitória: a Itália fascista e a Alemanha hitleriana, os inimigos da Grã-Bretanha, "velha aliada" de Portugal, na guerra que se avizinhava ou que acabava de estalar.

A esta luz, a "fascização" do regime, passados os primeiros entusiasmos, é vista com prudência por uma oligarquia tradicional, habituada, e com proveito, a contar com o Exército e a Igreja para "manter a ordem", e que encara os arroubos milicianos, a militarização de forças civis sem tutela estrita do Estado, as mobilizações autónomas da "populaça", mesmo por bons motivos, como formas potenciais de gerar destabilização, de quebrar as hierarquias tradicionais, de tender para suspeitos "internacionalismos" suscetíveis de pôr em causa o "interesse nacional". Sendo que este, esquecidos os arrufos iniciais da Guerra Civil de Espanha, continuava estruturalmente ligado à aliança luso-britânica: a Grã-Bretanha, nos começos da guerra, continuava a ser a senhora do mar Atlântico e das rotas de ligação com o Império, além de garante da integridade colonial e continental. Mais prosaicamente, mantinha-se como a primeira fornecedora, compradora, credora, financiadora e transportadora da economia portuguesa. A neutralidade portuguesa na guerra ia definir-se e manter-se em função de tais realidades, o que, obviamente, implicava um outro cuidado relativamente a ligações ou identificações ideológicas excessivamente comprometedoras com o grupo adverso, tanto mais comprometedoras quanto a mudança de rumo da guerra, a partir do inverno de 1942, anuncia a vitória aliada.

Não admira, portanto, que, começando em setembro de 1937 pela Legião, o caso mais grave, o Estado Novo vá desencadear em quase todos estes organismos, sempre de forma relativamente discreta, processos de "normalização" e saneamento mais ou menos extensos, todos eles orientados pelos mesmos objetivos essenciais: cercear a sua autonomia política, organizativa e ideológica, reforçando a tutela do Estado, através dos ministérios competentes

(Guerra, Interior, Educação, Presidência); consentir unicamente em processos de militarização e armamento de baixo nível nas organizações milicianas, explicitamente colocadas, no plano militar, sob a dependência de comando e estratégia das Forças Armadas e dos seus oficiais;[167] anular ou esvaziar as componentes de mobilização de massa e o discurso ideológico populista radical que lhe estava associado; não consentir numa excessiva concentração de poderes de direção política e ideológica em um único destes organismos, designadamente na FNAT, pelo processo de os repartir com outros órgãos de enquadramento e propaganda; silenciar, desde o começo da guerra, as referências à filiação do processo de totalização do regime português e dos seus órgãos nos congéneres dos Estados fascistas e nazi, corrigir um certo mimetismo iconográfico e simbólico, até aí frequente, operando como que uma "nacionalização" dos princípios e dos métodos do dispositivo de propaganda e inculcação do Estado Novo português.

Convirá salientar, todavia, que neste movimento de contenção ideológica, de "desradicalização", de nacionalização dos propósitos, de disciplinamento e burocratização das vontades e das formas de agir, nunca se questionou nem a orientação ideológica básica, nem a natureza totalitária de tais dispositivos em si mesmos. Todos eles vão continuar, durante e após a guerra, com os mesmos objetivos essenciais, com a mesma lógica de atuação, só que com menos veleidades de autonomia, de militarização, de mobilização ou de radicalização. Por isso se pode falar de uma adaptação que toca mais nos processos do que nos conteúdos e nas lógicas dos aparelhos, ainda que os primeiros tenham acabado por liquidar burocraticamente a intenção genética dos segundos.

Assim, em setembro de 1937, o Governo e a Junta Central da Legião Portuguesa iniciam o processo de "normalização" da milícia,

---

167 É o que se fará na Legião Portuguesa em 1938: Cf. Luís Nuno Rodrigues, *A legião portuguesa: A milícia do Estado Novo*, p. 114 ss.

prolongado ao longo de 1938: demitindo Namorado de Aguiar e o seu Estado-Maior militar (em conflito com os civis da Junta Central, fiéis a Salazar), anulando definitivamente os seus ambiciosos planos de armamento e reorganização da Legião, remodelando profundamente os seus quadros do topo de base e procedendo a uma "limpeza" radical de nacional-sindicalistas, monárquicos e até de "comunistas infiltrados" que, entre janeiro e setembro de 1938, atingiu cerca de novecentos legionários "abatidos ao efetivo".[168] Terá sido o processo mais radical, chefiado pelo novo comandante-geral, general Casimiro Teles, vindo expressamente para "despolitizar a Legião" (quereria mesmo acabar com a saudação romana) e saneá-la a todos os níveis.[169]

Com o apoio do presidente da Junta Central, o seguro Costa Leite (Lumbrales), vai-se colocar a Legião Portuguesa sob o firme controlo dos Ministérios da Guerra e do Interior, reduzindo-a a uma espécie de corpo auxiliar do Exército e da polícia política, pesadamente burocratizado, alvo de crescente impopularidade com o aproximar do fim da guerra, mas que lhe sobreviverá, sem jamais recuperar nada de parecido com a chama dos primeiros tempos. Mesmo assim, só em 1944, com a adaptação aos ventos do fim da guerra, isto é, com a mudança dos dirigentes civis da Legião Portuguesa, ela perderá o carácter singularmente pró-nazi, organismos de mobilização que lhe são coevos.

A Mocidade Portuguesa (MP) também foi alvo de mudanças, seguramente menos drásticas. Em 1940, o germanófilo Nobre Guedes é substituído como Comissário Nacional (irá para ministro de Portugal, em Berlim) por Marcelo Caetano. Ideólogo do corporativismo, então próximo de Salazar, professor de Direito, insuspeito de simpatias hitlerianas, Caetano orientará as relações externas da MP de acordo com as exigências da neutralidade;

---

168 Ibid., p. 116.
169 Ibid., p. 114-5.

atenuará a componente militarista, sem excluir as fardas, as paradas e os rituais romanos, em favor de uma atuação mais "escutista"; normalizará as relações com a Igreja e apostará mais fortemente na componente da formação ideológica e do "carácter" dos filiados. Na FNAT, ainda que Queiroz e Melo vá manter a sua posição, acaba-se em 1939 com as mobilizações populares do Primeiro de Maio. E a organização corporativa, a partir do ano seguinte, desistirá mesmo de tentar recuperar a efeméride para o calendário dos fastos do regime. A vida do jornal *1º de Maio* também será curta e algo acidentada: em 1941, desapareceram o título e o subtítulo ("jornal de todos os trabalhadores"), substituídos por *Alegria no Trabalho* — *órgão da* FNAT, ao mesmo tempo que os sindicalistas corporativos são afastados da sua redação e o jornal perde a ligação aos sindicatos e às empresas. Tornado um oficioso sem o "alcance social que seria para desejar", o semanário encerra em 1942.[170] Por outro lado, o regime não permitirá à Comissão Administrativa da FNAT, dirigida por Queiroz e Melo, concentrar a "unidade de comando" que reivindicava para si própria a direção ideológica centralizada do conjunto dos lazeres (no mundo empresarial, na função pública, na organização corporativa, nos bairros sociais, sobre as sociedades de cultura e recreio, sobre o mundo rural e piscatório), em suma, a posição de "entidade única competente para prosseguir o objetivo do aproveitamento do tempo livre dos trabalhadores portugueses".[171] A tarefa, como antes vimos, será repartida, a partir de 1945, com a JCCP e as sociedades recreativas conseguirão impedir, após denodada resistência, a integração na FNAT e o seu controlo, mantendo a autonomia orgânica sob vigilância tutelar do SPN.[172] O próprio Secretariado, em 1944, a fechar o círculo das

---

170 José Carlos Valente, op. cit., pp. 66-80.
171 Ibid., p. 109.
172 Ibid., p. 107-20. Ver também: Daniel Melo, *Salazarismo e cultura popular*, p. 345 ss.

adaptações defensivas, deixará cair a excessivamente conotada "propaganda" da sua designação, passando a chamar-se Secretariado Nacional de Informação, Cultura Popular e Turismo (SNI). Mas a essência do projeto, a sua apetência total e regeneradora do homem, só seria verdadeiramente posta em causa, não por qualquer decisão política assumida, mas fruto das mudanças económico-sociais iniciadas na década de 1950. Tornadas pesadas repartições públicas, as antigas organizações de propaganda, mobilização e inculcação tinham perdido definitivamente o *élan*. A *cruzada corporativa* com que o regime, no auge da Guerra Fria, na primeira metade dos anos 1950, as tenta redespertar como bastiões do anticomunismo e do paradigma ruralizante vai precipitar algumas delas, sobretudo ao nível da educação, da juventude ou da organização corporativa, num curioso jogo de aparências e de mudanças "invisíveis".

Sob a pressão das grandes transformações estruturais então iniciadas — a industrialização, a urbanização, a terciarização —, ainda que muito do discurso nacionalista conservador se mantenha como propaganda e ideologia oficial do regime (recuperado, sobretudo, nos anos iniciais da Guerra Fria), o facto é que tanto ele como boa parte das instituições de inculcação que o serviam sofre uma espécie de formalização inexorável, ditada pelo espírito e as necessidades do tempo. Velhos enunciados discursivos e institucionais encobrem, quer a falência das velhas políticas, quer a formulação, mais ou menos compromissória, de políticas novas, de adaptação timorata à sociedade em mudança, mas cujas visibilidade e emergência eram como que esconjuradas pela manutenção de etiquetas antigas.

Como se as forças da velha utopia nacionalista e corporativa pudessem impedir a efetividade e a natureza das mudanças, mantendo-as "invisíveis" sob o labéu das designações antigas. A realidade é que, sob a continuidade formal do discurso da propaganda e das instituições de enquadramento e "educação", nos anos 1950, ia falecendo a alma do regime para moldar as almas de quem quer que fosse. E o rigor do policiamento e da unicidade ideológica, sem nunca desaparecer, dava lugar "invisivelmente", no coração mesmo da organização corporativa ou da máquina da "educação nacional", à formulação de políticas educativas, de formação profissional, de estudos sociais ou até de ocupação dos tempos livres, crescentemente marcadas por preocupações de adaptação às necessidades do desenvolvimento industrial e da modernização económica e social. Mais lentamente do que seria necessário, sempre amarrados ao pressuposto da segurança do regime, a verdade é que o Ministério da Educação Nacional e o aparelho corporativo iam substituindo o objetivo de criar um "homem novo" por o de o preparar para fazer crescer a produção e aumentar a produtividade da economia. As prioridades da acumulação e do mercado iam substituindo, silenciosamente, as do "espírito".

ESTADO TOTALIZANTE E IGREJA CATÓLICA

Um dos argumentos correntes para negar a natureza totalizante do aparelho de propaganda e inculcação do regime é o de que ele teria consentido, designadamente nos anos 1930 e 1940, num certo "pluralismo limitado", concretamente no tocante aos organismos juvenis da Ação Católica, ou ao escutismo católico, espaço esse imposto pela resistência da Igreja ao desiderato "estatista" de Carneiro Pacheco para a "educação nacional".[173]

Referi-lo é já, de algum modo, reconhecer a natureza do projeto em causa, visto como tal, na época, tanto pelos próprios, como pela Igreja. Mas a realidade será talvez menos linear. Entre o Estado Novo e a hierarquia católica não há, e nunca se manifesta nesses termos, um conflito de paradigma, de orientação ideológica, relativamente ao qual a Igreja opusesse um discurso alternativo.

---

173 Cf. Manuel Braga da Cruz, *O Estado Novo e a Igreja católica*, p. 39 ss.

A apologia da "essência católica da Nação portuguesa", expressa constitucionalmente após a revisão da Constituição de 1935, no reconhecimento da religião católica como confissão nacional, fizera da Igreja, como vimos, uma participante essencial no processo de afirmação ideológica do regime, na sua legitimação religiosa e "providencial", e no concurso prestado aos seus aparelhos de inculcação.

O que surge, a nível da "educação nacional", não é, nestes termos, um choque entre distintos projetos políticos ou modelos de sociedade, mas, sobretudo, um conflito de competências entre o Estado e a Igreja, com esta a negar àquele a possibilidade de se lhe substituir "na obra do ensino religioso e moral", privando-se "da cooperação eclesiástica". Aliás, o próprio cardeal Cerejeira, no seu conhecido arrufo epistolográfico com Carneiro Pacheco, chega a admitir a hipótese de "a terem os escuteiros de espontaneamente se dissolverem, seria preciso que a Mocidade Portuguesa desse aos seus filiados a formação católica que [...] ainda não deu para de algum modo justificar o sacrifício". E no acordo a que se chega, o "sacrifício"[174] é dispensado: a educação diretamente política e ideológica fica para a MP, a educação especificamente religiosa permanece nas organizações juvenis da Igreja, ou é levada a cabo por ela e pelos seus ministros no interior das organizações milicianas, como algo de complementar e harmónico.

Marcelo Caetano resumi-lo-ia lapidarmente:

> A MP cria um ambiente cristão para o desenvolvimento das virtudes dos seus filiados [...] e recebe alegremente o trabalho que, dentro dos seus quadros, venham fazer os ministros da Igreja, colabora com largueza na ação que a hierarquia católica exerce para melhoramento dos costumes e salvação das almas,

---

174 Cartas do Cardeal Cerejeira ao ministro da Educação Nacional, Carneiro Pacheco, Apud ibid., pp. 42-4.

dado considerar-se "organização educativa complementar da ação da Igreja". Precisando:

> Não só respeitamos, como queremos e saudamos, a existência das obras próprias da juventude da Ação Católica. Tarefas diversas — entendimento perfeito. Não nos pertence ministrar instrução catequística, nem litúrgica: mas de bom grado vemos que haja quem a ministre.[175]

Dois braços, duas esferas de competência, uma só causa.

Mais substancial ia ser o conflito, durante este período, com o "catolicismo social" militante, de incidência sindical. Mas também aqui a Igreja, desde 1935, ordena explicitamente a integração e a cooperação dos sindicalistas católicos na "nova ordem" corporativa: não obstante algumas reservas, o corporativismo português era "digno de encómios" e de "pensamento profundamente cristão".[176] Ausente do terreno da intervenção sindical, entregue por lei à unicidade corporativa decretada em 1933, a Liga Operária Católica (LOC), sob a direção do padre Abel Varzim, vai propugnar um incómodo criticismo ao "corporativismo real" do regime, sempre no quadro da cooperação com este, e com fases de aproximação e de colisão. Mas sabe-se como isso acabou: com *O Trabalhador*, órgão da LOC, encerrado por ordem do Governo, e Abel Varzim afastado do seu posto na LOC, por ordem do cardeal Cerejeira, em 1948.

É claro que, mesmo nos regimes fascistas de maior mobilização, a capacidade de enquadrar totalitariamente os espaços privados sofre limitações de ordem vária, que não põem em causa essa sua natureza. Em Portugal, por maioria de razão, isso se verificou: um fascismo com um movimento fascista subordinado, um país

---

175 Marcelo Caetano, *A missão dos dirigentes*, pp. 35-6.
176 Cf. Maria Inácia Rezola, *O sindicalismo católico no Estado Novo*, p. 117 ss.

escassamente industrializado, pouco urbanizado, com enorme peso das sociabilidades tradicionais de base rural, evidenciava espaços relevantes que escapavam ou resistiam naturalmente à padronização ideológica estatizante. Regressando a exemplos anteriores, foi o caso das sociedades de cultura e recreio que lograram resistir à integração na FNAT, ainda que as suas estruturas dirigentes tivessem que manifestar o apoio a Salazar e ao regime, e aceitar a tutela do SPN.[177] Mas nada disso, do que "fica de fora", parece suscetível de pôr em causa, não só a existência do projeto, dessa clara apetência totalitária do regime, como a impressionante extensão que lograram cobrir os seus dispositivos de divulgação, formação e censura. E não se pode duvidar da sua eficácia a prazo no controlo social e na durabilidade do regime.

Finalmente, pode-se seguramente argumentar que esse "homem novo" da propaganda, da "educação nacional" e da "cultura popular" era, apesar de tudo, um "homem velho", não o da mobilização revolucionária, mas o da ordem contrarrevolucionária e conservadora. É certo. Mas não deixa por isso de ser, também ele, um homem utópico, o homem-tipo do novo regime, a moldar impositiva e autoritariamente pela ação bifacetada das "políticas do espírito" e da repressão definidas e aplicadas pelo Estado. Esse chefe de família camponês, probo, devoto e ordeiro, era o especial "homem novo" do salazarismo, a resgatar, entre nós, não pela ação do partido vanguardista (que nunca houve como tal), mas pela intervenção formativa de órgãos especializados da Administração ou da organização corporativa, em colaboração com a Igreja, e na decorrência de uma visão totalizante da sociedade de matriz nacionalista, corporativa, católica, ruralizante e autoritária. Poderá dizer-se que o seu perfil era distinto do regime mussoliniano, ou do resplandecente e implacável "homem ariano" (que não era "novo", no sentido em que, para os nazis, representaria a superioridade

---

177 Cf. José Carlos Valente, op. cit., pp. 107-20; Daniel Melo, *Salazarismo e cultura popular*, p. 345 ss.

de uma "raça de senhores" naturalmente existente na hierarquia biológica da humanidade).[178] Isso servirá para ajudar a distinguir modalidades diversas de regimes de apetência totalitária, fruto de circunstâncias históricas e de caldos de cultura diferentes, mas não para recusar essa comum natureza a qualquer deles.

Não obstante a distinção de conteúdos ideológicos entre tais arquétipos, há algo de funcionalmente comum a ligá-los: o propósito de fabricar, pela força, sem alternativa, violentando os espaços tradicionais da privacidade ou da autonomia, um novo ser virtuoso que fosse o suporte da defesa e da reprodução da "ordem nova". É sem dúvida interessante e relevante que, em alguns casos, ele possa surgir como um guerreiro moderno e viril e noutros incarnado na honrada modéstia de um caseiro rural. Em ambas as situações, eles continuam sendo, apesar disso, duas espécies do mesmo género. O género dos regimes de vocação totalitária em que o Estado Novo, com a sua indiscutível especificidade, também participou neste período histórico. Com indiscutíveis repercussões na sua longa duração.

---

178 Cf. Philippe Burrin, "Hitler et le nouvel homme nazi". In: *Colóquio Internacional L'Homme nouveau dans l'Europe fasciste (1930-1945)*. Paris: Chevs, 2000.

ALGUMAS CONCLUSÕES

Se quiséssemos sintetizar em breves conclusões o que procurámos demonstrar sobre os fatores do "saber durar" salazarista, poderíamos, talvez, reter quatro vetores fundamentais dessa "arte", ou desse instinto, que no longevo ditador sobrepujou e condicionou tudo o mais.

Em primeiro lugar, a obtenção e conservação do controlo político da força militar, isto é, das Forças Armadas e, dentro delas, do Exército — a espinha dorsal da violência do Estado. Quando ao Estado Novo faltasse tudo do ponto de vista das suas condições de sobrevivência, como aconteceu em 1958, ter do seu lado o Exército seria a razão decisiva para se aguentar. Foi um controlo político que se tornou uma cultura hierárquica de obediência suficientemente eficaz para paralisar as chefias militares, mesmo quando, em 1961, por uma vez, pareciam dispostas a agir contra o regime e o seu chefe. A guerra colonial que, nesse ano, serviu de razão para substituir a elite das Forças Armadas e salvar o regime, treze anos depois seria o argumento para os oficiais intermédios, contra os seus comandos, o derrubarem. Efetivamente, o regime não cairia, em 1974, pela infidelidade da elite militar que instalara para fazer a guerra, mas pela revolta dos capitães que já não a queriam prolongar.

Em segundo lugar, a eficácia a prazo dos vários instrumentos de violência preventiva, isto é, de organização da desmobilização, da intimidação, do medo, finalmente, da submissão. E para isso se combinaram diversos aparelhos públicos de prevenção — a censura prévia, a vigilância policial dos comportamentos quotidianos, a ação da PSP e da GNR, as agências estatais de enquadramento e inculcação ideológica (a Omen, a MPF, a MP, a FNAT, a Junta Central das Casas do Povo, etc.) — e a ação muito importante da hierarquia e das organizações (diocesanas, da Ação Católica, e outras) ligadas à Igreja católica. A hierarquia da Igreja manteve-se, salvo honrosas exceções, estritamente fiel ao espírito concordatário de apoio "espiritual" ao regime, pelo menos durante todo o longo consulado salazarista, apesar das roturas da "frente nacional" que, como vimos, sobrevieram após 1958. O certo é que sem esse enorme e multiforme instrumental totalitário de contenção, de modelação ideológica, de fixação explícita ou implícita dos limites para além dos quais os comportamentos seriam considerados e tratados como politicamente desviantes, não seria possível ao Estado Novo, nem a nenhum regime de tipo fascista, a longa duração no poder.

Em terceiro lugar, a certeza e a prontidão da punição repressiva contra a ousadia do comportamento desafiante dos limites tolerados, fosse ele político, cultural, sindical, religioso, moral ou outro. A repressão seria administrativa, política ou policial, mas no seu centro esteve sempre o arbítrio de um poder político que não tinha por limites senão os impostos pela resistência da sociedade. E o instrumento subjacente a todas as formas de violência repressiva foi o sistema de justiça política, articulado a partir dos vastos poderes concedidos à polícia política, o músculo permanente e omnipresente da repressão. Uma polícia que, independentemente dos paramentos jurídicos com que a foram disfarçando, dispôs em permanência da faculdade arbitrária de prender por tempo indeterminado, negar emprego ou fazer despedir quem pretendia, violar de várias formas a privacidade dos cidadãos, torturar sistematicamente os que considerava suspeitos e fazer condenar, independentemente das penas e sem prazo, os elementos tidos como "perigosos". Para tal, dispunha a polícia política de uma larga rede de informadores, de um sistema prisional próprio de cadeias e campos de concentração (em Portugal e nas colónias), e era complementado por tribunais políticos especiais e pela ação da PSP, da GNR e dos serviços da Legião. Sendo que nas colónias, onde a vigilância da opinião pública era bem menor, ela agia, a partir dos finais dos anos 1950, com recurso sistemático ao terrorismo policial e às piores formas de violência contra qualquer gesto de resistência nacional e, por maioria da razão, contra os movimentos de libertação. Como bem se compreenderá, a violência repressiva atuava mesmo antes de atuar, isto é, pelo simples facto de se saber que existia e como agia. O medo, frequentemente, poupava a repressão, bastava que se soubesse que ela estava lá, à espera, do outro lado da linha que não se podia cruzar.

Em quarto lugar, a capacidade de manter basicamente unidos os vários sectores da classe dominante em torno do salazarismo, ou seja, o facto de historicamente, até à crise final do marcelismo, o Estado Novo ser, sem dúvida, o regime político do conjunto da oligarquia. Essa unidade, fundamental para a longa duração da Ditadura, conseguiu-a o Estado Novo, basicamente, através da organização corporativa. O corporativismo enquanto regime teve a dupla função de, por um lado, "disciplinar" o trabalho, permitindo, sobre a negação dos seus direitos e a redução dos seus custos salariais, elevadas taxas de acumulação; por outro lado, iria regular autoritariamente a economia, protegendo mercados, garantindo privilégios, regulando a concorrência, assegurando folgadas taxas de lucro e de autofinanciamento. Num quadro geral de acumulação com limitado desenvolvimento até ao termo da Segunda Guerra e, depois dela, segundo um típico modelo de desenvolvimento conservador, com pouca sustentação e grande injustiça social. Uma concertação económica e social de interesses que teria expressão política no partido único, na Assembleia Nacional e no laborioso rendilhado entre as direitas da direita que longamente suportaram o salazarismo. É claro que tudo isso teria um preço pesado no futuro económico e social do país. Mas permitiu ao capital financeiro prosperar com escasso risco e ao Estado Novo durar.

Finalmente, apesar de na lógica deste trabalho não ter lugar a história das oposições ao regime, o que noutro lugar brevemente tentei fazer,[1] sempre se dirá, à luz das conclusões anteriores, que, não obstante a corajosa e prolongada resistência à Ditadura e os difíceis combates que contra ela promoveram, elas não lograram suscitar um processo revolucionário, ou outro, suscetível de chamar a si, e descolar do regime, uma parte das Forças Armadas capaz de arriscar derrubá-lo. Ou seja, as oposições, historicamente, não conseguiram, por si próprias, conduzir um assalto ao poder e derrubar a Ditadura: faltou-lhes, mesmo quando tinham o resto, o braço armado da adesão militar suficiente para tal.

Mas seria precipitado, por essa razão, subestimar o seu papel. As oposições semearam e organizaram, nas duríssimas condições em que o podiam fazer. Criaram uma cultura, uma contra-hegemonia, um "estado de espírito" social, ideológico, político, e uma força que, a partir dos anos 1970, se imporiam como hegemónicos. Foi também desse caldo de cultura anticapitalista, anticolonialista, antifascista, radical, alimentado pelo estado do mundo e pelo incontornável cansaço com a guerra colonial que nasceria e amadureceria a disposição de algumas centenas de oficiais intermédios para se lançarem na perigosa aventura de um movimento militar à revelia das hierarquias, que acabasse com a guerra e instaurasse a democracia. E quando a Revolução irrompeu inesperada e tumultuosa pela porta que o movimento abriu, seria com os quadros dessas oposições, ou de parte delas, que os militares partilhariam o poder. Mas isso foi já depois de Salazar abandonar o poder.

---

[1] Fernando Rosas, *Portugal no século xx: Pensamento e acção política*. Lisboa: Notícias, 2004.

BIBLIOGRAFIA

60 ANOS *de luta*. Lisboa: Avante!, 1982.
AFONSO, Aniceto. *História de uma conspiração: Sinel de Cordes e o 28 de Maio*. Lisboa: Editorial Notícias, 2000.
ALHO, Albérico Afonso Costa.
F. P. A.: *A fábrica leccionada: As aventuras tecnocatólicas no Ministério das Corporações*. Lisboa: Profedições, 2008.
ALMEIDA, João Miguel. *A oposição católica ao Estado Novo, 1958-1974*. Lisboa: Nelson de Matos, 2008.
AMARAL, Diogo Freitas do. *O Antigo Regime e a revolução: Memórias políticas (1941-1975)*. Venda Nova: Bertrand, 1995.
ANTUNES, Carla; MARTINS, Suzana. *A tentativa da Revolta da Sé.* TCC (Licenciatura) – Faculdade de Ciências Sociais e Humanas, Universidade Nova de Lisboa, 1996. (Policopiado).
ANTUNES, José Freire. *Kennedy e Salazar: O leão e a raposa*. Lisboa: Difusão Cultural, 1992.
ANTUNES, José Freire. *Salazar e Caetano: Cartas secretas: 1932-1968*. Lisboa: Círculo de Leitores, 1993.
ARAÚJO, António de. *A lei de Salazar*. Coimbra: Tenacitas, 2007.
BARATA, Manuel Themudo; TEIXEIRA, Nuno Severiano (coord.).
Nova história militar. Lisboa: Círculo de Leitores, 2004. v. 4-5.
BARRETO, António; MÓNICA, Maria Filomena (coord.). *Dicionário de história de Portugal*. Porto: Figueirinhas, 1999-2000. 3 v.
BARRETO, José. *Religião e sociedade: Dois ensaios*. Lisboa: ICS, 2002.
BURRIN, Philippe. "Nazisme et homme nouveau". In: MATARD-BONUCCI, Marie-Anne; MELA, Pierre (dir.). *L'Homme nouveau dans l'Europe fasciste (1922-1945)*. Paris: Fayard, 2004. pp. 65-74.
CAETANO, Marcelo. *A missão dos dirigentes: Reflexão e directivas pelo comissário nacional*. Lisboa: Mocidade Portuguesa, 1942.
_____. *Minhas memórias de Salazar*. Lisboa: Verbo, 1977.
CALDEIRA, Alfredo; TAVARES, Álvaro Dantas (coord.). *Memória do campo de concentração do Tarrafal*. Lisboa: Fundação Mário Soares/Fundação Amílcar Cabral, 2009.
CAMPINOS, Jorge. *A Ditadura Militar, 1926-1933*. Lisboa: D. Quixote, 1975.
CARRILHO, Maria. "A projectada Liga Republicana e as últimas tentativas dos liberais contra a instrumentalização do Estado Novo". In: O ESTADO *Novo: Das origens ao*

fim da autarcia (1926-1959). Lisboa: Fragmentos, 1987. v. 1, pp. 179-87.

CARVALHO, Rita Almeida de. *Assembleia Nacional no pós-guerra (1945-1949)*. Lisboa: Assembleia da República/ Afrontamento, 2002.

_____. *A concordata de Salazar: Portugal--Santa Sé 1940*. Dissertação (Doutorado) – Faculdade de Ciências Sociais e Humanas, Universidade Nova de Lisboa, 2010.

_____. (org.). *Correspondência política entre Oliveira Salazar e o Cardeal Cerejeira*. Lisboa: Temas e Debates, 2010.

CASTRO, Pedro Jorge. *Salazar e os milionários*. Lisboa: Quetzal, 2009.

CATROGA, Fernando. "Transição e ditadura em Portugal nos primórdios do século XX". In: MARTINS, Rui Cunha (coord.). *Portugal 1974: Transição política em perspectiva histórica*. Coimbra: Imprensa da Universidade, 2011. pp. 31-95.

CEREZALES, Diego Palacios. *Portugal à coronhada: Protesto popular e ordem pública nos séculos XIX e XX*. Lisboa: Tinta-da-china, 2011.

CHORÃO, Luís Bigotte. *A crise da República e a Ditadura Militar*. Lisboa: Sextante, 2009.

COMISSÃO DO LIVRO NEGRO SOBRE O REGIME FASCISTA (CLNSRF). *Presos políticos no regime fascista*. Lisboa: 1982-1987. v. 1-6

CONSTITUIÇÕES Portuguesas. 1822, 1826, 1838, 1911, 1933. Lisboa: Assembleia da República, 2004.

COSTA, Eduardo Freitas da. *História do 28 de Maio*. Lisboa: Templo, 1979.

COSTA, Jorge et al. *Os donos de Portugal: Cem anos de poder económico (1910-2010)*. Porto: Afrontamento, 2010.

COSTA, José Ribeiro da. *Óscar Carmona (1869-1951): Elementos para o estudo biográfico do primeiro presidente da República do Estado Novo*. Dissertação (Mestrado) – Faculdade de Ciências Sociais e Humanas, Universidade Nova de Lisboa, 1990.

CRUZ, Manuel Braga da. *As origens da democracia cristã e o salazarismo*. Lisboa: Presença, 1980.

_____. *Monárquicos e republicanos no Estado Novo*. Lisboa: Dom Quixote, 1986.

CRUZ, Manuel Braga da. *O Estado Novo e a Igreja católica*. Lisboa: Bizâncio, 1998.

D'ORS, Eugenio. "Prefácio à edição espanhola". In: FERRO, António. *Salazar: O homem e a sua obra*. Aveiro: Fernando Pereira, 1982.

DELGADO, Iva. *Braga Cidade Proibida: Humberto Delgado e as eleições presidenciais de 1958*. Braga: Governo Civil de Braga, 1998.

DELGADO, Iva; PACHECO, Carlos; FARIA, Telmo (coord.). *Humberto Delgado: As eleições de 1958*. Lisboa: Vega, 1998.

DIÁRIOS das Sessões da Assembleia Nacional, n° 147, 27 de novembro de 1937; n° 175, 24 de março de 1938; 2ª Legislatura, n° 89, 27 de maio de 1940.

DOSSIER *Tarrafal*. Lisboa: Avante!, 2008.

FARIA, Cristina. *As lutas estudantis contra a Ditadura Militar (1926-1932)*. Lisboa: Colibri, 2000.

FARIA, Miguel Figueira de. *Alfredo da Silva e Salazar*. Lisboa: Bertrand, 2009.

FARIA, Telmo. "Quem tem a tropa...". In: DELGADO, Iva; PACHECO, Carlos; FARIA, Telmo (coord.). *Humberto Delgado: As eleições de 1958*. Lisboa: Vega, 1998.

_____. *Debaixo de fogo! Salazar e as forças armadas (1935-1941)*. Lisboa: Cosmos/ Instituto de Defesa Nacional, 2000.

FARINHA, Luís. *Cunha Leal, deputado e ministro da República: Um notável rebelde*. Lisboa: Assembleia da República/Texto Editores, 2009.

_____. *O Reviralho: Revoltas republicanas contra a ditadura e o Estado Novo (1926/1940)*. Lisboa: Estampa, 1998.

FELICE, Renzo de. *Entrevista sobre fascismo*. Rio de Janeiro: Civilização Brasileira, 1976.

FERRAZ, Ivens. *A ascensão de Salazar*. Lisboa: O Jornal, 1988.

FERREIRA, José Medeiros. *O comportamento político dos militares: Forças Armadas e regimes políticos no século XX*. Lisboa: Estampa, 1992.

FERRO, António. "Política do espírito". In: *Diário de Notícias*, 21 de novembro de 1932.

_____. *D. Manuel II: O Desventurado*. Lisboa: Bertrand, 1954.

_____. *Salazar, o homem e a sua obra*. Lisboa: Fernando Pereira, 1982.

_____. *Entrevistas de António Ferro a Salazar*. Lisboa: Parceria A.M. Pereira, 2003.

FREIRE, Dulce; FONSECA, Inês; GODINHO, Paula. *Mundo rural: Transformação e resistência na Península Ibérica (século XX)*. Lisboa: Colibri, 2004.

FREIRE, Dulce; FONSECA, Inês; GODINHO, Paula. "O dilema do Estado Novo: A criação de uma verdadeira polícia rural ou o aumento da GNR de forma a poder substituí-la". In: *Arquivos da Memória*, Lisboa, n. 3, pp. 35-50, 1997.

FREIRE, João. *Anarquistas e operários: Ideologia, ofício e práticas sociais: o anarquismo e o operariado em Portugal, 1900-1940*. Porto: Afrontamento, 1992.

FREITAS, Vicente de. "Exposição ao presidente da República". In: *O Século*, 12 de fevereiro de 1933.

GARRIDO, Álvaro. *O movimento estudantil e a crise do Estado Novo*. Coimbra: Minerva História, 1996.

_____. *O Estado Novo e a Campanha do Bacalhau*. Lisboa: Círculo de Leitores, 2004.

_____. *Economia e política das pescas portuguesas*. Lisboa: ICS, 2006.

GONÇALVES, Horácio de Assis. *Relatórios para Oliveira Salazar: 1931-1939*. Lisboa: Comissão do Livro Negro Sobre o Regime Fascista/Presidência do Conselho de Ministros, 1981.

HENRIQUES, Raquel Pereira. *António Ferro: Estudo e antologia*. Lisboa: Alfa, 1990.

JANEIRO, Helena. *A Revolta de Angola de 1930*. Lisboa: FCSH/UNL, 1992.

LEAL, Ernesto Castro. *António Ferro: Espaço político e imaginário social (1918-1932)*. Lisboa: Cosmos, 1994.

_____. *Nação e nacionalismos*. Lisboa: Cosmos, 1999.

LEAL, Francisco Cunha. *As minhas memórias*. Lisboa: Editora do Autor, 1968. v. 3.

LOFF, Manuel. *O nosso século é fascista! O mundo visto por Salazar e Franco (1936-1945)*. Porto: Campo das Letras, 2008.

LOFF, Manuel; SIZA, Teresa (coord.). *Resistência: Da alternativa republicana à luta contra a ditadura (1891-1974)*. Porto: Comissão Nacional para as Comemorações para o Centenário da República, 2010.

LOPES, Joana. *Entre as brumas da memória: Os católicos portugueses e a ditadura*. Lisboa: Âmbar, 2006.

LOURENÇO, Gabriela; COSTA, Jorge; PENA, Paulo. *Grandes planos: Oposição estudantil à ditadura 1956-1974*. Lisboa: Âncora Editora/Associação 25 de Abril, 2001.

LUCENA, Manuel. "Corporatisme au Portugal, 1933-74". In: OLIVEIRA, Pedro Aires; REZOLA, Maria Inácia (coord.). *O longo curso: Estudos em homenagem a José Medeiros Ferreira*. Lisboa: Tinta-da-china, 2010. pp. 175-225.

MADEIRA, João. *Os engenheiros de almas: O Partido Comunista e os intelectuais*. Lisboa: Estampa, 1996.

MADEIRA, João (coord.); PIMENTEL, Irene Flunser; FARINHA, Luís. *Vítimas de Salazar. Estado Novo e violência política*. Lisboa: Esfera dos Livros, 2007.

MADUREIRA, Arnaldo. *A formação histórica do salazarismo*. Lisboa: Livros Horizonte, 2000.

MANOILESCU, Mihail. *Le Siècle du corporatisme*. Paris, Alcan, 1936.

MARQUES, A.H. de Oliveira. *A Liga de Paris e a Ditadura Militar, 1927-1928*. Lisboa: Europa-América, 1976.

MARTELO, David. *A espada de dois gumes: As Forças Armadas do Estado Novo*. Lisboa: Europa-América, 1999.

MARTINS, Fernando (org.). *A formação e a consolidação política do salazarismo e do franquismo: As décadas de 1930 e 1940*. Lisboa: Colibri, 2012.

MARTINS, Hermínio. *Classe, status e poder*. Lisboa: ICS, 1998.

MARTINS, Susana. *A Conspiração da Sé*. TCC (Licenciatura em História) – Faculdade de Ciências Sociais e Humanas, Universidade Nova de Lisboa, 1996.

_____. *Socialistas na oposição ao Estado Novo*. Lisboa: Casa das Letras, 2005.

MATEUS, Dalila Cabrita. *A Pide/DGS na Guerra Colonial (1961-1974)*. Lisboa: Terramar, 2004.

MATOS, Helena. *Salazar: A construção do mito*. Lisboa: Círculo de Leitores, 2003. v. 1.

_____. *Salazar: A propaganda*. Lisboa: Círculo de Leitores, 2004. v. 2.

MATOS, Luís Salgado. *Um "Estado de ordens" contemporâneo: A organização política portuguesa*. Tese (Doutorado) – Faculdade de Ciências Sociais e Humanas, Universidade Nova de Lisboa, 1999.

MATOS, Sérgio Campos. *História, mitologia e imaginário nacional: A história no curso dos liceus (1895-1939)*. Lisboa: Livros Horizonte, 1990.

_____ (coord.). *Crises em Portugal nos séculos XIX e XX*. Lisboa: Centro de História da Universidade de Lisboa, 2002.

MEDEIROS, Fernando. *A sociedade e a economia portuguesas nas origens do* salazarismo. Lisboa: A Regra do Jogo, 1978.

MEDINA, João. *Salazar e os fascistas: História de um conflito (1932-1935)*. Lisboa: Bertrand, 1978.

MELO, Daniel. *Salazarismo e cultura popular: 1933-1958*. Lisboa: ICS, 2001.

MENESES, Filipe Ribeiro. *Salazar*. Lisboa: Dom Quixote, 2010.

MONTEIRO, Armindo. *Para uma política imperial*. Lisboa: Agência Geral das Colónias, [193-].

MOREIRA, Adriano. *A espuma do tempo: Memórias do tempo de vésperas*. Coimbra: Almedina, 2008.

NEVES, Helena; CALADO, Maria. *O Estado Novo e as mulheres: O género com investimento ideológico e de mobilização*. Lisboa: C.M. Lisboa, 2001.

NEVES, José. *Comunismo e nacionalismo em Portugal: Política, cultura e história no século XX*. Lisboa: Tinta-da-china, 2008.

NOGUEIRA, Alberto Franco. *Salazar*. Coimbra, Atlântida, 1977. v. 1-2.

_____. *Salazar*. Porto: Civilização, 1978-85. v. 3-6.

NÓVOA, António, "Educação nacional". In: ROSAS, Fernando (coord.). *Portugal e o Estado Novo (1930-1960)*. Lisboa: Presença, 1992. v. 7. pp. 456-519. (Coleção Nova História de Portugal).

_____. "Ensino universitário". In: ROSAS, Fernando; BRITO, José Maria Brandão de (coord.). *Dicionário de história do Estado Novo*. Venda Nova: Bertrand, 1996. pp. 305-7.

NUNES, Leopoldo. *A Ditadura Militar: Dois anos de história política contemporânea*. Lisboa: [s.n.], 1928.

O ESTADO NOVO: *Das origens ao fim da autarcia (1926-1959)*. Lisboa: Fragmentos, 1987-8. v. 1-2.

OLIVEIRA, César de. *Salazar e o seu tempo*. Lisboa: O Jornal, 1991.

Ó, Jorge Ramos do (org.). *Correspondência de Santos Costa para Oliveira Salazar, (1934-1950)*. Lisboa: CLNSRF/PCM, 1988. v. 1.

_____. *O lugar de Salazar*. Lisboa: Alfa, 1990.

_____. *Os Anos de Ferro: O dispositivo cultural durante a "política do espírito": 1933-1949*. Lisboa: Estampa, 1999.

PACHECO, Carneiro. "Declarações de Sua Excelência o ministro da Instrução Pública no acto de posse" e "Na recepção ao pessoal do ensino primário". In: *Escola Portuguesa*, v. 2, n. 69, 1936.

PAÇO, António (coord.). *A ascensão de Salazar (1926-1932)*. Lisboa: Centro Editor PDA, 2008. v. 1.

PATRIARCA, Fátima. "Diário de Leal Marques sobre a formação do primeiro Governo de Salazar: apresentação". In: *Análise Social*, v. 41, n. 178, pp. 169-222, 2006.

_____. *A questão social no salazarismo (1930-1947)*. Lisboa: INCM, 1995. v. 1-2.

_____. *Sindicatos contra Salazar: A Revolta do 18 de janeiro de 1934*. Lisboa: ICS, 2000.

PAULO, Heloísa; JANEIRO, Helena Pinto (coord.). *Norton de Matos e as eleições presidenciais de 1949: 60 anos depois*. Lisboa: Colibri/FCSH/UNL, 2010.

PEDRO, Edmundo. *Memórias: Um combate pela liberdade*. Lisboa: Âncora, 2007.

PEREIRA, José Pacheco. *A sombra: Estudos sobre a clandestinidade comunista*. Lisboa: Gradiva, 1993.

_____. *Álvaro Cunhal: Uma biografia política: "Daniel", o Jovem Revolucionário*. Lisboa: Temas e Debates, 1999. v. 1.

PEREIRA, Pedro Theotonio. *Memórias*. Lisboa: Verbo, 1973. v. 1-2.

PIMENTEL, Irene Flunser. *História das organizações femininas do Estado Novo*. Lisboa: Círculo de Leitores, 2007.

_____. *A história da Pide*. Lisboa: Círculo de Leitores, 2007.

PINTO, António Costa. *O salazarismo e o fascismo europeu*. Lisboa: Estampa, 1992.

_____. *Os camisas azuis: Ideologia, elites e movimentos fascistas em Portugal (1914-1945)*. Lisboa: Estampa, 1994.

_____ (org.). *Governo em ditadura: Elites e decisão política nas ditaduras da era do fascismo*. Lisboa: ICS, 2012.

PINTO, António Costa; RIBEIRO, Nuno Afonso. *A acção escolar de vanguarda (1933-1936)*. Lisboa: História Crítica, 1980.

PINTO, Maria José (org.). *Correspondência Marcelo Mathias/Salazar 1947-1968*. Lisboa: Difel, 1984.

RABY, Dawn Linda. *A resistência antifascista em Portugal (1941-1974)*. Lisboa: Salamandra, 1990.

RAMOS, Gustavo Cordeiro. *Os fundamentos éticos da escola no Estado Novo*. Lisboa: União Nacional, 1937.

RAMOS, Rui. *A segunda fundação*. In: MATTOSO, José (dir.). *História de Portugal*. Lisboa: Estampa, 1998. v. 7.

REIS, António (coord.). *Portugal contemporâneo*. Lisboa: Alfa. v. 4-5.

REIS, Bruno Cardoso. "Portugal e a Santa Sé no sistema internacional (1910-1970)". In: *Análise Social*. Lisboa, v. 36, n. 161, p. 1019-59, 2002.

REZOLA, Maria Inácia. *Fotobiografias século XX: António de Oliveira Salazar*. Lisboa: Círculo de Leitores, 2001.

_____. *O sindicalismo católico no Estado Novo (1931-1948)*. Lisboa: Estampa, 1999.

RIBEIRO, Maria da Conceição. *A polícia política no Estado Novo (1926-1945)*. Lisboa: Estampa, 1995.

_____. *O debate em torno do projecto de constituição do Estado Novo na imprensa de Lisboa e Porto: 1932-1933*. Lisboa: [s.l.], 1990.

RODRIGUES, Edgar. *A resistência anarco-sindicalista à Ditadura: Portugal 1922-1939*. Lisboa: Sementeira, 1991.

RODRIGUES, Luís Nuno. *A legião portuguesa: A milícia do Estado Novo (1936-1944)*. Lisboa: Estampa, 1996.

_____. "A Legião Portuguesa no espectro político nacional (1936-1939)". In: *Penélope*, n. 11, pp. 21-36, 1993.

ROLLO, Maria Fernanda. "Desmandos da organização corporativa e reencontros do corporativismo no rescaldo da Segunda Guerra: O inquérito à organização corporativa de 1947". In: ROSAS, Fernando; GARRIDO, Álvaro (coord.). *Corporativismo, fascismos, Estado Novo*. Lisboa: Almedina, 2012.

_____. *Portugal e a reconstrução económica do pós-guerra: O Plano Marshall e a economia portuguesa dos anos 50*. Lisboa: ID, 2007.

ROSAS, Fernando. "A Igreja em Portugal nos anos 40". *História*, n. 46, pp. 2-17, 1982.

_____. *As primeiras eleições legislativas sob o Estado Novo*. Lisboa: O Jornal, 1985.

_____ (org.). *Correspondência de Mário Figueiredo e Oliveira Salazar*. Lisboa: CLNSRF/PCM, 1986.

_____. *O Estado Novo nos anos trinta*. Lisboa: Estampa, 1986.

_____ (org.). *Correspondência de Pedro Teotónio Pereira para Oliveira Salazar*. Lisboa: CLNSRF/PCM, 1987-91. v. 1-4.

_____ (org.). *Cartas e relatórios de Quirino de Jesus a Oliveira Salazar*. Lisboa: CLNSRF/PCM, 1987.

_____. "Cinco pontos em torno do estudo comparado do fascismo". In: *Vértice*. Lisboa, v. 13, n. 2, pp. 21-29, 1989.

_____. *Portugal entre a paz e a guerra (1939-1945)*. Lisboa: Estampa, 1990.

_____ (coord.). *Portugal e o Estado Novo (1930-1960)*. Lisboa: Presença, 1992. v. 12. (Coleção Nova História de Portugal).

_____ (dir.). *Norton de Matos: Uma oposição indomada e indomável: Campanha eleitoral do general Norton de Matos: 1948/1949*. Lisboa: Biblioteca Museu República e Resistência/Câmara Municipal, 1993.

_____. *O Estado Novo, 1926-1974*. In: MATTOSO, José (coord.). *História de Portugal*. Lisboa: Estampa, 1998. v. 7.

_____. "O marcelismo ou a falência da política de transição do Estado Novo". In: BRITO, José Maria Brandão de (coord.). *Do marcelismo ao fim do Império: Revolução e democracia*. Lisboa: Editorial Notícias, 1999. v. 1, pp. 15-59.

_____. *Salazarismo e fomento económico*. Lisboa: Editorial Notícias, 2000.

_____. "Uma desordem perfumada" In: GARNIER, Christine. *Férias com Salazar*. Lisboa: Parceria A.M. Pereira, 2002.

_____. *Portugal no século XX: Pensamento e acção política*. Lisboa: Editorial Notícias, 2004.

ROSAS, Fernando; BRITO, José Maria Brandão de (coord.). *Dicionário de História do Estado Novo*. Venda Nova: Bertrand, 1996.

ROSAS, Fernando; GARRIDO, Álvaro (coord.). *Corporativismo, fascismo, Estado Novo*. Coimbra: Almedina, 2012.

ROSAS, Fernando et al. (coord.). *Tribunais políticos: Tribunais militares especiais e tribunais plenários durante a Ditadura Militar e o Estado Novo*. Lisboa: Temas e Debates/Círculo de Leitores, 2009.

ROSAS, Fernando; PIMENTEL, Irene Flunser (coord.). *Aljube: A voz das vítimas*. Lisboa: Fundação Mário Soares, 2011.

ROSAS, Fernando; SIZIFREDO, Cristina. *Demissões políticas das universidades portuguesas durante a Ditadura Militar e o Estado Novo (1926-1974)*. Lisboa: Tinta-da-china. (No prelo).

SALAZAR, António de Oliveira. *Discursos (1928 a 1934)*. Coimbra: Coimbra Editora, 1939. v. 1.

_____. *Discursos: Notas políticas (1935-1937)*. Coimbra: Coimbra Editora, 1943. v. 2.

SALAZAR, António de Oliveira. *Discursos: Notas políticas (1938-1943)*. Coimbra: Coimbra Editora, 1945. v. 3.

_____. *Discursos: Notas políticas (1943-1950)*. Coimbra: Coimbra Editora, 1951. v. 4.

_____. *Discursos: Notas políticas (1951-1958)*. Coimbra: Coimbra Editora, 1959. v. 5.

_____. *Discursos: Notas políticas (1959-1966)*. Coimbra: Coimbra Editora, 1967. v. 6.

SANTOS, José Reis. *Salazar e as eleições, um estudo sobre as eleições gerais de 1942*. Lisboa: Assembleia da República, 2011.

SANTOS, Paula Borges. *A questão religiosa no parlamento: 1935-1974*. Lisboa: Assembleia da República, 2011. v. 3.

_____. *A política religiosa do Estado Novo (1933-1974): Estado, leis, governação e interesses religiosos*. Tese (Doutorado) – Faculdade de Ciências Sociais e Humanas, Universidade Nova de Lisboa, 2012.

SERAPIGLIA, Daniele. *La via portoghese al corporativismo*. Roma: Carocci, 2011.

TELO, António. *Portugal na Segunda Guerra Mundial (1941-1945)*. Lisboa: Vega, 1991. v. 2.

_____. *Portugal e a Nato: O reencontro da tradição atlântica*. Lisboa: Cosmos, 1996.

TORGAL, Luís Reis. *As aparições de Fátima: Imagens e representações, 1917-1939*. Lisboa: Temas e Debates, 2002.

_____. *Estados novos, Estado Novo*. Coimbra: IUC, 2009. v. 1-2.

TRINDADE, Luís. *O estranho caso do nacionalismo português: O salazarismo entre a literatura e a política*. Lisboa: ICS, 2008.

VALENTE, José Carlos. *Estado Novo e alegria no trabalho: Uma história política da Fnat (1935-1958)*. Lisboa: Colibri/Inatel, 1999.

ÍNDICE REMISSIVO

1º de Maio (jornal), 321, 327
26 de agosto de 1931, revolta de, 101
28 de Maio de 1926 (golpe militar), 45-9, 50-9, 60-3, 70, 132; resistência civil e militar, 58-9, 60

"Abrilada" (1961), 173, 227, 230-9, 240
Ação Escolar de Vanguarda (AEV-camisas verdes), 77, 129, 323
Ação Republicano-Socialista, 99
Acordo Missionário (1940), 174
Açores, 58, 68, 99; como base para Grã-Bretanha e Estados Unidos na Segunda Guerra, 38, 206-7
Afonso, Albérico, 294
Afreixo, Jaime, 85
África, descolonização, 232
Agência Geral das Colónias, 315
Aguiar, Namorado de, 323, 326
Albuquerque de Freitas, João Faustino, 234, 236
Alçada Baptista, António, 258
Alçada Padez, 129
Alegria no Trabalho (jornal da FNAT), 327
Alemanha, 249; apoio português na Segunda Guerra, 142; embargo na venda de volfrâmio à, 206; fascismo na, 17, 27, 131, 324; Partido Nacional-Socialista, 126, 131; vitórias contra os Aliados na Segunda Guerra, 249
Aliança Republicana e Socialista, 100, 109
Aljube (presídio em Lisboa), 191
Almada, Portugal, 72, 193

Almeida Braga, Luís de, 135
Almeida Fernandes, Afonso, 234, 237
Almeida, João de, 119, 205
Almeida, João Miguel, 242
alvaristas, 46, 57, 65
Alves Correia, Joaquim, 252, 257
Alves Roçadas, José Augusto, 52
Amadora, Portugal, 41, 45
Amaral, João, 125, 135
Ameal, João, 39
Anadia, Portugal, 126
anarcossindicalistas, 22, 46, 56, 60, 65, 69, 73, 76; *ver também* sindicalistas
Angola, 95, 232; guerra de, 231, 233; revoltas em (1930, 1960), 145, 232
Angola, União dos Povos de, 233
"ano terrível" (1961), 230-9, 240
Ano X da revolução nacional, 300
"Ano X", discurso de Salazar, 32, 51, 307
Antunes Guimarães, João, 125
Araújo Correia, José de, 137
Araújo, António de, 102
Arganil, círculo de, 44
Arriaga, Kaúlza de, 231, 234, 236-7
Assembleia Geral da ONU, 232
Assembleia Nacional, 34-5, 98, 120, 143, 201; como "assembleia política", 35; dissolvida (1945), 212; subalterna em relação ao Executivo, 33
Assis Gonçalves, Horácio de, 125, 129
Associação Central da Agricultura Portuguesa, 142, 212

Associação Europeia de Comércio
  Livre (EFTA), 285
Atatürk, Kemal, 146
ativismo operário, 57, 60, 65, 69
Ato Colonial (1930), 144, 246, 305
autoritarismo, 251, 256; conservador,
  132, 136; modernizante, 136
Avante! (jornal), 75
Azevedo Gomes, Mário de, 100

Banco de Angola, 95
Banco Totta, 141
Barbosa, Daniel, 218
Barreiro, Portugal, 72
Barrilaro Ruas, Henrique, 258
Belém, Lisboa, 94
Beleza Ferraz, José António, 234, 236, 238
Bissaya Barreto, Fernando,
  39, 42, 113, 124, 126, 138
"bolchevismo e a Congregação, O",
  conferência de Salazar, 44
Borges, Vasco, 139
Botelho Moniz, Jorge, 214, 216, 218
Botelho Moniz, Júlio, 210, 217, 223, 227,
  229, 230-9, 240; demissão de, 237
Braga, Portugal, 127
Bragança, Duarte Nuno de, 135
Brito Camacho, Manuel de, 52

Cabo Verde, 68
Cabral, José, 129, 130
Caeiro da Mata, José, 39
Caetano, Marcelo, 39, 135, 196, 221,
  223, 227, 234, 244, 254, 267, 326, 330;
  afastado da presidência por Salazar,
  229; como sucessor de Salazar, 172
Câmara Corporativa, 34
Câmara Municipal de Lisboa, 116
Câmara Pina, Luís da, 39, 235, 237
Câmara, Filomeno da, 149

"camisas azuis" (MNS), 62, 127, 139, 140, 159
Campbell, Ronald Hugh, 207
Campos, Arajaryr, 190
Campos, Ezequiel de, 137
capitalismo, 295; abalado pelas crises
  do final do século XIX, 20, 270-2;
  abalado pelos eventos da primeira
  metade do século XX, 20, 177
Caramulo, Portugal, 151
Carmona, almirante, 216
Carmona, Óscar, 48, 56, 78, 82, 84,
  86, 89, 91-5, 100, 102-3, 107,
  110-1, 114, 116-9, 120, 122, 127, 129,
  199, 201, 204, 207, 211, 217, 245;
  acordo com Salazar sobre
  os militares, 197; como chefe
  do governo militar, 54; papel na
  ascenção de Salazar, 86-9; poder
  de Salazar no governo de, 87-8
Carneiro Pacheco, António, 134, 300,
  307, 314-5, 318, 329
Carvalho, Vasco de, 216
Casas do Povo, 71, 185, 251, 276-7, 315, 322
Casqueiro, João, 205
Castanheira Lobo, Duarte Furtado, 215
Castelhano, Mário, 72, 278
Castro Fernandes, António Júlio de,
  129, 140
Castro, Álvaro de, 53
Castro, Mário de, 100
Centro Católico (CC), 39, 42-4,
  62, 80, 82, 132-4, 247, 265;
  II Congresso do (1922), 42
Centro Republicano Almirante Reis, 213
Cerejeira, cardeal Manuel Gonçalves,
  42, 45, 134, 244-5, 257, 260-1, 263, 330
CGT *ver* Confederação Geral
  do Trabalho (CGT)
Chamberlain, Austen, 147
Chave d'Ouro, café em Lisboa, 227

Choldra (jornal da Esquerda Democrática), 51
Churchill, Winston, 207
CIS *ver* Comissão Intersindical (CIS)
Coimbra, 126, 128, 134, 140
Coliseu dos Recreios, 129
comício plebiscitário (1963), 28
Comissão do Livro Negro Sobre o Regime Fascista, 190
Comissão Intersindical (CIS), 69, 70, 72
comunismo, comunistas, 46, 56, 60, 69, 225; como ameaça à Europa, 311; como inimigo principal do salazarismo, 77; perseguição aos, 73
Concílio do Vaticano II (1962), 243, 255
Concordata e Acordo Missionário (1940), 241-2, 244, 249, 252
Confederação Geral do Trabalho (CGT), 23, 65, 68-9, 70, 72, 76
Conferência Económica de Londres (1934), 147
Congo, 232
Congresso da Associação Luso-Espanhola para o Progresso das Ciências (1925), 44
Congresso das Associações Comerciais e Industriais, 43
Congresso Eucarístico Nacional de Braga (1924), 43
Conselho de Ministros, 38; adesão de Portugal à Nato (1949), 38; bases dos Açores cedidas à Grã-Bretanha (1943), 38
Conselho Político Nacional (CPN), 103; e a ascenção de Salazar, 104
Conselho Superior de Defesa Nacional, 198
Conselho Superior Militar, 236
Constituição de 1933, 111-8, 267; e a Assembleia Nacional, 144; criação da Polícia de Vigilância e Defesa do Estado (PVDE), 118; criação do Secretariado de Propaganda Nacional (SPN), 118; e a organização corporativa, 118; proibição dos partidos políticos, 160; promulgação da, 117; retorno da censura prévia, 118; revisão em 1935, 242; revisão em 1951, 242; separação entre Estado e Igreja, 246
Cordeiro Ramos, Gustavo, 109, 134, 300, 307, 313, 317
corporativismo, 17, 44, 57, 62, 133, 135, 174, 241, 257, 259, 326, 331, 337; como doutrina, 265-9; como fator de longevidade do Estado Novo, 263, 295; nascimento do, 269, 270-5; como regime, 263-9, 270-9, 280-9, 290-9
Correia de Oliveira, José Gonçalo, 39, 236
Correia Santos, Francisco, 215
Correio de Coimbra, 44
Cortesão, Jaime, 57, 65
Costa Ferreira, Eduardo da, 85, 93
Costa Gomes, Francisco da, 234
Costa Leite, João (Lumbrales), 39, 134, 140, 236, 326
Costa Nunes, cardeal José da, 260
Costa, Afonso, 57, 65
Costa, João Bénard da, 258
Cova da Moura, Amadora, Portugal, 238
CPN *ver* Conselho Político Nacional (CPN)
Craveiro Lopes, Francisco Higino, 221-4, 227-9, 234, 238
crises económicas e financeiras (finais do século XIX), 20, 272
Cristo Filho, Homem, 149
Cunha Aragão, Francisco Xavier, 138
Cunha Leal, Francisco Pinto da, 51-3, 57, 67, 78, 81, 95, 108, 113, 138, 145
Cunha Menezes, Luís da, 204
Cunhal, Álvaro, 219

d'Ornellas, Aires, 43
d'Ors, Eugénio, 147, 166-7
Dantas, Júlio, 138
David Neto, major, 216, 224
delgadismo, 220-9, 230-1, 239, 244
Delgado, Humberto, 190, 224-7, 258
demonização da "política"
e dos "políticos", 20-1, 50
desemprego, 69
Deslandes, Venâncio, 236
DGS *ver* Direção Geral de Segurança (DGS)
Diário da Manhã, 113, 128, 130
Diário de Lisboa, 214
Diário de Notícias, 113, 146-7, 150-1, 168
Diário do Governo, 116
Dias Coelho, José, 190
Dinis, Alfredo, 190
Dinis da Fonseca, Joaquim, 134
Directório Revolucionário Ibérico
de Libertação (Dril), 232n
Direção Geral de Segurança (DGS), 188, 191
direita das realizações, 136
direita fascista, 139
direita republicana,
23, 28, 39, 50, 52, 57, 62,
66, 84, 87-9, 96, 98, 108,
111, 122, 124, 137-8, 266
direita tecnocrática, 136
Direito à Informação
(grupo clandestino), 261
"ditador e a multidão, O" (Ferro), 150
ditadura, como fim da política, 25
Ditadura Militar (1926-1933);
crise económica na, 79, 80;
como "Ditadura Nacional", 96;
forças pró e contra, 66; gastos
excessivos com os militares, 79;
manifestações contrárias à (1931), 99;
mitos sobre a, 45-64; portaria dos

sinos, 91, 93; transição para o
Estado Novo (1933-1968), 45, 61
Dutra Faria, Francisco de Paula, 140

economia portuguesa, grandes grupos
financeiros na, 291
EFTA *ver* Associação Europeia
de Comércio Livre (EFTA)
Eisenhower, Dwight, 232
Elbrick, Charles Burke, 233, 236, 238
Emissora Nacional, 130
Época (jornal integralista), 51
Espanha, 198, 210; Guerra Civil (1936-39),
27, 57, 68, 142-3, 153, 169, 170, 189, 249,
302, 311; implantação da República
(1931), 57, 100
Espírito Santo, Ricardo, 39, 141
Esquerda Democrática, 46, 51, 57, 65
Estado Novo (1933-1968), 21, 45;
afastamento do povo da política,
27; amenização do fascismo durante
a Segunda Guerra, 324; como
antidemocrático, antiparlamentar
e anticomunista, 162; aparelhos de
propaganda do, 309, 310-5; apoio da
direita republicana, 138; apoio das
Forças Armadas, 195-9, 200-5;
Assembleia Nacional submissa ao
regime, 122; burguesia dependente do,
294; censura prévia, 71, 161, 317, 335;
comunismo como inimigo principal
do, 161; conflito com as Forças
Armadas em 1961, 230; controlo
político e ideológico sobre as Forças
Armadas, 120, 123; corporativismo
como fator de longevidade do, 263,
295; crise de 1958-1961, 220-9, 230;
crise do fim da guerra (1945-47), 205-
9, 210-9; dependente das Forças
Armadas, 36;

desarticulação do movimento de Abril de 1947, 218; direito de reunião no, 71; discurso propagandístico claro, 303; durabilidade garantida pelo totalitarismo, 299; eleições manipuladas, 122; enfrenta manifestações nacionais contra o regime (1945), 214; entrevistas de Salazar como manual de propaganda do regime, 153; estruturação do corporativismo, 296-9; fascização nos anos 1930, 140; e o "homem novo", 167, 170, 299, 300-9, 310-9, 320-9, 330-3; homenageia Hitler na morte deste, 212; identificado com o fascismo italiano, 264; e a Igreja católica, 240-9, 250-9, 260-3, 329, 330-3; imposição da ideologia do, 309, 310-5; "interesse nacional" e durabilidade do regime como uma só coisa, 38; mitos fundadores do, 302-8 (mito da essência católica, 307; mito da essencialidade orgânica e corporativa, 306; mito imperial, 304; mito do novo nacionalismo, 304; mito da pobreza honrada, 306; mito da "Renascença portuguesa", 304; mito da ruralidade, 305); "nova Renascença", 316; organizações sindicais nos anos 1930, 287-8; orientação ideológica no ensino básico, 312; "pacote" da legislação social-corporativa, 71; plebiscito constitucional para, 71; Polícia de Vigilância e Defesa do Estado (PVDE), 71; pressões anticoloniais de Washington sobre, 233-4; princípios anunciados, 97; prisões políticas em massa, 278; processo de institucionalização do, 64-9, 70-9, 80-9, 90-9, 100-9, 110-9, 120-9, 130-9, 140-5; proíbe a greve, 275; reforma educativa de 1936, 317; regulação da atividade económica, 284; repressão às organizações políticas e sindicais do operariado, 272; suprime os sindicatos livres, 275; *ver também* salazarismo

Estado Português da Índia, 232
Estado-Maior do Exército, 201
Estados Unidos, 219; acordo sobre os Açores, 206; e a descolonização na África, 233-4
Estaline, Josef, 172
Estatuto do Trabalho Nacional (1933), 71, 267
Esteves, Raul, 52, 53, 85, 110, 199, 202
Europa nos anos 1930 e a ascenção do fascismo, 143
"Exército e a Revolução Nacional, O" discurso de Salazar, 105
extrema-direita, 96, 99, 109, 114, 124, 127, 146, 205, 210, 253; facista, 86, 123; fascizante, 85, 106

Faria, Telmo, 197
Farinha Beirão, Augusto Manuel, 85, 119, 120, 139, 204
fascismo, 27, 33, 62, 64, 67, 86, 89, 126, 131, 143, 146, 169, 171, 178, 195, 206, 249, 264-5, 291-9, 301-2, 323; especificidades da sociedade portuguesa, 154; italiano, 21, 123, 150, 153-4, 162, 177, 310; italiano vs. português, 162, 164, 264; português, 155, 266, 331; de toga, 188; violência como norma nos regimes fascistas, 176-7
Federação Nacional para a Alegria no Trabalho (FNAT), 130, 140, 185-6, 311, 313, 315, 320-3, 325, 327, 332, 336
Felice, Renzo de, 263-4

Ferraz, Ivens, 80, 84, 86, 88, 90-3, 112, 145; demissão do ministério de Carmona, 94-5
Ferreira Dias Jr., José do Nascimento, 137, 303
Ferreira Gomes, António (bispo do Porto), 255-6, 258-9; expulso do país, 261
Ferreira Martins, Luís Augusto, 85
Ferro, António, 306, 315, 321; entrevistas com Salazar, 24-5, 27, 30, 41, 113, 146-7, 148-9, 150-9, 160-9, 170, 179, 310
Figueiredo, Mário de, 39, 42, 44, 91-2, 103, 109, 134, 221, 300
FNAT *ver* Federação Nacional para a Alegria no Trabalho (FNAT)
Forças Armadas, 17, 27, 36, 61, 84-9, 90-9, 100-9, 110-9, 120-9, 130-2, 144, 159, 173, 177, 181, 191, 194, 195-9, 200-9, 210-9, 220-9, 230-9, 240, 325, 335; como salvadoras da pátria, 48-9, 50-5
Forte de Angra do Heroísmo, 191
Franco, Francisco, 172, 249
Freitas, Vicente de, 78, 81, 84-6, 91, 112, 114-5, 117, 119, 120, 139, 245
Frente Popular (Espanha), 198
"Frente Única" (Confederação Geral do Trabalho/Comissão Intersindical/Federação Autónoma Operária), 70
Funchal, Portugal, 44

Galvão, Henrique, 218, 224, 232
Genebra, 80
GNR *ver* Guarda Nacional Republicana (GNR)
"golpe da Sé", frustrado (1952), 228
Gomes da Costa, Manuel, 44, 51, 54-5, 60, 84, 87, 89, 245
Gomes de Araújo, Manuel, 39, 237

Gomes, João, 258
Gonçalves, Bento, 72, 75, 278
Grã-Bretanha, 207; acordo sobre os Açores, 206-7; aliança com Portugal, 324; apoio à ascenção de Salazar ao poder, 145
Grande Depressão (1929), 20, 64, 141, 177, 271, 281, 284
Grande Guerra *ver* Primeira Guerra Mundial
greve geral revolucionária (janeiro de 1934), 72; fracasso da, 118
greves, 70; proibidas no regime salazarista, 186
Guarda fiscal, 223
Guarda Nacional Republicana (GNR), 58, 65, 126, 182, 188, 190, 192, 204, 210, 223, 226-7, 335, 337; violência da, 183
Guardiola, Maria, 247
Guerra Fria, 171
Guerra, Lobato, 201
Guimarães, Antunes, 142
Guimarães, Portugal, 43
Guiné, 99

Henrique, Infante dom, 156
Hitler, Adolf, 126, 212, 249
Homens e Multidões (Ferro), 147

Igreja católica, 17, 27, 133, 162, 173-4, 323; diálogo com o campo soviético, 255; e o Estado Novo, 240-9, 250-9, 260-3, 329, 330-3; e o Estado Novo como "salvação de Portugal", 246; e a libertação dos povos africanos, 255; relação com a Ditadura Militar, 81-2; única permitida no regime salazarista, 186; e a violência preventiva, 181-2
Inglaterra *ver* Grã-Bretanha

Instituto Nacional do Trabalho e
  Previdência (INTP), 71, 185, 276, 278-9
Integralismo Lusitano, 19, 39, 123, 132,
  135, 265-6; Junta Central do, 135
integralistas, 46, 49, 54-5, 62-3, 89,
  90-1, 98, 108, 109, 112, 125, 132,
  134-6, 139, 155, 265, 302
Internacional Comunista (IC), 60, 75;
  VII Congresso da (1935), 60; Seção
  Portuguesa (SPIC) dissolvida, 75
INTP *ver* Instituto Nacional do Trabalho
  e Previdência (INTP)
Itália, 249; fascismo na *ver* fascismo:
  italiano; Partido Nacional Fascista, 131

JCCP *ver* Junta Central das Casas
  do Povo (JCCP)
Jesus, Quirino de, 39, 109, 113, 134
João XXIII, papa, 243, 255
Junta Central das Casas do Povo (JCCP),
  140, 185, 313, 315, 320, 322, 327, 336
Junta Escolar do Integralismo, 108
Junta Militar de Libertação, 215
Junta Nacional dos Produtos
  Pecuários, 142
Juventude Operária Católica (JOC), 258
Juventude Universitária
  Católica (JUC), 258

Kennedy, John F., 232

Lacerda Machado, Francisco de, 110
"Laicismo e liberdade",
  conferência de Salazar, 44
Le Bon, Gustave, 167
Le Play, Pierre, 167
Leal Marques, Antero Augusto, 107-8, 127
Leão XIII, papa, 19
Legião Portuguesa (LP), 131, 134, 140,
  188, 192, 204, 207, 210, 223, 227,
  238, 311, 321, 323-4, 337;
  Junta Central da, 325
Lei de Separação (1911), 244
Lei do Fomento e Reorganização
  Industrial (1944), 137
Leite, Duarte, 100
Liberal, El (jornal), 119
liberalismo conservador, 118
Liga 28 de Maio, 62, 99, 109, 123-4, 139
Liga dos Antigos Combatentes, 112
Liga Operária Católica (LOC), 258, 331
Lima Alves, Mário de, 214
Lino Neto, Francisco, 258
Lisboa, 67, 120, 140, 151, 193,
  204, 214; manifestações contra
  a ditadura (1931), 99; resistência
  ao regime salazarista, 181
LOC *ver* Liga Operária Católica (LOC)
Loff, Manuel, 143
Lopes da Fonseca, Luís Maria,
  90, 92-3, 95, 134
Lopes Mateus, António, 100, 109, 124, 125
LP *ver* Legião Portuguesa (LP)
Lucena, Manuel de, 258, 264
Ludwig, Emil, 151
luta sindical, 69, 270

Machado, Bernardino, 55, 57, 65
Madeira, Ilha da, 67, 99; revolta
  contra a ditadura (1931), 58
Magalhães, Celso de, 216
Maia, António, 216
Manifesto Comunista (Marx e Engels), 271n
Manuel II, dom, 135
marcelistas, 218, 222; *ver também*
  Caetano, Marcelo
Marinha Grande, Portugal, 72
Marques Godinho, José, 216
Marques, Eduardo, 95
Marques, José A., 108

Martins, Hermínio, 181
Mascarenhas, José, 51
Massis, Henri, 156
Matias, Marcelo, 39
Matos, Norton de, 100, 215, 219
Mealhada, 216-7
Medeiros Ferreira, José, 48, 87, 222
Meireles, Quintão, 85
Memórias (Cunha Leal), 81
Mendes Cabeçadas, José, 41, 44, 51-52, 54-6, 100, 137, 211, 215, 224
Mesquita Guimarães, Aníbal de, 109
Ministério da Educação Nacional (MEN), 184
Ministério da Guerra, 98, 110, 197-8, 204
Ministério das Corporações, 285, 294
Mocidade Portuguesa (MP), 151, 184, 186, 315, 323, 326, 330, 336
Mocidade Portuguesa Feminina (MPF), 184, 247, 251, 315, 336
Monsaraz, Alberto de, 129, 135
Monteiro de Barros, João, general, 204
Monteiro, Armindo, 43, 109, 134, 305
Monteiro, Jaime, 85
Morais Sarmento, Júlio de, 84, 120, 139, 198-9, 200-2
Morais, Tito de, 100
Moreira Lopes, Mariano, tenente, 216, 224
Moreira, Adriano, 230, 236, 238
Moscovo, 75
Movimento de Unidade Democrática (MUD), 213-4
Movimento de Unidade Nacional Antifascista (Munaf), 211-2, 215
Movimento Nacional-Sindicalista (MNS-camisas azuis), 25, 62, 86, 108, 124-8, 139, 266; dissolução no Estado Novo, 140; repressão pelo governo do Estado Novo, 128, 130

movimento operário, 46, 56, 65, 76-7, 263, 270-1, 275, 278; derrota do, 67-9, 70-7; desarticulado pelo Estado Novo, 141
MP *ver* Mocidade Portuguesa (MP)
MPF *ver* Mocidade Portuguesa Feminina (MPF)
Munos, 19
Múrias, Manuel, 51, 129, 130
Murteira, Mário, 258
Mussolini, Benito, 21, 27, 146, 150-1, 158, 162, 249, 293, 310; sobre a violência, 179

nacional-sindicalismo, 25, 63, 86, 99, 109, 111-2, 118, 119, 123-9, 130-1, 140, 205, 210, 279, 311, 326; *ver também* Movimento Nacional-Sindicalista (MNS); sindicalistas
nacional-socialismo, 123
nacionalismo, 19, 42, 47, 57, 62, 97, 113-4, 127, 133, 136, 160, 162, 167, 178, 241, 251, 302-4, 315, 319, 320, 328, 332
Nacionalismo Português (publicação), 113
Nato, 219, 222
nazismo, 123, 126, 171, 206, 302, 323
Neto, Lino, 134
Nobre Guedes, Francisco José, 323, 326
Nogueira, Franco, 39, 262
Nosolini, José, 39, 134, 236
Notas Oficiosas, 28
Novidades (jornal do Patriarcado), 43, 80, 258
Nunes Mexia, Joaquim, 125, 142
Nunes, Adérito Sedas, 258
Nunes, Leopoldo, 48

Obra das Mães pela Educação Nacional (Omen), 184, 251, 315, 336
Oliveira, Águedo de, 108, 134, 300

Oliveira, Domingos de, 32, 61, 83, 85, 96, 99, 103, 107, 145, 200, 204
Oliveira, Luís Alberto de, 85, 110, 119, 120
"ondas de subversão" na Europa (1944), 210
Organização do Exército e ao Recrutamento e Serviço Militar, leis de (1937), 201

Pacem in Terris (encíclica de João XXIII), 255, 261
Pacheco Amorim, 134
Pacheco, Duarte José, 39, 81, 108-9, 137-8
Pacto de Paris (1922), 134
Pais de Sousa, Mário, 39, 42, 103, 108-9, 138
Pais, Alberto, 205
Pais, Sidónio, 149
Paiva Couceiro, Henrique de, 43, 135, 205
Palácios, Diego, 192
Palha Blanco, família, 142
parlamentarismo, 97
Partido Comunista Português (PCP), 23, 59, 60, 65, 68-9, 70, 72, 75, 215, 224, 278; e o reviralhismo, 76
Partido Democrático, 46
Partido Nacional Fascista (Itália), 131
Partido Nacional-Socialista (Alemanha), 131
Partido Nacionalista (PN), 84, 118, 139
Partido Radical, 51, 54
Partido Republicano Português (PRP), 46, 49, 57, 62, 65, 112, 118, 139
Partido Socialista, 100
Passos e Sousa, Abílio, 85, 95, 120, 125, 139, 197-9, 202
Passos e Sousa, Aníbal, 211
Patriarca, Fátima, 70, 278
Paulo VI, papa, 261, 263
PCP *ver* Partido Comunista Português (PCP)

Pereira Coutinho, d. Miguel, general, 212
Pereira de Carvalho, tenente, 54
Pereira de Moura, Francisco, 258
Pereira Forjaz, 140
Pereira, Nuno Teotónio, 258
Pereira, Pedro Teotónio, 39, 129, 135, 140, 142, 311
Perez, padre, 245
Pessoa, Mário, 216, 224
Pestana Lopes, Ernesto Duval, 85
Pide *ver* Polícia Internacional e de Defesa do Estado (Pide)
Pimenta de Castro, Joaquim, 52
Pimenta, Alfredo, 43
Pimentel, Irene F., 190
Pinto Correia, José, tenente, 54, 258
Pinto, Supico, 39
Pio XI, papa, 243, 255
Pires de Matos, comandante, 216
Polícia de Informações, 93
Polícia Internacional e de Defesa do Estado (Pide), 186, 188-9, 191, 217, 227, 261
Polícia de Segurança Pública (PSP), 58, 65, 182, 188, 190, 192, 204, 210, 227, 335, 337; violência da, 183
polícia política, 161, 173, 182, 187-8; atuação na colónias, 191; número de prisões durante o regime salazarista, 188-9
Polícia de Vigilância e Defesa do Estado (PVDE), 118, 186, 188, 190, 205; prisões políticas, 73; tortura nas prisões, 73
política colonial: ausência nas entrevistas de Salazar a António Ferro, 153; e a implantação do Estado Novo, 144
política da desordem, 20-6
"política nacional", 26-9, 30-2; como despolitização, 26

"política" como propaganda, 31
Portas, Carlos, 258
Portas, Nuno, 258
Porto, 67, 119, 216, 258; manifestações
    contra a ditadura (1931), 99;
    manifestações pró-Delgado, 226;
    resistência ao regime salazarista, 181
Pragma (cooperativa), 261
Primeira Guerra Mundial, 20, 64, 177, 271
Primeira República, 22; crise da, 42
Primeiro de Janeiro, O (jornal), 214
Primeiro Plano de Fomento (1953),
    292-3, 305
"Princípios fundamentais da Revolução
    política", discurso de Salazar, 133
Proença, Raul, 65
PRP *ver* Partido Republicano
    Português (PRP)
Propaganda Nacional, 140
PSP *ver* Polícia de Segurança Pública (PSP)
PVDE *ver* Polícia de Vigilância
    e Defesa do Estado (PVDE)

Quadros, Jânio, 232
Queiroga Chaves, Fernando Gualter,
    capitão, 216
Queiroz Pereira, homem de negócios,
    39, 140, 142
Queirós, Eça de, 129
Queiroz e Melo, Higino de, 323, 327
Quina, Miguel (conde de Covilhã), 142
Quintanilha Dias, Fernando de, 235, 237

Rádio Clube Português, 214
Ramada Curto, Amílcar, 100
Ramires, Carlos Maria, general, 216-7
Ramires, Sebastião, 39, 109, 142
Ramos do Ó, Jorge, 309
Raposo, Hipólito, 135
Rebelo, Pequito, 113

reforma agrária, 136
Regimento de Infantaria de Bragança,
    e a Constituição de 1933, 118
Reis, Albino dos, 39, 42, 108-9, 124,
    126, 128, 138
Reis, José Alberto dos, 134
Renovação Democrática, 112
República, 214
"República dos assassinos", 46
republicanismo conservador, 47, 83, 87,
    90, 98, 105, 113, 126, 159, 197, 302
republicanismo militar, 61, 78, 83-5, 87-9,
    100, 111, 118, 121, 123, 124
reviralhismo, 23, 46, 55-9, 61, 65-6, 69, 138,
    205; derrota do, 67-9, 70-7; fim do, 73,
    89; guerra civil (1927-1931), 67; e o PCP,
    76; última ofensiva, nas colónias, 99
revisão constitucional de 1935,
    242, 330; orientação católica
    no ensino público, 247
revisão constitucional de 1951, 222,
    241-2, 244, 253
revolta da Armada (1936), 73
Revolução Francesa, 176; negação
    pelas direitas, 133
Revolução Nacional (jornal), 124, 128-9, 130
"Revolução Nacional", 32, 45, 67, 84,
    90, 97-8, 105, 132, 134, 140, 149,
    159, 301, 304, 307
Revolução Russa (1917), 20, 64, 271
Ribeiro de Carvalho, António Germano
    Guedes, 138, 205
Ribeiro Santos, José António, 190
Ribeiro, António, cardeal, 263
Rivera, Primo de, 100
Rodrigues de Sousa, Daniel, 85
Rodrigues, David, 202
Rodrigues, Luís Nuno, 311
Rodrigues, Manuel, 45, 103, 109, 134,
    138, 245, 300

Rolão Preto, Francisco, 62-3, 108, 124,
  126-7, 129, 131, 135, 139, 159
RTP (Rádio e Televisão de Portugal), 140
ruralismo, 154, 210, 292, 293, 321
Rússia, 20

Sala do Risco, discurso de Salazar, 96
Salazar, António de Oliveira; acordo
  com Carmona sobre os militares, 197;
  acordo sobre os Açores com a Grã-
  Bretanha e os Estados Unidos, 206-7;
  acumula o Ministério da Guerra, 98;
  admiração por Mussolini, 310; apoio
  britânico à subida ao poder de, 145;
  ascenção ao poder, 66; assina decretos
  para controlo político das Forças
  Armadas, 202; assume o Ministério
  das finanças (1932), 68; assume o poder,
  23, 47, 48, 145; ataques ao bispo do
  Porto, 259; atentado frustrado contra
  (1937), 200; Ato Colonial (1930), 144,
  246; autodescrição de, 155, 163; como
  candidato a presidente durante a
  Ditadura Militar, 78; carisma de, 158;
  carta ao bispo do Porto (1958), 243, 255;
  sobre a censura prévia à imprensa,
  161; como "Chefe" do Estado Novo,
  154-8; composição do governo
  do Estado Novo, 108-9, 110;
  compromisso com a direita e os
  militares republicanos na formação
  do Estado Novo, 108; comunismo
  como inimigo principal de, 77; e a
  Concordata com a Santa Sé (1940),
  248; conferências de ("Bolchevismo
  e a Congregação", 44; "Laicismo e
  liberdade", 44); conflito com as Forças
  Armadas em 1961, 230; e a criação do
  SPN, 315; crise com Cunha Leal, 145;
  crise de 1958-62, 220-9, 230; crise do

fim da guerra (1945-47), 205-9, 210-9;
  sobre os defeitos do povo português,
  165, 180, 310; demissão e retorno ao
  Ministério das finanças (1929), 92;
  desejo de transformar a mentalidade
  do povo, 164; discursos de, 71, 77, 83,
  119, 160, 250, 259 (28 de janeiro de
  1934, 272n; 30 de julho de 1930, 32-3;
  11 Congresso da União Nacional,
  208; "Ano x", 32, 51, 307; na campanha
  eleitoral de 1934, 33n; na posse como
  Ministro das finanças (1928), 82);
  discursos fundadores, 96-7, 99, 179,
  268 (discurso da Sala do Risco, 96;
  "O Exército e a Revolução Nacional",
  105; "Princípios fundamentais da
  Revolução política", 133); dissolve os
  partidos políticos, 24; como elitista
  antidemocrático convicto, 158;
  entrada na política parlamentar, 43;
  entrevistas a António Ferro, 24-5,
  27, 30, 41, 113, 146-7, 148-9, 150-9,
  160-9, 170, 179, 310; sobre a época
  republicana, 165; escreve para o
  Novidades, 43; e o Estado Novo, 21;
  e o "excesso de política", 26; sobre a
  falência da democracia, 161; e o golpe
  militar de 1926, 44; sobre a Igreja
  católica em 1963, 256; e a Igreja na
  revisão constitucional de 1951, 244;
  inspiração no fascismo italiano, 162;
  como "mago das finanças", 42, 77, 81,
  83; manobras para chegar ao poder, 62;
  manobras políticas para substituir
  o ministro da Guerra (1936), 198;
  como ministro das finanças da
  Ditadura Militar, 45, 86 (quatro
  princípios rígidos, 82); "modéstia"
  de, 157; e a morte da democracia
  parlamentar, 33; sobre Mussolini, 27,

310; e a necessidade de apoio das elites, 168; negação da política partidária, 25, 30; origem e formação de, 155; "pacote" da legislação social-corporativa (*ver também* órgãos específicos), 71; pacto com o Exército para a institucionalização do Estado Novo, 63; perfil carismático de, 152; poder como ministro de Óscar Carmona, 87-8; e o poder da propaganda do Estado, 316; preocupação com a formação das elites, 310; como presidente do Conselho de Ministros, 97-9, 100-9, 110-1; Primeiro Plano de Fomento (1953), 292-3; projeto político de, 83-4; propaganda sobre o regime, 147; queda do governo de Ivens Ferraz e, 145; recebe a Grã-Cruz da Torre e Espada, 105; relação com a Igreja católica, 246; relação incómoda com a Assembleia Nacional, 144; relações com as famílias abastadas de Portugal, 141; remodelação do Governo (1944), 210; reunião de diferentes grupos políticos para a fundação do Estado Novo, 99; e o "saber durar" de Mussolini, 293; como superministro (1936-40), 36; e a tarefa de subjugar o Exército ao regime, 197; tipo físico e caráter de, 150, 157-8; sobre o totalitarismo, 299; unificação das direitas, 132; "valores de Braga", 32, 51, 307; sobre as virtudes do povo português, 310; visceral antiparlamentarismo de, 160; sobre a volatilidade das massas populares, 27; *ver também* Ditadura Militar (1926-33); Estado Novo (1933-68); salazarismo
Salazar, o homem e a sua obra (Ferro), 24-5, 27, 30, 41, 113, 146-7, 148-9, 150-9, 160-9, 170, 179, 310

salazarismo: apoio das Forças Armadas ao, 234-9, 240; censura prévia no, 182; compromisso com o republicanismo militar conservador, 88; controlo político das Forças Armadas, 173; corporativismo do regime, 174; cumplicidade política da Igreja católica, 173; escutas telefónicas no, 182; fim da liberdade de expressão, 186; gestão económica do país visando a durabilidade do regime, 283; e o "homem novo", 174; Igreja católica como única permitida, 186; e os interesses económicos das classes dominantes, 174; manifestações populares contra a farsa eleitoral (1961), 193; missão de salvar a pátria, 176-7; morte de presos políticos, 190; polícia política, 182; prisões políticas e julgamentos durante o, 188-9; proibição das greves, dos partidos políticos e dos sindicatos livres, 186; sobrevivência após as crises de 1958-62, 171; sobrevivência do regime após a Segunda Guerra Mundial, 171; e a tortura, 180; violência contra as populações das colónias, 191; violência do, 173, 175-9, 180-9, 190-5; violência preventiva do, 182-7; violência preventiva como base para a duração do, 185; violência punitiva do, 187-9, 190-4; *ver também* Estado Novo
Salgueiro, João, 258
Sampaio, Luís de, 204
Santa Maria, navio, 232
Santo António, Portugal, 184
Santos Costa, Fernando dos, 39, 135, 198-9, 201, 216-7, 219, 222-3, 226, 228, 231, 236, 238-9; demissão de, 229; como ministro da Guerra, 208, 210-1;

mobilização militar contra
a substituição de Salazar, 221
Santos, José Domingues dos, 46, 50
Santos, Miguel dos, 215
Sarsfield Rodrigues, major, 216
Schiappa de Azevedo, António, 119, 204
Schulz, Arnaldo, 234
seareiros, 65
Seção Portuguesa da Internacional
Comunista (SPIC), dissolvida, 75
Secretariado de Propaganda Nacional
(SPN), 31, 130, 151, 167, 170, 312, 314-7,
332; mudança para Secretariado
Nacional de Informação, Cultura
Popular e Turismo (SNI), 327
Secretariado Nacional de
Informação, Cultura Popular
e Turismo (SNI), 170, 327-8
Século, O, 91, 94, 116
Segunda Guerra Mundial, 28, 130,
147, 170, 205, 284, 322; neutralidade
portuguesa, 324
Selvagem, Carlos, 216
Serapiglia, Daniele, 264
Sérgio, António, 57, 65
Serra, Manuel, 258
Silva Basto, ex chefe do
Estado Maior do Exército, 202
Silva, Alfredo da, 141
Silva, António Maria da, 46, 48, 56
Silva, Manuela, 258
Silva, Mário, 39, 237
Silves, Portugal, 72
sindicalistas, 20, 56, 58, 69, 70-1, 73,
76, 140, 270, 311, 321, 323, 327, 331;
perseguição aos, 73; *ver também*
anarco-sindicalistas;
nacional-sindicalismo
sindicatos livres, 71, 76, 275; proibidos
no regime salazarista, 186

Sindicatos Nacionais corporativos,
71, 275, 130
Sinel de Cordes, João José, 52-3, 55,
78-9, 80, 85, 87
SNI *ver* Secretariado Nacional de
Informação, Cultura Popular
e Turismo (SNI)
Soares da Fonseca, José, 236
Soares de Resende, Sebastião
(bispo da Beira), 260
Soares, António Ferreira, 190
Soares, Celestino, 215
Soares, João, 215
socialistas, 46, 56, 65, 72-3, 100, 309
Sociedade das Nações, 79, 80-1, 91, 153
Sousa Gomes, da "segunda geração", 135
Sousa Uva, Joaquim de, 234, 238
Sousa, Daniel de, 110
Sousa, Fernando de, 43
Sousa, José de, 72
"soviete" da Marinha Grande, 72
SPN *ver* Secretariado de Propaganda
Nacional (SPN)
Stevenson, Adlai, 233
Subsecretariado das Corporações, 71

Tamagnini Barbosa, João, 85, 211, 218
Tamagnini, Eusébio, 129, 130
Tamen, Pedro, 258
Tarrafal (presídio em Cabo Verde),
73, 189, 190-1, 278
Teixeira de Sampaio, Luís, 39
Teles, Casimiro, 204, 326
Telo, António, 48, 222
Tempo e o Modo, O (revista), 261
tenentismo, 62, 84-6, 89, 107-8, 125, 139
Timor, 68
Tinoco, António, 129
Tomar, Portugal, 110
Tomás, Américo, 224, 228, 231, 236-7, 258

Torgal, Luís Reis, 175, 300
totalitarismo: como responsável pela durabilidade do regime, 299
Trabalhador, O (jornal da LOC), 257, 331
Tribunal Militar de Santa Clara, 217
Trindade Coelho, 93

ULR *ver* União Liberal Republicana
Ultimatum (1890), 64, 304
ultradireita, 86
ultramontanismo, 34, 43, 89, 108, 132-3, 135, 210, 222, 254, 256, 260, 266
União Anarquista Portuguesa, 68
União Liberal Republicana (ULR), 52, 57, 62, 81, 108, 109, 112, 118, 138
União Nacional (UN), 24-6, 29, 31, 37, 62-3, 97, 99, 102, 107, 115-6, 118, 120, 124-7, 130, 134, 138-9, 143, 208, 210, 212, 217-8, 221, 223-4; Centro de Estudos Corporativos, 313; Comissão Executiva da, 38; I Conferência da (1946), 218; II Conferência da, 250; I Congresso da (1934), 119, 303; II Congresso da (1944), 208; III Congresso da (1951), 222
Universidade de Coimbra, 39, 155, 167
Utra Machado, Fernando de, 138

Valadão, Ramiro, 129, 140
Valéry, Paul, 147
Varzim, Abel, 252, 257, 331
Veloso, Francisco, 257
Vimieiro, Portugal, 151
violência, 173, 175-9, 180-9, 190-5; preventiva, 182-7 (papel da Igreja católica, 182); punitiva, 187-9, 190-4
Vital, Fezas, 113, 134
Vito, Francesco, 314
volfrâmio, embargo da venda à Alemanha, 206
Voz, A (jornal), 43

AGRADECIMENTOS

Agradeço à Bárbara Bulhosa e à Tinta-da-china terem-me convencido a escrever este livro, onde tento ajustar contas, arrumando ou rearrumando ideias e dúvidas, com um estudo a que me dedico com empenho especial, vai para trinta anos.

O meu reconhecimento, também, à doutora Cristina Sizifredo, pela dedicação e competência com que acompanhou a produção deste trabalho.

À Raquel não lhe agradeço, porque as coisas que se fazem em conjunto partilham-se. Este livro também lhe é dedicado.

FERNANDO ROSAS
Rio de Janeiro, outubro, 2012

SOBRE O AUTOR

Fernando Rosas (Lisboa, 1946) é professor catedrático no Departamento de História da Faculdade de Ciências Sociais e Humanas e professor emérito da Universidade Nova de Lisboa, e foi presidente do Instituto de História Contemporânea da mesma faculdade. Desenvolve o seu percurso acadêmico sobretudo em torno da história contemporânea e da história de Portugal no século XX. Foi membro do conselho de redação da revista *Penélope: Fazer e Desfazer a História* e diretor da revista *História*.

Salazar e o poder: A arte de saber durar foi vencedor do Prêmio PEN Ensaio de 2012. No Brasil, publicou ainda *Salazar e os fascismos: Ensaio breve de história comparada* (Tinta-da-China, 2023). Em Portugal, publicou também, entre outras obras, *História a História: África* (2018); *Lisboa revolucionária* (2010); *História e memória* (2016); *Estado Novo nos anos trinta* (1996); coordenou, ainda, *Portugal e o Estado Novo (1930-1960)*, vol. XII (1992); *Nova História de Portugal*, com direção de Joel Serrão e A.H. de Oliveira Marques (1987-1993); *Estado Novo (1926-1974)*, vol. VII (1994); *História de Portugal*, com direção de José Mattoso (1992-4) e *Pensamento e ação política: Portugal século XX, 1890-1976* (2004).

Tem livros e artigos publicados na Espanha, França, Alemanha, Inglaterra, Estados Unidos e Brasil. Em 2006, foi condecorado pelo presidente de Portugal com a Ordem da Liberdade.

© Fernando Rosas, 2025

Esta edição segue o Novo Acordo Ortográfico
da Língua Portuguesa em sua variante europeia

1ª edição: abr. 2025 • 1.500 exemplares

EDIÇÃO ORIGINAL Lisboa: Tinta-da-china, 2012
EDIÇÃO Tinta-da-China Brasil
REVISÃO Luiza Gomyde • Henrique Torres • Rachel Rimas
ÍNDICE Probo Poletti
COMPOSIÇÃO Conrado Esteves
CAPA Vera Tavares

TINTA-DA-CHINA BRASIL
DIREÇÃO GERAL Paulo Werneck • Victor Feffer (assistente)
DIREÇÃO DE MARKETING E NEGÓCIOS Cléia Magalhães
EDITORA EXECUTIVA Sofia Mariutti
ASSISTENTE EDITORIAL Sophia Ferreira
COORDENADORA DE ARTE Isadora Bertholdo
DESIGN Giovanna Farah • Beatriz F. Mello (assistente)
    Sofia Caruso (estagiária)
COMUNICAÇÃO Clarissa Bongiovanni • Yolanda Frutuoso
    Livia Magalhães (assistente)
COMERCIAL Lais Silvestre • Leandro Valente (assistente)
ADMINISTRATIVO Karen Garcia • Joyce Bezerra (assistente)
    Letícia Lofiego (estagiária)
ATENDIMENTO Victoria Storace

Todos os direitos desta edição reservados à Tinta-da-China Brasil/
Associação Quatro Cinco Um

Largo do Arouche, 161, SL 2 • República • São Paulo • SP • Brasil
editora@tintadachina.com.br • tintadachina.com.br

DADOS INTERNACIONAIS DE CATALOGAÇÃO NA PUBLICAÇÃO (CIP)
DE ACORDO COM ISBD

R789s   Rosas, Fernando
Salazar e o poder: a arte de saber durar / Fernando Rosas. - São Paulo :
Tinta-da-China Brasil, 2025.
368 p. ; 14cm x 21cm.

Inclui índice e bibliografia.
ISBN 978-65-84835-39-9

1. História. 2. Salazar. 3. Fascismo. 4. Ditadura. 5. Salazarismo.
6. Portugal. I. Título.

                                          CDD 900
2025-495   CDU 94

Elaborado por Vagner Rodolfo da Silva - CRB-8/9410

ÍNDICES PARA CATÁLOGO SISTEMÁTICO
1. História 900
2. História 94

A PRIMEIRA EDIÇÃO DESTE LIVRO FOI APOIADA PELA
DIREÇÃO-GERAL DO LIVRO E DAS BIBLIOTECAS — DGLAB
SECRETARIA DE ESTADO DA CULTURA — PORTUGAL

SALAZAR
E O PODER

foi composto em Hoefler e Neutra,
impresso em papel Golden de 78g,
na Ipsis, em março de 2025